公安学学术丛书　吴跃章　主编
江苏高校优势学科建设工程资助项目（PAPD）

江苏省高校哲学社会科学基金项目成果：
警务监督理论研究（项目批准号：2011SJB810003）

警务监督理论研究

吴永生　著

中国人民公安大学出版社
·北　京·

图书在版编目（CIP）数据

警务监督理论研究／吴永生著．—北京：中国人民公安大学出版社，2012.12
（公安学学术丛书／吴跃章主编）
江苏高校优势学科建设工程资助项目（PAPD）
ISBN 978-7-5653-1161-1

Ⅰ.①警…　Ⅱ.①吴…　Ⅲ.①公安机关—监管制度—中国
Ⅳ.①D631.13

中国版本图书馆 CIP 数据核字（2012）第 309483 号

警务监督理论研究

吴永生　著

出版发行：中国人民公安大学出版社
地　　址：北京市西城区木樨地南里
邮政编码：100038
经　　销：新华书店
印　　刷：北京蓝空印刷厂

版　　次：2012 年 12 月第 1 版
印　　次：2012 年 12 月第 1 次
印　　张：16.75
开　　本：787 毫米×1092 毫米　1/16
字　　数：310 千字

书　　号：ISBN 978-7-5653-1161-1
定　　价：45.00 元

网　　址：www.cppsup.com.cn　www.porclub.com.cn
电子邮箱：zbs@cppsup.com　zbs@cppsu.edu.cn

营销中心电话：010-83903254
读者服务部电话（门市）：010-83903257
警官读者俱乐部电话（网购、邮购）：010-83903253
教材分社电话：010-83903259

总 序

为加强公安学建设，推动公安学理论研究和实践创新，更好地发挥公安学科建设服务公安教育和公安实战的作用，江苏警官学院于2011年启动了《公安学学术丛书》编撰工作。这在国内尚属首次。作为一套系列学术丛书，其编选采用了开放性、灵活性和包容性的形式，即不预先设定书目，不预先确定著者，而是采取面向全校征集，由个人申报、专家评审遴选的方式确定。入选丛书的作者，大多长期在江苏警官学院从事教学、科研工作，他们中有学识深厚的学科带头人，有年富力强的学术骨干，也有朝气蓬勃的青年才俊。他们治学严谨，勇于开拓，传承而不守旧，务实而不唯书，以自己的学术专长和敏锐的学术视角，赋予这套丛书扎实厚重的学术分量。希望这些成果的付梓，能够引起越来越多的人对公安学学科的关注，能够对推动公安学发展有所裨益。

公安学是伴随着国家、警察的诞生而产生的一门学科，但就现代意义上的公安学学科建设而言，在中国起步较晚。众所周知，中国近代警察制度移植自西方，关于警察学科的研究也大多沿用西方范式。新中国成立后，伴随着人民公安事业的创建和发展，中国特色的公安学学科建设随之展开。尤其是改革开放以来，在波澜壮阔的社会主义现代化建设中，公安工作日新月异，公安教育恢复发展，公安人才队伍逐步壮大，公安学术交流不断拓展，这些都直接推动了当代公安学科的快速发展。在几代人的不懈努力下，2011年3月，国务院学位委员会和教育部正式批准增列“公安学”和“公安技术”两个一级学科，结束了公安高等教育没有一级学科的历史，标志着公安学学科建设翻开了新的一页，在公安学术史上具有里程碑意义。

学科建设不仅是公安高等教育的龙头，而且对经济社会发展具有重要促进作用。近年来，江苏警官学院积极适应经济社会发展新形势，主动融入高等教育改革发展主流，主动融入公安工作改革发展大局，大力实施转型升级发展战略，着力抓好内涵建设、队伍建设、硬件建设“三大建设”，努力打造公安学科建设品牌。2010年，江苏省政府启动实施了“江苏高校优势学科建设工程”，这是全面提升高等教育水平和核心竞争力，加快江苏由教育大省向教育强省转变的战略举措。江苏警官学院申报的“公安学”一级学科经过多轮遴选评审，成功入选江苏省优势学科建设工程项目。这一重大突破，标志着江苏警官学院的学科建设进入高起点、高层次发展的新阶段，也为江苏的公安学学科建设搭建了高端平台。这套丛书，从一个侧面反映了江苏警官学院承担省优势学科建设工程项目以来所取得的代表性成果。

公安学学科建设有着自身的特点和规律。江苏警官学院在公安学研究中，力求从实际出发，努力探索和形成自己的特色。从这套丛书入选成果看，主要体现出三个特点：一是研究方向和选题比较广泛，涉及治安学、侦查学、公安管理学、警察法学、犯罪学、心理学、警察文化、警察史学等公安学的主要方向或领域。二是理论和实践并重，在公安学研究中坚持“顶天立地”的原则，顶天，就是注重理论创新，丛书选题中大多瞄准学科理论前沿，具有前瞻性；立地，就是注重回应实践需求，丛书选题中有不少来自于公安实践，主要解决公安实际工作中的问题。三是与相关学科的融通。特别是从公安学与相邻学科结合的视角，对公安学及交叉学科研究领域的诸多理论和现实问题进行了比较系统的梳理，力图揭示公安学及交叉学科理论演进的路向及其规律，这一探索与尝试，为公安学研究开启了一个很有意义的努力方向。

当代公安事业发展进步迫切需要科学理论的指导，迫切需要学术研究的引领。相对于成熟学科，公安学是年轻的。公安学要赢得更高的地位和更大的影响力，关键是要有一大批社会广泛认可的标志性成果，关键是要有一大批高水平的学术人才，最终的衡量标准是看对公安工作和社会发展进步的贡献度。实现这个目标，需要公安系统和社会各界的共同努力，公安院校更有大量工作要做。与众多知名学府相比，江苏警官学院的公安学学科建设才刚刚起步，任重而道远。我们希望借助这套丛书的编撰出版，为公安学学术研究和交流搭建一个平台，通过发挥这个平台集聚和整合学科研究力量的作用，不断催生一批公安学的名师和大家，产生更多影响深远的精品力作，以推动公安学研究走向辉煌，更好地为提升公安教育水平、推动公安事业发展进步服务。这是我们的愿望，也是我们的责任。

二〇一二年十一月

前　言

国家以其无可争议的合理性出现在人类社会之中，并为其存续提供了基本保障。在国家权力的运行过程中，“公共行政官员被人们视为行政国家的‘护卫者（guardian）’。于是，在政治思想中便引发了这样一个根本问题：即‘谁来监督护卫者（施政官员）?’（who guards the guardians）。公共行政官员必须承担责任，因为他们工作中的许多因素都可能导致对公共利益的曲解，引发腐败和颠覆破坏活动”。[①] 事实上，随着民主政治的发展，这种和政治生活相伴而生的担忧日渐普遍，尤其当人们联想到警察机关这样具有重要影响的行政部门时，这种担忧就显得更为普遍、持久和强烈。其实，“英国和美国最初设立警察的改革，都遭到了那些不信任向政府执法人员赋予警察权力的人的反对。他们提出的问题是，谁来监督警察?”[②] 当下，这个问题并没有因时过境迁而得到解决，相反，在市场经济和民主政治的角力以及由此形成的强烈反差中显得更加突出。这就说明，随着警务活动影响的拓展和深化，警察权和其他国家权力一样，不仅存在着不当不法的倾向和风险，而且因其运行的特殊性有可能对社会、政治和经济生活产生极其严重的负面影响。为此，人们在实践中一直在考虑和探寻警务监督[③]的路径和方式，并在日积月累中形成许多行之有效的经验，这些经验也因有效指导和规范警务活动而备受关注，以至于在不断完善的制度化中得以广泛应用。与此同时，学术界也在不断关注和认真总结警务监督的经验，力求使之上升到相应的理论高度，以发掘其应有的实践智慧和推广

① ［美］戴维·H. 罗森布鲁姆等：《公共行政学：管理、政治和法律的途径》，张成福等译，中国人民大学出版社 2002 年，第 552 页。

② ［美］罗伯特·兰沃西等：《什么是警察——美国的经验》，尤小文译，群众出版社 2004 年，第 418 页。

③ 在学术界，也有研究者使用“公安监督”这样的表述方式，其目的应当在于将研究重心定位为对公安机关警务活动的监督，以区别对其他警察机关的监督，但“公安监督”本身就是一个充满歧义的概念，既可以约定俗成地理解为对公安工作的监督，又可以从语法上解释为由公安机关实施的监督。相比之下，“警务监督”则不存在这样或类似的歧义，具有明显广泛的解释和适用范围，而且也更加符合国际惯例，更何况我国人民警察中的绝大多数仍然是集中在公安机关，这种表述方式既能够有效涵盖公安监督所关注的内容，又能够避免相关歧义。因此，本书更倾向于选用“警务监督”这一概念，并且主要以公安机关的人民警察及其警务活动作为分析对象，围绕该领域的共性问题进行体例建构，开展理论研究。

价值。显然，这种努力并不仅仅出于理论研究者的个人兴趣，还同样源自他们对社会现实的深切关注，尤其当监督实践中许多亟待解决的共性问题反复出现时，任一具有社会责任感的理论研究者都不会袖手旁观，而是希望通过自身努力，着力找寻其中的各种制约因素，力求使警务监督和警务活动更加规范，从而更好地发挥警察在现实生活和发展进程中的积极作用。

无论在学术界，还是在实战部门，所有关注警务监督的人们都已见证了这种努力的曲折过程和现实成就，警务监督作为一种日益常态的民意表达渠道和政治活动，在发挥其加强警察队伍建设、提高警务效能作用的同时，也在吸引越来越多的研究力量。近年来，随着公安学作为一级学科列入法学门类，关于警务监督的著作和论文明显增多，进而反映出学术界对这一领域的现实关注、深刻思考和宏观把握，也初步反映出这一领域的现实需求和理论空间。但是，一个不容忽视的事实是，相对于警务监督在现实中，尤其在社会和政治生活中广泛深刻的影响，这一领域的理论研究仍存在着明显差距。只要对日渐相对丰富的研究成果进行简单的梳理，便不难发现，宽泛笼统的描述明显多于系统深入的分析，实践经验的总结肯定多于规范理论的论证，单一专题的研究同样多于全面综合的研究，明显缺少对监督实践的基本问题及其发展趋势的宏观把握，更缺少对警务监督应然状态的必要探索，这与同警务监督关联密切的政治学、法学等学科形成了鲜明反差，甚至也明显落后于公安学的其他领域。而这一研究现状甚至已导致人们理所当然地质疑其中的理论含量，进而非常明显地强化了这样一种主观印象和研究取向，即与监督实践直接对应的应用研究具有基础理论研究无可比拟的现实意义，该领域亟须的是实证而非抽象的理论研究成果。在此背景下，学术界和实战部门始终充斥着一股“缺乏哲学的自信”，[①]一些抽象研究的尝试往往遭到不容置疑乃至非常自信的鄙视。也许，在他们看来，这一领域并无足够的理论空间，或者所有的理论问题已获得解决，需要重点关注的自然就是如何用现有理论指导实践。然而，事实并非如此。这一领域的内容远非简单得一目了然、清晰得历历在目，否则，也就无法解释在警务监督方兴未艾的当下，为什么主客体行为偏激、双方互相抱怨乃至指责的现象并未减少，公众的满意度在不同时空下仍以不同形式反复波动，更遑论多方期待的监督绩效。显然，实践中许多亟待解决的问题始终没有得到有效解决，甚至顽固地存续至今，也足以说明现有理论成果仍没有触及监督实践中的症结，进而说明上述理论主张并无足够的说服力，警务监督仍有广阔的理论空间，更需

① ［意］诺伯特·波比奥：《民主与独裁：国家权力的性质和限度》，梁晓君译，吉林人民出版社2011年，第12页。

要高质量的持续投入。事实上，稍加比较就可以发现，相对于经过长期发展、形而上和形而下互相呼应和促进的其他成熟理论，警务监督仍处在自发的形而下阶段，仍需要经过由下而上、上下联动的辩证发展，这也必然要求理论研究者义不容辞地担当起这一使命。当然，这绝不仅仅是一个技术问题，或现实的利益问题，而是一个观念问题，因而更加强调了理论研究者的责任担当。同时也足以说明，只有以更为开阔的视野进行更加深入的思考，才能较为系统地解释和解决各种现实问题，才会以不断发展和丰富的警务监督理论回应公安学一级学科的期待，以其足够的解释力指导警务监督的实践。

理论必须具有相应的现实情怀，甚至必须接受实践的检验，但也绝非完全由实践决定，因为几乎所有的理论研究者都会承认理论的引领功能，更不会否认以下主张："学术的任务包括传播责任伦理的心态，唯有当公民以及特别是政治家接受了这种心态，学术方足以真正实现它对于可能提供的功能。"① 实战部门出于实践的需要，或囿于条件的限制，立足实然的视角，进行实证研究，当然有其必然性和合理性，也应当予以理解，但是，如果理论研究者也满足于这一层面，甚至始终追随实战部门的足迹，而忽视对警务监督应然状态的研究，无疑会掩盖事实真相，延误现实问题的解决，进而削弱自身存在的价值。因此，理论研究必须要和监督实践保持一定的距离，以便全面把握和客观评价监督实践，并从中获得相应的理论启迪。"变革的社会首先需要引导变革的理论。"② 在民主法治的背景下，作为社会发展产物的警务监督正在积极顺应日益理性的时代潮流，其广度和深度日益明显，也就更加凸显以规范性研究探寻警务监督应然状态的现实性和紧迫性。而历史和现实也反复证明，"给人以规范性指导的理论并不是基于人的经验事实，而是依赖于人的理性思维"。③这就意味着理性思维的抽象和艰深并不足以否定其现实价值，更无法阻碍其备受重视的发展趋势。虽说规范性的理论研究存在一定的风险，但是，相对于这种努力对实践的指导意义和规范功能，这种风险不仅值得，而且令人向往。而监督实践中丰富的理论蕴含在日益彰显其学术价值的同时，也在吸引着越来越多的关注，关于警务监督的新认识和新观点正在不断涌现。显然，面对这些资源和发展趋势，理论研究者自然不能因为需要担当而犹豫，更不能因此停滞不前或绕道而行。相反，如能用适当的方式予以准确的表达，并能对警务监督的理论和实践产生一些影响，他们自然没有回避的理由，甚至还要尽其所能作出

---

① ［德］马克斯·韦伯：《学术与政治》，钱永祥等译，广西师范大学出版社 2010 年，第 151 页。

② 张康之：《公共行政中的哲学与伦理》，中国人民大学出版社 2004 年，前言。

③ 陈学明：《西方马克思主义教程》，高等教育出版社 2001 年，第 72 页。

相应的努力。正是基于这样的定位和期盼，本书试图立足警务监督的实践智慧，广泛借鉴现有研究成果，从更为宏观的视角，以理论思辨的风格着重研究警务监督的应然状态，以其符合学理的逻辑和特质揭示警务监督的一般原理和发展方向。

理论研究的经验反复证明，在许多领域，尤其是在社会科学研究中，越是想真实再现事物的本来面目，准确反映其内在规律，往往越会因置身其中而难窥全貌，难识真相。以此推论，既然难以穷尽警务监督的所有问题，毋宁就其一些基本问题进行追本溯源和相对系统的思考。这就意味着，如欲重构警务监督的话语系统和理论体系，就应当在警务监督的理论研究中舍其细节，进行抽象的研究。正是基于这一思考，本书在重视和借鉴实践智慧的同时，并没有过多留恋于监督实务，更少醉心于技术性的操作细节，而是主要针对隐匿在实践中的共性问题，从基本概念入手，遵循其中的内在逻辑，着重研究警务监督的目的、原则、主体、客体、手段等主要内容，以期在避免重复研究的基础上形成相对统一的系统解释，进而展现警务监督的应然状态、完善路径和实践意义。为了挣脱和超越生动实践的诱惑，集中力量思考警务监督的基本问题，本书忍痛割舍了许多与这些问题并无直接关联或无助于思考这些问题的丰富经验，甚至将一些在其他同行眼中更有价值的问题也排除在探索之外。与此同时，在写作过程中，本书始终遵循抽象思维的内在规律，总体上坚持反思的方式，创新和构建警务监督理论。反思作为一种间接性思维，要求对现有的实践智慧和研究成果进行系统的再思考；反思作为一种批判性思维，要求准确查找监督实践和理论研究的偏差和误区，并进行科学合理的解释和纠正；反思作为一种抽象性思维，则要求在以上再认识的基础上，将有关认识成果抽象到更高层面，并以其一般性的基本原理解释和指导丰富生动的监督实践。正是基于这样的思考，本书没有简单追随现有成果的思维和做法，而是在原有乃至更为基础的主题上作进一步的探究，并将研究重心定位在更为深层的目的、原则、手段等尚未受到普遍关注的主题上，以期围绕这些主题形成系列新见，进而构建一个层层递进、环环相扣的理论体系。当然，监督目的、原则等问题作为警务监督无法回避的核心话题，并不意味着它们已有普遍公认的答案，甚至也没有广受认同的分析框架。本书之所以始终关注这些问题，目的就在于尝试为分析上述问题构建一个基本框架，系统表达多年来的所思所想，而且希望其中一些难免受到质疑的结论能够起到抛砖引玉的功效，吸引和凝聚更多更强的研究者共同开辟警务监督的理论空间。

目录 CONTENTS

第一章　警察权和警务监督

如果直接从警察或警务活动入手，直奔警务监督的研究主题，确有开宗明义、不枝不蔓的效果。但是，无论是警察还是警务活动，作为一种要素，和国家系统乃至社会系统都存在着不同性质和不同程度的关联，其中，与国家相伴而生的关系决定了警察及其警务活动必须从根本上体现和维护国家意志，而国家和社会之间此消彼长的关系又规定了警察不可能无视公众的呼声，甚至还要通过自身的独特优势，体现国家源自社会的关系及其服务社会的发展趋势，推动和巩固国家和社会之间的良性互动。这样，将警务监督放置于国家和社会的宏观背景下进行分析，显然能够显示出社会、国家和警察之间的结构相关性和价值相关性，尤其是警察置身于国家和社会之间的微妙处境和现实价值。因此，立足人类社会的宏观背景与国家和警察的关系，分析警察权运行的特点，显然能够突出强调警务监督的紧迫性和可行性，对其深层问题的系统分析也因此找到了理论基点，甚至也在其中探寻到理论研究的思维进路，进而能够更加全面地展现警务监督理论的框架结构。更为重要的是，立足国家和警察的关系，将警务监督当作民主政治建设的重要路径，必将在体例和理论上有所创新，同时，也能自始至终彰显出警务监督之于国家和社会的政治价值和人文关怀，并以此凸显在警务监督领域加大研究力度的理论意义和实践价值。

第一节　国家权力视阈中的警察权分析

警察和国家的关系既可以进行纵向的历时分析，又可以进行横向的共时探索。其中，历时分析能够为共时探索提供真实可靠的历史依据，共时探索又能为历时分析提供丰富生动的现实佐证。但是，鉴于本书的重点并非警察和国家的关系，更不在于比较不同国度间的监督制度，而是始终聚焦于当下我国警务监督实践中基础性的共性问题。因此，用一定的篇幅历时分析警察在国家进程中的发展脉络和阶段特征，在探索警察发展规律中挖掘警察史之于警务监督的理论启示，以指导、丰富和深化警务监督理论研究，自然是一种无法回避且合乎逻辑的现实要求，更是一种尊重现实并对未来负责的学术担当。在此方面的必要投入不仅能为本书其他内容的逐步展开提供逻辑起点，而且能使这些分析具有相应的历史维度和理论铺垫。

一、国家的起源和警察的产生

在漫长的原始社会中，囿于极其低下的生产力，人们只能共同劳动，共同生活，全部生产资料和劳动成果皆为公有。没有剩余产品可以被个人占有，也没有盗窃和强占财物的可能，自然也就没有私有制、阶级和国家等现象，当然也就无需警察等国家机器。面对这一原始的共产主义场景，恩格斯曾感慨道："这种十分单纯质朴的氏族制度是一种多么美好的制度呵！没有大兵、宪兵和警察，没有贵族、国王、总督、地方官和法官，没有监狱，没有诉讼，而一切都是有条有理的。一切争端和纠纷，都由当事人的全体即氏族或部落来解决，或者由各个氏族相互解决。"① 在此社会环境中，不可或缺的社会秩序则始终依靠社会成员基于传统或道德的自我约束，或通过酋长或首领的个人威望来维持，这样，"除了舆论以外，它没有任何强制手段。"② 当然，这一时期也存在着一种武装力量，但只是为了集体狩猎，或应对氏族或部落之间的冲突，而不是为了维护其内部秩序，因此并不具有警察的基本职能，与警察更无本质联系。

随着生产力的发展，剩余产品催生了私有制。而这两者的相互作用不可避免地强化了私有观念，加剧了利益差异，激发了利益矛盾和社会冲突。这样，基于利益冲突的阶级对立开始出现，氏族或部落依靠自身力量已经无法调节社会关系，利用强制性手段来调节社会关系的国家也就应运而生，氏族和部落这样的社会组织也在与国家的此消彼长中最终成为历史。由此可见，国家的产生首先还是基于调节社会关系、规范社会秩序的目的，出于控制阶级冲突的需要。当然，国家并不能自动地发生作用，维护统治秩序和既得利益的目的自然要求设置一整套维护和巩固阶级利益的国家机器，应运而生的警察等机构便是这一要求顺理成章的结果，进而说明，"人类团体的进化，即达到国家形式的时候，必有警察的发生"。③ 由此可见，警察因国家而产生，并开启其历史进程，国家也因警察等国家机器的存续体现出自身的历史价值，并在逐步发展和完善中彰显其日益明显的合法性，恩格斯关于"警察和国家一样古老"④ 的论断更是对警察和国家相伴而生关系的经典描述。这样，在国家产生及其职能不断丰富和完善的进程中，作为国家工具的警察既体现了国家意志，又反映了自身独特的逻辑和机制，从而既体现了自身重要的历史地位，又从历史的角度佐

① 《马克思恩格斯选集》（第4卷），人民出版社1995年，第95页。
② 《马克思恩格斯选集》（第4卷），人民出版社1995年，第169页。
③ 阮光铭：《警政概论》，商务印书馆1932年，第2页。
④ 《马克思恩格斯选集》（第4卷），人民出版社1995年，第116页。

证了它的现实意义。

首先，国家的出现是警察产生的政治根源。警察同其他上层建筑一样，都需要相应的政治需求，而这种需求最终又可以追溯到更为基础的经济诱因。在原始社会末期，随着生产经验的积累、生产工具的改进和劳动技术的提高，生产力得到了一定的发展，生活资料逐步丰富，剩余产品开始出现，进而催生和激发了原来并无特权的酋长或首领的占有欲望。他们开始利用既得的权威，在公共权力中裹挟私欲，将剩余产品化公为私，氏族和部落也因此开始滋生前所未有的纠纷、矛盾和冲突，原有的平等观念和矛盾调解机制自然无法调节社会关系。随着利益矛盾和社会冲突的加剧，“这个社会陷入了不可解决的自我矛盾，分裂为不可调和的对立面而又无力摆脱这些对立面。而为了使这些对立面，这些经济利益互相冲突的阶级，不致在无谓的斗争中把自己和社会消灭，就需要有一种表面上凌驾于社会之上的力量。这种力量应当缓和冲突，把冲突保持在‘秩序’的范围以内；这种从社会中产生但又自居于社会之上并且日益同社会相异化的力量，就是国家。”① 显然，在此背景下看似中立的国家作为统治阶级实现其利益诉求的工具，自然也需要一支保护私有财产的强制力量。这样，统治阶级就运用掌控的资源组建起一支具有初步警察功能的武装力量，原先的公共权力开始出现明显异化，甚至撕下公共性的面纱，最终走到社会的对立面。对此，恩格斯明确指出，“国家的本质特征，是和人民大众分离的公共权力……对于公民，这种公共权力起初只不过作为警察而存在。”②

其次，阶级矛盾和社会冲突是警察存在的阶级和社会根源。国家的出现只是避免了阶级矛盾和社会冲突的持续恶化，也避免了两大阶级在争斗中两败俱伤的命运，但是，这些矛盾和冲突不但无法彻底消除，甚至还因为国家的存在而更加顽固地存续，进而表现出日益明显的多样性和复杂性。尤其当人类社会由原始社会进入奴隶社会以后，统治阶级的剥削和压迫不可避免地激化阶级矛盾和社会冲突，引发被统治阶级的强烈反抗，形成了激烈的阶级斗争。统治阶级为了长久维护其阶级利益和统治秩序，巩固其统治地位，就必须成立一支防范和镇压阶级反抗的特殊工具。在此历史背景下，承担警察职能的机构应运而生，并不断拓展和丰富自身职能，以顺应和满足统治阶级日益全面的诉求。与此同时，私有观念的持续膨胀和蔓延也激化了全体社会成员对物质财富的渴求，社会和经济生活中存在的大量矛盾和冲突，严重冲击着既有的社会秩序和统治秩序。在此背景下，为了打击社会中各种破坏或反对力量，调解其利益矛

---

① 《马克思恩格斯选集》（第4卷），人民出版社1995年，第170页。

② 《马克思恩格斯选集》（第4卷），人民出版社1995年，第116页。

盾和社会关系，维护基本的社会秩序，警察也因此作为历史的必然，成为解决利益矛盾和社会冲突最直接、最具权威的实体力量。

再次，警察并不能独立维护国家意志和社会秩序。国家的出现并没有完全否认和舍弃前国家时期的社会规范，即使具有日渐完备的国家机器，统治手段和社会规范的多元化也始终存在于人类社会之中，道德等非暴力手段也始终以其现实的合理性存续至今，并日益显示出旺盛的生命力和广阔的发展空间。同样，警察作为阶级统治的重要手段，也没有成为唯一的国家机器，除此之外，国家也在以更加丰富的统治手段和更加完善的国家机器，不断巩固统治秩序。也就是说，单靠警察根本无法全面实现统治阶级所追求的阶级利益和统治秩序，警察只有和萌发在相同或相似历史背景下的军队、法庭、监狱等一起，才能共同维护国家意志。① 所以说，人类社会一进入阶级社会，就需要警察，但没有完全依赖警察。就此意义而言，当下警察的全能化倾向不仅有违警务规律，而且也是对警察历史的淡忘，进而也决定了此举必将遭受事与愿违的命运。此外，在警察通过强制手段维护国家意志的同时，也没有舍弃传统和道德的作用，因为过于依赖强制手段，必然引发更多的动荡和冲突，从根本上背离国家设立警察的初衷，甚至危及国家的合法性。基于这样的史实，可以说，一部警察史就是一部警察逐渐认同和尊重道德、尊重和回应社会呼声的历史，甚至就是一轴国家和社会互动渐趋良性的历史画卷。

最后，警察作为社会的异己力量而存在。上述分析表明，最初的警察并不是公众的主动选择，更不是他们的最佳选择，而是他们不得不被动承受的异己力量。和其他国家机器一样，警察甫一面世不仅给民众带来了经济负担，而且也明显限制了他们的权利和自由，即使他们在调整社会关系、维持社会秩序等方面有其独特优势，也难以赢得民众对这种异己力量的积极认同，警察也难以赢得应有的社会地位。所以，恩格斯在分析此时警察的社会地位时，也指出了这样的历史事实："这种宪兵队却是由奴隶组成的。这种警察职务，在自由的雅典人看来是非常卑贱的，以致他们宁愿让武装的奴隶逮捕自己，而自己却不肯去干这种丢脸的工作。这仍是旧的氏族思想。国家是不能没有警察的，不过国家还很年轻，还未享有充分的道义上的威望，足以使那种必然要被旧氏族成员视为卑贱的行业受到尊敬。"② 由此可见，国家最初对警察的定位以及由此

---

① 如果说这一阶段警察尚不能独立维护国家意志和社会秩序，那么，在国家和社会之间此消彼长的互动中，尤其在公众的主体地位不断凸显的当下，警察更不可能成为国家意志和社会秩序的唯一承重墙，必须寻求公众的理解和配合。同样，在此背景下，公众也应理性认知和客观定位自身的主体地位，以实现国家意志和社会利益的平衡，确保自身利益的可预期性。

② 《马克思恩格斯选集》（第4卷），人民出版社1995年，第117页。

决定的警察形象及其社会声誉的确给警察的后世发展造成了难以消除的负面影响，这也意味着警察只能加倍努力，方可有效扭转其最初的社会形象。而在民主法治广受认同和警察地位今非昔比的当下，公众既怀疑警察又离不开警察的复杂心理仍能隐约反映出当初警察尴尬地位的遗存。他们从不同角度监督警务同样也是其怀疑和担忧警察的现实反映，进而说明社会已生长出应对乃至遏制警察异己性的有效措施，同时揭示出警察异己性逐步淡化的可喜趋势。

综上所述，警察是生产力发展和人类进步的结果，是无阶级的前国家时代向阶级化的国家时代过渡的必然产物，是阶级社会和国家时代的显著标志。由此也说明，“作为国家的延伸，警察的权力来源于国家权力”。[①] 在阶级社会里，阶级矛盾和社会矛盾不仅催生了警察，而且也丰富了警察的职能，这不仅是人类社会主观选择的结果，同样也是历史进步的客观要求。单就这一点而言，警察既是国家意志的保障，也是社会利益的体现，自然也初步具有了社会职能，即警察的统治职能中也夹带着少许的管理职能，至少所有社会成员都会因为警察的存在而避免更多难以预期的危险，其生存状况也因此变得更可预期。当然，此时的警察只是初具雏形，还不能算是真正意义上的警察，更不具备职业警察的基本特征和多数功能，但通过考察此时的警察，显然能够从中发现职业警察的一些原始职能，并为进一步围绕本书主题开展研究设定了历史起点和分析视角。

二、国家的演进和警察的发展

警察作为国家机器的重要组成部分，决定了“警察是国家权力的工具。”[②] 在此关系的规定下，警察职能也必然随着国家职能的发展而发展、完善而完善，无论是共时或历时考察，都能清楚反映出国家的演进对警察制度的深远影响。为了更好地认识和把握这种互动的历程和趋势，本书倾向于职业和非职业的划分标准，对国家和警察的互动进行历时性考察。当然，相对于警察史更为专业的研究标准，这种尝试只是粗浅地描述了警察发展的大概轨迹，难以为其设定明确的时间坐标，同样也不表明各个国家的警察制度都会整齐划一地发展，但是，即使不同国家的警察发展史存在的明显时间差也无法改变其从非职业到职业化的基本趋势。否则，因为历时探索警察发展的基本规律，对警察的发展史进行专业化的分析，过多的篇幅必然挤占本章的研究主题，甚至冲淡本

① ［美］罗伯特·兰沃西等：《什么是警察——美国的经验》，尤小文译，群众出版社 2004 年，第 42 页。

② ［美］罗伯特·兰沃西等：《什么是警察——美国的经验》，尤小文译，群众出版社 2004 年，第 44 页。

书规范化研究的理论特色。由此也可以说，这种历时考察只是基于理论铺垫的考量，仅有工具价值而无目的意义。

（一）国家演进过程中的非职业警察

上述分析表明，警察职业随着国家的出现而产生，但警察也没有因此即时成为专门化的职业群体，在相当长的时期内始终以非职业甚至是业余的角色存在，而且只是初步承担起警察的相关职能，因此可以说，这一时期有警察之实，而无警察之名。其间，在国家的规定下，警察和国家的互动主要表现在以下几个方面：

首先，与其他力量相混杂，但类似的警察职能初步显现。研究表明，“原始之世未有独立之警察组织，人类对自身之安全，如盗贼、水、火等悉赖自力之防卫”。① 马克思在研究国家历史时也证明了这样的历史事实，即早在国家出现之初，“公社氏族团体和农村团体被用之于行政和司法的目的……中央行政机关将警察职权和司法职权，即治安的责任，委托给他们。这就意味着，这些氏族和公社已经由与执行这些职能无关的独立的机关变为国家的最下级的警察和保安机构了。”② 即使在国家出现之后，由于生产力水平低下，国家职能还没有发生明显分化，警察仍然多以松散的社会化形式存在，许多警察事务主要由普通民众承担。例如，在1066年诺曼底征服以前的英国，“所有的太兴保甲都承担着维护国王的秩序的职责，太兴保甲的每个成员（12岁以上男性）都负有维护秩序的义务”。③ 另外，由于认识程度和组织能力等原因，警察和军队等国家机器混为一体，出现了军警不分的局面：“国家的权力，在原始时代，藉武力而发达。因此警察和军队，无意中就混在一起。这因为警察和军队的性质，都有着不可分离的权力作用的关系。”④ 显然，此时不仅不可能出现统一行使警察职能的专门机构，甚至还出现了行政机关统揽和包办警务、军事、审判等职能的现象。当然，在此阶段不同历史时期基本上都设立了称谓不尽相同、职能大致相似的机构和官吏，并行使着少量类似于职业警察权力的行政权力。所以，有学者考证后认为，“现代警察的职务是源于英国古代的巡捕

① ［日］松井茂：《警察学纲要》，吴石译，中国政法大学出版社2005年，第6页。

② 《马克思恩格斯全集》（第45卷），人民出版社1985年，第248页。即使在之后的发展过程中，警察的出现也没有彻底消除公众参与警察事务的传统和必要，中国的“保甲制”和英国的“太兴制”等长期存在，当下为人们乐道的警察社会化以及对公众参与的强调，不仅是对这一历史的有力佐证和生动再现，而且也昭示着警察职责将在社会发展中复归为公众的义务担当和日常事务的未来命运。

③ ［美］罗伯特·兰沃西等：《什么是警察——美国的经验》，尤小文译，群众出版社2004年，第57页。

④ 阮光铭：《警政概论》，商务印书馆1932年，第23页。

和更夫”。[①] 立足这一视角，这一社会治安机制在中国存在的时间明显不会晚于其他国家。由此可见，在世界各个民族，此种或类似形态的警察力量在历史上是普遍存在的，进而也说明警察源自于民的历史事实和回归于民的未来命运。

其次，警察主要承担政治统治的职能，社会管理职能明显薄弱。鉴于统治阶级设立警察的初衷，这一阶段的警察具有非常明确的政治职能，而且直接对最高统治者负责，维护其统治秩序，其具体职能主要是保卫国王和宫廷的安全，加强首都及周边地区的治安保卫。例如，早在公元前27年，古罗马皇帝奥古斯都在罗马城内组建了由士兵组成的皇帝卫士，其职责就是保护皇帝及其财产。[②] 同时，为了防止社会矛盾和阶级矛盾的激化，扼杀社会上乃至阶级内部的反对势力，一些国家在特定条件下还建立了特别组织，强化王室的安全措施，巩固阶级社会的政治统治。例如，我国历史上的明朝统治者为了强化君主专制，监视官吏和镇压人民，先后设置锦衣卫和东厂、西厂，专门刺探臣民“谋逆妖言、大奸大恶”之事。但是，与国王、宫廷和首都的保卫力量形成鲜明对比的是，由于相对偏远的地区较少直接涉及王室利益，也难以明显影响统治秩序，警察力量明显薄弱，其社会管理的职能更是难得一见，而且常常淹没在日常的行政管理事务之中，警察事务仍更多地依赖社会力量。受其影响，此时的警务活动具有明显的暴力强制色彩，缺乏必要的合法性和社会基础。

最后，执行警察职能的机构和官吏数量增加，人员分工开始明确，私刑仍普遍存在。随着生产力的发展和人类文明的进步，尤其在行政职能不断丰富和完善的背景下，警察也开始随着国家的发展而不断发展，其职能也渐趋丰富。例如，秦朝在县、乡两级开始设置中国历史上最早的专门治安机构——都亭，此外，“从警政方面看，秦朝无论是皇帝与皇室的警卫、户籍人口，还是消防、交通管理以及刑技、法医，都有相应的法律规定，并且许多规定细致入微”。[③] 与此同时，随着国家职能分化的发展，统治阶级逐渐认识到警察职能独立化的重要性，开始尝试把警察从军队和司法中独立出来，将其组建成人数越来越多、分工趋于具体的专职机构，并和军队、司法等部门相互制约、相互协作，在维护阶级利益和统治秩序等方面发挥着不可替代的重要作用。为此，松井茂曾这样描述这一时期警察发展的基本规律：“警察，初与军队混同，次

---

① ［美］约翰·列维斯·齐林：《犯罪学及刑罚学》，查良鉴译，中国政法大学出版社2003年，第752页。

② 张兆端：《警察哲学》，中国人民公安大学出版社2008年，第141页。

③ 王德柱：《两汉时期警政制度的特点》，《北京人民警察学院学报》2006年第3期，第23页。

与司法混同，最后始隶属于内务省，其沿革各国皆同。”[①] 但是，在这一历史时期，执行警察职能的机构和官吏的权力很大，而且拥有很大的自由裁量权，加上法律制度的严重缺失，根据其意愿使用私刑的现象屡有发生，在一定程度上扭曲了警察发展的方向，滞缓了警察完善的进程。

（二）国家演进过程中的职业警察

随着国家发展进程的加快，军队日益成为向外的专业化国防力量，“内部的控制越来越多地依赖于其他类型的‘监视’（surveillance）技术与制度”。[②] 其中，“在日常的社会制约中，警察的力量取代了军队的使用，并连带着对制定法律和监禁的制裁机制加以完善”。[③] 在此宏观背景下，职业警察的面世也就势在必行。相对于非职业警察，职业警察自然指专门以警察事务为己任的职业群体，其出现可以直接具体到1829年伦敦都市警察及其影响下发展和成长起来的警察。[④] 职业警察的出现标志着警察业余状态的结束，并且开启了警察专门化和职业化的进程。职业警察首先滥觞于19世纪初的英国，主要是因为商品经济有力推动了社会转型，经济发展加速了利益分化和社会矛盾，利益冲突加剧了阶级对立，而政治发展又从根本上否定了非法治的警务模式。尽管世界各国的历史传统存在着较大的差异，但在伦敦都市警察的影响下，其警察发展和完善过程都表现出相同或相似的内容和趋势。同样，我国也在内忧外患之下，最终于清末效仿西方，被动地建立起职业警察制度。在此历史背景下，随着社会矛盾日益激烈、国家职能日益完善，各国警察都先后走上了一条装备专门化、职权法治化、组织系统化、职能独立化的发展道路，并表现出一些共同的阶段性特征。

首先，国家为警察配备了统一的警用装备，制定了相应的制度规范。在这一发展阶段，受伦敦都市警察的影响，各国政府先后为本国警察配备了统一的制服和其他不断丰富的警用装备。这一举措作为职业警察区别于非职业警察的

---

① ［日］松井茂：《警察学纲要》，吴石译，中国政法大学出版社2005年，第38页。

② ［英］约翰·格莱德希尔：《权力及其伪装——关于政治的人类学视角》，赵旭东译，商务印书馆2011年，第24页。

③ ［英］约翰·格莱德希尔：《权力及其伪装——关于政治的人类学视角》，赵旭东译，商务印书馆2011年，第25页。

④ 当然，也有研究者将职业警察的起源追溯到1790年法国资产阶级共和国根据《人权宣言》建立的市政警察，其后又经历了1801年拿破仑执政时建立的巴黎警察和1829年英国罗伯特·比尔建立的伦敦都市警察。（详见石启飞：《警察职业、职业警察与警察职业化》，《辽宁警专学报》2007年第1期，第71页。）相比之下，罗伯特·比尔的建警原则更加符合职业警察的标准，而且以伦敦都市警察作为职业警察之始的观点也更为普遍，本书也因此倾向于以此作为职业警察的开端。当然，也有研究者以此为界，对警察史进行古代和现代的区分。（详见刘贵峰：《我国警察权研究》，中国政法大学博士学位论文2006年，第3页。）

显著标志和重要特征，不仅极大地方便了警察以国家名义行使职权，体现和维护了国家意志，而且还强化了警察管理，规范了警察权运行，方便了民众及时向警察请求保护和帮助，进而在很大程度上夯实了警察的社会基础，丰富了警察的合法性资源。与此同时，为了维护统治秩序，强化警察队伍管理，提高警务效能，统治阶级还在不断积累和总结经验教训的基础上，根据国家的宪法和法律设置警察机关的组织机构和体制机制，并制定了一系列的法规规章来约束和规范警察权运行，以达到制约和控制警察、体现警察和警务活动制度化和严肃性的目的，从而更加有效地维护了统治阶级的整体利益和长远利益。

其次，警察职能明显分化，服务精神开始显现。工业化以来，人类社会进入了一个分工明确、社会化程度不断加深的时代，并对国家权力的运行产生革命性的影响。在此背景下，警察机关也随着国家的发展而不断分化，这种趋势不仅要求警察机关必须紧跟时代步伐，进行科学分工，使各项警务活动更具专业性和针对性，而且要求各警种相互配合，相互补充，共同发挥警察的综合职能，积极回应国家发展的趋势和社会进步的呼声，满足公众的合理需求。与此同时，随着世界范围内民主进程的加快，国家权力分化和社会化的步伐日益明显，国家统治色彩明显淡化，其管理和服务的职能迅速扩张。受此影响，世界各国的警察都开始将警务活动的重心从镇压阶级斗争、维护统治秩序等政治职能逐步转向对社会秩序、公众诉求的兼顾，而且维护秩序和提供服务的广度和深度也在不断拓展，在整个警务活动中的比重也呈明显上升趋势。① 尤其在当代社会治安形势的吁求下，社区警务等新型警务模式更是因其明显的成效受到公众的好评，进而强化了警察的服务意识，坚定了警察机关积极转变职能的信心和决心。

最后，警察的招录和培训等制度日益科学和完善。在这一发展阶段，和其他行业一样，职业警察的制度建设也面临着越来越多的期待和越来越高的要求，尤其在科技革命和社会进步推动国家职能分化的背景下，各国警察机关在招录和培训警察的过程中，积极顺应时代潮流和社会呼声，一改非职业警察时期在此方面的低标准和随意性，日益强调警察的专业能力和职业道德，以回应民意对警察的业务能力和职业道德的期待。其中，自 1908 年美国加利福尼亚州伯克利市警察局局长奥古斯特·沃尔默设立第一家警察学校以来，警察招录和培训等环节在警察理论的引领下日渐科学，不断完善的制度资源和常态化、制度化的体制机制使得警察的职业素养得到了显著提升，警务效能因此得以大

① 罗伯特·比尔在建警十二原则和警务九原则中就把警察的服务职能提高到空前的高度，事实上也规定了之后警察发展的基本趋势。

幅提高，警察之于国家和社会的积极意义也更加凸显。受其影响，世界各国都逐步走上了警察招录、培训正规化和制度化的道路，并依据不断发展的理论和方法，科学设计警察的组织结构，建立健全科学的警察招录制度和培训制度，明显提升了警察的职业素质和警察权运行的科学水平。

通过简要的回顾，我们不难发现，“国家的目的不是把理性的人变成野兽和机器，而是使他们的身体和心灵受到保护，引领他们靠自由理性生活，并运用自由理性；这样他们就不会把力气浪费在仇恨、愤怒和欺诈上面，也不会对彼此不公。如此，国家的目的才可以称作真正的自由。”① 这样，在不同时期的政治生活中，警察职能作为国家职能的重要组成部分，不仅始终不可或缺，而且随着国家的发展而日益彰显其地位和作用，以至于“文明国家的一个最微不足道的警察，都拥有比氏族的全部机构加在一起还要大的‘权威’。”② 国家和警察的产生和发展以及两者的动态关系也说明，基于警察在国家权力结构中的定位，国家和社会曾经长期对峙、至今仍然分立的关系，便注定警察难以避免以下的尴尬角色：作为和国家相伴而生的统治工具，警察自然要体现和维护国家意志，因而极易被推向与国家和社会颉颃的前沿；为了发掘社会资源，提高警务效能，警察又必须设法争取公众对警务活动的理解和支持。从非职业警察到职业警察，以及在职业警察的历史和现实表现中，警察都无法摆脱乃至纠结于其置身于国家和社会、政府和公众之间的两难境地。值得庆幸的是，“从社会发展的远景看，国家权力的完全社会化，将是人类历史发展的必然归宿”。③ 国家的演进历史及其发展趋势都要求国家权力越来越淡化其统治职能，越来越凸显其管理和服务职能，越来越强调其对社会利益的尊重和维护。受此影响，警察显然不能无视这一趋势，更不能置身于这一趋势之外。恩格斯曾经指出，“国家并不是从来就有的。曾经有过不需要国家，而且根本不知国家和国家权力为何物的社会。在经济发展到一定阶段而必然使社会分裂为阶级时，国家就由于这种分裂而成为必要了。”④ 这就意味着，受国家辩证发展的影响，源自国家、扎根社会的警察无论自身存在何种特殊性，都不能摆脱国家的影响和规定，也不能无视国家职能分化和丰富的趋势，进而意味着警察将越来越受到社会利益的影响和规定，进而和国家一起遵循“源于恶，终于善”的发展轨迹，逐渐复归并消融于社会。因此，随着民主政治的不断完善，在国家越来

① ［美］哈罗德·D. 拉斯韦尔等：《权力与社会：一项政治研究的框架》，王菲易译，上海人民出版社2012年，第207页。

② 《马克思恩格斯选集》（第4卷），人民出版社1995年，第172页。

③ 郭道晖：《权力的多元化与社会化》，《法学研究》2001年第1期，第7页。

④ 《马克思恩格斯选集》（第4卷），人民出版社1995年，第174页。

越弱化对社会的控制、日益重视和尊重社会独立性和自主性的发展趋势中，警察自然要前所未有地承担起服务社会的重任，愈发重视在社会变革中探索警务变革的方向和路径，从社会利益中找寻新的生长空间和合法性依据。显然，这一图景在简要回答“后国家时代社会秩序何以可能和如何实现”这类问题的同时，既实现了对国家时代的否定和超越，又描述了后国家时代文明所能达到的高度和人类社会不断发展的无限空间。

第二节 警察权的运行特点

警察的合理性并不能否定或遮掩其负面影响，其给人类社会带来的种种不便必然要求人们像当初设计警察一样，探索和设计控制警察的体制机制和现实路径。也正因为如此，人们逐步认识到，“如果说公共权力对强制力的垄断有助于限制私人之间的暴力行为，标志着人类从野蛮状态进入文明状态，那么，通过一定的制度和程序设计保证公共权力使用惩罚权力的准确性和有效性，则是衡量一个社会文明发展程度的重要指标之一。”[①] 在此背景中，对警务活动实施监督显然是顺应社会进步和权力发展的必然要求。立足警察和国家的关系，警察是国家权力的职能分工，是国家意志的执行者和体现者，但这并不意味着警察只能亦步亦趋地追随和重复国家的踪迹。也就是说，警察权除了兼有国家权力的一般属性外，在其相对独立、明显独特的环境中也会表现出自身的运行特点。在这些运行特点中，广泛性、深入性、强制性和公共性也许并不能全面、却最能反映警察权的行业色彩，以及警察之于国家和社会的重要影响，进而也最能凸显警务监督的必要性和紧迫性。

一、警察权运行的广泛性

随着安全和秩序的制约因素日益复杂和增多，警察队伍空前壮大，约占全国公务员的1/4，在一些大中型城市更是高近1/2。即便如此，警察权运行的广泛性还有更多的指涉。阮光铭曾经指出，“古代的警察，在任何的国家中，都和其他的政务相混同，以为国家的行政，只有警察。所以警察权的活动很广泛”。[②] 如果说非职业警察因为和其他国家机器的混同，难有明确的权力边界，表现出一种传统的广泛性，那么，即使在职业警察制度确立和不断完善之后，警察已从一般统治权收缩并凸显为以维护社会治安为主要职责的特别统治权，

---

① 江涛：《公共哲学》，中共中央党校出版社2003年，第82页。

② 阮光铭：《警政概论》，商务印书馆1932年，第3页。

其权力适用范围也远非其他行政权力可比，仍具有非常明显的广泛性。为此，松井茂曾这样描述一个世纪以前警察权的广泛性："吾人日常生活与警察之关系至为密切。自孩儿初生之时，即有赖于产医，而产医之取缔，则为警察之职务。一旦与世长辞，殡殓葬埋等，乃卫生警察应司之事。他如散步、乘车、沐浴、理发、旅馆之寄寓，酬酢之燕集，举凡民众生活，胥与警察有不可离之关系。"① 虽然说时过境迁，当下警察权的运行范围已明显收窄，而且在不同国家也有所差异，但是，警察权在运行过程中对社会生活的影响仍极为广泛，以至于有研究者认为，"不论政治方面与行政方面，其重要事务，无有加于警察行政者"，② 而且越来越成为人们的共识。也正是基于这种广泛性，人们甚至认为警察"无人不管，无事不管"，③ 并在许多领域产生广泛影响。

首先，警察权运行的广泛性表现为对社会生活的广泛影响。上述分析表明，从历史到现实，不同时空下警察权的适用范围自然不可能完全一致，但几乎所有国家的警察权在行政权中的管辖范围无疑最为广泛。在日本，"关于赤化运动、选举问题，及其他风俗、交通、犯罪、工场营业、火灾、疾病等，凡属于民众生活者，均归纳于警察行政范围之中。"④ 在中国，根据《中华人民共和国人民警察法》的规定，仅公安机关的警察职责就包括打击犯罪、维护治安、交通管理、危险品管理、特种行业管理等 14 项，几乎涉及社会生活的方方面面。如果将其他部门的警察也纳入其中，其管辖范围并不逊于历史或其他国家。置身于这样的管辖范围，几乎每个人在日常生活乃至其一生中，都能通过不同方式明显感受到警察权的影响。如果将大量服务型警务考虑在内，公众和警察的联系更加频繁，他们之间甚至"只有一个电话的距离"，因而更是可以时时感受到警察和日常生活的关系，处处感受到警察对社会秩序和生命财产的影响。此外，即使在最消极的意义上，那些从未和警察发生过直接接触的社会成员，其出生、户籍、升学、就业、婚姻等基本信息也在警察机关的掌控之下，任何一项信息的变更都离不开警察，同样也能感受到警察无所不在的

---

① ［日］松井茂：《警察学纲要》，吴石译，中国政法大学出版社 2005 年，第 3 页。这种影响对我国早期的警察职责产生明显的影响，在晚清时期，甚至维护城市环境卫生、监督清洁人员作业也是警察的职责。1906 年，上海城厢内外总工程局颁布的《巡士上差职务》要求巡士"拒解"下列行为人：在街道随意大小便者，4 月、5 月、6 月、7 月、8 月早晨 8 点钟后其余月份早晨 9 点钟后倾倒垃圾者，投弃尘垢瓦砾及已死之牲畜与一切秽物于街道或河中者，粪桶无盖者。［详见杨逸纂：《上海自治志》，（台北）成文出版有限公司 1974 年，第 1034 页。］

② ［日］松井茂：《警察学纲要》，吴石译，中国政法大学出版社 2005 年，第 13 页。

③ ［美］罗伯特·兰沃西等：《什么是警察——美国的经验》，尤小文译，群众出版社 2004 年，第 161 页。

④ ［日］松井茂：《警察学纲要》，吴石译，中国政法大学出版社 2005 年，原序。

影响。

其次，警察权运行的广泛性表现为全天候的工作时间。其他行政机关乃至其他国家机关在社会涉及面方面相对狭小，通常都有明确的工作时间，即使为社会提供管理和服务也具有明确的时间规定。对于这种规定，公众也未感受到明显的不便，至少还未普遍出现取消这种时间规定的要求。相比之下，随着社会的发展，警察权运行的广泛性在为公众提供更多利好的同时，也激发了他们对警察日益增长的期待，尤其是打击具有突发性和复杂性的违法犯罪行为，必然要求警务活动具有全天候的时间保障。这种时间上的期待不仅要求警察“不分昼夜，不问寒暑，冒风雪，犯霜雪”，① 而且保证公众可以随时从警察机关获得帮助，或免于更多更深的伤害，以至于这种时间要求已强化为警察机关的制度规定，并普遍内化为警察的职务常规。现实中，所有关注和了解警察的人们都不难发现，这种时间上的规定使得警务活动具有其他政务活动难以想象的强度，当然也因此改善了社会秩序，基本满足了社会各方面的警务需求。正是在这一层面上，全天候的特征既是广泛性的重要表现，又是广泛性的内在机制，警察也因此被称为“国家不眠的眼睛”。②

最后，警察权运行的广泛性还表现为对其他行政权的补充和支持。随着社会转型和行政权的不断扩张，原先平衡的行政分工机制有所瓦解，并正在逐步形成新的平衡。在这一背景下，作为行政职能分工的警察机关不仅获得了其他行政机关的部分权限以及大量的自由裁量权，而且还获得了行政立法权和行政司法权，从而使之既能够及时处理和裁决一些相对简单的纠纷，又能够制定具有普遍约束力的制度规定。正是这样的权限调整，加上警察机关对公众基本信息的掌握、对社会各领域的控制都明显优于和强于其他行政机关，不仅保证了警务活动的正常开展，而且决定了其他行政机关在其政务活动中也要依赖警察机关为其提供必要的信息，甚至有时还要求警察机关为其提供必要的警力支持，为其行政活动的正常开展提供基本的秩序保障。显然，如果说其他行政机关当初对警察迫不得已的依赖，有其无可否认的合理性，也从特定视角反映了警察的现实价值，那么，这种关系在当下则明显出现了极端化的倾向，以至于警察已明显沦为其他行政行为的急先锋和替罪羊。这既反映了警察机关自身的错误定位和政府对警察机关的不当期待，也说明其他行政机关乃至非行政机构有待发展和完善的作为空间。当然，这并不意味着今后警察就不再为其他行政

① ［日］松井茂：《警察学纲要》，吴石译，中国政法大学出版社2005年，第45页。

② ［美］罗伯特·兰沃西等：《什么是警察——美国的经验》，尤小文译，群众出版社2004年，第47页。

机关提供支持，而是要求警察不能走到其他行政机关的前面，甚至替代他们，成为其行政活动的主导，而是只能依法为这些行政活动提供基本的秩序保障。

当然，广泛性的特点也为警察权的泛化乃至全能化增添了貌似合理乃至冠冕堂皇的借口。事实上，这种广泛性并不等于全面性或全能性，也不意味着警察权可以漫无边际地扩张，或者警察机关基于对社会无限承诺的自我陶醉，而是指法律法规在诸多方面的广泛授权，并通过制度创新得以动态地体现。在民主法治的背景下，作为国家权力的分工，警察权运行的广泛性不可以脱离有限政府的总体趋势，也不应该挤占或取代其他部门的职能，否则，全能化的警察权不仅会因为貌似的无所不能或全面包办而制约政府的职能分工和各职能部门的平衡发展，而且会因为这种虚假表现而导致其主业的低能和低效，不可避免地制约其合法性。但在现实中，尤其随着对服务型警务的强调，这种广泛性已经到了被严重误解的地步：一方面，警察机关只看到这种广泛性，甚至产生了曲解，却没有看到这种广泛性背后的理论内涵和制度规定，以至于向社会做出了“四有四必”、“有困难找警察”这样的承诺；另一方面，这样的承诺不仅使各级政府高估和放大了警察的作用，也让公众对警察充满了无限的期待，进而将警察幻化成无所不包、无所不能的全能机器。一旦这样的承诺付诸实践时，自然无法与公众期待进行对接，甚至导致公众巨大的心理落差，进而将警察置于无法践诺的尴尬境地。虽然这些现象可以部分地归结为社会发展的不成熟和部分民众无度消耗警务资源的狭隘心理，但也充分反映出警察机关忽视警务理论研究、随意或错误进行自我定位的事实和后果。让人有所宽慰的是，随着这样的承诺暴露出越来越多的问题，陷入被动的警察机关开始对这样的制度规定进行深层反思，并进行了或多或少、或明或暗的纠正，从而使警察权的广泛性逐步回归到制度的框架之内。[①] 当然，警察机关之外的组织和个人也应立足社会利益的高度，珍惜和慎用有限警力，确保其得到恰当地使用。否则，以广泛性为借口，毫无节制地使用警力，必然挤占和排斥他人和其他领域对警力的正当诉求，必然对社会利益造成损害，进而背离警察权广泛性的良好初衷。

---

① 也有人认为，这种承诺只是特定时空的权宜之计和策略选择，有其相应的良善动机和现实合理性，但是这种违背规律的决策必然导致整体和长远的弊大于利。事实上，此后相关的纠正措施并没有明显消除这些承诺的负面影响，更难以明显扭转公众对警察的全能期待，也就足以说明，无论主观意愿如何，缺乏科学理论支撑的警务活动难免会事与愿违，进而要求警察机关以此为戒，进行深刻反省，以免类似问题的再次发生。但是，警察机关似乎并没有从中汲取足够的教训，警务活动中的长官意志依旧明显，局部经验的制度化倾向也非常突出，甚至出现一些突破底线的道德法律化现象。

二、警察权运行的深入性

在论及警察权运行广泛性的同时，也必然会引发这样的思考，即警察权的影响是否仅在广度上不断拓展？显然，这个问题的答案是否定的，因为警察权广泛性的不断拓展，只是初步解决其覆盖面问题，并不意味着相关领域的问题能得到有效解决。也就是说，要想真正实现对社会的有效管理，维护长治久安的统治秩序和社会秩序，就应在保证适当广泛性的同时，在尊重和遵循警务规律的基础上，以其应有的深入性提高警察权运行的深度和精度，进而精准地化解各种消极因素，进一步体现警察权之于国家和社会的积极意义。

首先，警察权运行的深入性体现为对公众的深远影响。如果警察权只满足于广泛性，必然会在解决相关问题的有效性方面有所疏漏或明显低效，各种逃避警察监管的冲动必然滋生蔓延，广泛性所追求的目标也因此受到削弱。这就要求警察在依法保持广泛性的同时，积极发掘其深层监管和掌控的能力，以防范和遏制各种不当不法的行为，进而在发展中为公众持续提供良好的安全和秩序。事实上，这种深远影响不仅客观存在，而且可以从正反两方面加以理解：一方面，积极、正面的影响犹如洁净的空气，渗透到公众的日常生活之中，为他们提供各种必需的帮助，置身其中的公众须臾不能摆脱却又难以察觉这种影响，以至于人们认为一切都是理所当然。所以，长期置身于良好环境中的人们通常不会明显感受到警察权的常态运行，恰恰证明了这种深入性已与其日常生活浑然一体，甚至到了不刻意关注都难以觉察的地步。另一方面，警察消极、负面的影响恰如污浊的空气，不仅无法为公众提供起码的社会秩序，其自身行为也会给公众造成种种不便，甚至直接侵害社会利益，恶化社会风气。例如，一个不当不法的警察能够通过人数众多的警务客体而扩散和放大其负面影响，进而恶化公众关于警察机关乃至政府和国家的认知和印象；再如，一个基本信息的误差必然影响一个人的户籍、入学、就业、婚姻和社会保障等重要方面，即使理所当然的纠正或调整也必然要求相关部门和领域做出相应的调整，可谓是“牵一发而动全身”；又如，一次错误的抓捕会让一个人倍感屈辱，难以正常地生活在原有的环境之中，严重时可以使人身陷囹圄，甚至付出生命的代价。所以，这种深入性不仅要求警察严格、公正、文明地开展警务活动，而且要谨慎地行使警察权，以免在疏漏之中造成无法挽回的损失。

其次，警察权运行的深入性是对转变社会管理模式的现实回应。社会管理模式的不同决定了警察权运行时空特点的差异。在传统社会，人财物相对静止地存在于比较固定的社会环境中，体制外流动缺乏应有的制度空间，警察只要在广度上进行控制，便可对社会进行有效管理，维持基本的统治秩序和社会秩序。但在深受市场经济影响的当下，人财物以一种前所未有的速度和方式流动，而且未来的流动必将更加灵活快捷，如果警察仍停留并满足于对现实生活的静态管理，不仅会限制人财物的正常流动，制约社会发展的方向和速度，而且也必然会与国家和社会的发展背道而驰，进而从根本上否定自身存在的价值。这就意味着，警察机关不仅要主动顺应社会发展潮流，加强日益专业化、更具针对性的警种建设，保障和推动人财物合理的常态流动，而且还应有效应对其中各种不当不法行为，为经济建设和社会发展提供应有的秩序保障。这就要求警察机关主动顺应社会发展大势，逐步取消许多不合时宜的行政许可，进而要求警察在适当“放”的同时强化精准“收”的能力，提高对社会监管和掌控的能力，以一种“内紧外松”的管理模式回应社会管理模式的转变，有效防范经济转轨、社会转型对秩序安全的冲击。在此背景下，警察权的运行，尤其是在预防违法犯罪、侦查刑事案件等方面，在相关领域的涉及之深、所用措施之隐秘远非其他行政机关可以企及，而且还存在不断加深的趋势。可以想象，随着社会发展进程的加快，这种在广泛性基础上对重点领域、行业和人口进行深层监管的趋势必将以一种更为巧妙、策略和隐蔽的方式继续向纵深发展，以体现警察在社会发展进程中精准监管和惩恶扬善的积极作用。

最后，警察权运行的深入性是科技进步的必然结果。现代科技在给人类社会带来诸多利好、产生深远影响的同时，也为犯罪行为提供了更多隐蔽或便捷的科技手段，这就要求警察机关保持高度敏感，并在深度上做出及时回应，以便及时打击和有效遏制高科技犯罪。当然，现代科技的发展成果也能够为警察提供更多有效的侦查破案和治安管理的手段，从而推动警务活动向纵深发展，以解决传统条件无法解决的警务难题。例如，由高科技支撑的监控设备能够在警力不逮或不足的时空中发挥关键作用，如真实记录警务活动的全过程，帮助追溯各种案件信息，进而有效拓展警务活动的空间，提高警务效能；再如，在科技进步的推动下，警察机关将警务活动的触角延伸到网络领域，并不是简单地关注网络普及带来的问题，而且还深入研究网络如何对社会生活产生影响，以及产生哪些影响，以便有的放矢地采取对策；又如，在网络监管过程中，尤其是为了积极应对网络诈骗、网络赌博和网络贩毒等新型犯罪现象，警察权不仅会在技术层面上不断延伸，及时采用先进科技，增强监管的针对性和有效性，而且也必然对公众，尤其是涉案人员和重点人口的相关信息进行准确了解和把握。由此可见，在现代科技的推动下，警察权运行的深入性不仅要求警察在宏观和微观两个层面上，超常规动用各种科技资源，突破时空限制，强化对社会的深层监管，显著提高警务效能，尤其是打击违法犯罪的能力，而且还要求警察在传统领域也要充分挖掘现代科技的潜能，精准把握问题的症结所在，并在科技支撑下强化对相关领域潜在风险的有效防范和积极应对。

需要指出的是，广泛性和深入性只是从不同维度反映了警察权的运行特点，具有同一的主体指向，即都是在不同参照背景下警察权的不同表现，其中，广泛性是相对于其他行政权的共时特征，而深入性则是警察权运行过程中不同于以往的历时反映。由此可见，广泛性是深入性的前提，是相对于深入性的另一种维度的现实表现，深入性则是广泛性的发展，是在广泛性的基础上对社会现实的积极回应。正是两者的相互支撑、相互影响，广泛性和深入性皆表现出明显的动态性，故不应对其作静态性的理解，更不意味着深入性必然在警察权涉及的各领域齐头并进，也会因相关问题的不同影响而有所不同。当然，关于深入性也应避免无限化和绝对化的理解。正如广泛性并不意味着警察权可以包揽一切，更不允许其进行全能主义的扩张，深入性也不可以在广泛性所涉及的领域毫无限制地洞穿一切，持续挤占社会的自主空间和公众的正当权益。相对于实践中的广泛性，深入性的不当不法表现更加难以界定，因而更加频繁多样，因为相对于广泛性相对明确的制度规定，深入性更多取决于警察的相关意识和能力，往往很难在制度上予以明确规定。例如，在处理治安隐患时，如何将其遏制在苗头状态，又能依法保障警务客体的正当权益；网络监管在准确锁定违法犯罪证据的同时，又将如何保障其他人的网络权利，等等。显然，深入性对警察的职业境界、专业知识和业务能力提出了更高的要求，要求他们在“法无规定即禁止”的原则下恰如其分地平衡权力和责任的关系，进而体现警察权之于社会的现实价值，保障公民权利的终极意义。

三、警察权运行的强制性

权力作为人类社会的常态现象，始终内含着对客体和对象的强力支配。当权力与国家机关、政治生活联系在一起时，其强制性更是作为一种常态，达到空前的程度，以至于人们认定，“政治机构区别于其他机构的最明显之处是凭借其对强制手段的垄断性控制”。[①] 正是因为对国家强制性理所当然的承认，有研究者得出这样的结论：“政府的唯一作用就是镇压人们的恶行。如果今天人们消灭了罪恶，明天他们就有权要求取缔政府及其所有恶事。”[②] 也正因为这种可能的侵害性，现实中的国家强制力必须慎用。如果说人们对这一观点毫无疑义的话，那么，警察机关无疑是强制色彩最为浓厚、使用强制手段最为频

---

① ［美］丹尼斯·朗：《权力论》，陆震纶等译，中国社会科学出版社2001年，第50页。
② ［英］雪莱：《雪莱政治论文选》，杨熙龄译，商务印书馆1981年，第70页。

繁和最有保障的行政机关，其中的治安行政强制权、刑事强制权、警械武器使用权和紧急状态处置权等权力直接涉及公众的人身和财产权利，更是进一步强化了这样的特征，以至于有学者将警察定义为“享有国家授予的在国家领土范围内使用暴力的一般权力的机构或个人”，“只有警察才有权强迫服从”，[①]强制性也因此成为警察权最为显著的特征。

首先，这种强制性来自国家的授权和法律的确认。霍布斯曾经形象地强调，“不带剑的契约不过是一纸空文”。[②]而恩格斯更是明确指出，“国家的本质特征，是和人民大众分离的权力……对于公民，这种公共权力起初只不过作为警察而存在，警察和国家一样古老”。[③]由此可见，警察权作为由国家授权并得到法律确认的权力，决定了警察有权依法打击所有破坏统治秩序和社会秩序的行为，也决定了任何组织和个人必须履行服从警察的义务。就此意义而言，服从警察的强制手段，就是对国家强制力的服从，就是对法律权威和国家意志的遵从。基于这种强制性的合理性，即使现实中存在许多不当不法警务，作为警务客体的公众也必须服从警察指令，其对警务活动的质疑和监督也必须建立在对这种强制性的服从基础之上，更不能破坏警务活动所追求的安全和秩序。而大量警令不畅、公然顶撞甚至辱骂殴打警察的现象无疑就是对警察权强制性的藐视，更是对法律权威和国家意志的挑战。当然，对警察权强制性的认同和服从并不是公众的单方面义务，同样也赋予警察不可推卸的责任。它在规定警察依照法定程序和实体规定行使职权的同时，也内含着警察必须承担不得滥用职权的责任。如果说任何组织和个人对这种强制性的无知或藐视都是认识上的错误，那么，放弃或滥用这种强制性同样是极其错误的违法行为，也要承担相应的行政乃至法律责任。

其次，这种强制性和警用装备紧密相连。有关调查证明，即使在美国这样枪支泛滥的国家，在逮捕疑犯时不使用暴力的比例也高达71.4%。[④]那么，究竟是什么原因强化了人们对警察权强制性及其作为暴力工具的印象？显然，这种印象除了是与其他职业和其他行政权力进行比较的结果，更为重要的应当是警察独有的各种警用装备（如警服、警械等）及其在警务活动中的频繁亮相。警用装备不仅是警察有别于其他职业者的显著标志，而且也是警察权的外部表

---

① ［美］罗伯特·兰沃西等：《什么是警察——美国的经验》，尤小文译，群众出版社2004年，第5页。

② ［英］霍布斯：《利维坦》，黎思复等译，商务印书馆1996年，第17页。

③ 《马克思恩格斯选集》（第4卷），人民出版社1995年，第116页。

④ ［美］罗伯特·兰沃西等：《什么是警察——美国的经验》，尤小文译，群众出版社2004年，第433页。

现及其强制性的间接宣示。在现实警务活动中，面对身着警服、手持警械的警察，即使旁观者也会明显感受到压力和威慑力，殊不知这种感受并非警察的主观意愿及其工作态度的粗暴，而是警察的工作性质和警用装备共同追求的效果，甚至在很大程度上可以说是警察权运行的必然结果。同样，当下对见警率的强调，同样也是利用警察和警用装备，强化对违法犯罪企图的威慑，增强公众的安全感。也正是基于这一原因，所有其他机构和人员使用警用装备的行为都是对警察权强制性的非法私用，都是法律所不允许的。基于同样的道理，任一警察在警务活动中都必须严整着装，规范使用警械，否则，就是对这种强制性的玷污和侵害，都会严重影响警察的职业声誉和社会形象。

最后，这种强制性具有动态性的特征。相对于广泛性和深入性，强制性具有更为明显的动态性。不仅如此，对该动态性认识或把握得科学准确与否，将直接影响现实中的警务效能。理论和实践反复表明，强制性不仅与警察紧密相随，而且在不同时空下会有明显的强弱之分，这自然要求用动态的眼光认识和对待强制性。一方面，这种动态性体现为警察权的强制性和国家权力的表现同向进退。在不同国家里，由于国家性质和国家制度的差异，警察权的强制色彩也不尽相同：在专制国家，这种强制性的暴力成分更多，针对性更加普遍，使用也更加频繁；在民主国家，这种强制性的暴力色彩明显淡化，更多是作为一种潜在的威慑力而存在，是一种应当慎用、少用乃至备而不用的力量。而在一国之内，随着国家权力民主化进程的加快，公众的民主法治意识不断提高，警务活动中打击和镇压的成分日益减少，管理和服务的比重明显上升，说服、告诫、调解等手段日渐增多，强制手段自然会相应减少。另一方面，这种动态性与警务活动主客体的素质息息相关。警察权的强制性既会让警察对其产生简单易行、高效便捷的幻觉和倚赖，又会在作为警务客体的公众中强化其粗暴冷漠、无情压抑的感受。受其影响，所有能科学准确进行职务定位的警察既会因为尊重公众而发自内心地慎用和少用强制手段，又会在需要之时及时使用强制手段，以应对企图恶化社会环境的警务客体。相反，对此抱有错误认识乃至私利企图的警察自然难以避免当用不用、不当用滥用的恶性旋涡。同样，能够正确认识警察职能、平衡权利和义务的公众，一般会在理解、尊重和配合中服从警察指令，警务活动的强制性自然无须明显地表现出来。相反，那些权利意识膨胀、义务意识淡薄的民众往往因其非合作的态度，极易强化警察态度粗暴、语言生硬的风格，甚至还会导致其在冲突之中使用警械，警察权的强制性也因此非常明显地表现出来。所以，罗伯特·雷纳曾非常直观地指出，“一个和蔼可亲的警察……仍是身着制服，手拿警棍和电棒……但安抚失败、斗殴开始之时就能充分利用了”。[①] 由此可见，常态中的警察强制手段总体上应当表现出遇强则强、遇弱则弱的动态性特征，以遏制各种挑战警察权威和国家意志的行为。

当然，现实中警察的强制手段既有明确的法律授权，通常也“完全是对一般民众的爱护，并不怀有什么恶意”，[②] 但也不意味着任何警务活动都要以强制手段为前提，甚至可以随意使用强制手段。事实上，“武力通常用来树立掌权者使用武力的意志或能力的可信性，从而将来可以对其对象行使强制性权威，而不必诉诸武力。于是，在这种武力使用中存在固有的自我清除特征”。[③] 也就是说，使用强制手段不仅在于有效处理警情，更在于通过宣示而产生相应的威慑力，进而达到少用乃至不用的效果。换而言之，使用强制手段本身并不是目的，其目的在于减少甚至不用强制手段，否则，必将导致不得不依赖更加强制的手段，进而将警察乃至国家置于骑虎难下的危险境地。应当承认，随着民主政治的发展和人权保障措施的完善，当下警察普遍具有慎用强制手段的意识，但由于强制手段在处理一些比较棘手的问题方面简单易行，且收效明显，强制手段被滥用的现象仍时有发生，尤其是其他行政机关倚重强制手段的冲动明显增多。如果这种趋势得不到及时遏制，那么，警察“往往因为滥用权力，而使社会民众失去了信仰。倘遇着此项信仰失去的时候，那警察权的本身，和国家的权力作用，都有崩溃的危险”。[④] 因此，所有借助和依仗警力的机构都要清醒地认识到这种强制性的两面性，只有“在万不得已的时候，才能行使”，[⑤] 而警察更应对此保持科学认知和准确定位，以便在兴利除弊中发挥警察权的积极作用。

与滥用强制手段相对应的还有另外一种倾向，即在民主法治的进程中，人性化执法的价值日益凸显，并逐渐受到重视和推崇，以至于警务活动出现了明显的去强制性趋势。事实上，人性化执法作为一种颇具人文精神的执法理念，需要有一定的前提，并不应将它绝对化。[⑥] 也就是说，慎用强制手段并非不用，在一些无法恢复社会秩序的情况下，放弃使用强制手段无疑会放任社会秩

---

① ［英］罗伯特·雷纳：《警察与政治》，易继苍等译，知识产权出版社2008年，第7页。

② 阮光铭：《警政概论》，商务印书馆1932年，第27页。

③ ［美］丹尼斯·朗：《权力论》，陆震纶等译，中国社会科学出版社2001年，第89~90页。

④ 阮光铭：《警政概论》，商务印书馆1932年，第24页。

⑤ 阮光铭：《警政概论》，商务印书馆1932年，第25页。

⑥ 执法作为对立法的落实和延伸，应当体现立法的精神，并在其框架内运行。如果立法本身对有关事宜没有相应规定，哪怕是出于良好的意愿，执法者也不应超越立法界限，擅作主张，出现于法无据的执法行为。因此，强调人性化执法也就需要再三权衡，更需要在立法层面上加以体现，否则，于法无据的人性化执法必然违背立法宗旨和原则。

序的持续恶化，不仅会严重侵蚀警察权威，而且也是对各种违法犯罪的纵容。事实上，无论在理论和实践层面，还是立足历史和现实的视角，鉴于国家意志的现实性和社会利益的至上性，“在所有的维护和平的各种策略背后的底线仍是动用其法律惩罚手段，最终动用法律强制力”。[①] 所以，人性化执法终究是一种执法行为，自然应建立在执法效果得以基本保证的前提下，是在实现警务目的的基础上才需要考虑的问题。尽管随着时代进步，这种强制性可能会被淡化，或隐而不发，但是，只要警察存在一天，强制性就不可能完全消失。所不同的是，暴力强制的比重会越来越少，而法律强制的成分则会越来越多。由此可见，人性化执法的泛化乃至对强制手段的替代必将使警务效能大打折扣，造成更多的安全隐患，损害更多人的利益，必然使更多人遭遇非人性化的对待。相反，用人性化的标准淡化而不废弃警察权的强制性，合理使用强制手段，全面防范和精准打击违法犯罪，则是社会文明进步的必然要求和重要表现。[②]

上述分析表明，动用强制手段，但也要防止滥用，强调慎用也绝非不用，其中的适度也往往因为极其复杂的警务活动而难以在制度上加以明确规定，但无论如何都应当以保证警务活动的正常开展为前提。由此可见，警务活动中的强制手段从传统的滥用到当下更多的轻易放弃，一方面暴露出警察机关理论研究的乏力和思想认识的偏差，另一方面则反映了警察进退两难的内心困惑，进而反映出其职业素养仍有明显的提升空间。而警察权强制性的极端化表现又意味着在此背景下的警务活动明显有违国家和社会的期待，国家和社会也不会听之任之，必然会诉诸诸多措施予以纠正，进而凸显警务监督的现实价值。而在警务监督中，关于警察权强制性的认识偏差和实践误区也会得以扭转，并在实践中逐步趋于理性，进而体现警察权更为真实的现实意义。

四、警察权运行的公共性

上述分析表明，广泛性、深入性和强制性作为警察权运行的外在特点，事实上取决于警察权内在的政治属性，进而取决于国家的政治属性以及或明或暗伴随其左右的公共性，甚至可以说是警察的政治目的和政治责任规定了警察权的广泛性、深入性和强制性。警察作为人类社会政治生活的有机组成，始终是作为重要的政治关系和政治现象存在于人类社会之中，甚至可以说，“警察作

---

① ［英］罗伯特·雷纳：《警察与政治》，易继苍等译，知识产权出版社2008年，第3页。

② 就此意义而言，无论是人性化执法，还是更为宏观的以人为本，既对警察权的强制性产生重要启示，又对警务监督的主客体提出相应的要求，其意义在于挖掘人性中的真善美，而不是放纵其中的假恶丑。

为一种特定的政治现象，与人类的政治生活有着密不可分的联系”。[①] 这种政治关系必然要求警察根据政治主体的力量对比，采取不同的权力运行方式：在国家强势的背景下，政治性明显遮掩了国家作为公共权力的公共性，但在国家和社会的此消彼长中，社会的终极价值则逐渐凸显了国家的公共性。因此可以说，上述的广泛性、深入性和强制性虽然在不同的历史时期呈现出量的不同，却并无质的区别，都是人类社会对警察及其规范角色的共同期待。也正是因为警察和警察权反映了政治力量的对比和政治生活的走势，也就决定了警察在人类历史上的多样面孔：“警察是政治权力不可缺少的组成部分，政治权力的阶级性、公共性和自利性决定警察也具有多重性质，它既是实施阶级专政的力量，又是维护公共秩序的卫士，在一定条件下也可成为极少数野心家巧取豪夺的帮凶。”[②] 即便如此，警察权运行的公共性仍然有其内在规律和基本走势。就此意义而言，警务监督研究就不应狃于技术的视角，而应立足国家的高度，审视和分析警察权政治性和公共性的互动关系。

首先，警察权运行的公共性取决于国家的发展程度。从警察和国家相伴而生的关系来看，国家设置警察，就是为了维护统治阶级的既得利益，并为更多的利益诉求提供稳定的统治秩序。前文分析已经说明，即使在非职业警察时期，国家也对警察寄予厚望，从国王和首都的安全保卫，到更广范围内对统治秩序的维护和各种潜在风险的防范，无不显示出警察承载的政治责任，即使公众也能从中受益的打击犯罪等警务活动仍然是政治统治的需要，警察的社会职能也因此在相当长的时间内服从和服务于政治统治的需要。[③] 就此意义而言，“警务是天生的、不可避免的政治”。[④] 也正是因为这种政治性，随着社会的发展，公众对职业警察产生了一种不同寻常的期待，期待其能够以一种全新甚至颠覆性的形象出现在世人面前。然而，“英国现代警察是在 19 世纪早期作为一个备受争议的机构而诞生的”。[⑤] 如果联想到当时的历史背景，备受争议的显然是，即使职业警察也无法消除其历史惯性，仍然具有鲜明的政治职能，却缺失足够的社会职能。虽然此后的职业警察也不止一次地试图证明，“我们警察执行的是公众的意愿，不是执行任何政府部长、市长或其他官员的意愿，也不

---

① 胡大成：《警察的政治分析》，《山东警察学院学报》2005 年第 1 期，第 108 页。

② 胡大成：《警察的政治分析》，《山东警察学院学报》2005 年第 1 期，第 109 页。

③ 当然，最初的国家权力完全丧失了前国家时代权力的公共色彩，但也无法将公共性从中连根拔除，进而使得公共性在之后国家和警察社会职能的逐渐显现中再次发展壮大。

④ ［英］罗伯特·雷纳：《警察与政治》，易继苍等译，知识产权出版社 2008 年，第 9 页。

⑤ ［英］罗伯特·雷纳：《警察与政治》，易继苍等译，知识产权出版社 2008 年，第 56 页。

是执行任何政治党派的意愿”，[①] 但是，这种努力不仅在理论上缺乏令人信服的依据和可行性，而且在实践中淡化其政治性的迹象也并不明显。经过这样的教训之后，警察机关似乎也终于明白，“警察的这种在政治上保持中立或独立的观点是经不住推敲的。这一理念建立在将警察限制于派系冲突这一站不住脚的政治观念上。从广义的角度看，所有的带有权力因素的关系都是政治。从这种意义上说，警务是天生的、不可避免的政治。”[②] 也正是基于这样更为准确的定位，即使曾经鼓吹中立的西方警察对政治也不再讳莫如深，他们在一如既往地从事维护社会秩序、打击违法犯罪的“低级警务”（low policing）的同时，也理直气壮地承担着“控制明显政见不同者”的“高级警务”（high policing）。[③] 由此可见，在国家存续的背景下，人类社会的政治生活对警察的需要，将决定警察无法消除警察权的政治色彩。基于这样的准确定位，警察与其百般遮掩，毋宁公开承认警察权的政治性，在此基础上再设法凸显和强化其内含的社会性和公共性。所以，我国警察明确强调自身在巩固共产党执政地位、维护国家长治久安方面的责任，不仅勇敢超越了意识形态的狭隘，而且明确宣示了更为现实的服务社会的政治诉求，进而从更为宏观的视角，高屋建瓴地揭示了警察在特定时空下政治性和公共性的互相关系和各自权重。

其次，警察权运行的公共性日益表现为对社会利益的回应。虽然警察作为国家权力的职能分工，总是表现为阶级统治乃至阶级专政的工具，但是，再浓厚的阶级性也无法掩盖其政治性中对社会利益的兼顾。如前所述，即使在阶级性极其鲜明的历史时期，警察也并非毫无公共性可言，至少也为被统治阶级乃至全体社会成员免予更多不测提供了基本保障，尤其是避免了激烈的社会冲突和冲突双方的两败俱伤，保障了普通民众相对稳定的生存状态。而在长期反复的阶级斗争以及政治进步的推动下，警察也必然要追随国家职能的演变规律，由最初完全听命于统治阶级逐步转向相对平衡地兼顾各阶级的利益诉求。所以，即使特别强调国家政治属性的马克思主义也明确承认，“政治统治到处都是以执行某种社会职能为基础，而且政治统治只有在它执行了它的这种社会职能时才能持续下去”。[④] 尤其当国家需要其社会职能为政治职能夯实基础时，警察更是要不可推卸地担当起服务社会的重任。所以，当初非职业警察向职业警察过渡，并引起很大的争议，这种争议不是来自国家，也不是来自其政治职能的依然故我，而是来自其社会职能远未达到公众的预期。也正因为如此，

① ［英］罗伯特·雷纳：《警察与政治》，易继苍等译，知识产权出版社2008年，第8页。
② ［英］罗伯特·雷纳：《警察与政治》，易继苍等译，知识产权出版社2008年，第9页。
③ ［英］罗伯特·雷纳：《警察与政治》，易继苍等译，知识产权出版社2008年，第9页。
④ 《马克思恩格斯选集》（第3卷），人民出版社1995年，第523页。

“英国和美国最初设立警察的改革，都遭到了那些不信任向政府执法人员赋予警察权力的人的反对。他们提出的问题是，谁来监督警察?”① 职业警察甫一面世便遭受质疑，显然也是因为其社会职能和公众预期之间仍存在着明显的落差，而之后国家和社会之间的反复较量以及公众逐步凸显其之于国家的终极意义，也要求国家和警察不得不对社会呼声保持足够的敏感，即使警察仍要维护统治秩序，但也要在社会秩序的实现和提升中实现这一政治诉求。受此影响，警察权作为国家权力的合法形式，只有顺应国家的发展趋势，并在变革中培育自身的公共性，才能继续保持其政治属性，否则就会成为政治阻力，甚至会因为背离国家意志，遭到国家的变革和重组。随着阶级斗争和统治策略的变化，现当代的警察权运行方式明显不同于此前，社区警务等能够更好回应公众诉求、体现其社会主体地位的警务模式逐步成为主导，并引领警务风气之先，本身就有力地证明了这一趋势。而在治理理论的影响下，警察更是空前重视公众利益，关心和保护弱势群体，警务活动的社会化和公共化趋势日渐明显，以至于人们认为警察就是身穿制服的公众。此时，警察的形象已经发生了明显变化，警察权的运行方式也一改其阶级统治的面目，转向更广覆盖、更多关照公众的社会控制。受其影响，这种日益明显的公共性也必然要求警察将社会利益置于至高无上的地位，防止有限的警务资源明显倾向于少数的强势群体，制约公众对公平正义的期盼。当我国警察把巩固共产党执政地位、维护国家长治久安最终落实到保障人民安居乐业时，显然不能说明他们已经放弃了政治性，而是说明其政治性必将最终落实为公共性，并在公共性不断彰显的过程中才能保证和实现其政治追求。显然，这是我国警察政治属性最为真实的表现和科学正确的努力方向。

当然，警察权运行的政治性需要其公共性为其提供合法性依据，并不意味着政治性已经完全表现为公共性，毕竟在社会秩序受到威胁，尤其在统治秩序难以维持的情况下，政治性，尤其是其中的阶级性仍会非常及时地表现出传统面目。但是，随着政治文明的不断发展，上述的发展趋势仍然是无法扭转的，尤其当国家和社会的互动表现出前所未有的全新关系时，国家就会更加明确自身之于社会的意义，而不再简单地凌驾于社会之上；社会也会在坚持自身正当利益和尊重国家权威中，以自我管理、自我服务的良好表现和能力提升，逐步淡化国家继续存在的价值，持续推动国家走向消亡。而在民主法治的推动下，警察权的政治性日益体现出公共性，甚至可以说政治性已被公共性紧紧地包裹

① ［美］罗伯特·兰沃西等：《什么是警察——美国的经验》，尤小文译，群众出版社 2004 年，第 418 页。

在其中，并将最终消融在公共性之中。受此发展趋势影响，警察自然将追随国家的足迹，愈发显现其社会意义和公共属性，其职能也将回归为公众的日常事务。同样，正是因为公共性愈发明显的趋势，才理所当然地催生和普及了警务监督，进而证明了警务监督日益普遍的必然性。而警务监督作为一种全民行动，又在强调监督客体特定性、监督范围确定性和监督主体广泛性的同时，从一个特定视角成为公众自我锻炼、自我提升的重要课堂，进而以更好的公民素质催生和巩固警察权运行的公共性。

第三节　警务与警务监督

上述分析表明，警察权不仅秉承了国家权力的一般属性，而且呈现出广泛性、深入性、强制性和公共性等鲜明特点，这就说明，赋予警察一定的权力是必须的，但也存在着相当大的风险，因而要求加强对警务权运行的控制，以提升警务活动的规范性。事实上，随着警察职能范围和权限的变化，现实中的警务活动在稳定社会秩序、提升社会利益的同时，也存在着大量不当不法行为，并引起国家和社会的普遍关注，这更加凸显了加强和完善警务监督的紧迫性和可行性。警务监督这一概念本身并无明显歧义，但其中的“警务”一词在实践中遭遇的复杂和困惑又让人思路难明，甚至可以说它主要是在一种不经意或无意思考的状态下加以使用的：不经意是因为人们根本没有意识到这个概念的理论含量，而无意思考则明显意味着其中并无理论含量或相关问题已得到彻底解决。但是，对照实践中反复出现的老问题和一些颇具启迪的新问题，抱持上述态度显然不是一种有利于改善警务监督的应有选择。而在加强和完善警务监督的过程中，警务活动界定模糊、警务泛化等因素也最终导致了监督过度、分散监督力量、严重掣肘警务等消极现象。因此，利用一定的篇幅，坚持问题导向的实用标准而非概念自身的语义标准，准确界定警务的内涵和外延，以概念自洽促成逻辑自洽，为进一步分析警务监督的依据、主体、原则等系列问题进行理论铺垫，也就成为完善警务监督实践及其理论体系的前提条件。

一、关于警务的学理分析

在社会科学领域，学术概念很难按照统一口径广泛适用于各种学科，甚至在同一学科之内也无人能奢望这样的局面。但是，如果这一现象出现在同一本书中，显然更加无法让人接受，甚至意味着无法挽回的败笔。和其他领域一样，公安学中也存在着语义混乱的情况，在不同视角下甚至还存在见仁见智的争论，明显影响了基于更多共识的沟通与合作，从而凸显了一些核心概念必须予以明确的学术价值。和其他概念一样，警务也有相应的内涵和外延的规定。就其内涵而言，作为公安学的核心范畴，警务通常指警察机关依法行使警察权，履行治安管理和刑事司法的职责，维护国家安全、社会治安以及进行队伍管理等事务的总称。在此基础上，也有研究者从狭义和广义的视角界定警务，认为狭义的警务“是指法律明文规定的属于警察职责范围内的一切事务”，而广义的警务“主要是指警察为了实现法律法规、规章及政策赋予的职权，所从事的一切对稳定社会治安有意义的活动”。[①] 但是，在警务监督的视角下，狭义的概念不免显得有些狭窄，甚至还显得有点简单，因为在监督实践中，这一定义外延之外的许多行为也备受关注，甚至早已被纳入监督的范围之列，其合理性已日渐显现。而关于警务的广义界定显然又无所不包，如果以此为依据开展警务监督，必然会把警察的所有行为都纳入监督范围，明显暗含着全能警察的错误定位，甚至极易剥夺警察在工作之余作为社会成员的正当权益。因此，作为警务监督研究的理论前提，对警务的分析既不能简单地望文生义，或一味追随和解释实践，也不能直接沿用现有并不十分明确的界定，全然置生动的实践于不顾，因此就需要在平衡理论和实践的关系中重新思考和界定警务的外延，最大限度地进行理论和实践的衔接。立足规范的视角，“一切监督都是对权力执掌者的监督”。[②] 基于这一基本判断及其内在思路，通常情况下，警务通常被理解成警察的职务行为。然而，何谓职务行为本身又是一个见仁见智的争议性话题，围绕这一话题及其和个人行为的区别，至少出现四种说法。[③] 而其中任何一种说法皆无压倒性的说服优势，更难以作为一种理论共识被广泛认同。相比之下，立足警务监督的现状，通过寻找职务行为的本质要素，来界定和区分职务行为和个人行为显然不仅合乎逻辑，而且简单易行，尤其在解释警务监督的外延方面，具有明显的说服力。

按照这样的思路，“国家公务员的职务行为实质上是行政主体的行政行为，其本质属性在于它是在运用国家行政权力处理事务，公民个人行为是不可能具有这一属性的，由此，最能反映国家公务员行为时身份及行为性质的标志是行政职权的运用”，“职权要素是国家公务员职务行为的最本质的要素”。[④] 而有些研究者对警务的定义也特别强调职权的要素，如“警务就是对那些有

---

① 高茂春：《“警务活动”含义探析》，《北京人民警察学院学报》2007 年第 5 期，第 80 ~ 81 页。

② 张康之：《公共行政中的哲学与伦理》，中国人民大学出版社 2004 年，第 316 页。

③ 朱新力：《行政公务行为认定标准研究》，《行政法学研究》1994 年第 4 期，第 7 ~ 9 页。

④ 方世容：《论国家公务员职务行为和个人行为界限的几个问题》，《法商研究》1995 年第 5 期，第 11 页。

可能导致冲突和违规行为的社会关系或群体进行控制的行为”。[①] 当然，需要指出的是，警察在行使职权之余，也会像其他社会成员一样，分享现实生活中的所有利好。这样，警察在不同时空下至少可以区分为制度角色的公务员和社会角色的公民，这双重身份及其行为的双重属性便和是否动用职权形成了以下四种组合，进而能够基本涵盖和合理解释警察在不同时空下的常态表现。

	职权	非职权
公务员	A	B
公民	C	D

在这四种组合中，A 组合是以警察的制度角色行使警察职权，这是最为常见和最为典型的职务行为，也理所当然地属于警务范畴。[②] 但是，考虑警察以权谋私等不法行为的现实性、多样性和复杂性以及警务监督的目的，这一组合又应进行进一步的区分：在第一种情况下，警察运用自身职权谋私，实质就是将其职权视为公民个人的权力，他在利用职权为其公民身份谋利，公民身份只是在分享其职权的利好，因而是警察的职务行为；在第二种情况下，警察运用自己职务以外但仍属于本警察机关的职权谋私，如果该职权事先受到本警察机关的授权或事后得到认可，仍然可以认定为警察的职务行为，否则，则完全属于警察的个人行为；在第三种情况下，警察运用其他警察机关的职权谋私，由于其所在警察机关根本无权授权或认可，因而只能是警察的个人行为。从理论上讲，B 组合是不存在的，但现实中的确存在警察在相对熟悉的环境中以其制度角色谋私，或向对方暗示自己的警察身份，而对方也予以认可，进而被迫为他提供各种便利，因而也不应将这种行为简单定性为警察的个人行为。在 C 组合中，即使警察具有明确的身份定位，但并没有动用其职权，只是作为警察机关代表的身份进行民事活动，因而只能是民事行为而非职务行为。D 组合中的警察完全以公民的身份行事，并无动用职权的动机或行为，当然也就与其职务行为毫无关系。

---

① ［英］罗伯特·雷纳：《警察与政治》，易继苍等译，知识产权出版社 2008 年，第三版前言。

② 沿用这一分类标准，自然无法回避这样的问题，即警察参与征地拆迁等常见行为真的是非警务吗？难道在执行这些任务时，真的没有以警察的制度角色出现，也没有依仗或行使过职权？显然，这种说法只是一种沿用传统的惯性思维和缺少思考的随意表达。事实上，这里所说的“非警务”恰恰是真正的警务，而且《中华人民共和国人民警察法》第 6 条第 2 项关于“维护社会治安秩序，制止危害社会治安秩序的行为”和第 8 项关于“管理集会、游行、示威活动”的规定都明确规定了警察在此方面的职责，只不过在这样的警务活动中，警察应当准确定位，主要是维护现场秩序，制止过激行为，防止局势失控，而不是倾向性地开展警务活动，否则，必然激化矛盾，甚至引火烧身，替人受过。

区分了职务行为和个人行为，人们似乎有足够的理由认为，职务行为属于监督的范围，非职务行为不应被纳入监督的范围。[①] 然而，即使在明确区分的情况下，也不应这样简单行事，因为除了A组合的第一种情况，其第二、第三种情况以及B组合也都存在动用职权的可能，极易滋生不当不法行为，助长更多更严重的以权谋私、滥用职权或不作为等行为，况且，这种可能在一定程度上还和警察机关管理不严格、教育不到位密切相关，也会给警察机关乃至国家造成负面影响，而实践中也没有人会认为警察机关或警察的这种行为可以游离于监督之外。这样，立足警务监督的视角，所有直接或间接行使职权或动用制度资源的行为都应当视为监督的对象，都应当被纳入到监督的范围之内。因此，A组合和B组合都应当纳入警务监督的范围，其中在A组合的第一、第二种情况中，除了涉案的警察必须承担相应的责任，警察机关也不能完全免责，也应反思其在队伍管理等方面存在的问题，更应在制度建设和制度创新方面做出更大的努力。除此之外，如果将C组合和D组合也纳入监督范围，则毫无理论根据，甚至有侵夺警察机关作为法人和警察作为公民的正当权益，违背民主法治的基本精神。[②]

显然，依据上述分析，监督视角中的警务不仅应理所当然地包括警察的职务行为，其间接或变相动用职权的个人行为也应当包括在内，并接受相应的监督。这样，警务的外延就与权力指向的监督相吻合。显然，这不仅是理论演绎的必然结论，同样也是对监督实践的真实反映和现实要求，因为只有对警务的外延进行这样的规定，所形成的理论方能产生应有的指导功能，方能保证本书研究体例的合理性、内在逻辑的一贯性和基本概念的一致性，方能在解释监督实践一贯做法的过程中不至于漏洞百出，有效回应公众的现实关切，方能在依法保护警察正当权益的同时，明显提升警务监督的实效性。正是基于这样的思考，本书拟将警务监督定义为各种组织和个人为了防止警察不当不法地行使职权，发挥警务活动的积极意义，依法开展的监督活动。其中，“防止警察不当不法地行使职权，发挥警务活动的积极意义”不仅明确了监督客体和监督对象，而且从消极和积极两个层面交代了监督目的的基本内容，为本书更为系统地分析设定了理论基点；“各种组织和个人”明显顺应了监督主体的开放性和多元化的基本趋势，为后文中关于监督主体的研究进行初步的理论铺垫；“依法开展”则在交代底线监督手段的同时，为监督手段的进一步发展和丰富预

① 赵振宇：《程序的监督和监督的程序》，社会科学文献出版社2008年，第267页。

② 虽然C组合和D组合中的行为不应纳入监督范围，但也不意味着此时作为民事责任主体和社会成员的警察可以肆无忌惮，为所欲为。关于在此时空下的警察作为将在之后的有关章节中分别有所交代，并进行更加详细的分析。

留了广阔的空间。

二、警务监督的依据：基于理论和实践的视角

上述分析表明，警察权和公民权在一定条件下存在着反比关系，即警察权的扩张意味着公民权的缩小，警察权的滥用必然导致公民权化为乌有，这种关系甚至可以称为警察权悖论，即一定限度内的警察权是公民权的客观要求和现实保障，但一旦超出这一限度，则有侵夺公民权之虞，由此造成的严重后果并不啻于其他违法犯罪的负面影响。因此，警务监督无疑应将警察权的运行控制在一定范围之内。前文关于警察权运行特点的分析已内在地包含和强调了警务监督的必要性，或者说，正是因为警察权运行的特殊性，才要求强化和完善警务监督，以顺应社会发展的总体趋势。但是，在深入分析警务监督的主要问题之前，仍要拓展视野，进一步系统探索警务监督的理论和实践依据，以深化对警务监督重要性的认识。

（一）警务监督的理论依据

关于警务监督的理论依据，不同视角能够产生不同解释，但基本上可以从人性假设和权力来源的角度展开分析，而且表现出各自不同的合理性和说服力。因此，虽然两种理论的角度和重心有所区别，但以此为依据的制度建设并没有完全借用一种而排斥另一种，其中明显的兼容性使得相关制度规定具有明显的解释力和可操作性。

1. 人性假设理论

在社会科学领域，关于人性善恶的争论可以成为许多学科的逻辑起点，并贯穿各自理论体系的始终，以至于有研究者明确指出，“在人类社会的现象中有一个‘常量’，一个基本上永远保持不变的变量或因素，因而就成为了所谓的‘社会科学’的基础。这就是人性本身。”① 而随着民主法治进程的不断深入，监督这一概念在不同领域、不同意义上被广泛使用，但在监督理论研究和监督实践过程中，更为规范的用法仍然强调权力主体必须成为监督客体，即监督始终是“对权力执掌者的监督”。显然，这一判断和定位明显蕴含着对权力主体的怀疑和对权力运行的担忧，也让人们在人性善恶的长期争论中找到了理论研究和制度设计的切入点和思维进路，至少使人们认为，人性恶的假设不仅能够更好地解释现实生活中的诸多现象，而且能够对人性弱点做好充分的思想准备，更具针对性地制定对策。就此意义而言，当人们坚称“国家是必要的

---

① ［美］哈罗德·D. 拉斯韦尔等：《权力与社会：一项政治研究的框架》，王菲易译，上海人民出版社 2012 年，第 66 页。

恶”时，国家的必要性显然就是对人性恶的现实回应，而在此基础上不断系统化的制度创新更是明显提升了这一回应的针对性。

根据人性恶的假设，“许多政论家已经确立这样一项原则：即在设计任何政府制度和确定该制度中的若干制约和监控机构时，必须把每个成员都假定为一无赖，并设想他的一切作为都是为了谋求私利，并无其他目的”。① 而孟德斯鸠则极其直白地指出，“人性都是恶的。充满了这样的事情：为了沾真正的一点点小便宜，会像抢当教皇那样热衷于政治”。② 受这种人性的支配，人们总是遵循“两害相权取其轻，两利相权取其重”的原则，不断谋求自身利益的扩大或减少对自身利益的损害。而在对自身利益的追求和维护中，权力通常被视为最直接、最有效的谋利手段，以至于人们发现，“在所有使人类腐化堕落和道德败坏的因素中，权力是出现频率最多和最活跃的因素”。③ 显然，这一观点在理论上强化了“权力是一切腐败的根源”的印象，也符合人们的直觉感知和实践经验，而“权力导致腐败，绝对的权力导致绝对的腐败”的论断更是让权力成为万夫所指的对象。其实，作为与人类社会共始终的社会现象，以各种形式支配社会资源、影响社会利益的权力本身无所谓善恶，并不必然产生腐败。人们在对权力进行善或恶的判断时，真正的指向事实上是权力主体，即只有权力主体才是评判善恶的对象。也就是说，当权力和趋利避害的人性结合时，权力主体就会想方设法地滥用权力或谋取私利，成为社会利益的占有者和社会进步的阻碍者，因而必须成为重点监督的对象。

立足这一假设，在理论研究过程中形成了许多视角不同、内容相似的观点，分别论证和发展了人性恶的理论基调和理论对策。例如，先秦的法家从“人性恶”的理论出发，认为人“皆挟自为之心”，为了私利，君臣之间也是一种“上下一日百战”的关系，因此就要实行法制，掌握驾驭臣下的法术之道，以巩固统治秩序。再如，休谟的“无赖原则”认为，“必须把每个人都设想为无赖之徒确实是条正确的政治箴言”。④ 因此，制度设计就不能从“好人主义”出发，必须将一切官吏假设为“无赖”，并以此为逻辑起点，建立健全各项制度。又如，公共选择理论认为，“人是自私的、理性的效用最大化者”，⑤ 由此形成的政府及其各级官员同样会千方百计地谋求部门或个人利益

---

① ［英］休谟：《休谟政治论文选》，张若衡译，商务印书馆 1993 年，第 27 页。

② ［美］汉娜·阿伦特：《马克思与西方政治思想传统》，孙传钊译，江苏人民出版社 2007 年，第 66 页。

③ ［英］阿克顿：《自由与权力》，侯健等译，商务印书馆 2001 年，第 342 页。

④ ［英］休谟：《休谟政治论文选》，张若衡译，商务印书馆 1993 年，第 27 页。

⑤ ［美］丹尼斯·缪勒：《公共选择理论》，杨春学等译，中国社会科学出版社 1999 年，第 4 页。

的最大化，他们在被委以重任的同时必须接受严格的监督。同时，公共行政理论认为，权力可以划分为抽象权力和具体权力，“抽象权力是法律化、制度化的规范性权力，而具体权力则是由具体的人和人格化的组织所执掌的权力”。[①] 由于人性的缺憾，具体权力往往趋于腐败和堕落。此外，基于事实的判断，“一切有权力的人都容易滥用权力，这是万古不易的一条经验。有权力的人们使用权力一直到遇有界限的地方才休止”[②] 的结论更加引起对权力失范的持续关注，也在不断强化着人们对权力主体的监督。当下最为常见的“三权分立”的监督模式在一定程度上也是基于这一假设和对权力主体心存疑虑的制度安排，并将继续引导人们不断完善监督体系，以便将权力引导至健康的运行轨道。

相比之下，马克思主义并不一般地停留在“人性恶”或“人性善”的假设上，而是强调“人的本质不是单个人所固有的抽象物，在其现实性上，它是一切社会关系的总和。”[③] 也就是说，人性既有善的可能，又有恶的倾向，一切皆明显受制于社会关系，尤其直接取决于个人所处的社会环境，所有的人性判断不仅应根据环境变化进行相应的调整，而且也不应忽视个人能动的自律因素。其中，人性恶的判断在前国家时期并没有明显的迹象，但在私有观念的激发和强化下，这一判断逐渐被人们从一种可能泛化为一种必然，以至于在社会现实中，“就单个的官僚来说，国家的目的变成了他的私人目的，变成了追逐高位、谋求发迹。”[④] 置身于同样的权力运行环境中，品德高尚者能使权力结出善果，而品德低劣者却让权力劣迹斑斑。因此，制度设计既要对恶的倾向严加防范，又要对善的可能悉心呵护，以实现惩恶扬善的目的。[⑤] 如果说由于人性的缺憾，一般意义上的权力在运行过程中存在着极易失范的风险，那么，警察权运行的特殊性以及由此产生的普遍而深远的影响，使得警察被利诱的环境更加恶劣，警察以权谋私等行为的空间更加巨大，不当不法警务的冲动更加普遍。因此，公众在任何时空下都应在对警察的信任中坚持一种批判精神，以此推动制度建设和制度创新，加强和完善警务监督，自然是一种理所当然的必要选择，此举也必将有效体现警察和警务活动的现实意义。

---

① 张康之：《公共行政中的哲学与伦理》，中国人民大学出版社 2004 年，第 68、83 页。

② ［法］孟德斯鸠：《论法的精神》（上册），张雁深译，商务印书馆 1961 年，第 154 页。

③《马克思恩格斯选集》（第 1 卷），人民出版社 1995 年，第 60 页。

④《马克思恩格斯全集》（第 3 卷），人民出版社 2002 年，第 60 ~ 61 页。

⑤ 遵循这样的思路，监督实践自然不应拘泥于单一的监督手段，而应当设法改变监督手段单一化的传统，在依法监督的同时探索和完善以德监督的现实路径。

2. 权力来源理论

无论立足何种视角，权力作为一种社会关系，并外在地表现为一种社会现象，不仅普遍存在，而且也得到普遍承认，而政治生活中的权力更是因其浓厚的政治色彩在社会生活的各方面产生着广泛而深远的影响。在探索权力来源的过程中，人们逐渐认识到，权力并不是固有或神授的结果，而是社会关系的客观表现，并在社会发展中不断完善。在此过程中，关于权力的来源也形成视角不同、内容相似的观点。例如，人民主权学说认为，主权是公意的体现，主权的行使必须以各个成员间达成的社会契约为基础，作为主权者的人民始终保留监督权力的权利。也就是说，“行政权力的受任者绝不是人民的主人，而只是人民的官吏；只要人民愿意就可以委任他们，也可以撤换他们”。① 而在马克思主义的视野中，“市民社会决定国家”的理论主张在丰富和完善人民主权理论的同时，也从历史真实的视角为监督权力强化了理论依据。当下，随着民主政治的发展和完善，人民主权理论中“国家的一切权力属于人民”作为现代宪政的一项基本原则，已被世人广泛认同，不同社会制度下的人们都在依据这一理论，立足基本国情，设计并不断完善各种政治制度，并以此不断深化和完善监督实践。再如，委托—代理理论认为，纳税人作为公共资源的创造者和所有者，不可能独自占用也难以合理分配公共资源，需要将其委托给政府来经营，由政府为公众提供公共服务。显然，公众和政府之间的委托—代理关系既需要政府代表公众进行适当的资源配置，在以适当的激励机制调动代理人主观能动性的同时，实现委托人预期利益的最大化，又要对代理人的代理行为进行适当的约束和控制，以防止代理人不当不法的行使。这样，作为代理人，政府及其官员就有责任按照公众意愿办事，并对公众负责，接受公众监督。所以，杰斐逊明确指出，“构成一个社会或国家的人民是整个国家中的一切权力的源泉。他们可以自由地通过他们认为是适当的代表处理他们所共同关心的事情，他们可以随时撤换这些代表，或者正式改变代表的组成。我不知道除了人民本身之外，还有什么储藏社会的根本权力的宝库。”②

然而，理论在解释现实的同时，也明显反衬出现实的不足，因为现实中的政府及其官员并不总是代表人民的利益，“即使是统治阶级的代表也利用一切机会谋求自己的私利，而并不必然为被代表者服务”。③ 由此可见，立足权力来源的视角，无论是人民主权理论，还是委托—代理理论，在承认公众作为权

① ［法］卢梭：《社会契约论》，何兆武译，商务印书馆1980年，第132页。
② 谷春德：《西方法律思想史》，中国人民大学出版社2000年，第129页。
③ 郁建兴：《马克思国家理论与现时代》，东方出版中心2007年，第182～183页。

力终极所有者地位的同时，也夹杂着对权力主体的怀疑和担忧。公众让渡或委托国家权力的使用权，却始终保留着国家权力的所有权，目的就在于能够有效监督权力的行使，确保其始终服务于公众的主体地位。基于社会利益作为国家权力终极价值的地位，公众自然应当具有对国家权力进行监督的权利，并通过各种有效途径对他们进行监督，以确保他们规范行使权力，体现和提升社会利益。如果权力运行违背了公众意愿，损害了社会利益，公众就有权诉诸系列监督措施，直至罢免其职务，甚至绳之以法。

显然，就其直接来源而言，警察权来源于国家权力的职能分工，但最终仍来源于社会，来自于公众的让渡或委托，自然摆脱不了一般权力的规定性，而警察权运行的广泛性、深入性、强制性和公共性等特点，更是强化了警务监督的紧迫性和可行性。在此背景下，人们一方面企盼着警察规范行使其职权，履行其职责，最大限度地发挥警务效能，另一方面则担心不当不法的警务活动会背离公众让渡或委托权力的良好初衷，损害公众的切身利益，给社会带来更多的负面影响。因此，无论从国家和社会关系的层面，还是从国家和警察关系的层面，警务监督都是警察权运行的应有之义，甚至可以说，缺乏监督的警察权就不是完整的权力，更无法保证警察权的健康运行。换而言之，接受监督不仅是警察必须承担的责任，而且是维护和提升公众利益的现实路径。在我国，正是基于一切权力来源于人民的理论基础，从党纪到国法，从宪法到警察法，都在制度层面上为警务监督的理论依据提供了有力的佐证，各种更为具体的制度则为警务监督提供了可行的路径和保障。

（二）警务监督的实践依据

恩格斯曾经指出，“国家再好也不过是在争取阶级统治的斗争中获胜的无产阶级所继承下来的一个祸害；胜利了的无产阶级也将同公社一样，不得不立即尽量除去这个祸害的最坏方面，直到在新的自由的社会条件下成长起来的一代有能力把这全部国家废物抛掉。”① 结合本书的主题，这一观点必然引发人们思考并逐步承认这一事实：国家仍将在相当漫长的时间内存在，人类只能以此为现实起点，探索在国家消亡之前如何兴利除弊。因此，人类社会一直在不懈地建立和完善监督体制和机制，防止权力横冲直撞，严重背离公众的期待。在此过程中，“无论是罗马共和国的监察官还是中国古代战国时期的御史，都表明人类社会的稳定发展与监督制度之间的密切关系”。② 同样，无论是资产阶级国家的“三权分立”，还是社会主义国家的“议行合一”，都把对国家权

① 《马克思恩格斯选集》（第3卷），人民出版社1995年，第13页。

② 章剑生：《行政监督研究》，人民出版社2001年，第1页。

力的监督作为一种重要的政治制度加以确认，都在不断强化和完善监督实践。而在宪政制度的规定和影响下，从“三权分立”到“议行合一”，不仅体现了权力必须接受监督的事实和更为合理的制度设计，而且明显勾勒出监督主体日益全民化和监督范围不断扩大的发展轨迹和未来走向。

当恩格斯将国家视为祸害时，也就意味着从国家这一机体上生发出的所有机构无疑都是祸害，至少是潜在的祸害，警察自然也不例外。如果说前文立足警察权的运行特点，通过人性假设和权力来源等方面的分析，从理论上说明在国家权力背景下实施和研究警务监督的必要性和可行性，那么，警察在警务活动中的不当不法表现则进一步凸显了警务监督的紧迫性和现实意义。自从职业警察制度建立以来，警察在给社会创造诸多利好的同时，与其相伴的消极影响也逐步浮出水面，并越来越受到重视。在西方，人们似乎很有先见之明，“英国和美国最初设立警察的改革，都遭到了那些不信任向政府执法人员赋予警察权力的人的反对。他们提出的问题是，谁来监督警察?”① 在东方，日本也在实践中逐步建立起警务监督体系，知事“有监督警察部长以下全府县警察官吏之职位”，警察部长“为警察官吏之直接监督者”，巡查部长“为警士之直接监督官”，② 监督体系之完善可见一斑。

与曾经的做法相比，随着权利意识的觉醒和民主法治进程的加快，当今的人们对警察的期待更高，监督的动机和动力明显强劲，监督的体制机制也因此得到改善。当下，人们实施监督，不仅要减少乃至消除以权谋私等人们无法容忍的行为，而且还要直接指向警务活动中的不作为、情绪化等司空见惯却极易恶变的行为，以便使警务活动更加规范。这样，我们至少可以从以权谋私、不作为、情绪化三个方面分析警务活动中存在的问题，从而凸显警务监督的现实意义，从中找寻和丰富警务监督的实践依据。在实施警务监督的各种理由中，消除或减少各种以权谋私的行为，应当是最为正当、最为普遍和最为迫切的理由。虽然说以权谋私是任一有此欲望的权力主体都难以彻底根除的企图，但对执掌警察权的警察而言，这种企图更是形式多样，如索贿受贿、权力设租、免费玩乐等，而且几乎和警务活动本身一样，无处不在、无时不在。说它无处不在，是因为警务活动广泛渗透到社会生活的方方面面，涉及社会的各个阶层，乃至每一个社会成员。这样，警务活动在各种时空下都存在着以权谋私的可能性，而分散化、小规模的警务活动更是为以权谋私提供了极大的便利。说它无

---

① ［美］罗伯特·兰沃西等：《什么是警察——美国的经验》，尤小文译，群众出版社 2004 年，第 418 页。

② ［日］松井茂：《警察学纲要》，吴石译，中国政法大学出版社 2005 年，第 45 ~ 46 页。

时不在，是因为警察作为“国家不眠的眼睛”，昼夜都在待命，随时准备执行警务，这也为警察以权谋私提供了时间的便利。另外，作为警务客体的个人或组织有时为了争取更多、更大或更长远的利好，或尽量避免警察权的强制，也会设法利用警务活动的特点，向警察行贿或提供其他便利，从而诱发或加剧警察以权谋私的行为。与此同时，一些制度性的因素，如高度保密化的制度设计也为部分警察提供了设租寻利的机会，而“无法执行的法律”或调节范围过宽的法律又使得“民众都愿意贿赂警官，使警官忽略他们认为不公平的法律”。[①] 另外，大量自由裁量权的存在同样使得警察在有机可乘或缺乏自律的情况下可以不当不法地行使职权，谋取私利。

如果说以权谋私危害极大，影响极坏，令人深恶痛绝，那么，不作为同样让人难以容忍。立足警务监督的视角，不作为既有主观因素，又有客观原因，并都对警务效能造成了负面影响，因此都应纳入分析的视野。从主观上讲，一些警察因为业务不熟或能力不足，难以承担相关警务活动，必然导致其不愿作为；一些警察无法从警务活动中获得预期的利好，或为了逼迫警务客体作出更多的让步，故意推诿不愿作为；一些警察因为对本职工作缺乏足够的热情，对警务敷衍了事，推卸责任，也可能导致其不愿作为；而一些警察原本热爱本职工作，但因人际关系复杂，或因遭受过不公对待，工作积极性受到重挫，也可能导致其不愿作为。从客观上讲，不尽合理的制度规定片面强调警察的责任，忽视警察的正当权益，使得警察难以作为；警务活动时间长、强度大，警械装备落后以及由此带来的高风险使得警察疲于奔命而无法主动作为；公众对警察期望值过高，要求苛刻，缺乏理解，不配合甚至阻碍警务活动，同样可能导致警察难有作为。因此，针对警察不作为的不当不法表现，既不能因为不作为事出有因而放弃对警察的严格要求，也不能简单地将不作为的所有责任全部归咎为警察，这就要求监督主体在实施警务监督的同时，应当分门别类、有的放矢地消除或减少不作为的诱因，尤其是消除不作为的制度因素，以不断提高警务效能。

在权力运行的实践中，“政治权力不是按照其所有者的整体意志，而是凭着权力行使者的意志和情绪运行，以致出现政治异化”。[②] 相对于以权谋私、不作为的影响，情绪化因素似乎无足轻重，无关大体，因而常能得到理解和原谅。但是，无论在数量上还是在影响上，源自情绪化的不当不法警务都是非常

---

① ［美］罗伯特·兰沃西等：《什么是警察——美国的经验》，尤小文译，群众出版社 2004 年，第 424 ~ 425 页。

② 张文显：《法学基本范畴研究》，中国政法大学出版社 1993 年，第 304 ~ 305 页。

惊人的。如果说情绪化在政务活动中难以消除的话，那么，警察权的运行特点在加重警察责任和压力的同时，也加剧了情绪化的顽固存在和蔓延，其消极影响甚至会在不经意中恶变为更为严重的不法行为。在数量上，个性多样化的警察在不同时空下必然会表现出不同的情绪，同样个性多样化的公众置身于警务活动中，自然也会表现出不同的情绪，以至于“警察实施逮捕的概率与民众的行为举止相关”。① 这样，在警务活动中，警民双方情绪上的组合数量就极其惊人，情绪化也因此存在大量的变量，进而形成多重因果关系。例如，面对一个蛮横无理的警务客体，即使性格温和的警察也会做出相对严厉的处置；相反，性格暴躁的警察面对理解和配合他的民众，也可能相对会心平气和地开展警务活动。而在影响上，情绪化并不仅仅表现在日常的警民关系上，有时即使在执法这样严肃的问题上也会产生普遍影响。“与尊重警察并服从警察命令的民众相比，警察更可能逮捕向警察挑战以及拒绝遵守警察命令或拒绝服从警察指挥的民众。”② 面对凶狠蛮横的犯罪嫌疑人，警察的情绪往往难以克制，极易出现不当不法行为。同样，在抓捕作为犯罪嫌疑人的亲友时，不是每一名警察都能做到大公无私，有时一次看似平常的情绪冲动，也能让警察跌进违法犯罪的深渊。因此，警察作为国家意志的体现者和执行者，应尽量消除情绪化对警务活动的影响，尤其是减少滥用职权的行为，从而使警务活动更加规范。但同样不应忘记的是，减少或消除情绪化对警务活动的消极影响，同样需要每一个警务客体的理解和配合，或在理解和配合中实施监督，只有这样才能有效减少乃至消除负面情绪对警务活动的影响。

三、警务监督的主体分类③

与警务活动不同的是，警务监督的主导权不在于作为监督客体的警察，而主要在于监督主体。这就要求警务监督不仅要关注警察的表现，而且要更加关注监督主体的应有作为。因此，作为深入思考和系统分析警务监督的理论前提，用一定的篇幅交代警务监督的主体分类是非常必要的。无论在理论上，还是在实践中，相对于警务监督客体的确定性或单一性，监督主体则具有明显的

① ［美］罗伯特·兰沃西等：《什么是警察——美国的经验》，尤小文译，群众出版社 2004 年，第 379 页。

② ［美］罗伯特·兰沃西等：《什么是警察——美国的经验》，尤小文译，群众出版社 2004 年，第 379 页。

③ 在完成上述分析之后，警务监督目的、原则、主体、客体、手段等主要问题便走到了台前。由于后文将更为详细地分类论述监督主体，而目的、原则、客体、手段等也将另文论述，此处仅就监督主体的分类标准作一简单交代。这样，既为分析警务监督的目的、原则等问题提供了必要的理论铺垫，方便了相关问题的表述，又便于第四、第五章以更加合理的结构分析监督主体的有关内容。

多样性。这种多样性既表现为监督主体来源的广泛性，也表现为监督主体的易变性，甚至还表现为主体动机和手段的复杂性。因此，立足不同的视角，警务监督主体可能具有不同的定义。就其体例和内容而言，本书更倾向于认同以下定义："警务监督主体，是指享有法定警务监督权力（权利），能以自己的名义从事警务监督活动，并能独立地承担由此所产生的法律责任的组织与个人。"① 在此基础上，依据不同的标准，现有研究成果已经对警务监督主体进行了不同类型的划分，如刘春和立足我国国情，将其划分为执政党、外部监督主体和内部监督主体，其中，外部监督主体包括权力机关、人民政协、行政机关、司法机关以及公民等，内部监督主体则为警察机关及其警察；而杜晋丰则强调了执政党的监督功能，并将人民政协和社会并列于外部监督之中。② 显然，尽管各自的组成要素不尽相同，但以警察机关为界，将监督主体划分为内、外部监督主体已成为惯例，显然符合常规的思维逻辑，并且表现出得天独厚的先发优势，同时也在一定程度上反映了监督实践的基本现状。

从上述警务监督主体的分类来看，内、外部监督的划分显然注意到内部监督不同于外部监督的行业特点。但这种分类以"内部"和"外部"划线，在凸显行业特点的同时，明显淡忘了中国共产党长期执政对国家权力的深远影响，也混淆了执政党和国家机关的监督与社会监督的根本区别，尤其在现行监督机制难以有效防范和消除不当不法警务的情况下，这种划分标准在创新监督机制方面也难以提供更有解释力和说服力的理论支撑。针对这样的不足，研究思路自然需要进行转换，以探索更为合理的分类标准。为此，本书认为，如果以"监督是否动用职权、能否直接产生效力"作为划分依据，对警务监督主体进行体制内和体制外的区分，③ 显然可以有效克服上述分类的不足，同时从宏观上明晰监督主体的权力监督和权利监督的各自特点，更加契合警务监督理

① 刘春和：《新世纪警察业务实用大全·警务监督卷》，群众出版社 2001 年，第 6 页。

② 刘春和的《新世纪警察业务实用大全·警务监督卷》和杜晋丰的《公安机关监督工作的理论与实践》（中国人民公安大学出版社 2002 年）。

③ 当然，遵循这样的思路，也可以使用"国家主体"和"社会主体"这样更为简洁的表述方式，但"国家主体"似乎又难以准确定性执政党的监督活动，进而必然制约警务监督理论在我国政治生态中的解释力和说服力。鉴于上述考量，权衡再三之后，本书决定借鉴行政学等学科以体制为界的表述方法。

论创新的特质。[①] 按照这样的标准，体制外监督主体（以下简称体制外主体）包括公民个人、社会组织和现代传媒[②]，而体制内监督主体（以下简称体制内主体）则包括执政党、国家机关和警察机构自身，其中，国家机关又包括权力机关、行政机关和司法机关。在此基础上，则可以进一步与现有的理论主张对接，以警察机关为界，将体制内主体划分为包括执政党和国家机关在内的外部主体和警察机关实施监督的内部主体。[③] 这样，在相当大的程度上，“外部控制确保了警察对公众负责，而内部控制确保了警察管理对警官的行为负责”。[④]

在警务监督实践中，体制内主体和体制外主体的监督行为对警务活动的影响力明显不同。体制内监督既有相应的制度保障和主体的职权支撑，又有明显的专业优势和明确的操作程序，能够在各自职权范围内，对警察的不当不法警务进行调查、处置，能够直接产生法律效力，因而更具强制力、针对性和实效性，并且以权力监督权力的模式体现了权力制衡原则。但是，无论体制内监督的体制机制以及主观意愿如何，其实质就是权力系统内部的分工制衡，就是以

① 刘春和也有类似的分类标准，其中的职权性和授权性监督主体可以分别对应体制内和体制外主体，但他并没有在之后的行文中继续沿用这样的标准。（详见刘春和：《新世纪警察业务实用大全·警务监督卷》，群众出版社 2001 年，第 8 页。）而杜晋丰则将人民政协与社会并列为外部监督，说明她也看到警务监督中的职权因素。（详见杜晋丰：《公安机关监督工作的理论与实践》，中国人民公安大学出版社 2002 年，第 202 ~ 206 页。）另外，惠生武将监督主体划分为直接追究责任的监督和不能直接追究责任的监督，事实上就是以体制为界进行分类的另一种表达方法。（详见惠生武：《警察学论纲》，中国政法大学出版社 2000 年，第 260 页。）当然，与立足监督的视角理解警务一样，只有从职权的视角，对监督主体进行体制内和体制外的划分，才会有现实意义，因为警务监督的主体和内容相当宽泛，而体制内监督的范围又相对专业，一旦体制内主体超越了自己的职权范围，也就转变为体制外主体。至于在工作之余实施警务监督，这种相对性也就更加明显。也就是说，针对不同的监督主题或范围，体制内主体是变化的，如在对警察机关进行审计时，审计机关及其人员就是体制内主体，但在警务督察中，他们显然就处于体制之外，至少不再是体制内主体。所以，体制内和体制外两种主体的划分，只有坚持监督主体是否行使了职权的标准，才显得更有针对性和解释力。

② 从广义上讲，现代传媒属于社会组织，但是，相对于其他社会组织，现代传媒在警务监督中具有极其独特的作用，故有必要进行单独分析。

③ 按照体制内和体制外的划分标准，即使在警察机关内部，也不应将警务监督全部归为体制内监督，因为警察之间来自同级或下级的监督并无行使职权的可能性空间，因而也只能是体制外监督。当然，相对于由社会力量实施的体制外监督，这种体制外监督由于来自警察机关内部，通常知晓不当不法警务的具体证据和深层原因，因而具有明显优于其他监督的针对性。因此，重视警察机关内部的亚群体作用，积极挖掘其监督警务的潜能，并及时查处和纠正不当不法警务，不仅有利于激发警察实施监督的积极性，而且能以相应的威慑作用和事半功倍的效果提高监督效能。

④ [美] 罗伯特·兰沃西等：《什么是警察——美国的经验》，尤小文译，群众出版社 2004 年，第 447 页。

权力监督权力，自然难以避免由此滋生的一般流弊。[①] 首先，体制内主体的主观因素极易制约监督效果。无论体制内监督维护的是狭隘的国家意志，还是更加广泛的社会利益，都不可能脱离权力主体而独自发挥作用。监督主体即使严明睿智，凡人皆有的价值偏好和情感因素必然会在权力运行中有所体现，并在一定程度上影响权力运行的公正性。与此同时，“警察组织以外的权力部门影响警官行为的能力是有限的，而且它们也忙于自己的一堆问题”。[②] 更何况，体制内主体的职业素质参差不齐，其职权的运行时空也存在着一定的局限，进而决定其影响警务活动的能力也非常有限。这样，由自身并不完满的监督主体来监督警务活动，防范可能出现的权力失范行为，必然导致监督标准扭曲，监督措施失真，监督效果也会因此有所削弱。其次，体制内主体和警察极易形成利益同盟。体制内监督相对于不当不法警务，既相生相克，又相互依存，体制内主体甚至存在“皮之不存，毛将焉附”的担忧，加之警务活动广泛深入的影响，他们更会因担心警务监督损害个人或部门利益而向警察献媚或妥协，进而催生盘根错节的利益共同体，滋生权力互惠等腐败行为，弱化体制内监督的应有作用。最后，体制内监督的巨大成本必将挤占社会利益。基于警务监督的目的，体制内监督必然要求各级监督机关依据相关的法律法规，设立不同层级的监督机构，配备较高素质的监督人员，按照法定程序实施警务监督。而机构、人员等诸要素则意味着相应的成本投入，尤其当体制内监督难以规范实施监督时，监督链条必然要继续延伸，监督成本也会持续上涨，必然制约监督效能和社会利益，背离警务监督的良好初衷。同样，如果为了控制成本而减少相关投入，又将意味着一些情节轻微或影响较小的行为难以得到及时发现和纠正，而数量众多的不当警务无疑又成为不法警务滋生和蔓延的温床。

与体制内主体相比，体制外主体虽不具有强制的调查权和处置权，但其对警务活动行使批判权、建议权、控告权和申诉权，也会转化为体制内监督的压力和动力，因而以权利监督权力的模式体现了人民主权原则和强大生命力。这样，体制外监督作为国家权力社会化和民主化的逻辑结论，突出了社会力量对监督警务的可行性，弥补了体制内监督的局限，反映了警务监督的发展趋势，

---

① 即使在不涉及本书主题的情况下，以权力监督权力也无法消除以下两种截然相反的可能：在第一种情况下，任何权力都有最大化的企图，为了防止其他权力对自身的挤压，每种权力必然要对其他相关的权力保持警觉；在第二种情况下，同样出于最大化的企图，不同权力主体极易形成互惠的利益共同体，进而在放纵自身的同时放纵其他权力。显然，尽管第一种情况具有一定的监督功效，但两种情况都难以催生规范的监督，或者说，这样私利主导的监督无法上升到更高的层次。

② ［美］罗伯特·兰沃西等：《什么是警察——美国的经验》，尤小文译，群众出版社 2004 年，第 441 页。

丰富了警务监督理论，因而能从根本上保障警务监督的发展空间。首先，体制外监督可以在更广范围内营造监督氛围，防范权力的互惠行为。警务活动的广泛性、深入性使得公众能够超越体制内监督的时空限制，进行全天候、多方位和立体化的警务监督，不仅使不法警务无所遁形，而且也使不当警务难寻栖身之所，从而形成更为合理的监督机制，不断提高警察的职业能力和警务的规范化程度，增加其服务社会的广度和深度。此外，在体制外监督中，不仅警察及其警务活动成为当然的监督客体和监督内容，甚至连同样进行警务监督的监督主体及其监督行为也注定被纳入监督视野，并对监督主体（尤其是体制内主体）产生相应的威慑作用，促使其不断规范监督行为，从而有效防范警察和体制内主体之间互利互惠、消解警务效能的可能，使其更好地服从公众意志、服务社会利益。其次，体制外监督可以降低监督成本，强化专业监督，提高监督效能。体制内监督对成本投入的要求在一定程度上和社会利益形成此消彼长的关系，这必然制约监督效能和监督目的。相比之下，体制外主体从自身或社会利益出发，主动监督警务活动，不仅不会增加社会负担，制约监督效能，而且会因体制外监督的真实性和有效性而遏制监督机构不断膨胀的冲动，降低警务监督的成本，从而开拓警务监督的新局面。另外，与体制内监督相比，体制外监督的全面性、真实性不仅有利于弥补体制内监督的时空局限，有效缓解体制内主体的工作压力，而且有利于体制内主体集中力量进行更为专业的监督，提高监督效能和警务活动的规范化程度。正因为如此，当体制外力量被放置于更为宏观的视野，其监督功能和政治意义更是受到了高度重视，无论是列宁强调的“使所有的人都来执行监督和监察的职能，使所有的人暂时都变成‘官僚’，因而使任何人都不能成为‘官僚’”，① 还是毛泽东关于“人人起来负责”、“监督政府”② 的设想，无不强调监督客体的特定性、监督范围的确定性和监督主体的广泛性。因此，在此强调体制外力量的地位和作用，其意义也就远远超出了警务监督这个领域，并对民主法治进程产生了深远影响。

当然，体制外监督也并非尽善尽美。相对于体制内监督，体制外监督只能产生一定的威慑力，却无直接效力，其监督效力必须经由体制内监督方能体现。不仅如此，体制外主体通常也存在素质悬殊、行为各异等问题，这也会在一定程度上制约其监督行为的规范性和监督效力的发挥。所以，体制外监督只是基于体制内监督理论和实践上的不足而进行的模式创新和主体补充，并不意味着体制内监督的式微，更不意味着现实背景下对国家权力的否定和对体制内

① 《列宁选集》（第3卷），人民出版社1995年，第210页。
② 黄炎培：《八十年来》，文史资料出版社1982年，第148～149页。

监督的替代。强调体制外监督，旨在厘清两种监督模式关系的基础上，和体制内监督共同构筑一个相互支撑、优势互补的监督网络格局，从而超越体制内监督的局限，实现体制内外两种力量的动态平衡，确保警务监督更加规范、更加有效，充分发挥警务活动的重要作用。由此可见，权力导向的体制内监督体现了警务监督的强制性和权威性，权利导向的体制外监督体现了警务监督的广泛性和终极性。没有体制内监督，警务监督可能软弱无力，难以产生相应的效力；没有体制外监督，警务监督则会因缺乏压力和动力而难以为继，甚至导致警务监督最终与公众意愿、社会发展背道而驰。这样，体制内监督和体制外监督相互补充，相得益彰，缺一不可，进而构成了完整的监督框架。

第二章　警务监督的目的：规范警务，服务社会

任何一项工作都要进行目的考量，警务监督也不例外。探讨警务监督的目的，其实质无疑是要追问警务监督的正当性依据，而这一追问是否持续和全面，将直接影响到警务监督的成效，甚至关系到警务活动和警察的合法性。然而，在尚未成熟的警务监督理论中，这一目的作为警务监督的价值追求与完善监督的依据和动力，至今仍在研究者视野之外，更遑论基本的理论共识，因而明显制约了该主题乃至警务监督理论研究的基础、深度和系统性。本书认为，基于国家和社会、警察和公众之间对立统一的关系，警务监督的目的应当在警务目的的基础上加以考虑，因为警务监督并不具有独立发挥作用的空间，只有在实现警务目的的过程中才能体现出自身价值。但是，监督目的又不是对警务目的的简单重申和强调，而是要不断突破时空限制，推动警务目的跃升至更高阶段。这样，监督目的既要对照警务目的，又要始终明确自身的崇高使命，进而要求监督目的既要从国家和警察的视角进行分析，又要从社会和公众的立场进行探究，当然也少不了对双方共同利益的关注和平衡。虽然不同主体的监督动机各有不同，但主要为查错纠偏和在此基础上的规范引领。显然，对这些动机进行系统化和理论化的分析，不仅能够科学定位监督目的的思考方向，而且能使有关思考更加准确和全面。在此过程中，立足丰富生动的监督实践，能够对监督目的进行不同形式的表述，但是，单一维度地思考监督目的，显然有顾此失彼的偏颇，难以解释监督实践的成功经验，更无法为进一步规范监督活动提供理论支撑。因此，立足事实和规范的辩证关系以及警务监督的发展趋势，从实然中探索现实可能，在应然中把握发展趋势，自然要求从事实和规范的双重视角，将监督目的表述为规范警务、服务社会，其中，两者分别作为最低目的和最高目的，相互依存，相互促进，共同规定和引领警务监督。①

① 用最低目的和最高目的来表述警务监督的双重目的，也许并不是最精准的，在本书酝酿和写作过程中，也曾考虑过使用现实目的和终极目的、直接目的和间接目的等表述方式，但都难以表达出双重目的之间的并存及其相互依赖、相互促进的关系，最终还是从中国共产党的最低纲领和最高纲领的表述中获得启发，并确定使用这样的表述方式。

第一节 监督目的：基于警务目的的逻辑延伸

在民主社会中，监督并不是一种可以独立存在、单独发挥作用的政治行为，明显有别于其他政治行为的消极色彩要求它只有与选举、决策和管理等环节进行有机结合，才能有效地体现其现实价值。立足这一定位和本书的主题，警务监督自然要牢牢扎根于警务活动之中，并对其产生应有的作用，才能体现其现实意义，否则，警务监督就会因无所依托和无法落脚而毫无意义。因此，探讨警务监督的目的，首先就要探讨警务活动的目的，甚至可以说，只有明确了它们之间的逻辑关系，关于监督目的的思考才具有参照对象和现实意义，警务监督才会对警务活动产生积极的促进作用。

一、警务目的的思考：基于国家和社会的关系

自人类社会从无阶级社会逐步过渡到阶级社会，逐渐丰富的政治生活不仅日益凸显国家的地位和作用，而且也使人们无法回避国家和社会的关系，进而在不断发展的思考中逐步形成成熟的理论形态，而生动的人类历史也逐步勾勒出国家和社会的互动轨迹和未来命运。马克思主义认为，前国家时代的原始社会依靠“十分单纯质朴的氏族制度”，“一切争端和纠纷，都由当事人的全体即氏族或部落来解决，或者由各个氏族相互解决”,① 社会生活的各方面都闪现着人性美好的光辉。同样，非马克思主义也承认国家尚未形成之前的“自然状态”，而且认为人们“在自然法的范围内，按照他们认为合适的办法，决定他们的行动和处理他们的财产和人身，而毋需得到任何人的许可或听命于任何人的意志。”② 但是，原始社会无法应对和解决生产力发展造成的利益矛盾和社会冲突，“自然状态”也因缺乏自然法的有效裁判者而无法消除社会混乱，因而都需要能够有效消除社会矛盾、恢复社会秩序的国家，为社会的存续提供秩序保障。在此背景下，无论马克思主义认为，“国家是阶级矛盾不可调和的产物和表现。在阶级矛盾客观上达到不能调和的地方、时候和程度，便产生国家。反过来说，国家的存在表明阶级矛盾的不可调和”,③ 还是非马克思

---

① 《马克思恩格斯选集》（第4卷），人民出版社1995年，第95页。

② ［英］洛克：《政府论》，叶启芳等译，商务印书馆1964年，第5页。事实上，屡经历史事实和理论研究验证的这一状态不仅显示出人类社会自我管理曾经达到的高度和空间，也意味着人类社会绝不会停留在自治能力阙如的现实名利场，必然会在辩证否定中充分挖掘自身潜能，走向更为广阔的发展空间。

③ 《列宁专题文集·论马克思主义》，人民出版社2009年，第180页。

主义认为，“政治社会都起源于自愿的结合和人们自由地选择他们的统治者和政府形式的相互协议”，① 国家毕竟还是不可避免地出现在人类历史上，并以其无可替代的作用持续对社会进行有效的救济，进而说明国家来源并扎根于社会，并在相当长的历史时期显示其克服社会不足、超越社会自在性的合理性。也正因为如此，“在漫长的历史进程中，人们一直是用崇敬和恐惧的眼光注视着国家这个巨大的‘利维旦’，一如黑格尔所形容的那样，国家是地上行进着的神”。② 受这种国家观的制约，国家本位和国家至上的国家主义长期统治人们的思想，以至于人们始终认为社会只能臣服于国家，听任国家的摆布。为此，马克思在承认国家历史价值的同时，也突出强调了国家狭隘的阶级属性和政治职能：“从前各个人联合而成的虚假的共同体，总是相对于各个人而独立的；由于这种共同体是一个阶级反对另一个阶级的联合，因此对于被统治的阶级来说，它不仅是完全虚幻的共同体，而且是新的桎梏。”③ 但是，无论国家多么强势，也不能直接发挥作用，仍需要根据其亟待解决的问题，设置不同的国家机构，警察就是应运而生的结果。然而，国家主义作为一种经验主义的国家观，并没有真实反映国家和社会的关系，更不可能规定国家和社会的现实互动和未来发展，当下的国家显然已无国家主义的强势，而社会的主体地位也日渐明显。在国家和社会此消彼长的互动中，警察显然不能完全单一地代表国家，至少也会最低限度地回应社会诉求。这样，具有双重身份的警察使得自身在不同时空下成为国家和社会的构成要素，承载着国家和社会的共同期待，进而要求其存在和发展必须服从和服务于国家和社会的互动。虽然国家的面世结束了人类社会自由自在的生存状态，但也逐步消除了人类社会的蒙昧和野蛮，并在更高层次上开启了社会发展的全新模式，加快了人类社会的文明进程。这样，警察作为国家设置的统治工具，在维护国家意志的同时，也为社会创设了更可预期的生存环境。也正因为如此，不同历史时期的警察虽然也给社会造成过不同程度的负面影响，但能延续至今就足以说明社会尚未发展到可以脱离警察的阶段，甚至许多领域仍要明显依靠警察的积极功能。就此意义而言，警察无疑是国家和社会的共同需要，即使警务活动主观上是基于国家意志的需要，客观上也为社会利益拓展空间，进而说明警务目的并非只是国家意志的体现，更非与社会利益毫无关联。

国家主义的观念一直持续到黑格尔时代，并最终终结于马克思主义的国家

---

① ［英］洛克：《政府论》，叶启芳等译，商务印书馆 1964 年，第 63 页。

② 荣剑：《马克思的国家和社会理论》，《中国社会科学》2001 年第 3 期，第 25 页。

③ 《马克思恩格斯选集》（第 1 卷），人民出版社 1995 年，第 119 页。

观。国家和社会的互动格局，尤其是资本主义生产方式对国家权力运行方式的革命性变革使得人们更加准确地看待和理解两者的关系，马克思主义经典作家则在批判和发展前人理论的基础上，从人类社会宏观历史的视角重新思考并重置了国家和社会的关系，揭示了社会决定国家的历史事实："家庭和市民社会使自身成为国家。它们是动力"，① "政治国家没有家庭的自然基础和市民社会的人为基础就不可能存在。它们对国家来说是必要条件"。② 不仅如此，经典作家还敏锐地觉察到资本主义生产方式的革命性和进步性，进而勾勒出国家和社会的互动机制："'市民社会'这一用语是在18世纪产生的，当时财产关系已经摆脱了古典古代的和中世纪的共同体（Gemeinwesen）。真正的市民社会只是随同资产阶级发展起来的。"③ 也就是说，国家和社会的真正分化开始于资本主义时期，资产阶级的政治革命将社会从国家的束缚中解放出来，并逐步确认社会的基础性地位和决定性作用，人们开始在政治和社会的层面上过着政治生活和社会生活。这不仅要求人们逐步改变传统的思维定式和行为方式，承认社会"在一切时代都构成国家的基础以及任何其他的观念的上层建筑的基础"，④ 而且还要求他们以全新的历史观定位自身和国家的关系，并要求国家重新思考和回应社会诉求。在此背景下，国家和社会的明确分野必然要求警察和公众重新审视自身和对方的关系，尤其是警察开始逐步认识到自身之于国家和社会的不同作用。但是，即使国家和社会都离不开警察，并不意味着警察始终置身于国家和社会中间，能够始终平衡国家和社会的诉求。事实上，如前所述，警察首先是国家的工具而不是社会的选择，因而首先维护的是国家意志，具有浓厚的阶级统治色彩。当国家意志和社会利益相对立时，警察必然发挥其政治统治的职能，在镇压和打击各种违反国家意志行为的同时，实现统治阶级利益的最大化。然而，即使如此，也不意味着国家可以毫不顾忌社会诉求，因为如果社会毫无生存空间，阶级统治必将失去社会基础，国家意志也将毫无依托。这就意味着国家也会为社会预留最低限度的生存空间，作为国家贴身护卫的警察也就不得不作出相应反应，哪怕警务活动中的镇压和打击功能，也会为全体社会成员营造最低限度的社会秩序，进而为自身赢得起码的合法性。更何况，"正是由于特殊利益和共同利益之间的这种矛盾，共同利益才采取国家这种与实际的单个利益和全体利益相脱离的独立形式，同时采取虚幻的共同体的形式"，⑤

① 《马克思恩格斯全集》（第3卷），人民出版社2002年，第11页。
② 《马克思恩格斯全集》（第3卷），人民出版社2002年，第12页。
③ 《马克思恩格斯选集》（第1卷），人民出版社1995年，第130页。
④ 《马克思恩格斯文集》（第1卷），人民出版社2009年，第583页。
⑤ 《马克思恩格斯选集》（第1卷），人民出版社1995年，第84页。

这就更加说明国家并不完全是社会的异己力量，社会也需要国家为其提供更加稳定的生存环境，拓展更多的发展空间，公众当然也需要警察为其提供更多的保障。这样，国家和社会、警察和公众之间也因此在发展中具有日益增长的利益交集。

国家和社会的互动，尤其是社会作为经济基础对国家的决定作用，使得国家能够立足其与社会的最初关系，不断发现和尊重社会的基础地位，进而从不同方位显示“国家都不是一个具有独立发展的独立领域”，[①] 在各方面都离不开社会的支持和配合。即使在当下，两者的互动更加“强调国家对经济进步的必要性”，[②] 显然也不是对社会基础性地位的否定，而是对其决定性作用进行的更具时代特色的强调。同样，国家对社会的依赖也在不断凸显和强化社会的真实地位，彰显其终极性价值和目的性意义，进而使公众敢于、善于发现和主张自身合理的利益诉求，并成为国家现实价值的评判主体。也就是说，虽然国家始终掌握着是否以及如何证明其现实价值的主动权，但社会却牢牢地把握着是否以及在多大程度上予以认同的决定权，即使那些“没有精神生产资料的人”[③] 也会做出自己的评价，公众更会在发展中日益“认出了自己的存在”，[④] 进而要求国家作出相应的反应。否则，公众不仅会在物质上抵制国家，而且会在情感上排斥国家，进而从反面强调社会的终极价值，并对国家的离经叛道进行拨乱反正。在此背景下，国家“与社会重叠及共有的部分反而增大，处理国家和社会之间的制衡关系已经成为一项重大任务”。[⑤] 显然，在此背景下，社会作为国家合法性来源的地位，必然要求警察始终追随国家意志的变迁，逐渐认同公众对于自身的基础地位，逐步淡化其传统的镇压和打击手段，更加凸显并主动保障公众的社会主体地位。这样，从国家到警察都会逐渐关注并注重回应社会的正当诉求，甚至将其视为自身行为的根本依据。在此背景下，警察必然要追随国家的行为方式，并在国家和社会的相互认同和尊重中，日益关注和积极回应公众的利益诉求，否则，必然在大势所趋中遭受国家和社会的强力纠正。由此可以推断，国家对社会利益的日益尊重和积极回应最终必然导致社会“会把靠社会供养而又阻碍社会自由发展的国家这个寄生赘瘤迄

① 《马克思恩格斯选集》（第4卷），人民出版社1995年，第251页。

② ［美］道格拉斯·C. 诺斯：《经济史中的结构与变迁》，陈郁等译，上海三联书店1994年，第24页。

③ 《马克思恩格斯选集》（第1卷），人民出版社1995年，第98页。

④ ［法］路易·阿尔都塞：《关于意识形态国家机器（AIE）的说明》，孟登迎等译，《美术馆——全球化语境中的博物馆经济》2007年总12期，第100页。

⑤ ［日］猪口孝：《国家和社会》，高增杰译，经济日报出版社1989年，第5页。

今所夺去的一切力量，归还给社会肌体”。[①] 一旦进入这一状态，社会也将因其不断提升的自我管理能力，获得日益广阔的自主发展空间，国家和警察也因此逐步丧失其存在价值，并将因为自身和公众的利益趋同而消融在社会之中。受这一宏观趋势的规定，警察必然要在回应和平衡国家意志和社会利益的过程中，日益强调和凸显其服务社会的发展方向和终极目的。也正因为如此，颇具代表性的福利警察论就明确将警务目的定位为社会利益，从根本上强调警察服务社会的重要使命。

二、监督目的：实现和提升警务目的

权力监督并非新生事物，因为作为社会关系的权力甫一面世，就被置于广泛的监督之下，尽管这些监督更多是通过舆论的方式和道德的手段。而这也说明，既然人类社会的存在和发展离不开权力，监督权力的意义自然也不逊于权力本身，是与权力相伴而生的客观要求。但是，专门针对国家权力的监督仍肇始于国家产生之后，并在实践中发展至今。即使如此，作为一种社会现象和政治行为，在前资本主义时期，监督始终缺乏足够的动力机制，其主体和手段也过于单一，更遑论科学合理的制度依据和常态的监督活动。而发端于资本主义时期的权力分化则在理论和实践两个层面上开始催生真正意义上的监督，并推动其持续发展。由此说明，“现代意义的监督，乃是民主的产物。监督制度的发展和一个国家、社会的民主化进程出现同步性。在现代，监督是一种体现和保障民主的手段”。[②] 即便如此，近代以来的监督历史及其现状也说明，真正意义上的监督并没有随民主制度的出现而水到渠成，其中的绝大多数更是与民主无涉，即使在方式上也与民主背道而驰，更遑论民主目的的实现。显然，这不仅不能成为否定监督的现实理由，反而说明监督存在着有待全面完善的广阔空间，需要付出持久的努力。当然，监督的现实意义仍明显有别于其他政治行为，甚至也难以掩盖其鲜明的消极色彩，因为相对于选举、决策和管理等行为的独立性，监督不仅没有其自主发展的独立空间，无法单独发挥作用，而且只有渗透到选举、决策和管理中才能发挥其应有的民主功能。也正因为如此，对警务监督进行任一角度的考量，都不应无视警务活动而自行其是，而应始终围绕和服从警务活动的制度规定，并不断提升警务活动的高远意境。这也说明，探索警务监督的目的，离不开对警务目的的思考，警务目的的有无决定着监督目的和监督活动的存废，警务目的的优劣同样决定着监督目的和监督活动的

① 《马克思恩格斯选集》（第3卷），人民出版社1995年，第57～58页。

② 莫负春：《论权力监督和权利监督》，《华东政法学院学报》1999年第3期，第4页。

得失。

如前所述，在警务活动日益影响现实生活、因而日益受到关注的现当代，国家对社会的承认和尊重、社会日益获得相对于国家的自主发展空间，必然要求警察既不能延续单纯维护国家意志的传统，也不能放任为所欲为或藐视民意的做法，相反，应立足警务活动的广泛性、深入性和公共性等特点，体现和发展国家的工具理性，以推动和加快国家和社会之间的良性互动。如果说国家和社会的互动轨迹以及由此确定的发展趋势规定了警察和警务活动从传统到现代、从事实到规范的发展轨迹，体现出警务活动日益明显的科学性和民主性，那么，警务监督无疑要顺应和推动而不是改变、更不是背离警务活动的发展趋势，要在实现和提升警务活动的目的中彰显自身激浊扬清的价值。

首先，警务监督应当实现警务目的。在国家和社会的良性互动中，警察自然有条件和能力对自身进行科学准确的定位，并以此开展警务活动，以便在维护国家意志、回应社会诉求中体现自身的现实意义。由此可见，警务目的与其说是警察的角色自觉和自身的准确定位，毋宁说是国家和社会的关系，尤其是两者互动的特定反映，是警察在遵循人类社会发展规律的基础上对国家意志和社会利益的正确回应。这样，当国家日益察觉警察在回应社会诉求、提升其合法性的积极作用时，自然不会容忍少数警察离心离德的行为，而且会主动挖掘警务活动的积极功能；当公众逐步体会到自身之于国家和警察的终极价值时，不仅不会容忍失范警务对自身利益的损害，甚至还会立足自身对警务活动的预期，发现和纠正各种潜在危害。这样，国家和社会对警务活动的臧否褒贬，必然产生相应的监督功效，进而对警务活动产生持续的警示，要求警察在弃恶扬善中对国家意志和社会利益保持足够的敏感，并通过自身的警务活动予以积极回应。显然，这种回应事实上就形成了既定警务目的的实现机制，不断促进警务目的的实现，进而体现警察的现实意义。

其次，警务监督应当提升警务目的。如前所述，警务目的的形成机制源自国家和社会的良性互动，警务目的也不是警察的自我定位，而主要是警察对国家意志和社会利益的积极回应，因而在警务活动中考虑更多的是如何而不是能否实现这一目的，进而要求警察在争取国家支持、社会配合的基础上，想方设法实现警务目的。也就是说，在特定时空下，警务目的通常是既定的，并具有相应的制度化规定和保障。但是，正如社会不会因为国家的现实价值而放弃其发展进程及其对国家的更多期待，国家和社会也不会因为既定的警务目的而放弃对警察更多更高的希冀，警察也不能因为既定的警务目的而毫不顾及国家和社会的动态诉求。这样，警务目的不仅将随着社会发展，在有所放弃和不断追求中进行动态的调整，而且也会在国家和社会的良性互动中表现出同向乃至同步的变化趋势。尤其当国家和社会基于不同动机实施警务监督时，其内在机制自然会要求警察尽快作出适当的反应，更不会允许警察长期停留在原有的警务目的上。更为重要的是，警务监督作为社会表达诉求、国家回应这一诉求的现实平台，使得公众拥有向警察和国家充分表达诉求的制度保障，公众也因此在警务监督中发现并及时表达更为合理的利益诉求，要求警察在不违反警务规律的前提下予以积极回应。在此机制的作用下，警务目的作为警民之间力量对比的反映和互动趋势的结果，必然要求警察或早或迟、或主动或被动地提升警务活动的追求，以保障和拓展社会自主发展的广阔空间。在此趋势的规定下，警务监督也就从一特定视角巩固了社会的主体地位，强化了警务目的日益科学化和民主化的进程。

显然，监督目的在实现和提升警务目的的过程中，日益彰显出警务监督的现实价值和广阔的发展空间。在特定时空下，警务监督在发现和纠正不当不法警务的过程中回应了国家和社会的期待，同时也向公众宣传和强调了可以预期的利益实现机制，进而必然调动和凝聚更多力量关注警察、监督警务的积极性和创造性。一旦警务监督的合理性和真实性受到越来越多的认可，原先孜孜以求的利益不仅逐渐被他们心安理得地接受，而且也将获得日益牢固的社会基础和制度保障。即使如此，社会也不会停滞不前，公众更不会别无他求，仍会在社会发展中拓展新的利益空间，并向国家和警察不断提出新的利益诉求，进而对警察和警务活动提出新的要求，迫使警察作出适当的回应。由此可见，不断发展的利益诉求将通过监督目的，转化为警务目的，并最终作用于警务活动，警务监督也因此作为一种具有现实基础的民主实现机制，持续推动着民主进程和社会发展。也正是在这一意义上，本书不仅是公安学基础理论的研究成果，而且从一特定视角发现了民主载体及其实现机制，并有望在特定领域为民主进程提供新的理论支撑。

第二节　规范警务：警务监督的最低目的

立足现实的基本诉求，警务监督至少应将警务活动限制在既定的警务规则框架之内，以防止不当不法警务的滋生和蔓延。而不同时空下的警务规则也要根据警务活动的时空特点进行规定和完善，这样，如何理解警务活动的动态性特征，将直接关系到警务监督的目的、原则等一系列问题的研究深度。因此，只有深入分析和准确把握警务的动态性特征，才能科学合理地深化警务监督最低目的的思考，才能围绕警务监督的目的、原则等问题形成一个相对完整的分析框架。

一、警务的动态性分析

前文已初步说明，警务主要是警察以各种方式行使其职权的外在表现，但是，现实中的警务和警察并不是一成不变的简单对应关系，而是在不断变化中相互规定的关系。立足词源学的视角，“警察”这一概念具有“警之于先，察之于后”的意思，说明警务并不能仅以警察的自身意愿为依据，除了可以从警察职权的角度予以解释之外，还可以从社会控制的视角加以理解和使用。①也就是说，根据社会控制的需要，警察不仅要对打击违法犯罪、消除各种不稳定因素的社会需求保持足够的敏感，而且要应社会发展的需要适当拓展职务范围，以便有效防范各种潜在的消极因素，实现长治久安。这也意味着，无论是出于主动或被动的动机，一些普遍性的社会问题都会要求警察予以相应的回应，以强化其社会控制的能力，进而通过制度化的手段，将其转化为警察的职务行为。这一规律说明，无论是“警之于先”，还是“察之于后”，警务的对象都源自社会成员及其社会活动，不仅回应社会诉求的消极警务是对社会的被动反应，主动关注和解决社会问题的积极警务更是对社会发展过程中各种倾向性问题的主动反应，即使涉及警察队伍的管理和建设，也不完全是警察机关的自主行为，也在一定程度上反映了社会发展的现实需要和公众的普遍呼声。为此，本书拟立足有限警务和无限警务、积极警务和消极警务的关系，尤其是它们之间的对立统一关系，分析警务的动态性，进而为思考监督目的以及警务监督的其他问题奠定理论基础。

首先，警务的动态性体现了有限性和无限性的对立统一。时空的有限性和无限性说明，具体事物具有明确的时空规定，而整个物质世界则存在于无限的时空之中。以此来思考同样离不开时空规定的警务活动，显然可以产生颇具解释力和说服力的普适性结论。一方面，警务作为特定时空中警察对公众及其社会活动的反应，决定了人手和能力都无法无限增长的警察始终只能回应有限的警务诉求。如果企图对所有诉求都作出及时回应，极易导致顾此失彼，甚至舍本逐末，进一步恶化社会秩序。也就是说，警察机关并不是一个容量无限的容器，无法容纳和处理所有的社会问题，即使一些社会事务最终进入警察职责范围之内，也就意味着另外一些社会问题迟早要淡出警务范围，如“早期的警察并没有管理交通的职责。到了马车、汽车日益增多甚至明显影响出行便利、交通安全

---

① ［英］罗伯特·雷纳：《警察与政治》，易继苍等译，知识产权出版社2008年，第3页。从这一角度理解警务，不仅警务的适用范围远大于警察，其动态性也更为明显，而且有助于理解警务社会化等问题。

时，交通管理才提到议事日程上来”。[①] 与此同时，原先关于维护城市环境卫生的职责则从警务活动中剥离出来，交由其他部门承担。显然，通过这样的机制，警务与警力保持了大致的匹配和平衡。当然，如果从另一角度来审视这一问题，同样也就不难发现，警务的有限性事实上是对现代民主法治社会的回应，是对有限政府的积极响应，也是对社会自治能力的强调和培育。另一方面，立足时空的无限性，警务又存在无限性的趋势。从时间上看，纵向审视警务的过去、现在和未来，其覆盖范围极为广泛。正如今天一些社会事务也曾匪夷所思地属于警察职责一样，将来一些亘古未闻的问题也有可能纳入警务的范围，因而体现出一种无限性的趋势。从空间上看，一个或少数警察所承担的警务自然非常有限，但整个国家乃至整个世界的警务范围也同样体现出一种无限性的趋势。所以，早在20世纪初，松井茂就曾断言：“原始时代之警察行政，任何国家均限于某种地方。渐因人权发达，交通机关之完备，而警察行政由地方的要素駸向国家统一的要素进展……更有随文化之发达，以事物之性质，而期国际的统一，已成为现代之要求。”[②] 当下，方兴未艾的国际警务合作更是对警务无限性趋势的最好诠释，而且也预示着更广更深的合作趋势，进而一如既往地延续了警务变动不居的特点。[③]

其次，警务的动态性反映了消极警务和积极警务的对立统一。虽然警务和警察一样，很难明确一个具体的历史起点，但总是伴随在警察的身前身后，并大致反映了警察发展的基本规律。但是，这种与警察相伴而生的关系并不意味着警务总是随着警察亦步亦趋，并及时进入警察机关制度建设的框架，即警务也有可能在时间上领先于警察职责。一方面，在警察的发展史上，警务活动的外延并非固定不变。17 世纪以后，当警察和军队、司法逐步分离时，在相当长的时间内，警务活动还是主要指“内务行政”，并在总体上呈现出逐步缩小的趋势。随着警察逐渐成为政府的一个职能部门，警务也因此成为政务中的有

---

① 何益忠：《晚清自治时期上海街头的警民冲突》，《学术月刊》2007 年第 3 期，第 138 页。

② ［日］松井茂：《警察学纲要》，吴石译，中国政法大学出版社 2005 年，第 18 页。

③ 关于警务的有限性和无限性，还可以从其他角度进行理解，如当警察目睹一件并没有报警的民事纠纷时，是熟视无睹，还是主动调解，则主要取决于警察的职业境界。如果该警察是职业主义者，他很有可能选择前者，因为此举不需要承担相应的行政或法律责任，更不影响其职业成就。但是，如果该警察职业境界崇高，他极有可能主动调解这样的纠纷，以免这样的纠纷扩大或恶化，对秩序和安全造成消极影响。也就是说，立足法律的视角，警务通常都有明确的制度规定，其有限性非常明显。但是，立足道德的视角，制度规定之外可能恶化秩序和治安的事件同样要求具有较高职业自觉的警察主动介入，将有关矛盾化解在萌芽之中。从这一角度而言，即使现实中的警务也表现出无限性的趋势。这样，面对兼有有限性和无限性的警务，警察机关和警察显然具有不同的选择：面对社会的各种诉求，警察机关应当在科学、审慎的基础上将那些所有警察或多数警察能够完成的任务纳入到警务的范围之中，并使之制度化，要求警察必须作出相应的回应。而警察则应当在制度化警务的基础上，通过自身的道德自觉和职业自觉，回应社会诉求。当然，社会力量可以对他们寄予道德期待，但绝不能进行道德强制。

限组成。[①] 在一定的时空中，许多社会问题的普遍化或严重化必然迫使警察机关做出相应的回应，并纳入其制度建设的议程。例如，在网络时代萌芽之初，相关的制度规定并没有明确涉及这一领域的相关问题，只有在大量影响秩序和稳定的网络犯罪非常紧迫地摆到了各级政府面前，才最终使得警察机关将这些问题明确纳入警务范围，同时要求立法和行政机关赋予警察更大的权限，以便有效地打击和防范网络犯罪，为网络科技的健康发展保驾护航。同样，日益便捷的交通、通信和网络等现代科技在加快国际交往的同时，也为多样化的跨国犯罪带来了便利，这就决定了打击跨国犯罪日益成为全球化背景下各国警务的重要内容，成为推动国际警务合作的重要动力和主要目的。另一方面，即使在特定时空下，警务范围相对稳定，但其组成部分及其权重也始终处于变化之中。相对于传统警务中镇压和打击的职能，现代警务并没有也不可能消除这些职能，但已经明显淡化，其中管理和服务的色彩则日趋明显。同样，即使在当代，在社会秩序和政治秩序不同的国家里，警察的政治职能和社会职能也明显有别：在秩序良好的国家，警务民主化和社会化的趋势更加明显，服务型警务的色彩和比重自然会非常突出；而在动荡不安的国家，警察疲于应付各种刑事和治安案件，根本无暇顾及服务性诉求。即使在一国之内，面对刑事案件的高发，执行法律、打击犯罪的任务会非常繁重；而一旦治安形势好转，警察自然有条件提供更多的服务型警务，以实现更为和谐的警民关系。正是基于这一特点，有研究者认为，“警务就是对那些有可能导致冲突和违规行为的社会关系或群体进行控制的行为”。[②] 正如“警之于先，察之于后”所要求的那样，警察不仅要关注那些显性的警务诉求，以消极警务的方式予以应对，并体现警察的现实价值，而且要对社会发展保持高度的敏感，主动关注并尽量满足那些由于时代进步而不断产生的警务诉求，体现积极警务在主动改善社会秩序方面的前瞻性和主动性。[③]

---

① 当然，这种趋势并不能掩盖特定时空下警务有所扩张的可能。在社会转型的今天，许多国家的警务都出现了与政务同向扩张的趋势，其步伐甚至明显快于其他政务。但是，立足长远视角和总体发展趋势，这种阶段性和局部性的扩展并不能扭转警务有限化的趋势。

② [英] 罗伯特·雷纳：《警察与政治》，易继苍等译，知识产权出版社 2008 年，第三版前言。

③ 当然，消极警务和积极警务的区分也是相对的，只有在特定的时空下才有相应的意义。随着警察逐步掌握警务规律和特定问题的本质，或在相关条件日益成熟的情况下，他们也会在之后的警务活动中掌握主动权，并对相关问题积极应对。例如，随着网络监管能力的不断增强，为逃避打击、从现实空间转移到虚拟空间的网络赌博和网络贩毒等行为刚出现苗头，就遭到了严厉打击。再如，随着生命科学的发展，尤其是 DNA 技术的成熟，打击拐卖婴幼儿犯罪、解救被拐婴幼儿的力度空前加大。同样，如果有所懈怠，一些丑恶的社会现象也会死灰复燃，并迅速蔓延，警务活动也会逐渐由主动陷入被动，甚至沦为消极警务。

对照警务的有限性和无限性、消极警务和积极警务的关系，现实中关于警务的认识存在着明显的误区，并已明显制约乃至背离了警务的初衷，同时也从证伪的角度指明了警务活动正确的努力方向。一方面，警务的无限性只是一种趋势，只有在无限的时空下才能成为一种可能。因此，置身于特定时空下的警察根本无法应对所有社会诉求，进而要求警察不能仅凭主观意愿和善良动机行事，而是在尊重警务规律的基础上立足本职工作，认真履行法定职责，为社会发展提供良好的社会秩序。这就意味着在警务活动中任何试图推广无限警务的设想和要求不仅无法成为现实，而且极易因此忽视基础工作，侵蚀警察的现实价值。反思我国警察机关曾经的"四有四必"、"有困难找警察"之类的承诺，虽然反映了警察机关的良好愿望，但也显然混淆了警务的有限性和无限性的时空规定，其结果则让警察机关陷入一种进退维谷的尴尬境地，一些警察机关的理性返正也无法消除许多民众基于各种动机的依赖心理。另一方面，警察应当积极主动地关注各种社会诉求，力争在应对社会秩序的制约因素方面掌握主动权，以免被动应付的警务模式给警察机关乃至国家和社会造成更多消极影响。反观现实，警察机关往往因为一些不切实际的制度承诺，导致有限警力疲于应付各种诉求，尤其是许多根本不在警察职责范围内的非分诉求，而忽视对警务规律的探索，结果陷入了事务主义的旋涡，并在维护社会秩序方面丧失主动权，甚至导致许多警察机关陷入了越忙越乱、越乱越忙的困境。① 因此，警察机关应当充分认识和重视警务的有限性和无限性、消极警务和积极警务的关系，立足当下和未来相当长一段时间内警务发展的基本趋势，建立健全科学的警务溢出机制，在吐故纳新中显示其动态性，确保在尊重警务规律的基础上掌握主动权，并进行积极谋划，确保有限警力始终能够致力于积极应对社会秩序的制约因素。否则，在背离警务规律的情况下，因为事务主义而背负全能期待的警察疲于应付各种诉求，根本无暇思考和探索警务规律，更无法在警务活动中掌握主动权。在此背景下，警务监督无疑是雪上加霜，既让警察无所适从，严重打击其职业自豪感和自信心，也让自身也因此毫无实现双重目的的可能，甚至导致其现实价值备受质疑。

---

① 当然，警务能否体现其相对于警察职责的活跃性和超越性，也取决于警察的认知和回应。也就是说，只有当那些制约安全和秩序的社会问题进入警方视野，转化为警察的现实行动，才有望得到解决，由此也证实了警察和社会之间日益密切的联系，反映了警察不断关注和回应社会诉求的崇高责任和现实使命。

二、规范警务：作为最低目的的确立依据

就其起源而论，“警察和国家一样古老”。[1] 国家甫一面世就设立警察，并作为常态要素存续至今，当然主要是为了保障基本的统治秩序，进而证实了警察和国家之间的固有联系。但是，出于长期稳定统治的目的，国家也会适当倾听和兼顾公众的利益诉求，以推动统治秩序的动态发展。这样，警察作为统治秩序的保障力量和国家机关的主要构成，自然要反映并追随国家意志的变迁，将警务活动的基本诉求从统治秩序向外延展为社会秩序，甚至只有在社会秩序的基础上才能更好地体现国家意志，导致投向社会秩序的警务资源明显多于统治秩序的资源消耗，并要求警察日益体现国家和社会的双重规定。尤为重要的是，和所有从业者一样，警察也是职业角色和社会角色的结合，因而也是特殊性和普遍性的统一：作为职业角色的特殊性存在，警察在体现鲜明制度色彩的同时，也难以与国家意志和社会利益完全一致，其职务行为也存在失范和越轨的可能；作为社会角色的普遍性存在，警察也存在正常的个人诉求，但又无法完全摆脱职务规范的影响，所承担的责任往往承载着社会的多重期待，要求其高标准定位自身的社会角色。但是，受多种因素影响，基于制度规定的警务活动在产生积极作用的同时，也难以完全避免消极影响，尤其当警察的制度角色和社会角色发生混乱时，他们也会动用制度资源，以满足社会角色的利益诉求。也就是说，作为政治人和经济人的混合体，警察“行善”的制度规定并不能完全遏制其“为非”的私利冲动，当然也无法排除其违法犯罪的可能。然而，鉴于警察特殊的角色负载，即便少数警察出现了不当行为，即使这些行为仅影响了少数人的利益，也会产生意想不到的严重后果，至少他们在损害自身声誉的同时，也必然危及警察队伍的整体形象，甚至还不同程度地侵蚀国家的合法性，辜负国家和社会的期待。这样，面对不当不法警务，不仅公众会根据自身利益受损的程度，做出相应的反应，而且相关职能的国家机关也会基于整体或长远的考量，做出相应的纠正措施。就此意义而言，国家机关和社会力量自然会顺理成章地成为警务监督主体，并以各自的动机和机制共同作用于警务活动。

基于不同诉求的监督主体实施警务监督，都无法回避一个根本问题，即依据何种标准评判、衡量和纠正不当不法警务。就其本性而言，任一监督主体无疑都希望尽量按照自己的意愿实施监督，以求最大限度地维护自身利益，但是，这种动机和方向各异的多样化诉求显然无法形成统一的监督标准，而且也

① 《马克思恩格斯选集》（第4卷），人民出版社1995年，第116页。

必然导致作为监督客体的警察无所适从，进而掣肘警务监督和警务活动。显然，这一困境必然要求警务监督接受反复的试验和纠正，最终使监督主体在博弈和妥协中逐步达成共识，即按照既有的警务规则实施监督，以兼顾和平衡各方的利益诉求。① 在此背景下，当一种监督主体试图更多关照自身利益时，就会遭到另一种监督主体的质疑和掣肘；当一个监督主体为了自身不当不法利益实施监督时，同样也难逃各方面力量的制约和谴责。这样，在各种力量的共同作用下，参照既有的制度化警务规则，将不当不法警务恢复到法定状态也就成为警务监督的基本诉求，规范警务也因此成为其最低目的，因为如果丧失了这一基础和前提，监督行为就无法实施，警务活动的基本诉求也就无法落实。② 这样，在监督实践中，即使规范警务不一定能充分回应国家和社会的全面期待，也至少能够促进警察机关建立健全一系列和警务活动密切相关的制度规定，并以此发挥和实现警察的基本职能，满足国家和社会对警察的基本期待。不仅如此，规范警务的目的以其否定性功能对不当不法警务进行纠偏时，自然也以其肯定性导向为合法正当的警务活动提供了制度保障，进而为警务监督预设了正确的努力方向、更为高远的追求和更为广阔的发展空间。

三、规范警务：作为最低目的的现实功能

理论的演绎不经过实践的考量，仍难以产生足够的说服力和现实力量，监督目的也需要思考其实践意义。将规范警务确立为警务监督的最低目的，同样应结合现实，继续追问其实践价值。就警务活动的基本现状和发展趋势而言，以规范警务这一最低目的指导监督实践，至少能够在以下三方面发挥作用。

首先，通过警务监督，规范警务，能够加强警察队伍建设，提高警务效能。相对于政府其他职能部门，警察机关的广泛职权承载着重大的政治和社会责任，需要通过警察队伍建设加以落实，而规范警务的目的无疑具有这样的积

---

① 与警务的动态性相对应的是，特定时空下的警务规则通常也是国家和社会博弈和妥协的结果，有其相应的科学性和合理性。虽然不同时空下警务规则的规范程度不尽相同，但是始终存在着持续提高的趋势，特定时空下的警务规则不仅相对稳定，而且具有极为重要的参考价值。这样，不断完善的警务规则更是能够为监督行为提供更高层次的参照标准。

② 民国时期警学专家及警政高官李士珍曾对警察的“卫管教养”职能做以下详解：防止公共危害即为“卫”，维持社会安宁秩序即为“管”，指导人民生活即为“教”，促进一般福利即为“养”，处近日之中国，卫管教养实为建国施政之方针，警察行政必须与国策相配合以推动而达成之也。（详见李士珍：《警察行政之理论与实际》，中华警察学术研究社 1948 年，第 3 ~4 页。）显然，其中的“卫管”职能无疑强调了警察和警务活动的最低目的，而当代研究者则明确指出，“警察的直接目的就是管理维护治安秩序与预防侦控违法犯罪”。（张兆端：《警察哲学——哲学视阈中的警察学原理》，中国人民公安大学出版社 2008 年，第 107 页。）这样，作为对警务目的的保障，监督目的自然不应背离警务目的，而且应将警务活动规定在相关的制度范围内。

极功效：一方面，来自警察机关之外的警务监督会在法律和道德等方面提出要求，由此产生的巨大压力必然会迫使警察机关从多方面入手，加强队伍建设；另一方面，警察机关在正视自身各种问题的基础上，对各种监督活动的积极回应能够加强和完善各项制度建设和制度创新，在动真碰硬中推动警察队伍建设。当然，打造一支纪律严明的警察队伍，并不是要作为一种静态摆设供人观瞻，尤其当社会治安恶化，刑事案件高发，对此无能为力的警察即使没有明显的不当不法行为，也无法赢得基本的认同和支持。由此可见，加强警察队伍建设，就是要确保政令警令畅通，及时有效地应对职权范围内的各种问题，回应国家和社会的广泛期待。这样，通过警务监督，在加强队伍建设的基础上充分发挥相关的制度资源的作用，提升警察的专业知识、职业技能和道德境界，显然能够持续提高警务效能，进而从根本上回应国家和社会的期待，充分体现警察的现实价值。

其次，通过警务监督，规范警务，能够赢得公众的支持，增强警察和国家的合法性。国家和社会的关系从根本上决定了警民关系。在国家和社会根本对立的时期，警察首先要体现和维护国家利益，阶级性主导的警务活动自然和民意存在着明显的矛盾，甚至与公众的冲突也在所难免。而在国家自我定位日益科学、更加重视民意的时代，警察也要顺应这一发展趋势，主动关注公众的感受，积极回应公众的期盼，警务活动具有明显的公共性和民主色彩，警务监督也因此作为一种现实可能，具有广泛的社会基础和广阔的发展空间。这样，日益制度化的警务监督无疑能够将警察的注意力引向社会，并为警察关注和倾听民意提供一个常规渠道。这样，一方面，体制内主体及时查处不当不法警务，在引导警察主动关注和回应民意的同时，也能让公众感受到他们规范警务的真实动机和真诚态度，进而增强对他们和警察的理解、信心和支持；另一方面，主体更多、范围更广的体制外监督则为规范警务注入了强大持久的动力，以更加直接而真实的民意表达引导警务活动，并在监督中逐步了解警务机制和内在规律。在此背景下，即使警察有时难以完全回应公众的期盼，也会以其真诚的意愿和不懈的努力赢得公众的理解，从而提升警察和国家的合法性。

最后，通过警务监督，规范警务，同样能够规范监督行为，提升监督主体的公民美德。在社会进步中公众也逐步认识到，警察和警务活动不仅能维护国家意志，保障社会利益，而且关乎每个人的切身利益，进而有效激发了他们监督警务的积极性，并从一特定视角凸显其作为社会主体的终极地位。但是，任何监督主体都难以完全摆脱私利的影响，具有膨胀冲动的自利性极易导致监督行为的失范，甚至挤压正常的警务空间，打击警察规范警务活动的积极性。当规范警务成为警务监督的最低目的时，意味着这一目的在约束警察和警务活动的同时，也会对监督主体产生一定的影响。毕竟他们在强调警务规范性的同时，也会不同程度地逐渐明确行为边界，检视自身的监督行为，进而意味着他们也不能一味迁就自身的私欲，更不能借监督之名放纵恣意行为和极端自私的倾向，误导甚至扭曲警务活动。这样，这一目的也就成为衡量和评价监督行为的重要标准，不当不法的监督行为自然也难逃道德谴责和法律制裁，从而在实现警务活动规范性的同时保证了监督行为最低限度的规范性。而在规范警务的约束和引领下，监督主体以其规范的监督行为和不纵不枉的纠偏措施，初步展现了他们作为社会主体的潜能，既让警察感受到他们真诚的动机、正确的导向和正直的行为，也让更多社会成员体会到警务监督的重要性和可行性，由此营造的良好的监督环境自然能够培育更加优秀的监督主体和更加规范的监督行为，从而在监督的主客体之间形成相互促进的良性互动，持续推动警务监督的健康发展。

第三节　服务社会：警务监督的最高目的

如前所述，如果没有规范警务的基本追求，警务活动极易因为监督主体和警察的不同诉求而背离警务目的，但是，如果将警务监督的目的仅仅定位为规范警务，显然存在将警察和警务活动目的化的嫌疑，明显有违国家社会化背景下警察机关和警务监督的工具理性，制约其存在价值和发展趋势。因此，立足警察与国家和社会的关系，在规范警务的基础上，仍要对警务监督进行深层追问，以明确和强调其更加高远的追求，并以此拓展其发展空间。为此，自然需要梳理社会利益①和警务的关系，否则，不仅相关深层追问缺少理论基础，而且也使得这些追问难有统一的理论进路和高远意境。

一、社会利益与警务的关系

社会利益作为社会生活和社会科学中使用频率极高的概念，其内容不仅十分丰富，而且极其复杂，以至于很难对它进行准确定义。② 论及社会利益，首先就会遭到是否存在的质疑，公共选择学派的布坎南等人就明确拒绝社会利益

① 关于“社会利益”，学术界也有“公共利益”或“社会公共利益”等不尽相同的类似表述。鉴于此段文字主要是为之后的监督目的和其他内容进行理论铺垫，同时也是为了统一行文风格，尤其是为了与后文作为最高目的的服务社会相吻合，此处不再对上述概念进行学理区分，统一采用“社会利益”的表述方式。

② 石佑启：《论公共利益与私有财产权的保护》，《法学论坛》2006 年第 6 期，第 74 ~ 81 页。

的独立意义。[①] 退而言之，即使存在社会利益，也往往因为抽象和歧义而言人人殊。人们通常基于经验判断，本能地坚信社会利益和个人利益之间存在着难以调和的矛盾，尤其当“经济人”与生俱来的利己主义从不同角度强调个人利益的合理性时，更是让市场经济背景下的人们坚信个人利益的至上地位，自然也就无法解释和解决其与社会利益的矛盾。例如，亚当·斯密就认为，“毫无疑问，每个人生来首先和主要关心自己；而且，因为他比任何其他人都更适合关心自己，所以他如果这样做的话是恰当和正确的”。[②] 基于这样的人性，人们“通常并无意去促进公众的利益，也不知道他促进了多少”。[③] 但是，当他继续论证这一观点，指出经济人“在追求个人利益时，时常比他真心实意地促进社会利益还更加有效地促进了社会公共利益”[④] 时，事实上也就承认了个人利益和社会利益相互贯通的可能和空间。尤其当所有人为了一己之私，投身于“一切人反对一切人的战场”，[⑤] 人们自然难以体会到单纯个人利益的应有利好，甚至滋生了许多意料之外的问题，如冲突、对抗、无序和动荡等。面对残酷的现实和深刻的教训，人们也逐渐认识到社会利益不仅是可能的，而且是必需的，进而寻求通过政治途径，加强制度建设和创新，在政治领域为追求个人利益的行为设置制度规范，使之保持在适当的限度之内，以防范无节制的贪欲造成难以控制的严重后果。这样，随着制度的不断完善，合法的个人利益不仅继续存有内在的动机和动力，而且日益具有外在的制度保障，进而在个人利益的增长过程中实现了社会利益的增加，尤其是影响个人利益的环境因素的不断改善。

上述分析表明，个人利益和社会利益之间存在着对立统一的关系。一方面，由于个人利益的相对独立性、个人的“搭便车”心理以及社会利益难以均等分配等原因，个人利益的确存在侵占社会利益的可能，而社会利益也会挤占个人利益的应有空间，或者滞缓个人利益的实现；另一方面，没有社会利益的积累和保护，个人利益既难以有效实现，更难以持续提升，同样，对社会利益的强调最终仍要落实到个人利益的实现和提升上，而个人利益的真实性则更加凸显了社会利益的重要性。这样，从个人利益跃升至社会利益，可以经由以

---

① ［美］布坎南等：《同意的计算——立宪民主的逻辑基础》，陈光金译，中国社会科学出版社2002年，第14页。当然，社会利益的可能性屡遭质疑，也与其在现实中被蓄意曲解或冒名顶替有关，毕竟以社会利益之名、行徇私舞弊之实的现象并不鲜见。

② ［英］亚当·斯密：《道德情操论》，蒋自强等译，商务印书馆1997年，第101～102页。

③ ［英］亚当·斯密：《国富论》，谢祖钧译，商务印书馆2007年，第295页。

④ ［英］亚当·斯密：《国富论》，谢祖钧译，商务印书馆2007年，第295页。

⑤ ［德］黑格尔：《法哲学原理》，范扬等译，商务印书馆1961年，第309页。

下两条路径，一种是在追求个人合法利益的同时维护了社会利益，另一种是在提升个人正当利益的过程中增加了社会利益。同样，从社会利益落实到个人利益，也可以通过以下两种方式，一种是为所有人提供可以均等共享的福利，另一种是为个人的特殊需要提供特殊的关照。这样，就不难发现，随着时间的推移，在上述的双向互动中，两者之间将按照“个人利益——社会利益——更高的个人利益——更高的社会利益……”的基本轨迹，相互依存，相互促进，共同推动双方的辩证发展。立足这样的关系和发展趋势，无论是个人独享的正当利益，还是从社会利益中分享的个人福利，都是对社会利益正当性的证明，更是对社会利益的巩固和促进。由此可见，社会利益虽不完全等同于个人利益，却从更大的范围和更长远的视角保证了个人利益，从而为个人利益的最终实现奠定了良好的社会基础。因此，每个人无论在现实层面上，还是立足发展的视角，都不应一味强调自己的利益，而忽视社会利益，更不能为了一己之私而损害社会利益。否则，对个人利益的过分强调和一味追求，必然强化不当不法的个人诉求，进而不仅会因其挤占他人正当利益而损害社会利益，而且还会导致社会为防范或消除这些企图而不得不消耗社会利益。这样，不当不法的个人利益就是对社会利益的侵蚀，具有极其明显的不合理性，抑制这样的个人利益则是社会利益的前提条件，也是个人在整体和长远层面上分享社会利益不得不付出的代价。当警察作为一种政治分工和制度安排，既保证了合法的个人利益不受侵害或受到侵害也能及时得到纠正，又为那些努力增进社会利益的行为提供了保障措施。因此，规范的警务活动不仅不会侵害个人利益，反而能够为个人利益提供制度保障，至于对警察的质疑和担心，很大一部分原因是警务活动不规范或个人的利益诉求缺乏合理性。这就说明，规范的警务活动在为公众提供秩序、安全等社会资源时，不仅不会损害个人利益，而且也为个人的正当利益或分享社会利益提供良好的社会环境。由此可见，当我们把警务活动的最终价值确定为立足整体和长远的社会利益，并在实践中始终予以坚持，不仅不是对个人利益的淡忘，而且是对个人利益更为全面和长远的关怀。也正因为如此，包括警察在内的所有社会成员都应当始终坚信并坚持，“警察之权，原为人类仁爱而存在。行使权力之自体，绝非其目的”。①

将上述个人利益和社会利益的关系落实到本书和本章的主题，强调警务活动对社会利益的关照，显然具有非常重要的现实意义。首先，警务活动对社会利益的关照，可以促进警务民主化的进程。强调警务活动对社会利益的维护，事实上就是强调公众作为社会主体的地位，因而成为警务民主化的内在动力。

---

① ［日］松井茂：《警察学纲要》，吴石译，中国政法大学出版社 2005 年，第 69 页。

就现实的发展趋势而言，在民主政治的推动下，警察在发挥其政治职能的同时，也会设法淡化其专政和统治的色彩，拓展其管理和服务的范围，维护公众的正当权益，日益凸显其以服务为特质的社会职能，彰显“立警为公、执法为民”的理念：一方面，警察作为一支治安管理和刑事司法的力量，要正确行使职权，严格执法，防范警务活动中的不当不法行为，回应公众对规范警务的期盼；另一方面，作为对社会进步的一种回应，警察要以社会利益为依归，顺应社会发展趋势，在社会发展中积极发挥作用，为经济建设和公众分享发展成果创建良好的社会环境。这就不仅要求警察遵循法律精神和法定程序开展警务活动，同时又要求警察即使在打击犯罪的过程中也必须依法保护公众乃至犯罪嫌疑人的合法权益，更不能以此为理由影响安居乐业的社会秩序。如果说把热情服务规定为警察的积极责任，是警务民主化的应有之义，那么，严格执法作为热情服务的另一种特殊表达，打击和限制的也是非常态的、有损他人权利的行为，其目的仍是为更好地保障每个公民的正当权利和自由，因而也是警察对社会利益的消极维护。正是在这个意义上，“执法即服务”的理念得到了充分体现。这样，警务活动的民主化作为对民主执政的回应，不仅有利于彰显执政和执法过程中的人文关怀，而且可以进一步明确警务活动和社会利益的关系，唤醒公众的权利意识和监督意识，有效防范警察权的错位和滥用，真正做到“立警为公、执法为民”，从而有效整合警务活动中的社会资源，实现警察和公众的和谐共处与良性互动，不断提升警务效能。

其次，警务活动对社会利益的关照，可以提高警察的合法性。人类社会的进步离不开物质利益的推动，而社会进步过程中所积淀的普适性价值则进一步规约社会生活，确保其不至于过于背离人类社会的理想，凸显人类社会从自在到自为的进步趋势。在此过程中，只有那些兼顾社会利益的警务活动才可能被公众认可或接受。在此背景下，“警察既为民众之警察，自非熟悉民众之心理状态不可。今日社会情形异常复杂，欲明白其实际，亦非易事。故为警察者，须常留心各方面之事，观察事态，洞悉国民思想之潮流。”① 因此，警务活动，尤其是在统治秩序稳定时期的警务活动，无论在物质层面上还是在价值层面上，都必须主动关注公众诉求，积极维护公众利益，以保障社会应有的历史地位和目的意义。这样，规范的警务活动在增加社会利益的同时不仅不会侵犯公众的既得利益，而且能为公众获取更大的福利营造良好的社会环境，并通过弘扬法律的程序正义和实体正义，彰显法治社会中平等、公正等价值诉求。当警务活动在坚守其政治职能底线的同时，与其社会职能一起增进社会利益，回应

① ［日］松井茂：《警察学纲要》，吴石译，中国政法大学出版社 2005 年，第 69 页。

公众的价值诉求。那么，不断改善的社会秩序和日益和谐的社会关系不仅更加有助于提升警务效能，实现其应有的进步意义，而且也能使公众感受到，即使不可或缺的政治职能也没有视公众为暴力对象，没有侵犯公众的私域，更没有破坏社会的自主性，而且还作为一支无可替代的安全力量，有效制止和打击了违法犯罪对社会利益的侵害和对社会秩序的破坏，维护了社会的整体利益，从而为警察赢得足够的民意支持。

由此可见，社会利益作为警察的价值追求，体现了社会之于国家的终极意义和社会进步的必然趋势。正是基于这样的发展趋势，在警务活动中强调其服务职能不仅在理论上得到了确认，在实践中也深受欢迎。但是，在现实层面上，无论警务的服务色彩如何鲜明浓厚，并不意味着警察已摒弃了预防和打击违法犯罪的传统职责。也就是说，服务型警务只是在坚守传统职责基础上的丰富和发展，而不是对传统职责的简单否定，或是在传统职责之外另起炉灶。事实上，社会利益的不断丰富既是以尊重绝大多数人利益为前提，也是主动打击和有效遏制违法犯罪的结果。因此，不能因为警务活动的价值定位为社会利益，就错误地认为警察的政治职能已不复存在，毕竟对违法行为的纠正和对犯罪行为的打击，也是在消极层面上服务社会。正因为如此，警察不仅不能放弃传统职责，而且应在依法打击违法犯罪的过程中不断提升社会利益。

当然，立足其与社会利益之间的关系，警务活动应当提升而不损害社会利益的目标，自然会引发对警务成本和收益的争议。在警务实践中，尤其在服务型警务日益增多的当下，一些人经常会事无巨细，习惯性乃至本能地向警方求助，使得大量的警务成本耗费在微不足道的问题上，也使得原本紧张的警务资源更加拮据，并最终制约社会利益的提升。为此，有研究者主张，警察机关应当完善相关机制，对所有警情进行筛选，将那些成本和收益倒挂的警情过滤掉，或移交给相关的社会组织处理，确保警察专心处理更加关乎社会利益的警情。应当承认，这一设想的动机无疑是正确的，如能实现，不仅警务成本会大幅下降，而且必将有效提升警务效能。但是，社会利益不止是经济利益，从社会利益的视角审视警务活动，自然要超越经济的狭隘眼界，追求整体和长远的综合利益。在现实警务中，的确存在大量琐碎的民事纠纷，但谁又能保证这些纠纷不处理也不会恶化成治安案件或刑事案件？作为政府职能部门的警察机关也不同于企业，不应也不能将经济收益或成本最小化当作首要的目标。当然，这并不意味着警务活动就可以无视成本，毕竟国家和纳税人的负担最终必然制约社会利益。但这种警务成本的考量只能服从和服务于社会利益的宏观追求，无论如何都不能超越或凌驾于社会的整体利益和长远利益之上。否则，警务成本降下来，社会秩序却也因此恶化，不仅因小失大，得不偿失，甚至警察的现实价值也难逃质疑。①

二、服务社会：作为最高目的的确立依据

明确了个人利益和社会利益的关系，尤其是社会利益作为警务目的最高价值的必要性和可能性，再讨论警务监督的最高目的自然就顺理成章，而且也成为本书无法回避的话题。“人们为之奋斗的一切，都同他们的利益有关。”② 鉴于利益在维护统治秩序、巩固执政基础等方面的重要性，国家首先都会最大限度地追求和维护统治阶级的利益，与之有着天然联系的警察也常因鲜明的阶级性和统治工具的角色，被推向与国家和社会颉颃的前沿。但是，即使如此也不意味着警察必然置身于公众的对立面。“政治统治到处都是以执行某种社会职能为基础，而且政治统治只有在它执行了它的这种社会职能时才能持续下去。”③ 而幸福论者更是高调宣称，“国家的最高目的就是保护臣民的福祉”。④ 同时，人类历史也反复证明，国家社会职能的缺失必然制约乃至瓦解其政治职能，其道义力量和存在价值也将丧失殆尽。这就意味着，一旦条件许可，国家也会适当兼顾其他阶级的利益诉求，以防范各种破坏性的社会和政治运动。这样，即使在警察暴力色彩极其浓厚的年代，打击破坏社会秩序的行为也不能简单地仅仅归结为阶级统治的需要，毕竟普通民众也难以从混乱的社会秩序中获益，更无法在动荡不安的环境中安居乐业，更何况警察也会或多或少地回应社会的诉求。事实上，现实中并不存在只有阶级性而无公共性的警务活动，国家和社会、警察和公众之间的利益交集也在社会发展中日渐扩大。“政之所行，在顺民心；政之所废，在逆民心。”⑤ 在社会发展进程中，随着国家和警察机关对警察的警务对象和权力边界进行科学的界定，警察不仅体现和维护了国家的政治职能，而且必然和国家的社会职能相呼应，并在更广的范围内促进和提升了社会利益，进而赢得了公众的认同和支持，警民关系也因此进入良性互动的发展轨道。就此发展趋势而言，“和国家一样，警察不仅产生于社会，存在于社会，从社会中汲取发展的动力，而且还同样遵循‘源自恶，终于善’的

---

① 当然，这并不意味着警察仍要延续全能化的做法，更不能将警务活动无限拓展，相反，仍要限定在法定的职责之内。更为重要的是，解决警务成本和收益的矛盾，不仅要依靠警察的不懈努力，而且还需要不断提升的公民素质，以及大量具有相应能力的社会组织，以其应有的自治能力将警察从职责之外的事务中解放出来，以提高警务的专业化水平及其实现和提升社会利益的能力。

② 《马克思恩格斯全集》（第1卷），人民出版社1995年，第187页。

③ 《马克思恩格斯选集》（第3卷），人民出版社1995年，第523页。

④ ［意］诺伯特·波比奥：《民主与独裁：国家权力的性质和限度》，梁晓君译，吉林人民出版社2011年，第41页。

⑤ 《管子·牧民》。

历史轨迹。”① 这样，在国家日益强调和重视社会的终极地位、国家权力日益彰显其公共性的过程中，警察也将会日益倾向于在服务社会中体现自身价值，直至最终和国家一起消融在社会之中，其职能也将再次回归为公众的日常事务和道义担当。

实践证明，“凡是有人的地方，不从最高的视角出发进行研究，那似乎是卑鄙的。”② 警务活动将社会利益作为终极诉求，必然对警务监督产生深远影响。将规范警务确立为警务监督的最低目的，能够通过制度创新，在一定程度上缓和乃至消除不当不法的监督行为和警务活动，不断提升警务活动的规范性。但是人们仍会追问规范警务的目的、警察职业声誉和社会形象的终极价值等深层次问题，因为把规范警务当作终极目标或唯一目的，不仅无法说明警察的存在价值，反而证明其无价值乃至负价值。前文分析表明，规范警务在捍卫法律权威、体现国家意志的同时，也借机向公众证明了警察的存在价值，即在消极意义上也会尽量避免损害社会利益，而在积极意义上则为社会拓展更多的利益空间。正是基于这样的功能，国家和社会都对保障警务目的的警务监督寄予厚望，期待其能够在提升警务规范性的过程中逐步提升社会利益。从“警察之权，原为人类仁爱而存在。行使权力之自体，绝非其目的”③ 的观点，到“警察的直接目的，是保护及增进一般社会利益的。至于保护社会利益，其作用，在消极方面说，是预防及排除社会公共危害的发生，在积极方面说，是想谋公共利益的增进。但两者都是直接保护社会的利益，所以都属于警察的范围以内”④ 的主张，都合乎逻辑地说明，既然国家要从社会中寻找其存在的终极依据，那么警察和警务活动自然也不能游离在这种规定之外；既然警察和警务活动的最终目的在于服务社会，那么警务监督自然不应改变这一目的的努力方向，而且应当成为实现这一目的的主要推手。因为一旦失去了社会利益的引领，警务监督极易因规范警务终极化而丧失高远追求，掣肘警务活动的发展空间，消解规范警务的努力，进而制约警察的存在价值，背离国家和社会的期待。由此可见，如果说作为最低目的的规范警务更多是否定性导向，为警务活动设置了行为底线，那么，服务社会更多是肯定性导向，为警务活动指明了正

① 吴永生：《警民和谐：基于体制外监督的视角》，《公安研究》2009 年第 12 期，第 78 页。

② ［德］威廉·冯·洪堡：《论国家的作用》，林荣远等译，中国社会科学出版社 1998 年，第 86 页。

③ ［日］松井茂：《警察学纲要》，中国政法大学出版社 2005 年，第 68 页。

④ 阮光铭：《警政概论》，商务印书馆 1931 年，第 5 页。

确的发展方向，提供了广阔的发展空间。① 也正因为如此，学界认为，“从警察实践的动因和结果来说，维护以统治阶级利益为主体的社会公共安全，乃是警察的最终目的。其他任何所谓的目的，都是为这一目的服务的。”② 因此，服务社会理当成为警务监督的最高目的，并和作为最低目的的规范警务一起，在相互影响和相互配合中共同体现警务监督乃至警察的现实价值。③

三、服务社会：作为最高目的的现实功能

前文关于社会利益和个人利益关系等问题的分析表明，作为最高目的的服务社会并不简单等同于无关现实的未来目的，或必须通过规范警务的最低目的才能发挥作用的间接目的，它作为引领监督活动的价值追求，始终存在于并指导着警务监督，因而具有重要而独特的现实意义。因此，系统分析这一意义，不仅有助于凸显最高目的的现实紧迫性，而且能进一步明确其实现路径。

首先，服务社会能够持续提升体制内监督的规范性，拓展体制内监督的空间。基于自身的利益诉求，国家在任何条件下都要进行权力分工，并始终赋予警察机关相应的职权，体现社会发展的需要，警务监督则以其独特作用进一步推动和巩固了这一发展趋势。而国家在发挥警察积极作用的同时，并没有忽视或放任其背离社会利益的冲动，体制内监督作为国家意志的表达，则在防范警务活动消极影响的同时，主动挖掘其积极因素，从而有效克服了规范警务终极化的弊端，真正落实了服务社会的目的。基于服务社会的考量，体制内监督一方面能够淡化甚至超越狭隘的私利，在及时查处不法警务的同时，将不当警务也纳入监督范围，防范其蔓延和恶化；另一方面则会超越既有的监督制度和警务效能，主动顺应民主法治的趋势和进程，自觉接受公众的智力支持和道德引领，积极加强制度创新。其中，体制内的外部监督能够利用各自的职权优势，主动关注和回应民意诉求，不断加强制度供给，持续完善警务监督的体制机制，努力提高监督效能，最大限度地拓展警务活动服务社会的空间；而实施内部监督的警察机关也会逐步认识到自身作为国家权力分工和政府职能部门的作用，更加主动地关注和回应监督诉求，以更加规范的警务活动顺应国家和警察

---

① 显然，在李士珍关于警察四种职能的主张中，指导人民生活的“教”和促进一般福利的“养”就明显超越了防止公共危害的“卫”和维持社会安宁秩序的“管”的现实追求，反映出警察更为高远的职业追求和更为广阔的发展空间。

② 张兆端：《警察哲学——哲学视阈中的警察学原理》，中国人民公安大学出版社 2008 年，第107 页。

③ 正是基于这样的道理，《中华人民共和国人民警察法》开宗明义，不仅明确了维护社会治安秩序、保护公民的合法权益的立法目的和根本任务，而且特别强调了警察必须“接受人民的监督，维护人民的利益，全心全意为人民服务”。

服务社会的发展趋势，彰显自身的现实价值。

其次，服务社会有利于提升体制外监督的规范性，能够为公众拓展更多的利益空间。体制外监督作为对体制内监督的补充和完善，并非可有可无，依法行使的批评权、建议权、控告权和申诉权也能产生巨大的威慑力和影响力，并不断作用于警务监督，但也不表明其尽善尽美，部分监督主体也会为一己之私而滥用监督权利，以谋取不法利益或遮掩不法行为。而这些现象恰恰说明，将服务社会确定为警务监督的最高目的，可以在一定程度上对体制外主体产生警示作用，进而有效防范其不当不法的监督行为，为社会利益的实现营造良好的宏观环境。而体制外监督的独特优势在于它不需要专门机构和人员编制的成本投入，而且能够实施全方位、全天候的监督，进而能有效弥补体制内监督侧重事后追惩的不足。更为重要的是，随着监督能力的提升和监督网络的完善，不仅警察和警务活动成为当然的监督客体和监督对象，甚至连同样进行警务监督的体制内主体也注定被纳入体制外监督的范围，从而能有效防范体制内主体的不当不法行为，尤其是他们和警察之间互利互惠、侵蚀警务和警务监督效能的可能，使其更好地服务社会。① 由此可见，体制外监督本身就是捍卫社会利益的积极力量，即使在消极层面上约束不当不法的监督行为，也是对社会利益的有益补充及其道义力量的积极体现。就此意义而言，对于任何能够正确认识和处理权利和义务的公民而言，警察不仅早已开始褪去恶的单一色彩，其中的善的因素更是作为一种常态持续增长，他们在保障个人所需要的安全和秩序的同时，又能有效防范其他社会成员对自身的侵犯。所以，体制外监督既是对个人合法权利的坚守，又是对社会利益的积极提升。这样，服务社会的追求在积极维护监督主体正当利益的同时，也就为公众拓展了更多的利益空间。

最后，服务社会能够顺畅民意表达渠道，持续提升警察和国家的合法性。当体制内主体理解了服务社会作为最高目的的理论依据时，他们就会更加主动地发掘制度资源，完善制度供给，顺畅民意表达；当体制外主体明确了服务社会的高远追求时，他们则会在反求诸己的精神中反思和检讨自身的监督行为，更加规范地表达诉求。当这两种主体在自我反思和自我约束中融合成更加强大、更加规范的监督力量，必然要求警察机关将外在的压力转化为内在的动力，主动健全和完善相关制度规定，积极关注和回应正当的民意诉求，确保警务活动始终服务社会，即使在打击和惩治犯罪的过程中也会设法将其消极影响

① 在浙江温岭虐童事件中，在强大舆论的持续关注下，当地检察院并没有如公安机关所愿，批准逮捕肇事者，这既是法治进程中的积极信号，又是体制内监督的现实成果。相信该事件作为一个经典案例，必将在更大范围内激发体制外力量的监督热情，提升警务监督和警务活动的规范性。

降低到最低限度。事实上，警务监督的从无到有及其规范性的不断提升，既是对不当不法警务的制约，又是对社会利益的承认和维护。在这个此消彼长的过程中，随着警务规范性的提升，警察也不得不在自我控制中逐步养成规范的警务理念和良好的警务习惯，进而将外在的他律转化为内在的自律，社会利益也因此成为警务活动的现实坐标和常态追求。这样，当警察在充分发挥其基本职能、积极回应公众的利益诉求时，不断提升的社会秩序和日益和谐的警民关系也能使公众感受到，即使无法避免的政治职能在有效打击违法犯罪的同时，也没有将公众视为暴力对象，没有侵犯公众利益及其作为社会主体的地位，从而增强公众对警察的信心和期待，并为警务、警察乃至国家赢得足够的民意支持。

第四节　规范警务和服务社会的关系与平衡

不同角度和不同层次的分析系统论证了警务监督的双重目的，但仍未展示出这一话题的完整结构和全部内容。不同层次的监督目的不仅在理论依据上存在明显差异，而且在监督实践中的地位和功能也不尽相同，甚至在不同时空下的侧重点也有所不同。因此，只有继续遵循本章的逻辑进路，在双重目的的基础上，全面分析这两者之间的关系，并在此基础上探讨它们在实践中的平衡路径，才能在监督目的方面形成一个完整的分析框架，才能将这一框架及其内在逻辑转化为具有可操作性的理论指导，也才能为本书后续的其他主题设定一个科学合理的理论基点。

一、规范警务和服务社会的关系分析

关于权力监督，学界认为，“对公共权力的应用和行使进行监督，具有两个不同层次的功能，即表层功能和深层功能。监督的表层功能是要保证行政人员依法行政和科学行政，以实现制度和效率。监督的深层功能则体现在促使行政人员道德意识的形成。这就是说，一方面，对行政人员进行监督是必要的。另一方面，行政人员又必须自觉地接受监督。其目的就是要确保行政人员依法、用法、遵守法纪，改善行政管理，提高行政效率和为人民服务的质量。在达至这个目标的过程中，也同时促进了行政人员道德意识的形成。”① 将这一观点运用到本章主题，由此产生的理论启示和监督功能无疑对监督主体和警察产生了相应的规定。上述分析表明，双重目的的确立依据和功能分析已从不同

---

① 张康之：《公共行政中的哲学与伦理》，中国人民大学出版社2004年，第317页。

角度论证其对警务监督的主客体及其代表的国家和社会的重要意义，而且也具有明显的周延性。在此基础上的进一步分析则可以发现，对规范警务的重视并不必然强化警察的政治职能，弱化其社会职能，更不会导致警察和警务活动的目的化，相反会以更加规范的方式为服务社会夯实基础；同样，对服务社会的强调也不会弱化规范警务的努力，更不会动摇乃至否定警察之于国家和社会的工具性意义，相反会以更加高远的追求凸显规范警务的现实价值和努力空间，以灵活多样的方式彰显警察和国家的现实意义与发展趋势。换而言之，如果不依法规范警务，或者警务规范性难尽如人意，警务活动极易僭越社会利益的地位，背离相关制度对社会利益的关照；如果缺乏对社会利益的关照，规范警务又将会蜕变成毫无人文情怀的陈规陋习，甚至导致警察和警务活动的目的化。由此可见，警务监督并不满足于规范警务，或及至警务完全规范之后，再诉诸服务社会的努力，而是在规范警务的同时内含服务社会的诉求，并在条件允许的领域内及时作出相应的努力，不断拓展和巩固其可能性空间；同样，离开规范警务这一基础，也就无法保证警务活动和监督行为的规范性，更难以强化监督主体和警察服务社会的持续努力，甚至因为基础薄弱而丧失服务社会的追求，或者导致服务社会的努力无法成为现实。这样，规范警务和服务社会不仅共同存在于警务监督之中，而且相互依存，相互促进，不断提升警务监督的规范性。因此，两者之间不存在孰先孰后、孰轻孰重的问题，更不存在谁服从谁、谁取代谁的关系，它们以一种不可分割的整体状态，并以法律和道德、手段和目的、动力和平衡的关系共同存在于警务监督之中，不断提升警务监督的规范性，进而从一特定视角，以其特有功能共同推动民主政治的进程。

首先，规范警务和服务社会体现了法律和道德的内在联系。立足哲学的视角，当规范警务、服务社会被确立为警务监督的双重目的时，其中便内在隐含着法律和道德的哲学基础和内在机制，其实质是不同人性假设在警务监督中的特殊表现和现实应对。警务监督将规范警务确定为最低目的，显然是基于“人性恶”的假设：如若缺乏基本的制度刚性，不仅警务活动极易滋生不当不法行为，监督行为也会因缺乏实施依据而因人而异，甚至导致恣意妄为等极端现象。因此，针对“人性恶”的现实，规范警务必然要求不断强化和完善制度供给，为警务活动提供严格的制度约束，为警务监督提供科学的制度依据。显然，这既是法律生成机理合乎逻辑的延伸，又是法律和警务及警务监督之间内在联系的真实表达，从而能够防止各种企图突破底线的不法监督行为和不法警务活动。而道德则超越了“人性恶”的理论假设，内含着“人性善”的积极主张。在“人性善”者看来，人性存在着不断完善的可能和至善的常态追求，即使“人性恶”的假设存在，也只是人类发展过程中的历史产物和阶段表现，人性中善的追求必将在社会进步中获得更多的发展空间。因此，警务监督就能够超越“人性恶”的短视和规范警务的单一追求，将警务监督引入服务社会的佳境，为警务活动提供道德自觉的自主空间，并通过同样心存此愿的警察，使之最终成为现实。这样，规范警务就为监督行为和警务活动设定了底线，服务社会则将它们引领至更加广阔的发展空间，从而形成法德共治警务活动的良好局面，推动警务活动不断接近并融汇于社会利益之中。

其次，规范警务和服务社会是手段和目的的关系。立足国家和警察的关系，从“国家是必要的恶”可以得出“警察是必要的恶”的结论，至少这一结论在特定的历史阶段和分析范围内具有明显的解释力。但是，这种必要性也不意味着警察及其警务活动毫无弊端，更不允许任由其“恶”的因素滋生蔓延，相反，这种必要性的现实局限要求尽量将其影响降低到最低限度，甚至设法化“恶”为“善”。虽说现实中的警务监督更多关注警务的规范性，以消除不当不法警务，但规范警务的深层动机则是在构筑底线、防范“恶”的因素蔓延的同时，接受服务社会的引领，共同拓展“善”的发展空间。也就是说，相对于服务社会，规范警务更多是一种工具理性和手段意义。在此过程中，监督主体就不再简单追求或满足于警务的规范性，更不会以一己之私实施监督，而是从服务社会的视角，衡量和不断提升警务的规范性。而警察机关不仅要始终关注民意诉求，并以此不断完善制度规定，发挥其在规范警务中的制度优势，而且要重视优化警察的权力观、价值观及其道德境界，提高其专业知识和职业技能，增强其服务社会的意识和能力。为此，警务监督就必须防范手段目的化和目的绝对化的倾向，即既要防止部分监督主体以规范警务为名、滥用监督之权和警察疲于应付监督、机械执行制度规定，而背离服务社会的目的，又不能因为高远追求而忽视紧迫的现实问题，防止因基础薄弱而瓦解服务社会的追求及其实现的可能。

最后，规范警务和服务社会是平衡和动力的关系。前文分析表明，双重目的犹如车船的平衡和动力机制，按照各自不同的方式和功能形成一个完整的系统，共同保证警务监督的正常运行。一方面，规范警务作为警务监督的平衡机制，始终贯穿和作用于警务监督的各个方面，从而保障警务活动最低标准的运行，为国家和社会提供最基本的社会秩序利益保障和相对的利益平衡。这样，规范警务不仅为服务社会奠定了基础，而且会随之发展而发展。否则，服务社会这一美好心愿极易导致警务监督动力十足却又横冲直撞，甚至为借机谋私、恣意妄为等行为开启了泛滥闸门，提供了可乘之机。另一方面，服务社会作为警务监督的动力机制，不仅为评价其合理性提供了科学标准，而且为持续提升监督行为的规范性指明了方向，拓展了空间，进而为警察机关不断完善制度设计增添了持久的动力，为监督主体规范监督行为提供了道义标准。这样，服务社会的目的就要求警务监督必须超越规范警务的局限，追求更加高远的道德境界和发展空间，充分发挥警务活动的积极意义。否则，监督主体就会因缺少应有的人文情怀而丧失完善监督的动力，警务监督的规范性也会难以持续提高，甚至停滞不前。当双重目的在警务监督中共同发挥作用时，必然在疏堵结合中，由有限的否定性限制走向无限的肯定性倡导，警务监督和警务活动也将获得无限的发展空间。

二、规范警务和服务社会的平衡路径[①]

规范警务不仅要通过查处不当不法警务，尽量减少其比重，而且要肯定和褒奖规范的警务活动，使之不断固化和扩大化，进而提升警务活动的规范性。同样，在规范警务的努力基础上，仍然要通过制度和教育两种方式，减少不当不法警务的比重，在提升警务规范性的过程中逐步转向对社会利益更为坚定的直接关照，另一方面则应在肯定和褒奖中发挥规范的警务活动的导向性和示范性，以良好的社会氛围培育和强化监督主体和警察服务社会的信心和决心。这样，将规范警务和服务社会确立为警务监督的双重目的，是对警务目的的进一步确认，并在不同层面上完善了警务目的的实现机制。当规范警务和服务社会的关系得到确认后，监督主体应当立足两者的辩证关系，努力探索两者的平衡路径，确保两者共同作用于警务监督的各个环节，最大限度地发挥其指导和引领监督实践的功能。

首先，要着重强调社会利益的引领功能，从提升社会利益的高度探索规范警务的现实路径。就人类社会的历史规律和发展趋势而言，民主法治的诉求就是对社会利益的承认和尊重，并以其服务社会的内在机制，赋予公众更多权利和机会监督包括警察权在内的国家权力，国家也必须尊重和顺应这一发展趋势，为这些监督行为提供更加合理的制度保障。为此，体制内主体不仅要通过持续的素质提升和制度创新，完善规范警务的制度供给，保障监督警务的权力和权利，而且要通过持续高效的监督，强化警察服务社会的意识，提高其服务社会的能力。与此同时，体制外主体也要顺应民主法治的发展趋势，充分认识警务监督和社会利益的关系，并立足服务社会的高度，以其自身合法权利和规范的监督行为为规范警务营造良好的社会环境。这样，在规范的制度供给和监督行为引领下，监督主体将作为社会利益的促进者持续提升警务活动的规范

---

① 出于结构完整的考量，此处仅从警务监督目的的视角简单分析监督主客体的应有作为。对他们更为系统的角色区分和作为分析将分别在第四至六章中进行。

性，促进服务社会的广度和深度，进而实现双重目的的相互促进和有机融合。

其次，要按照警务规律规范警务，以此落实服务社会的追求。双重目的的人为特征和主观色彩并不意味着监督主体可以无视警务规律，任意放大主观意愿，同样，警务监督作为主体主导的主客体双边互动，并不意味着可以无限放大主体的作用，甚至无视警察作为客体的应有地位。实践证明，即使服务社会的美好心愿也必须以尊重警务规律为前提，也必须将科学性设定为衡量警务活动和监督行为规范性的主要指标，否则，由此暴露出的幼稚和无知只会挤占警务空间，制约警务的规范性，乃至损害社会利益。这就意味着，体制内主体要从国家权力分工和政府职能设置的高度，认识和尊重警务规律，以其规范的监督行为强化警察规范警务、服务社会的信心，彰显警务监督的积极意义。否则，他们极易将监督之权视为可以恣意挥霍的个人资源，甚至将体制内监督的制度优势蜕变成互惠谋私的工具乃至削弱警务规范性、侵蚀社会利益的帮凶。而体制外主体在享有监督权利的同时，要切实承担起关注警察、了解和尊重警务规律的义务，以免掣肘警务而将警察置于无所适从的境地，进而动摇其规范警务的信心，弱化其规范警务的努力和服务社会的追求。

最后，要合理实施监督，为警察提供必要的自主空间。警察不仅是监督客体，而且也是警务主体；不仅是一种客观性的社会存在，更是一种能动性的创新力量。换而言之，双重目的的实现程度不仅取决于监督主体的认知和努力，而且取决于警察自身的意识和作为。警务监督的内在机制不仅不允许监督主体忽视或代替警察作为警务主体的地位，反而要凸显警察在警务活动中的自觉和自主的重要性。然而，监督主体都存在各自的利益诉求，也都有通过警务监督实现其利益最大化的企图，这自然难免对警务监督和警务活动产生消极影响。尤其是监督主体假借监督之名，经营不可告人的目的，必然导致警察缩手缩脚，扼杀其规范警务的积极性和自主空间，甚至背离服务社会的目的，警务监督的意义也因此丧失殆尽。所以，监督主体要立足规范警务、服务社会的高度，超越一己私利的狭隘眼界，自觉约束不当不法的欲望和过度监督的行为。这就意味着监督主体既要敢于和善于依法实施监督，而且要勇于将自身的监督行为置于全社会的监督之下，从而为警务监督营造良好的社会环境，保证警察合法合理合情的诉求和依法履行职责的自主空间，激发其主动服务社会的持久动力。因此，监督主体应当宽严相济，法理情兼顾，避免充当无情的监督机器或滥施同情的和事佬，力求实现依法监督和人文关怀的有机统一。这样，才能使警察感受到职业的使命感和警务监督的真实动机，才能在自我认识、自我提高中增强其规范警务、服务社会的积极性和自主性。

当然，相对于监督主体而言，作为监督客体的警察在追求和落实监督目的过程中的作用自然不可同日而语。但是，缺乏警察对监督目的的理解、认同以及在此基础上的积极配合和主动作为，监督目的仍然难以得到有效落实。因此，分析监督目的的平衡路径，同样离不开分析警察的应有作为。首先，警察应正确认识监督目的，摒弃“监督就是找茬、挑刺”的错误观点。由于警务活动和警察的密切关联，监督警务往往被理解为监督警察，甚至被泛化为监督警察的一切，从而引发警察对警务监督的反感、畏惧和抵制。事实上，规范警务和服务社会的双重目的着重强调了警察的职务行为所承载的政治和社会责任，并没有挤占或忽视警察作为公民的正当权益，更不是对这种身份的能力或道德的质疑或否定。对警察而言，双重目的不仅是对警察制度角色的约束和规范，而且也是对不当不法监督行为的否定和纠正，因而不仅不是找茬挑刺，而是对警察正当权益的承认和保护。因此，警察应当逐步端正对警务监督的认识和态度，用更为积极的心态看待和接受警务监督。其次，警察应自觉认同服务社会的引领作用，增强其规范警务的主动性。单就常规的警务活动而言，相关的制度规定内含的合法性能够基本保证其对社会利益的承认和遵循，警察以此来规范警务活动也能够基本保证社会利益的实现。然而，由于警务活动的广泛性以及由此产生的不确定性，在制度规定之外仍有大量警务活动并无明确的制度依据，自然也难有规范性标准可言。显然，在缺失制度规定的警务活动中，警察往往根据个人的情感好恶或利益得失决定其对相关问题的处理态度，甚至恣意妄为，进而从整体上制约了警务活动的规范性与警察的职业声誉和社会形象。相反，如果警察以服务社会的标准来审视和处理这些问题，合理使用自由裁量权，不仅能够在法理上回应相关制度的精神和原则，而且能够赋予这些警务活动相应的规范性，进而实现双重目的的平衡。

第三章　警务监督的原则：警察和公众的双赢

虽然警务监督具有鲜明的实践特色，但是和其他政治行为，尤其是和其他监督行为一样，仍要遵循相应的原则。而在多样化的监督实践中，监督主体、客体、手段都会因时空的变化而变化，强调一些原则规定，防范主观因素的过度膨胀，保证监督活动的预期目标，防止对监督目的的偏离，也就显得更加重要。在探索警务监督原则的过程中，一些具体原则，如实事求是、依法监督、及时监督、公开监督、惩教结合等原则广受认同，并在理论研究和监督实践中不断发展和完善。相比之下，关于警务监督总体原则的重要性、确立依据、实践路径等问题的研究，则依然处于完全空白的状态。因此，在进一步思考和完善具体原则的基础上，重点探究总体原则不仅成为本章关注的重要话题，构成本章乃至本书的创新之处，而且也使本书的框架结构更趋完整和合理，并将在监督实践中产生明显的协调、统筹和指导作用。

第一节　警务监督的具体原则

相对于生动丰富的监督实践，监督原则抽象于监督实践，并用于指导监督实践，因而始终是派生而不是固有的，只能作为实践智慧和理论研究的结论，在实践的反复检验中确认其正确性。虽说在借鉴政治学、管理学、法学等相关学科的基础上，既有的警务监督理论已充分发掘实践智慧，并从中凝练出一些具有指导意义的监督原则，但在监督实践不断普遍化和深化的背景下，进一步深入思考和发展这些原则，不仅是理论研究的一贯做法和当然责任，而且也能为后续相关问题的研究奠定基础。

一、实事求是的原则

实事求是作为人类社会了解和认识客观世界的理论原则，同样也是认识规律和指导实践的理论依据，在我国更是早已被确立为思想路线，并在实践中产生了广泛而深远的影响，即使在权力监督中也具有非常明显的指导意义。为此，《中国共产党党内监督条例》第 2 条明确规定，“党内监督以马克思列宁主义、毛泽东思想、邓小平理论和'三个代表'重要思想为指导，坚持解放思想、实事求是、与时俱进，坚持民主集中制和党要管党、从严治党的方针”。而在现实中，这一原则被广泛地应用到政治生活的各个方面，而且规定了公安工作的具体原则，所以，《公安机关督察条例》第15条就明确规定，“督察人员在督察工作中，必须实事求是，严格依法办事，接受监督。”显然，就督察目的及其与警务监督的相互关系而言，实事求是的原则同样可以从督察领域推广为警务监督的各个方面，并用于指导警务监督的制度建设和实践创新。针对监督实践的经验教训，实事求是的原则主要指监督主体在监督过程中，必须坚持从警务活动的实际出发，准确了解警务活动的真实情况，并按照警务活动的内在规律，作出正确的判断、评价和处理，以确保相关人员在制度适用上受到公正对待。结合监督实践，这一原则主要包括三个方面的内容：一是监督主体应具有尊重客观事实的良好品质，力戒主观因素干扰监督行为，影响监督活动的正常进行；二是客观公正地对待警务活动，准确了解警务活动的真实情况，并以此作为警务监督的前提；三是根据警务的不当不法程度，客观公正地评价或适用相关制度，以保证对不当不法警务的查处与其社会危害程度相当。总之，这一原则的实质就是要求在警务监督过程中坚持客观公正的标准，防止主观因素干扰正常的警务监督。

确立实事求是原则的依据主要包括以下三方面。首先，实事求是是营造良好监督环境的基础。如前所述，实事求是作为警务监督的原则，其适用范围远远超于警务监督领域，其意义自然也不局限在这一领域，因为它还作为一个国家公民素质的风向标，反映出该国的社会风气和发展趋势。如果一国公民在任何时空下都能坚持实事求是，则意味着对事实的尊重和对理性的追求，意味着他们能够明确区分私利和公益，并在各方面有效控制个人情感的好恶，防止私利对社会利益的过度掣肘及其发展方向的扭曲。由此公民组成的社会自然会将良好的个人素质和实事求是的精神延伸和拓展到社会生活的各个方面，即使少数人存有不顾事实的企图，也会得到及时的制止和纠正，从而使社会风气得到净化。在这样的社会环境中，不仅警务活动能得到公众客观公正的评价和反馈，有效消除警察对警务监督的担忧，并逐步赢得他们的理解、配合和支持，而且能培育正直的监督行为，并以此鼓励警察在警务活动中贯彻实事求是的原则，为提高警务效能夯实社会基础。

其次，实事求是是完善监督制度和监督手段的前提。马克思曾经这样表述事实和法律的关系：“法律不应该逃避说真话的普遍义务。法律负有双重的义务这样做，因为它是事物的法理本质的普遍和真正的表达者。因此，事物的法理本质不能按法律行事，而法律倒必须按事物的法理本质行事。”① 如果说法律都应追求实事求是的品质，那么，在崇尚法治的当下，社会实践的各方面自然不能背离实事求是的规定。因此，在警务监督中遵守实事求是的原则，既要求警察根据客观事实开展警务活动，又要求监督主体根据客观事实监督警务，其实质就是对“以事实为依据、以法律为准绳”的社会主义法制原则的体现和遵守。这就是说，只有当监督主体以事实为依据，实事求是地了解、判断和评价警务活动，才有可能真正发现不当不法警务及其根源，才能为适用法律和在更广的范围内查处和纠正相关问题提供依据，为不断完善监督制度奠定基础。同样，只有实事求是地监督警务，才能使警察真正体会到监督主体的良好动机，才能有效融洽警民关系，实现警务监督的目的。就此意义而言，实事求是就是要求“以事实为依据”，并且成为“以法律为准绳”的基础、前提和保障。相反，监督主体一旦背离了实事求是的原则，其主观因素就会掺杂其中，对警务的评价就会因不纯动机而显失公允，法律适用自然会受到严重干扰，出现畸轻畸重的极端倾向，自然也就无法保障警察依法履行权责，警务活动也会因为非法干扰而偏离正确的方向，丧失其应有的现实意义。不仅如此，一旦这种风气蔓延成风，在以德监督中更会出现众口难调的局面，警察也会因此无所适从，甚至因为众口铄金而产生误判和误导。

最后，实事求是是落实监督目的的现实保障。就警务监督的目的而言，无论是规范警务，还是服务社会，都需要对警务活动进行实事求是的了解、判断和评价，或者说，只有在这一基础上，才有可能实现警务监督的目的。就警务监督的最低目的而言，规范警务需要监督主体深入警务活动第一线，掌握第一手的真实资料，并以此发现不当不法警务。在此基础上，他们才能准确发现警务不当不法的真实原因，才能更具针对性地为规范警务提供依据和路径。同样，如果警察都能够客观公正地开展警务活动，实事求是地评价自身行为，坦诚自身的不足，并从中找寻到努力的方向，当然会产生自我监督的良好效果。这样，每个监督主体都能实事求是地监督警务，无论是监督活动，还是监督之下的警务活动，都将在社会利益的发展方向上不断提升警务活动的规范性，都将以各自不同的方式促进社会利益。否则，如果监督主体试图按照个人意愿来影响甚至左右警务活动，必然瓦解警务监督的合力，完全背离警务监督的目的。在此背景下，警务监督无疑是对监督资源的极大浪费，必然侵蚀社会利益，甚至连规范警务这样的目的也难以实现，更遑论服务社会这样的高远追求。因此，在警务监督只会加强、不会消除却又远未规范的现实中，只有在落

① 《马克思恩格斯全集》（第1卷），人民出版社1995年，第244页。

实这一原则中兴利除弊，监督目的才具有现实的可能性。

鉴于实事求是的重要意义，警务监督自然需要探求这一原则的实践路径。首先，加强公民教育，提升公民美德。在现实生活中，尤其在市场经济背景下，社会成员追求个人利益，当然无可厚非，但个人利益的获得不能建立在挤占他人利益或损害社会利益的基础上，警务监督也不能以歪曲事实真相、破坏警察的职业声誉和社会形象为代价，这应当成为监督主体自觉坚持的责任和义务。如果监督主体对这些责任和义务缺乏足够的了解，他们自然也就无法主动尊重他人利益，提升社会利益，更无法奢望他们为社会作出必要的让步乃至牺牲。在此社会风气中，警务监督就会沦为掣肘警务活动的帮凶，甚至会破坏警务环境和社会风气，而置身其中的社会成员自然也难以独善其身，更无法分享社会进步的成果。而实践也反复证明，“就普通意义而言，保持客观就是实事求是，不带主观的偏见，因而是坦率的、诚实的”。[①] 对于成熟的社会而言，“乐于不带偏见地权衡互相冲突的不同层次的利益，尤其是把较大社会的利益按其本身价值观视为重要的考虑，这种倾向可以称之为‘公民的客观性’。这是一种高尚的习性，不易培植或坚持，但如民主要有成效，却是不可少的。”[②] 因此，在民主政治的进程中，加强公民教育，提高公民素质，培养其客观公正的美德，防止和纠正任何歪曲事实的企图，是化解市场经济消极影响、改善社会风气的必由之路，是建设政治文明的总体方向，同样也是规范监督行为、提升警务效能的现实前提。

其次，在私利和公益的平衡中贯彻实事求是的原则。人类历史上始终存在着两种极端的政治主张，其中，“认为国家高于一切，公民只是附属于国家的政治哲学是与公民高于一切，国家是附属的政治哲学恰恰相反的”。[③] 在现实背景下，这两种极端的政治主张已明显暴露其不合理性，但仍在特定时空中反复出现，即使在警务监督领域也有类似的表现。有的社会成员因不知、不愿或不敢主张权利而丧失自己成为监督主体的可能，任由警察恣意妄为，导致警务监督无法发挥功效，甚至连警务效能也沦为空谈，也有监督主体为了个人私利或部门利益而肆无忌惮地舞动监督大棒，而置警察的正当权益于不顾，更遑论与之密切联系的社会利益。显然，这些现象都不是客观公正的表现，而且也明显违背了实事求是的原则。实事求是的原则要求每个监督主体，无论身份如何，“既不要把自己看成政府的工具，也不要把自己看成凌驾政府之上的势力，而要看成它真诚的而且是重要的一部分。”[④] 这就意味着，每个监督主体

---

① ［美］科恩：《论民主》，聂崇信等译，商务印书馆 1988 年，第 191 页。
② ［美］科恩：《论民主》，聂崇信等译，商务印书馆 1988 年，第 192 页。
③ ［美］科恩：《论民主》，聂崇信等译，商务印书馆 1988 年，第 191 页。
④ ［美］科恩：《论民主》，聂崇信等译，商务印书馆 1988 年，第 192 页。

在实施监督时，不仅要立足自身的正当私利，更要考虑自己身为公民的义务乃至公职人员的责任，一切从实际出发，积极主动地履行相关义务和责任，将监督行为建立在充分可靠的客观事实的基础上，防止以主观意志代替客观事实，干扰自身的监督行为，从而实现私利和公益的平衡与国家和社会的良性互动。同样，这一原则对警察也有相应的要求。面对警务监督，警察既不能我行我素，罔顾民意，也不能因外部利诱或压力而委曲求全，不敢主张自身的正当权益，进而要求警察实事求是地评价自身行为，以此巩固其正当的自主空间，反衬和纠正监督主体不当不法的监督行为。

最后，及时纠正不当不法的监督行为和警务活动，巩固和强化实事求是的原则。实事求是作为警务监督的重要原则，不仅需要在理论上大力提倡，而且需要在实践中巩固和强化监督主客体的正确认知。实践证明，落实这一原则要远比提倡这一原则困难得多。几乎所有的监督主体都明白实事求是的重要性，但能够坚决抵制利益诱惑或外在压力、主动贯彻这一原则的可谓寥若晨星，受各种因素影响，无中生有、造谣惑众、胁迫警察者，或利用现代传媒制造社会压力、以壮声势者，或听信谣言、以谣传谣者，或利用职务便利刻意隐瞒实情者，或心存担忧、不敢袒露实情者皆不在少数，进而使得这一原则因缺少良好的社会氛围而难以落实。因此，在监督实践中，监督主体和警察都应当经常自我拷问，鞭笞和督促其监督活动和警务活动始终坚持实事求是的原则。在此基础上，及时纠正和依法查处不当不法的监督行为，尤其是杜绝各种恣意贬斥警务活动的行为，既是对违反这一原则者的惩处和威慑，又是对坚持这一原则者的肯定和鼓励，因而能够为这一原则的贯彻落实提供稳定的制度保障，营造良好的社会氛围。

二、依法监督的原则

警务监督并不排除道德的引领功能，但以德监督只是对警务监督应然状态的积极倡导，是对警务监督更高境界的追求，难以防范和纠正不当不法的监督行为。尤其是当不当不法的监督行为不断突破道德底线，甚至在制度框架外泛滥，警务监督的现实意义必将荡然无存。因此，在民主政治难如人意的当下，监督手段自然首推依法监督。只有当依法监督得以规范地落实，以德监督才能获得坚实的制度保障，才能获得更多的成长空间。这样，依法监督也就成为警务监督必须遵守的主要原则，否则，警务监督将极有可能因为丧失行为底线而走向其反面，严重背离其目的。根据监督实践，对照以德监督的功能，依法监督主要指监督主体，尤其是体制内主体要依照法定权责、程序和相关实体规定对警务活动实施监督，并查处和纠正不当不法的警务活动和监督行为。作为警务监督的重要原则，依法监督主要包括以下两方面内容：一是监督主体在警务监督中必须以法律法规为制度依据，在法律法规允许的范围内实施监督，置身于制度之外的人和事不应成为监督客体和对象。也就是说，法律法规在保障监督主体的权利或权力时，也规定其只能依法行使权利或权力，勇于承担责任或义务，否则，其行为也就因此丧失制度依据。二是警务监督必须依照法定的程序和实体规定进行，不允许违反相关的制度规定，非法的监督行为不仅不受法律保护，不会产生预期的法律效果，而且要承担相应的法律、行政或道德责任。

在警务监督中贯彻依法监督的原则，主要具有以下三方面的意义。首先，依法监督能够保证警务监督的权威性。实践证明，监督目的能否实现以及在多大程度上实现将取决于监督主体的努力和警察的配合程度，但这种主观能动性并不意味着监督主体可以随心所欲地实施监督，警察也不能对监督诉求置若罔闻或言听计从，相反，需要他们以严肃认真的态度，作出坚持不懈的努力，因为无论是规范警务，还是服务社会，都关系到国家意志和社会利益，都不允许其中夹杂着个人或部门的狭隘私利，并以此影响甚至左右警务监督。作为国家意志和社会利益的体现，法律法规遵从广受认同的价值观念以及由此产生的组织性、强制性和导向性特征，也在不同层面上强化了自身的权威性，必然对现实生活产生广泛影响，进而保证了以此为制度依据的警务监督的权威性。这种权威性既保证了监督主体的权力或权利由法律法规赋予，并受其保护，又保证了监督程序、监督方式和监督对象的限定性以及警察的正当权益，从而有效防范和减少了主观因素的随意性和不确定性，并积极维护了警务监督的公正性和权威性。

其次，依法监督能够确保警务监督的确定性。依法监督在保证警务监督权威性的同时，也对监督主体的权限、程序和对象等事宜进行了明确的界定。这就要求监督主体依据法律法规衡量和评判警务活动的是非曲直及其正当性，力求规避突破制度底线的监督行为，使所有监督行为都有明确的制度依据，从而在制度规定的范围之内，确保了警务监督的路径和结果的确定性。也就是说，由于法律法规对不法警务的定性定量和法律适用等方面都进行了具体明确的规定，有效消除了监督主体的主观因素和随意行为，从而能更好地实现警务监督的目的。为此，警务监督应当警惕当下普遍存在的不良倾向，即随着现代传媒的发达和完善，依法监督往往被社会舆论左右，一些不法警务活动往往因社会舆论的压力而受到过重的查处。虽然说社会舆论不可能也不应当对不当不法警务保持沉默，但这也不意味着不达目的誓不罢休的正当性，因为舆论的主观性很强，面对同样的警务活动，不同的监督主体极易产生不同结果，极易导致大多数监督主体难以践行实事求是的原则，从而背离依法监督的原则和法治的基本精神。而实践也反复证明，“任何将道义、民愤等作为行使行政监督权依据的做法，在一个正逐步走向法治的国家中，必须予以彻底的否定”。[①] 无疑，监督主体应当努力避免这种现象在警务监督中的反复出现，以保障“法律面前人人平等”的法治精神。

最后，依法监督能够以其明确的效力实现警务监督的目的。以德监督能否产生相应的结果，取决于监督主体和警察的主观努力，其中无法避免的不确定性难以对不当不法的监督行为或警务活动产生具体、确定的效力。与以德监督不同的是，依法监督的权限、程序、适用依据等都有明确的制度规定，因而其监督结果也必然产生以德监督难以企及的效力，不仅不法警务将得到查处，监督行为也不会因为主体的强势地位而难以控制，不法的监督行为不会逍遥法外，甚至不当的监督行为也会得到及时纠正。这样，依法监督就能够克服以德监督范围宽泛、效力难以确定等局限，从而以其具体而真实的效力影响监督行为和警务活动。尤其当落实依法监督的原则时，监督主体不仅必须依照制度规定实施监督，而且还必须以其合法的监督行为促使警察依法开展警务活动，从而使规范警务具有双重的推动和保障力量，并为服务社会夯实制度基础。

鉴于依法监督的重要意义，警务监督应当努力贯彻这一原则。首先，提高监督主体依法实施监督和警察依法接受监督的意识。在警务监督中，监督主客体双方是否具有这样的意识，以及在多大程度上规范行使合法权力或权利，自觉履行相关的责任或义务，是依法监督能否顺利实施、监督目的能否最终实现的关键。对监督主体而言，依法监督不仅意味着他们具有相应的权力或权利，而且还要求他们在责任或义务的担当中保障警务活动的自主空间，为社会利益提供制度保障，夯实社会基础。虽然利用监督之名假公济私或恣意妄为，可能会暂时有利于个人利益或局部利益，但必将损害包括监督主体在内的所有人可以共享的社会利益，进而抑制个人利益或局部利益应有的成长空间。对作为监督客体的警察而言，随着民主法治的发展和监督机制的完善，不当不法警务必将以其日益明显的负面影响，影响警察的职业空间，制约其全面发展的进程，而且也会损害国家意志和社会利益。因此，警察依法接受监督，既是为维护国家意志和社会利益而履行的责任，也是对不法监督行为的有效制约和自身正当权益的积极维护，进而保障了他们依法开展警务活动的自主空间。

其次，建立健全相关的法律体系，为警务监督提供完善的制度依据。实践已经并将继续证明，在政治化的人类社会中，“制度好可以使坏人无法任意横

---

① 章剑生：《行政监督研究》，人民出版社 2001 年，第 103 页。

行，制度不好必可使好人无法充分做好事，甚至走向反面”。[①] 这就意味着，在暂时无法可依或相关制度明显存在完善空间的情况下，即使警务监督在理论上存在显而易见的合理性，也不意味着监督实践会事如人愿，进而要求监督实践谨慎行事，防范警务监督沦为少数人徇私舞弊的帮凶。因此，体制内主体必须在全面梳理现有制度规定的基础上，认真总结警务监督的得失，进一步健全和完善相关的制度规定，从而使警务监督的主体、客体、权责、程序等一系列问题都有明确的规定，使警务监督依法而行，提高警务监督的实效性。为此，建立健全作为警务监督制度依据的法律体系，不仅要继续制定和完善相关法律法规，而且要确保现有制度规定之间的衔接和配合，防止交叉、重复或空白等现象，提高相关制度的覆盖面和操作性。其中，警察机关尤其要着重解决纪律和法律法规相悖的现象，为警务活动拓展空间，为自身的监督行为夯实法律基础。在此过程中，还必须加大法制宣传力度，使更多的监督主体，尤其是体制外主体知晓在警务监督方面的权利保障和程序规定，从而有效解决其无视制度规定、轻易放弃权利或恣意妄为等顽疾。

最后，及时纠正不法的警务活动和监督行为，巩固和强化依法监督的严肃性。警务监督中的所有活动都是围绕警务活动展开的，法治社会也保障所有相关人员在此过程中的合法权力或权利，但也规定了相应的责任或义务。为此，同为监督主体，体制内主体也不能自视高人一等而为所欲为，体制外主体也无须委曲求全而弃合法权利，双方应立足各自优势，齐心协力，为监督目的共同努力。与监督主体相对应的是，面对监督，作为监督客体的警察既不用忍气吞声，也不能我行我素，而应当在依法履行职权和接受监督中实现权责平衡。也就是说，在警务监督中贯彻依法监督的原则，不仅要纠正和查处不法警务，而且要善于发现和肯定认真履行权责的警察；不仅要肯定和支持正确行使权力或权利、主动履行责任或义务的监督主体，而且依法查处有法不依或亵渎法律的监督行为，从而有效防范各种游离于法律之外的警务活动和监督行为以及干扰合法监督、侵占正常警务空间的企图。总之，和法律普遍适用于其他领域一样，在警务监督中也必须维护法律的权威性，以保证“任何人都不许干扰法律的实施，任何犯了法的人都不能逍遥法外”。[②]

三、及时监督的原则

及时监督是指监督主体及时发现或检举、控告不当不法警务，并在法定期

① 《邓小平文选》（第2卷），人民出版社1994年，第333页。
② 《邓小平文选》（第2卷），人民出版社1994年，第332页。

限内及时查处，以便尽快消除这些警务活动的负面影响，并对其他相同或类似的警务活动产生相应的警示作用。结合监督实践中的经验教训，这一原则应当包括以下三方面的内容：一是体制外主体应当及时对不当不法警务进行检举、控告，以防止其蔓延，造成更大的消极影响；二是体制内主体应当及时发现不当不法警务，或及时受理相关投诉，并在法定期限内予以及时查处，以回应社会关注；三是体制内主体应当及时公布对相关问题的处理结论，尽量挽回相关损失，尽快消除负面影响。需要强调的是，这一原则所强调的及时性必须以相关法律规定为依据，“任何离开法律规定来强调及时性是没有任何法律意义的”。[①] 秉承这一原则的基本逻辑，如果一些问题的处理没有制度化的法定期限，体制内主体也应当在全面了解事实真相的基础上，尽快作出相应的处理决定，以落实警务监督的目的。

结合警务监督的实践，落实及时监督的原则至少能够产生以下三方面的积极影响：首先，它是遏制不当不法警务的需要。孟德斯鸠曾经指出，“如果我们研究人类所以腐败的一切原因的话，我们便会看到，这是因为对犯罪不加处罚，而不是因为刑法的宽和”。[②] 也就是说，对犯罪不加处罚，或者惩罚有所滞后必然难以及时产生应有的警示作用，以此推论，不及时查处不当不法警务也会导致其滋生蔓延。实践证明，即使对不当警务的查处无须或无法适用相关的制度规定，仅靠少数人或社会舆论的影响，也足以及时激活当事人的羞耻之心，并对相同或类似的行为产生警诫作用，进而有效防范这些行为的反复出现，甚至能杜绝其恶化成不法警务。而及时依法对不法警务进行查处，其产生的威慑和影响显然就更为广泛和深远。相反，如果不当不法警务总是难以得到及时查处，不仅当事人会心存侥幸，继续游走在不当不法警务之中，同样也会给其他警察留下“不过如此”的印象，从而滋生更多相同或类似的行为。也就是说，遏制不当不法警务的关键与其说在于惩处的严厉，毋宁说是在于惩处的及时。也正因为如此，许多关于警务监督的法律法规都特别重视监督的及时性，如《公安机关督察条例》就特别强调现场督察，并要求对一些违法违纪行为进行当场处置，以免事态的进一步扩大和恶化。

其次，它是保护利益受损者的需要。不当不法警务总是会侵害特定对象的利益，或者说，正是出于保护利益受损者的需要，才有效调动了社会各方面力量关注和参与警务监督，夯实了警务监督的社会基础。正如西方法谚所言，“迟到的正义不是正义”，如果相关人员的利益因警务活动受损，或得不到及

---

① 章剑生：《行政监督研究》，人民出版社 2001 年，第 105 页。

② ［法］孟德斯鸠：《论法的精神》，张雁深译，商务印书馆 1961 年，第 85 页。

时救济，那么，警务监督的体制和机制就显得无足轻重，甚至形同虚设，警务监督的现实基础就会受到侵蚀，警务监督乃至警务活动的合法性也会受到质疑。相反，不当不法警务得到及时纠正和查处，利益受损者得到及时保护和补偿，必然坚定当事人对警务监督的信心，提高警务监督的真实性，从而调动社会各方面力量关注、配合乃至参与警务监督。这样，这一原则不仅能及时阻止不当不法警务的进一步恶化，为相关警察改过自新提供回旋余地，而且也能有效防范和及时纠正不当不法的监督行为，保障警察的正当权益。这样，强大的监督力量在及时保护利益受损者的同时，也从整体和长远的角度提升了社会利益，进而实现警务监督的双重目的。

最后，它是提高监督效能和警务效能的需要。现代社会空前的发展速度要求社会生活各方面都要讲求效率，包括警务活动在内的行政行为事关社会各方面的利益，效率则显得尤为重要。所以说，“效率是行政的生命，没有效率就没有行政”。[①] 相对于其他行政行为，警务活动的广泛性和深入性等特点决定了不当不法警务都将产生消极影响，能否及时发现并消除这些消极影响，将直接关系到监督效率，进而影响到警务效能，制约国家的重托和社会的期待。当然，仅就眼前或局部的利益而言，警务监督可能是不经济或低效的，因为监督既要消耗各种资源，又要产生相应的时间成本，但立足整体，着眼长远，及时监督能够有效消除警务活动中的各种偏差，肯定和鼓励先进，发现和鞭策落后，从而在正确的方向上减少监督资源和警务资源的消耗，以更高的监督效能保障和提升警务效能。否则，任由不当不法警务的存在，必将制约警务活动的现实价值，危害社会利益。为此，体制内主体不应坐等问题的出现或公众的检举控告，而应将监督重心前移至事前或事中，以掌握警务监督的主动权，及时发现问题，进而提高监督效能，促进警务效能。

鉴于及时监督的重要意义，监督实践应当努力落实这一原则。首先，尽快明确和完善法律法规的法定期限，使及时监督更具操作性。纵观关于警务监督的法律法规、条例决定，只有极少的条款具有明确的期限，更多的条款皆无法定期限，或规定含糊。这种现状显然不利于相关制度的贯彻落实，更难以纠正和查处不当不法警务，甚至也在一定程度上助长了体制内主体的不作为，放纵其与警察之间的权力互惠、以权谋私等各种可能。因此，体制内主体应当尽快明确和完善有关法律法规、条例决定的法定期限，以便强化其时效观念和期限意识，及时查处不当不法警务，防止相同或类似行为的继续存在或蔓延，及时保护相关人员的正当权益。当然，相关期限的规定并不能随意而为，既不能一

① 章剑生：《行政监督研究》，人民出版社2001年，第106页。

味迁就体制内主体的心愿，也不能完全依照警察的意愿，而应当建立在充分调研与尊重客观规律的基础上，以确保法定期限的科学性，提高制度规定的可行性、适用性和执行力。

其次，严格遵循法定期限，严肃纠正和查处各种拖延行为。在警务监督中，任何离开制度规定来强调及时性都是没有法律意义的。也就是说，及时监督原则中的“及时”依据是警务规律及其外化的法律法规，它排除了各种主观因素的影响，具有相应的科学和制度依据。换而言之，基于各种主观因素的及时性既无法律依据，也无科学依据，当然也就难以产生应有的法律效力。因此，在程序合法的基础上，严格遵循法定期限，就意味着在实践中要排除各种主观因素的干扰，严肃纠正和查处各种拖延行为，以维护警务监督的确定性和严肃性，提高警务监督的效率。在此过程中，即使有关问题没有明文规定，体制内主体也应当根据警务监督的目的，在尽可能短的期限内及时查处有关问题，以保护相关人员的合法权益，提升警务监督的真实性和社会利益。当然，如果说“不到期限不查处”的极端倾向极易导致体制内主体对警察的包庇纵容乃至双方权力互惠等现象，严重背离警务监督的双重目的，那么，监督实践中也要以实事求是为前提，防止以及时为借口，草率行事，妄下结论，侵害监督客体或警务客体的正当权益。

最后，严格遵守法定程序，保证监督效果的确定性。如前所述，警务监督不仅是监督主体的权力或权利，而且也要求其尊重警察的正当权益。为此，警务监督中的相关程序就显得非常重要，因为“程序是制约权力运行的重要机制。程序构成权力运作的基本规则。这些规则是权力运作必须遵循而不能背离的刚性约束，构成对权力运作的直接制约。程序既是为保障权力正常运行所修筑的通道，又是为防止权力失控而设置的樊篱。要保证权力运行程序的规范化和严密性，必须对权力运行程序的各个环节进行合理设定，制定相应规则。尤其要明确规定权力行为主体行使权力的方式、方法和步骤，使权力运行的各个环节在时间和空间上相互衔接，在功能上相互协同”。[①] 和警务活动一样，警务监督也会对主客体双方乃至更多的社会成员产生广泛而深远的影响，因而要求严格遵守相关的法定程序，确保警务监督的准确性。严格遵守法定程序意味着监督主体不能为了及时而省略有关程序，更不能出现先处理再调查，或先作出决定再履行相关手续等类似现象，因为程序省略或颠倒，就有可能出现事实真相不明，甚至导致作为监督客体的警察难以拥有申诉的机会，其合法权益也因此受到损害。也正因为如此，《中华人民共和国行政监察法》第 35 条就明

① 阎德民：《构建干部监督长效机制的若干思考》，载《中州学刊》2005 年第 5 期，第 3 页。

文规定："监察机关作出的重要监察决定和提出的重要监察建议，应当报经本级人民政府和上一级监察机关同意。国务院监察机关作出的重要监察决定和提出的重要监察建议，应当报经国务院同意。"所以，警务监督的及时性必须以程序合法为前提，否则，再及时的监督也难以产生应有的法律效力，甚至为各种不当不法的监督诉求大开方便之门，完全背离监督的目的。

四、公开监督的原则

公开监督是指体制内主体在实施警务监督时，应依据相应的制度规定，在一定的范围内公开案件的有关事项，以便监督主体了解监督过程和监督结果，回应相关人员的现实关切。结合监督实践的经验教训，这一原则主要包括以下三方面的内容：一是公开与警务监督相关的制度规定既是体制内主体的权力，又是他们的责任，任何个人和组织无权加以隐瞒，或阻碍公开。二是除了涉及国家机密、个人隐私和商业秘密外，与警务监督有关的事项都可以公开，也应当公开，但也要按照相应的规定进行，不得擅自或随意公开。三是为了更好地了解监督过程和监督结果，发挥警务监督的效能，不应当将公开有关事项目的化，而应在此基础上不断探讨公开监督的完善路径。当然，实践也反复证明，关于警务监督的相关事务公开到何种程度，应当具体问题具体分析，不可整齐划一。为此，警务监督要充分考虑相关事务的性质、特点和要求，根据层次、情况和对象划定公开范围，做到"内外有别、上下有别、简繁有别"，既要把握知情界限，又要确保沟通顺畅。具体而言，对于涉及全局的重大决策、重点建设和重点工作，必须及时向全社会公开；对于一些作为完善警务监督的探索性、开创性工作，则应先在监督机关和警察机关内部公开，待时机和条件成熟后再逐步向社会公开；对于涉及警察机关秘密、不宜扩大的工作内容，则应严格按照有关规定和要求，只能在监督机关和警察机关的特定范围内公开。

在民主法治进程日益加快的当下，贯彻公开监督原则具有非常重要的现实意义。首先，它是实现公民知情权（the right to know）、维护社会利益的需要。列宁在总结实践教训的基础上曾明确指出，"没有公开性而谈民主制是很可笑的"。[①] 也就是说，简单依靠权力主体的主观意愿，很难实现真正的民主，这就需要公众主动关注权力运行的公开化，防范权力隐秘化对社会利益的侵害。相比之下，政务公开能够将所有以权谋私的行为或企图公布于世，从而促使权力按照民主机制公开透明地运行。同样，学术界也认为，"正义不但要被伸

① 《列宁选集》（第1卷），人民出版社1995年，第417页。

张，而且必须眼见着被伸张”。① 因此，随着民主法治的发展，公民知情权越来越受到重视，强调“公民有权获得与国家机关行使权力相关的资料、信息”，② 进而实现以公开促进正义的目的。而在“民可使由之，不可使知之”的传统影响下，保障公众的知情权尤为重要，应当成为我国民主政治建设的突破口。时至今日，在民主政治的规定和引领下，知情权既是政府自我约束的制度安排，又是民主法治的重要标志和保障公民权利的制度前提，并在实践中得以确认。虽然我国没有专门关于公民知情权的完善立法，但是，我国的国体强调人民当家做主，一切权力属于人民，人民享有管理国家和社会事务的广泛权利，也在实践中保障和推动着知情权的落实，各地政务公开的步伐明显加快。而我国宪法第2条关于“中华人民共和国的一切权力属于人民”的规定更是成为保障公民知情权和监督政务的宪法依据。在此政治环境中，有关警务监督的法律法规也在不同层面强调知情权，《中华人民共和国人民警察法》第44条就明确规定，“人民警察机关作出的与公众利益直接有关的规定，应当向公众公布”，而《公安部关于在全国公安机关普遍实行警务公开制度的通知》则具体而明确地规定了警务公开的有关事项，进而将警察机关及其警务活动广泛置于各方面的监督之下。随着相关制度的不断完善，公开监督警务活动必将获得更多的制度保障，监督之权必将得以更加透明的运行。

其次，它是维护和提高政府形象、维护社会稳定的需要。近代以来，政治权力先是在理论上，然后逐步在制度上被赋予公开的属性和要求，但传统的惯性仍在顽固地抵制这一趋势，所以马克思在批评官僚政治时指出，“官僚政治的普遍精神是秘密，是奥秘……公开的国家精神及国家信念，对官僚政治来说就等于泄露它的奥秘。”③ 即使在日益民主化的当下，许多深受专制传统濡染的官员仍在顽固地强化权力的隐秘性。事实上，在民主法治的规定和引领下，离开了社会利益的诉求，任何政府的合法性都无法持续维持，因为“信息保密限制了公民和政府的关系。如果不能获取有关政府政策和政府行为的信息，公民对政府能力的信心和对民选代表执行法令的信心就会改变”。④ 这就要求政府必须在政务公开的情况下接受公众的监督，让社会来评价政府的执政能力，提高政府的合法性。而现实的政治生活也在反复证明，政务公开和警务公开具有扬汤止沸乃至釜底抽薪的功效，能够迅速平息各种谣言，甚至能够使公众感受到国家和警察的真实动机与真诚态度，引导其以更加理解和配合的态度

① ［美］伯尔曼：《法律与宗教》，梁治平译，中国政法大学出版社2003年，第21页。
② 章剑生：《行政监督研究》，人民出版社2001年，第109页。
③ 《马克思恩格斯全集》（第3卷），人民出版社2002年，第60页。
④ 朱立言等：《论危机管理中的行政信息公开》，载《新视野》2003年第4期，第30页。

持续维护社会稳定，同时也证明“监督主体获得监督信息是监督有效的第一个条件”。① 而在这一背景中，政务公开和警务公开也为监督主体公开监督警务提供了可能性空间和日益完善的制度环境。相对于其他政务活动，警务活动的广泛性和深入性更是决定了公开监督的重要性，凸显了警务监督在维护和提高政府形象、维护社会稳定方面的重要作用。

再次，它是防范和纠正不当不法监督行为和警务活动的需要。“没有公开就没有正义，公开是正义的灵魂。它是对努力工作的最有利的鞭策，是对不当行为的最有力的抵制”。② 如前所言，落实公开监督的原则，在规定警察机关实行警务公开、接受各界监督的同时，还要求国家必须以政务公开促进和保障警务公开，这既是警务公开的外部条件，也是警务监督的宏观环境。警务公开当然是为了接受监督，提高警务效能，但在警务监督中，自然也要求体制内监督同样遵循公开监督的原则，将监督行为和监督结果公布于众，确保监督活动也要接受全程监督，从而以规范的监督行为来规避各种消极行为，充分挖掘警务监督和警务活动的现实价值。这样，在公开监督原则的规定和引领下，受到纠正或查处的就不仅仅是不当不法的警务活动，也包括不当不法的监督行为，进而从根本上提升了警务监督和警务活动的规范性，并实现了这两者的共同目的。

最后，它是保护警务自主空间、保障警察正当权益的需要。列宁曾明确指出：“完全公开、选举制和普遍监督的‘自然选择’作用，能保证每个活动家最后都‘各得其所’，担负最适合他的能力的工作，亲自尝到自己的错误的一切后果，并在大家面前证明自己能够认识错误和避免错误。”③ 这就是说，公开监督不仅使监督主体了解监督客体的行为，有利于完善监督活动，而且还对监督主体产生一种无形的压力，督促其客观公正地行使权力或权利，防止监督之权的放弃或滥用。但是，如前所述，无论监督主体的身份如何，他们都是集多种角色于一身的角色集，都会不同程度地追求和维护个人私利或部门利益，自然也会在警务监督中隐藏着谋私的企图。这种企图在损害社会利益的同时，也必然挤占警务活动的自主空间，损害警察的正当权益，尤其是在监督行为远不规范的当下，辱骂、殴打和诬告警察、公报私仇甚至冲击警察机关的现象也不鲜见，因监督而损害警察职业形象和社会声誉的风险明显增强。在此监督环境中，落实公开监督原则，将所有能够公开的监督行为公布于众，让公众来分析、判断和评价监督行为，一切不当不法的监督行为必将原形毕露，所有假借

① 杜力夫：《权力监督与制约研究》，吉林人民出版社2004年，第92页。
② 宋冰：《程序、正义和现代化》，中国政法大学出版社1998年，第288页。
③ 《列宁选集》（第1卷），人民出版社1995年，第418页。

监督之名打击和报复警察的图谋也无法得逞，警察流汗又流泪的现象自然能够得到及时遏制，其正当权益也会因此得到有效维护。所以，列宁指出，“公开揭穿是一把利剑，它自己可以治疗它所带来的创伤。”① 可以相信，随着这一原则的切实落实，警察也会因警务自主空间和自身正当权益得到了有效维护而一改畏惧或抵制的态度，转而理解和配合警务监督。

鉴于公开监督原则的重要意义，警务监督应当努力探索其实践路径。首先，进一步完善政务公开和警务公开。相对于警务公开而言，政务公开涉及的范围更广，影响更大，情况也更加复杂，但有关部门不应以此为由，放缓或停止政务公开的努力，而应当加快步伐，不断完善政务公开，为警务公开营造良好的制度环境和社会氛围。对警务公开而言，只有在警务活动之前，相关的规定已公布于众，监督主体才有监督警务的可能。实践证明，没有公开，就无从监督，所谓的监督只能停留在口头上。而事后公开，监督的效果自然也就大打折扣。所以，任何一项制度规定甫一出台，就必须在制度允许的范围内予以全面公开，不能出现故意隐瞒或出现遗漏。《公安部关于在全国公安机关普遍实行警务公开制度的通知》就明确规定了警务公开的主要内容、形式和办法、组织领导和监督检查等方面的内容，而在主要内容中又详细规定了执法依据和制度、程序、刑事执法、行政执法、警务工作纪律等具体内容，从而为全面实施和完善警务监督提供了系统的制度保障。这样，通过政务公开和警务公开，警务监督不仅具有了内外互补、相互支撑的制度体系，而且也逐步置身于监督意识不断提升的社会环境之中，并获得了持续的动力和顺畅的路径。

其次，公开警务监督的过程。相对于事中监督，事前监督更多是检查制度供给的完备性和工作安排的充分性。相比之下，“事中过程是行政监督决定的形成过程，涉及到事实的认定和法律的选择”。② 也就是说，警务活动的相关规定，只是警务监督的制度前提，并不能保证监督活动的顺利实施和监督目的的最终实现，因为事中的暗箱操作显然不是真正的公开监督，仍可能为各种人为因素打开方便之门，仍有可能成为各种消极因素的滋生地。因此，相对于警务监督的各个阶段，公开监督原则尤其应当体现在监督的全程之中，特别应当将监督程序和相关问题及时公开，以便接受监督。为此，应当认真做好以下三个方面的工作：一是公开可以公开的相关监督材料，接受全社会（尤其是体制外主体）的再监督，确保处理决定建立在事实真相的基础之上，防止各种虚假材料混杂其中，影响监督结果的公正性；二是及时公开监督的进展，以便

① 《列宁全集》（第23卷），人民出版社1990年，第53页。

② 章剑生：《行政监督研究》，人民出版社2001年，第111页。

接受社会的监督，以避免“事出有因、查无实据”这类的搪塞之词；三是及时听取作为监督客体的警察的意见，以确保他们不因监督的普及而只能被动接受监督，不因监督的常态化而损害其正当权益。

最后，公开警务监督的结果。警务监督就是要通过纠正和查处不当不法警务，达到规范警务乃至服务社会的目的。这样，不公开监督结果，显然难以实现监督的目的。因此，只有公开监督结果，才能使作为监督客体的警察深知自身行为不当不法的原因以及由此造成的损失和影响，理解和配合相关的处理决定，并以此为戒，更加规范地开展工作；才能对其他警察产生相应的威慑和警示作用，主动防范不当不法警务；才能使体制外主体知晓有关人员和行为得到了相应的处理，坚定他们对公开监督警务的信心，赢得他们对警务监督的理解和支持。为此，公开监督结果，一要向监督客体公开，这样既便于监督客体决定是否进行申诉，又有利于其配合执行监督决定。所以，《中华人民共和国行政监察法》第36条明确规定，“监察决定、监察建议应当以书面形式送达有关单位、人员。”二要向社会公开，尤其要向体制外主体公开，以回应有关人员的现实关切，提高警务监督的真实性，调动其监督警务的积极性。

五、惩教结合的原则

惩教结合的原则，即惩处和教育相结合的原则，主要指监督主体，尤其是体制内主体在监督过程中既要依法纠正和查处不当不法警务，又要秉承关爱精神，通过教育提高当事人的思想认识，为其提供改过自新的机会，并对更多警察产生警示作用，从而实现治标和治本的有机统一。这一原则主要包括以下两方面内容：一是依法及时纠正和查处不当不法警务，以其应有的威慑力防范相同或类似问题的滋生蔓延，实现应有的警务效能，维护警察机关的社会声誉；二是在惩处当事人的同时，在更大范围内发挥警务监督的教育功能，促使当事人和有关人员深入反思，及时改正错误。鉴于惩处和教育的辩证关系，监督主体，尤其是体制内主体应当明白，警务监督中必不可少的惩处始终只是一种手段，而不是目的，因而应当充分挖掘惩治中的教育资源，防止监督活动起于惩处，止于惩处，制约监督目的的实现。同时，监督主体也应当明白，惩处主体最终只能是体制内主体，但是，相对于惩处主体的确定性和有限性，教育主体则要广泛得多，既可以是所有监督主体，也可以是警察自身。同样，惩处客体的确定性和有限性也规定了体制内主体只能惩处具有不当不法行为的警察，而教育客体则完全应当涵盖全体警察。正是因为惩处主客体的确定性和教育主客体的广泛性，使得警务监督在惩处当事人、规范警务活动的基础上，通过改善监督活动和警务活动，最终指向更为广泛的监督主体和警察，追求更为高远的社会利益。也正因为如此，《中华人民共和国行政监察法》第5条就明文规定，“监察工作应当实行教育与惩处相结合、监督检查与制度建设相结合。”

一般而言，监督主要具有预防、纠偏和惩戒的功能，[①] 但是，这三大功能的实现并不能单独实现，而是相互依存，相互促进，其最终成效还是要依靠惩处和教育的综合作用。由此推论，惩教结合原则的依据主要有以下两方面：首先，它是惩前毖后、治病救人的需要。无论警察如何特殊和重要，警务活动中的主客观因素也使得警察无法完全避免不当不法警务，即使警务监督能够清除所有不当不法警务，也无法清除那些潜在的可能性，更无法杜绝警察队伍中新生力量的不当不法行为。为此，在警务监督中贯彻惩教结合原则，就是要落实“惩前毖后、治病救人”的方针，通过查处当事人，纠正不当不法警务，警示和教育其他警察，尤其是其中抱有模糊或错误认识的警察，确保相同或相似的行为不再发生。所以，惩处和教育相结合，既要充分发挥其各自功能，又要合力挖掘它们的综合优势，进而要求既要惩处一人或少数人，更要教育他人乃至所有人，以最大限度地消除不当不法警务。贯彻这一原则，也就意味着警务监督必须实现“惩前”和“毖后”、“治病”和“救人”的平衡，并力求避免各执一端，防止惩处目的化和教育万能的倾向，贻误监督目的的实现，进而在惩处当事人的同时，也弄清了思想，端正了认识，改进了工作。如果说“警察”这一概念在词源学上具有“警之于先、察之于后”的含义，那么，惩教结合原则内含的手段和目的的关系也正好契合了这一要求，从而保证了警察能够得到与他人一样的公正对待，体现了警务监督的人文关怀和民主法治的基本精神。

其次，它是端正警察认识、督促其接受监督的需要。警务监督能否实现监督目的，最终取决于警察的理解和配合，由此也反映出警察主动接受监督意识的现实意义。而这一意识的养成既要通过惩处的强制和威慑来强化，又要通过教育的批评和感化来培育，因为一味强调惩处，不教而诛，必然会在强制和威慑之余激发警察的反感、对立、隐匿或阳奉阴违等行为，导致警务活动的虚伪化、不当不法警务的隐秘化和相互包庇的普遍化；而片面强调教育，极易导致姑息迁就，必然会在批判和感化之余使警察产生“不过如此”的错觉，进而我行我素，或变本加厉，难以遏止不当不法警务蔓延的势头。坚持惩处与教育相结合的原则，就是将外在强制和内在感化相结合，共同发挥他律和自律两方面的作用，端正和强化警察对警务监督的正确认识，进而理解和支持警务监督，并将外在监督的压力转化为自我监督的动力，充分实现警务监督的目的。

---

① 吴海红：《党内监督路径创新探讨》，载《新视野》2009年第2期，第48页。

鉴于惩教结合原则的重要意义，尤其是这一原则对警察队伍建设的长久功效，监督实践应当努力做好以下工作：首先，大力宣传惩处和教育的关系。“惩前毖后、治病救人”的方针说明，“惩前”只是手段，目的在于“毖后”，“治病”也是手段，目的在于“救人”。惩教结合的原则作为对“惩前毖后、治病救人”方针的贯彻落实和现实规定，要求监督主体正确认识惩处和教育的辩证关系，明确惩处的工具性和教育的目的性，避免手段和目的的颠倒以及手段目的化或目的手段化的倾向，杜绝惩处不当行为者、教育不法行为者的错误做法，防止为教育而教育或为惩处而惩处的错误认识。因此，通过警务监督，查处不当不法警务，既要惩处不当不法警察，又要教育和挽救当事人和其他警察，其最终目的仍然是少惩处乃至不惩处。这样，在堵疏平衡中实现惩教结合，才能惩处于既然，防患于未然，真正实现警务监督的目的。为此，监督主体，尤其是体制内主体应当在全社会大力宣传惩处和教育的关系，消除相关人员关于惩处和教育的模糊或错误认识，特别是消除警察对警务监督的偏见和对立情绪，进而完善警务监督，提升警务效能，实现国家意志和社会利益。

其次，在监督中注重平衡惩处和教育的力度。实践证明，贯彻惩教结合的原则，应当坚持在惩处中教育，在教育中惩处。在惩处中教育，就是在惩处当事人中教育和警示当事人乃至其他警察，防止类似问题的再次发生；在教育中惩处，就是在弄清思想、提高认识中加以惩处，以强化其教训，而不以教育代替或减轻惩处。但是，不同的监督个案也要因其性质差异而采取不同的惩教权重，如在查处不法警务的过程中，惩罚的力度自然不应少于和弱于教育的分量，而在纠正不当警务的过程中，也不能激化警察的反感和对立情绪。不仅如此，鉴于教育的目的性和广泛性，这一原则的教育功能还应注意平衡事前教育和事后教育的关系，即教育不仅要体现为与惩处同步，更应走在惩处之前，以教育来减少惩处的对象和概率；更应在惩处之后，通过教育深化当事人的认识，以尽量消除对立情绪。因此，事前教育要求加强法律法规和职业道德的教育，引导警察遵纪守法，严格按照制度规定办事，尽可能减少不当不法警务，从源头上减少和堵塞不当不法警务及其对社会利益的侵蚀。否则，出事时再教育当事人和其他警察，更多是亡羊补牢，难以弥补相关的损失。而事后教育也不是说事后就事论事，而是要全面认真地查找深层次的制度缺陷，制定和完善相关防范措施，在更大范围内教育全体警察，从根本上杜绝类似事件的发生。由此可见，如果说惩处的功效是一人一事的就事论事，那么，教育的长处则在于宏观上的坚持不懈。只有长期不懈的教育，才能从根本上保护和挽救更多的警察，才能实现治标和治本的统一。也正因为如此，应当将警务活动全程置于监督之下，尤其是加强事前监督和事中监督，以便及时发现不当之处，并通过针对性的教育实现“毖后”和“救人”的目的。

最后，在警务监督中秉承关爱精神。监督主体，尤其是体制内主体应当明白，对不当不法警察的惩处，不是出于个人情绪的宣泄，而是对国家意志和社会利益的服从和尊重。而国家意志和社会利益并不是与个人毫无关联的主观虚构，而是个人利益增益的现实前提。由此也说明，相对于惩处功能，教育功能的终极价值则更具现实意义和高远意境。而民主社会主张的“以人为本”的理念，更是要求在警务监督中渗透着关爱警察的人文情怀。当然，关爱警察并不是包庇警察，纵容其不当不法的警务活动，而是要在关爱中使警察获得精神上的抚慰和关爱，感受到自身的人格尊严和社会价值，从而激发其热爱本职工作、自觉规范警务活动的主动性和积极性。威廉·冯·洪堡曾经指出，“不仅一切对罪犯的道德精神可能有害的东西当然必须排除在罪犯的刑罚之外，而且任何一种只要与刑法最终目的不背道而驰的手段，都必须听任他们用来纠正他们的理念和改善他们的感情。”① 如果说这种主张体现了惩治犯罪时的人文情怀，那么，这种情怀更应当在警务监督中发扬光大。因此，在警务监督中，即使依法查处不法警务，也不应波及当事人的人格尊严，也要晓之以理，动之以情，充分挖掘其中的教育功能，以免激化其对立情绪，引发新的社会矛盾。而在不当警务的查处中，即使需要对当事人进行纪律处分，仍需要引导他们进行深刻反思，弄清问题的症结所在，主动改正错误，因而同样需要在关爱中加强批评教育，使其认识到监督的目的在于“纠偏”而不在于“惩处”，在于“化刺”而不在于“挑刺”，以培养其在以后工作中闻过则喜、从善如流的警务作风和规范警务、服务社会的主动性和积极性，所谓“恶其罪非憎其人”，② 强调的就是这样的道理。而这就需要监督主体在依法监督的同时，重视以德监督的现实功能，用道德感化警察和引领警务，从根本上强化警察的自律意识和自律能力，不断完善其职业境界。相反，在警务监督中，冷冰冰的惩处和程式化的说教，只能强化当事人自我封闭的心理和讳疾忌医的行为，从而背离警务监督的目的。

第二节　警务监督的总体原则

经过实践升华和理论论证，具有实践智慧和理论依据的监督原则，如实事

① ［德］威廉·冯·洪堡：《论国家的作用》，林荣远等译，中国社会科学出版社 1998 年，第 156 页。
② ［日］松井茂：《警察学纲要》，吴石译，中国政法大学出版社 2005 年，第 25 页。

求是、依法监督、及时监督等前文分析的原则在具体指导监督个案方面已经颇为有效地应对和处理了实践中的诸多问题，并不断完善监督实践和警务活动，自身也因此得到更多的认同和发展。然而，这些原则立足的角度和关注的问题各不相同，其独特优势也会滋生偏激倾向，尤其是难以杜绝各自为政乃至相互冲突的情况，更无法奢望其共同发挥作用，有时甚至与警务监督的目的渐行渐远。例如，在处理偶发的不法警务或积重难返的不当行为时，究竟是实事求是地依法监督，还是以批评教育为主，不同的体制内主体肯定会选择不同的指导原则，其监督效果也因此明显不同，甚至截然相反。再如，监督机关为了了解警察的反应能力或警务活动的规范性程度，通常会设置一些模拟警情予以检验，此举虽不明显背离上述原则，也在监督实践中得到广泛应用，但是如果不能选择正确的时间、地点，则极易导致警力紧张和秩序混乱，不仅难逃劳民伤财之嫌，而且明显背离警务监督的初衷。因此，能否从生动丰富的监督实践和逻辑严密的理论演绎中提升和凝练出一个具有协调和统筹功能的总体原则，也就成为进一步加强和完善警务监督无法绕行的话题。如果按照具体原则直接从实践中获取灵感的思路，也许还能得出一些同样具有解释力的原则，但仍无法超越具体原则的理论高度，更无法体现总体原则的应有功能，从宏观上协调和解决一些较为复杂的问题。目的作为行动的终极追求，从根本上规定了原则的基本内容；原则作为行动的指针和准绳，其科学性和合理性也应当体现为目的的实现程度。因此，超越具体原则的眼界和思维，放眼警察与国家和社会的关系，立足警务监督的目的，从整体视角探究其总体原则，也就成为求解这一问题的另一种思路，并有望在新的理论高度形成新的认识，进而发挥总体原则应有的理论意义和实践价值。

一、监督目的决定总体原则

目的决定原则，只有科学合理的监督目的才能保证科学合理的总体原则。因此，以警察与国家和社会的关系为逻辑起点，在实践对照和理论分析中简要重申警务监督的目的，并按照相同的逻辑推导和凝练出总体原则，进而分析这一框架下的主要内容，也就成为这一主题的基本思路。

（一）规范警务，服务社会：警务监督的双重目的

就其起源而论，警察和国家一样古老。国家甫一面世就设立警察，并作为其常态要素存续至今，当然是为了保证基本的统治秩序。但是，出于长期统治的目的，国家也会适当兼顾社会的利益诉求，以保证统治秩序的动态发展。这样，作为国家机关的主要构成和统治秩序的保障力量，警察自然要追随和反映国家意志的变迁，将警务活动的基本诉求从统治秩序向外延展为社会秩序，表

现出与时俱进的兼容性。然而，受多种因素影响，警察“行善”的制度规定并不能完全遏制其“为非”的私利冲动，其结果必然有违国家和社会的期待。对此，无论国家机关还是社会力量都会作出相应的反应，他们也因此成为警务监督的当然主体。在此过程中，基于不同诉求的监督主体都无法回避一个根本问题，即依据何种标准评判、衡量和纠正不当不法警务。就其本性而言，同样具有自利倾向的监督主体无疑都希望尽量按照自己的意愿实施监督，以求最大限度地维护自身利益，但是，这种多样化的诉求既无法形成统一的监督标准，使作为监督客体的警察无所适从，又会明显打压警务活动的自主空间，掣肘警务活动。因此，这一困境必然要求监督主体在博弈和妥协中逐步达成共识，即按照既有的警务规则实施监督。这样，不同监督主体之间就会形成相互制约的内在机制，逐步提升其监督行为的规范性，进而实现体制内外两种力量的相对平衡。由此可见，在各种力量的共同作用下，参照既有的警务规则，将不当不法警务恢复到法定状态也就成为警务监督的基本诉求，规范警务也因此成为其最低目的，因为丧失了这一基础，监督行为就无法实施，警务活动的基本诉求也无法落实。这样，在监督实践中，即使规范警务不一定能完全回应国家和社会的全面期待，也至少能够促进警察机关建立健全一系列和警务活动密切相关的制度规定，并以此保障警察的基本职能。

鉴于国家意志的本源性和重要性，与之存在天然联系的警察必然要对前者作出相应的反应，鲜明的阶级性和统治工具的角色极易将其推向国家和社会颉颃的前沿。但是，即使如此也不意味着警察必然置身于公众的对立面，打击和镇压破坏社会秩序的行为也不能完全归结为阶级统治的需要，毕竟普通民众也无法从混乱的社会秩序中获益，更何况警察也会或多或少地回应社会的诉求，并不存在只有阶级性而无公共性的警务活动。事实上，在其演进过程中，国家也逐步察觉到社会的终极地位，并更加重视从社会中寻找其存在的终极依据，显然，警察和警务活动也不能游离于这种规定之外。这样，随着国家和警察机关对警察的警务对象和权力边界日渐科学地界定，警察不仅体现和维护了国家的政治职能，而且与国家的社会职能相呼应，从更广的范围对社会利益产生了积极的促进作用。所以，从“警察之权，原为人类仁爱而存在”① 的观点，到“警察的直接目的，是保护及增进一般社会利益”② 的主张，都明确表达了警察的终极追求。受此关系和发展趋势的影响，和国家一样，警察不仅产生于社会，存在于社会，从社会中汲取发展的动力，而且还同样遵循“源自恶、终

---

① ［日］松井茂：《警察学纲要》，吴石译，中国政法大学出版社 2005 年，第 68 页。

② 阮光铭：《警政概论》，商务印书馆 1932 年，第 5 页。

于善”的历史轨迹。这样，随着国家权力公共性的日益彰显，警察将逐渐倾向于在服务社会中体现自身价值，直至最终和国家一起消融在社会之中，其职能也将回归为公众的日常事务。

警务活动将社会利益作为终极诉求，必然对警务监督产生明确规定和深远影响。将规范警务确立为警务监督的最低目的，能够在一定程度上缓和乃至消除不当不法警务，不断提升警务活动的规范性，但人们仍会追问警务监督的深层诉求，尤其是规范警务、提升警察职业声誉的终极价值，因为在民主社会中把规范警务当作终极目标甚至唯一目的，不仅无法说明警察的存在价值，反而证明其无价值乃至负价值。事实上，规范警务在体现法律权威、捍卫国家意志的同时，也向社会证明了警察的存在价值，即在消极意义上也会尽量避免损害社会利益，而在积极意义上则为社会拓展更多的利益空间。正是基于这样的功能，国家和社会都对警务监督寄予厚望，期待其能在社会发展中逐步提升社会利益，警务监督也因此获得不断普及和完善的动力。如上所述，既然警察和警务活动的最终目的在于服务社会，那么，警务监督自然不应改变这一目的的努力方向，或制约这一目的的实现，而且应当成为追求和实现这一目的的主要推手，因为失去了社会利益的引领，警务监督极易因规范警务的终极化而丧失高远追求，消解各方努力，掣肘警务活动的发展空间，进而制约警察的存在价值，背离国家和社会的期待。因此，服务社会理当成为警务监督的最高目的，并和作为最低目的的规范警务一起，在不同时空下发挥各自的重要意义，共同体现警务监督乃至警察的现实价值。

（二）警民双赢：监督目的决定的总体原则

警务监督作为民主社会中常态的政治行为，已具有广泛的社会参与度，但相对于这种行为的普遍性，监督主体的认知和表现远未成熟，甚至还存在与民主政治相悖的现象，如来自国家机关、行使国家强制力的体制内主体并非都能正确认识警务监督的重要意义，膜拜权力、无视或推卸责任的现象并不鲜见，部分主体仅将监督之权视为与其他行业并无二致的谋生之道，甚至将其视为仅供恣意挥霍或谋取私利的个人资源；而人数更多、范围更广的体制外主体也会因为更多的不确定性而难以依法行使监督权利，往往在误解中实施监督，甚至借监督之名行谋私之实，挤占正常的警务空间，打击警察依法开展警务活动的信心。显然，这些监督主体根本无法实现权力（权利）和责任（义务）的平衡，当然也就无法保证监督行为和警务活动的规范性，置身其中的警察也因此进退维谷，警务活动更是举步维艰。显然，在警务监督远不规范的背景下，将规范警务确定为警务监督的最低目的，在对警务活动提出相应要求的同时，更深层次的意义则在于承认和尊重警察的现实价值，进而能有效防范和遏制不当不法的监督诉求，保障警察依法开展警务活动的自主空间。尤其是当这一目的在实践中转化为相应的制度规定时，不仅警察要化压力为动力，规范警务活动，监督主体也要在制度约束和自我反思中端正监督态度，规范监督行为，杜绝毫无正当性的监督诉求。这样，相对于膨胀的权力（权利）意识和失范的监督行为，规范警务的目的与其说是警务活动的制度规范，毋宁说是监督主体端正监督态度、规范监督行为的行为底线，因而更多是对警察正当权益的主张和保障。

上述分析表明，对规范警务的重视并不必然强化警察的政治职能，弱化其社会职能，其中对社会利益的关注能够不断超越警务活动的制度规定，提升警务活动的规范性标准，并为服务社会提供制度保障，夯实现实基础；同样，对服务社会的强调也不会弱化规范警务的努力，更不会削弱警察的工具性意义，相反能够以更加高远的追求和灵活多样的方式拓展规范警务的努力空间，持续彰显警察乃至国家的现实意义。这样，规范警务和服务社会不仅相互依存，相互促进，而且共同存在于警务监督之中，不断提升警务监督的规范性。因此，这一关系要求在理论和实践中避免将规范警务孤立化和绝对化，片面强调其在双重目的中的地位及其对总体原则的影响，因为就人类社会的发展趋势和公众的主体地位而言，仅凸显和保障警察的地位和权益显然有违现代社会的价值取向，也自然不是警务监督的全部目的和确定总体原则的唯一依据。这样，当综合考虑监督目的，尤其是当分析重心从最低目的转移到最高目的时，也就不难发现，作为对规范警务丰富和发展的服务社会在强调监督行为和警务活动不断提升的规范性的同时，把公众的利益诉求置于更高的地位。因此，相对于规范警务之于警察的利好，服务社会则在更高层次上凸显了公众作为社会主体的终极意义，在监督实践中坚守这一目的，无疑能够防范和克服警察和警务活动目的化的倾向，使公众的利益诉求更有现实依据和持久保障。

当然，正如规范警务和服务社会并不是各自为政地分置于两个层次，而是共同存在于并引领警务监督一样，规范警务也不只是有利于保障警察的正当权益和警务活动的自主空间，毕竟规范的警务活动并不是终极目的，最终仍要体现为社会利益的提升，从中受益的监督主体也会在感受警务监督真实性的过程中逐步规范其监督行为，进而在和警察的良性互动中共同推动社会进步。同样，服务社会也不会将警察排除在最终受益人之外，不仅警察的社会角色能和其他人一样共享社会进步的利好，其制度角色也会因此置身于良好的警务环境，并在其中感受到自身职务行为的重要性和使命感，从而以更加规范的警务活动来回应社会的呼声。因此，双重目的虽然各有侧重，但也不是单一地造福警察或公众，而是在不同时空下相机抉择，在保障警察现实价值和公众主体地位的过程中实现基于社会利益的警民双赢，从而避免在厚此薄彼中制约警务监督的现实价值。[①] 而警民双赢作为警务监督的总体原则，又进一步转化为证明和落实监督目的的依据和保障，即在证明监督目的科学性和合理性的同时，也将通过逐步规范的警务监督使其最终成为现实。[②]

当警民双赢作为警务监督总体原则基本成形之后，转换一下分析视角，甚至直接从相反的角度探讨这一原则的缺失对警务监督产生的消极影响，必将更加全面地深化对这一原则的认识。立足经济学的视角，与双赢相对应的是零和的利益格局。在两方乃至多方参与的零和博弈中，一方总想尽其所能地实现自身利益的最大化，而毫不在意乃至始终企图彻底剥夺对方的应有份额，甚至将对方的绝对损失也心安理得地视为自己的当然收益。当我们将零和博弈这一理论用于警务监督，尤其用于思考警务监督的总体原则时，就不难发现，监督主客体不尽规范的行为无不潜藏着零和博弈的心理期待，进而从反面反衬出确立总体原则的重要性和紧迫性。一方面，作为监督客体的警察机关或警察自然不愿乐见日益普遍化的警务监督，更不会进行发自内心的理解和配合，即使在无法规避的情况下，也期待警务监督最终沦为一种形式，并丧失其基本功能；另一方面，无论是体制内主体还是体制外主体，总是自恃高警察一等，并奢望长久地保持这一心理优势，同时希望置身于监督之中的警察俯首帖耳，唯其马首是瞻。但是，警务监督的特殊性并不能消除零和博弈的消极影响，其应有功能也会因此消失殆尽。对警察机关而言，警民之间的零和游戏必然意味着他们长期凌驾于公众之上，自然也无须顾及公众的内心感受和正当诉求，这一状况看似赋予警察极为宽松的警务环境，但也必然导致公众的普遍质疑，进而危及国家的合法性，警察机关自身自然也难逃重组的命运。同样，监督主体的绝对强势必然导致警察集体失声或阳奉阴违，警察所代表的法治、公平、正义等现代政治理念必将无所依托，人类社会须臾不可或缺的安全和秩序必将无法保障，监督主体一时一地的收益也将导致其在更多时空下更多利益的损失。显然，在这种零和博弈中，主客体都无法获得长久的利益预期，警民双方甚至因此无法摆脱双输的困境。虽然双方在付出沉痛代价之后，迟早也会进行相应的调适，

---

① 尽管体制外主体主导了体制外监督，但总体原则仍然可以表述为警民双赢，这不仅是因为体制外主体存在于公众之中，而且也对自身监督活动设立了标准，提出了忠告，即不能因为自身利益的受损或受限而忘却社会利益。遵循这一原则，主动约束自身的不当诉求，也能使他们的正当诉求更可预期。

② 相对于体制外主体和警察的正当诉求，体制内主体具有明显的手段价值和工具理性，即作为沟通警民的纽带，既能回应体制外主体的合理诉求，又能保障警察的正当权益，从而避免了体制内监督的功利化，尤其是私利化的不当不法倾向，并为警民双赢提供了制度保障。

但由此造成的时间、经济、社会乃至政治成本必将普遍影响社会利益的增益，并制约警民双方利益的实现。由此可见，无论在整体上，还是立足长远的视角，警务监督的主客体追求零和博弈都不是最佳的选择方案，其负面影响是显而易见的，一些始料不及的潜在代价将会更加巨大。因此，主客体双方应当立足国家和社会的互动趋势，充分认识警务监督作为平衡双方利益的现实意义，自觉尊重对方的正当诉求，进而在监督实践中获得各自应有的利益份额，社会利益也因为双方利益交集的扩大而实现最大化。显然，这种经济学的合理性不仅凸显了警民双赢的道义力量，而且强调了这一原则的现实合理性。由此也说明，是立足整体利益和长远视角，理性坚持警民双赢的原则，开辟更为广阔的发展空间，还是顽固停留在千百年来日益固化的“人性恶”窠臼，逐渐陷入日益狭窄的生存空间，甚至不得不接受零和乃至双输的局面，不仅反映了监督主客体双方的成熟程度，决定了警务监督的优劣及其价值的实现，而且关系到全体民众的眼界、胸怀和社会和谐的程度，决定了一个国家的软实力和一个民族的道德境界。①

根据警民双赢的总体原则，反观监督实践，警务监督不仅找到了现实不足，而且也发现了努力方向。为此，警察应着眼于国家和社会的互动趋势，努力提升其服务社会的能力，在服务社会中为自身赢得更多自主的警务空间；体制内主体显然应当始终着眼于警民的正当诉求，而不应沉溺于个人利益或部门利益；体制外主体也不应过分渲染警察的消极影响，而应在承认警察现实价值的基础上，主动检讨其利益诉求和监督行为的正当性，以保证警务活动的基本空间。同样，对照警民双赢的总体原则，再来思考本节之初提出的问题，也就不难发现，偶发的不法警务在没有造成严重后果的情况下，仍应以教育为主，以消除警察对警务监督的畏惧心理，提高其规范警务、服务社会的意识和自觉性；而频发的不当行为则应依照相关规定严肃处理，以便猛药治疴，实现“毖后”和“救人”的目的，防止相同或类似问题的滋生蔓延。此外，基于总体原则的要求，模拟警情的设置不仅应当适当，而且应当适量。所谓适当，就是要求设置模拟警情时，应当通盘考虑，慎重选择时间和地点，以免耽误正常

① 除了经济学，用渐成显学的和平学原理也能解释警民双赢的原则。和平学认为，处理矛盾的基本思路主要有四种，即无视自身利益最大化的竞争方式（contending）、更多关心对方利益的退让方式（yielding）、无视双方利益的回避方式（avoiding）和重视双方利益的问题解决方式（problem solving）。显然，回避方式不可能解决问题，而退让方式和竞争方式也难以彻底解决问题，甚至导致矛盾的反复出现，只有问题解决方式是一种正确的思路和原则。而在这种方式中，矛盾双方各退一步的折中方式和随机决定得失的选择性方式又明显逊于追求双赢的整合式方式，因为这种方式既兼顾了双方的利益诉求，使双方获得满意的结果，又维护了双方的正常关系，防止矛盾在未来的反复。（J. Z. Rubin. Social Conflict：Escalation，Stalemate and Settlement. New York：McGraw - Hill，1994. p. 168 - 173）

的警务活动，影响正常的社会秩序；所谓适量，就是不应频繁设置模拟警情，以免过度占用有限警力而贻误其他正常警情的处理，进而影响社会利益。由此也可以说，模拟警情作为一种监督手段，与其说是对作为监督客体的警察的检查，毋宁说是对作为监督主体的警察机关的考验。因此，警察机关也应当明白，模拟警情只是警务监督的一种手段而不是目的，相对于下级机关的反应能力或警务的规范性程度，社会利益才是警务监督的最高诉求。如果缺乏这样的认识，必然会出现手段挤占目的的倾向，甚至出现手段目的化的可能，进而出现滥用权力和强化权力拜物教的现象。同样，如果警察机关对辖区内警情和警力缺乏足够的了解，仅凭主观意愿设置模拟警情，最终既浪费有限的警力，招致警察的反感和抵制，又贻误其他警情的处理，其结果必然是本末倒置，自然会恶化社会秩序，损害社会利益。

二、总体原则中的辩证关系

如上所述，警务监督的双重目的在有所侧重的基础上兼顾了警察和公众的正当诉求，规定了警民双赢的总体原则，从而避免了片面强调一方利益的倾向及其消极影响，既体现了警察的现实意义和公众的终极地位，又平衡了警民双方的利益诉求。在此基础上，进一步明确警民双方利益诉求的辩证关系，既是把握总体原则丰富内涵的应有之义，又是落实这一原则的理论前提。

（一）警察是公众利益的前提和保障

国家固有的政治职能在长期发展中明显强化了警察制度角色的负面色彩，以至于公众往往强调警察给社会和个人造成的诸多不便，却淡忘其司空见惯的积极作用。事实上，作为国家工具的警察最初的确主要维护统治阶级的利益诉求，但也为其他阶级乃至全体社会成员免予更多不测提供了基本保障，尤其是避免了激烈的社会冲突和冲突双方的两败俱伤，保障了弱势的普通民众相对稳定的生存状态。由此也说明，警察是针对人类弱点应运而生的产物，也是社会进步不得不承受的代价，而之后反复的阶级斗争以及由此带来的政治进步则持续不断地减轻了这种代价。随着国家职能的丰富和发展，警察也由最初完全听命于统治阶级逐步转向相对平衡地兼顾各阶级的利益诉求，尤其是当国家需要其社会职能为政治职能夯实基础时，警察更是成为人类社会发展的基本前提，因为失去了这一前提，公众仍会因激烈动荡的社会秩序而难以生存，更遑论推动社会进步并从中受益。由此可见，就人类社会的现状而言，“一定限度内的警察权是为保障公民权所必需”。[1] 因此，即使在警察必须顺应民主法治进程、接受监督的当下，公众作为警务效能的评价主体和终极受益者，也不能怀疑和否定警察的现实合理性，相反，必须高度重视其在社会转型背景下的重要作用。事实上，无论进行历时或共时的考察，警察招致的批评并不少于甚至明显多于得到的表扬，警务监督的力量日益强大，显然能说明人们仍期望警察能有更大的作为。基于这样的关系和发展趋势，警务监督当然应遵循这一历史规律，尊重和保障警察开展警务活动的正当权益，以保证其在规范的警务监督引领下更好地规范警务和服务社会。否则，监督主体仅囿于自身利益，监督行为极易异化，甚至导致警察噤若寒蝉，难以正常开展警务活动。显然，这种监督行为必然导致警察毫无职业自觉的自主空间，甚至蜕变为对警察和警务活动的怀疑乃至否定，进而打击警察的职业荣誉感和规范警务的积极性，其结果则完全背离了警务监督的目的和人类发展的基本规律。在此背景下，最起码的社会秩序和社会公正都难以保障，最终伤害的仍然是置身其中的全体民众。所以，正如现实社会无法脱离国家而独善其身一样，它也同样离不开警察，至少在可以预见的将来，这种关系难有彻底改变的可能。即使现实中一些警察机关存在严重问题，受到彻底整顿乃至重组，但也不能因此取消警察，毕竟人类仅靠自身力量尚无法克服其弱点。[2] 这样，现实中不当不法的警务活动并不能成为否定警察的理由，所有监督行为只能建立在承认和肯定警察积极意义的前提之下，对不当不法警务的防范也不应以损害警察的正当权益和积极性为代价，以保障现实警力的可持续利用。

鉴于警察制度角色内含的现实价值，规范的警务监督主要是对警察制度角色的监督。但是，由于社会发展的不成熟和权力运行的不规范，警察的社会角色也存在着以权谋私的冲动和空间，现实中的警务监督也因此将其纳入其中，

---

① 陈兴良：《限权与分权：刑事法治视野中的警察权》，《法律科学》2002 年第 1 期，第 52 页。约翰·格莱德希尔曾立足人类学的视角，用以下文字描述无国家时代的风险：“‘无国家人民’（non-statepeople）的世界可能是一种极为暴力的世界，一个有着连续不断的战争、杀戮以及酷刑的世界。此种国家市民以及权威共同体领袖制度的空缺，无法确保公平或者甚至是目前所关注的性别以及代际内部关系上的社会角色的平衡的互补性。”（［英］约翰·格莱德希尔：《权力及其伪装——关于政治的人类学视角》，赵旭东译，商务印书馆 2011 年，第 36 ~ 37 页。）显然，上述风险不仅是曾经的历史，而且当下也未彻底消除，即使在将来相当长的时间内仍将延续这一社会惯性，进而证明了国家继续存在的合理性。在此背景下，在国家的主导和各种力量的协同下，警察无疑能够有效消除上述风险，体现其现实意义。

② 当然，对警察现实价值的强调，并不是对国家主义冥顽不化的固守，更不是对国家主义逻辑下警察主义的鼓吹，而是鉴于历史教训和现实需求的理性思考和必然要求。毫无疑问，随着警务监督的不断完善，公众日益提升的素质和社会不断完善的自治必将加快国家和警察复归社会的进程，进而证伪了国家主义和警察主义。

并受到全方位、全天候的监督，当然有其积极意义。但是，警察的两种角色仍有本质区别，相对于制度角色的手段性价值，其社会角色则具有目的性意义，警务监督应注意正确处理这两种角色的辩证关系。因此，对警察社会角色的监督也应当具体问题具体分析，以免混淆和颠倒这两种角色的各自地位和意义。如果警察在此时空下仍然动用制度资源，或明显有违制度规定，其行为当然不应游离于监督范围之外，理当受到相应的查处。但是，如果特定时空下警察的所作所为完全是社会角色的表现，是任何其他社会成员都能发生的行为，即使存在不当不法之处，也不应当简单套用警务监督的制度规定，更不应当以制度角色的身份承载额外的社会压力，而应当以社会成员的身份适用其他社会规范，至于其合法行为则更不应动辄上升到道德层面，进行见仁见智的道德挞伐。[①] 显然，这样的观点明显有违实践现状及其发展趋势，也很难被所有人理解和接受，甚至还存在着暗示警察社会角色自我放纵或为其不当不法行为张目的嫌疑。但是，情感表达不应代替理性思考，更不应忽视乃至剥夺警察的正当权益，毕竟“警察也和其他公民一样享有所有的民权和宪法赋予的权利”。[②] 双重角色的警察既是社会利益的制度保障，更是社会利益的现实构成和真实体现，他们在服务社会之余也应当与其他社会成员一样分享社会进步的各种利好，毕竟世上并不存在完全无私奉献的行业，无人分享的社会利益也丧失其现实意义，类似的制度规定和社会呼声则毫无情理可言。也就是说，警察的制度角色是其社会角色的延伸和保障，社会角色是其制度角色的基础和目的，即使规范警察的制度角色，目的仍是更好地保障所有人的社会角色乃至现实利益。

---

① 警察社会角色以权谋私等现象的根源仍可追溯到制度角色的异化，正是这种异化行为没有在源头上受到及时查处，才最终蔓延至社会角色，并导致社会角色的失范。换而言之，有些看似与制度角色无关的不当不法行为仍然是异化的制度角色在另一时空的延续，并不是严格意义上的社会角色和个人行为。因此，只有及时查处制度角色的异化行为，才能从根本上消除社会角色动用制度资源的可能。除此之外，如果将与警察制度角色毫无关联的个人行为也纳入监督范围，不仅暴露了监督主体将警察神圣化和对警察的全能主义期待的错误倾向，根本无法保障其社会角色的基本人权，明显有违民主法治的精神，而且也会因平均用力而难以解决一些突出问题，并浪费宝贵的监督资源，制约警务监督的功能和社会利益的提升。事实上，现实中无所不包的监督网络除了表现出无所不能的假象外，并未收到应有成效，本身就证伪了这种做法的科学性和合理性。与此同时，这种在现实生活各方面颇有市场的现象也在警示我们，在依法治国的当下，绝不能因为道德的美好而将其提升为现代社会的首选乃至唯一规范，更不能挤占法律应有的基础地位和托底功能，否则，道德的柔性必然导致规则的多样性，必然导致任一行为都不能符合所有人的道德标准，进而使得行为主体无所适从，而道德至上的主张只能导致规则沦丧，主观主义盛行，社会发展必将丧失明确的目标和方向。更为严重的是，如果这种心理不能得到及时遏制，就会在现实生活中滋生具有强烈情绪化的极端主义倾向，进而漠视乃至侵犯他人的正当利益，激化社会矛盾，甚至制约民主法治进程。

② ［美］塞缪尔·沃克：《美国警察》，公共安全研究所外警研究室译，群众出版社 1989 年，第 313 页。

就其目的而言，警务监督主要是防范因私废公的行为，但是，如果因为监督而出现因公废私的行为，甚至因此出现此类行为制度化的倾向，同样缺乏正当的理由，也需要严加防范。因此，在制度角色根本不可能完全独立于社会角色的背景下，再重要的制度角色也不能超越手段性价值的规定，更不能成为淡化乃至否定社会角色目的性的借口。如果既要求警察承担其制度角色的责任，却又无视甚至剥夺其社会角色的正当权益，本身就否定了警察社会角色作为公众有机构成的社会地位，并剥夺其个性自由全面发展的应有空间，置身其中的警察自然也无法感受社会利益的真实性及其与自身的相关性，由此滋生的职业倦怠必然会打击其制度角色的积极性和创造性，降低警务活动的规范性，公众的利益诉求也难有保障。因此，只有当警察的社会角色能够和其他社会成员一样平等分享社会进步的成果，才能有充足的理由要求其制度角色更加规范地开展警务活动，他们也才能真正感受到自身双重角色的重要性和责任感，才会自觉按照公民美德严格自律，并通过更加规范的职务行为将警民双赢真正落到实处。

（二）公众是警察合法性的终极依据

正如国家和警察不能以自身存在为目的一样，强调警察制度角色的正当权益也不具有终极意义，其合法性依据最终仍要归结为人人可以共享的社会利益。作为统治工具的警察更多是作为与社会分立和对峙的力量出现在人类历史上，但也没有因此而遭到彻底否定，并在变革和发展中存续至今，本身就说明警察遭受诟病的原因在于不当不法警务而非自身及其所有警务活动，因为希冀长久统治的国家不可能无视社会诉求，也需要通过正常的警务活动予以回应，而这种回应的结果恰恰证明了警察的现实价值。然而，即使警察的现实价值不容置疑，其与社会利益之间仍存在复杂的关联性，至少在警务效能稳定的情况下，警察队伍也并非多多益善，因为此举必然增加社会负担，变相挤占社会利益；而在警察规模稳定的情况下，不当不法警务的增加和警务效能的下降也同样危及社会利益。就此意义而言，警务监督自然不应否认警察的现实价值或挤占警务空间，而是应当将不当不法警务降低到最低限度，实现警察规模和警务效能的此消彼长，进而以其内在的良性机制全面提升社会利益。这样，规范的警务监督对社会利益的提升在证明其现实意义的同时，也为警察拓展了积极作为的空间，进而说明，在社会不断进步的基本趋势下，警察应在维护社会利益存量的同时，努力追求其不断改善的增量，尤其应通过无增长改善的途径证明其现实合理性。如果在社会进步的诸多因素中总是难觅警察的踪影，其合法性就要备受质疑，甚至难逃整顿乃至重组的命运。

就合法性的来源和构成而言，社会利益的实现和提升无疑是最基础和最直接的选择，但也往往具有很大的风险，因为谁也无法保证社会利益的持续提升，一旦相关努力受阻或收效甚微，这种合法性就会因无其他替代资源或远离公众预期而分崩离析。相对于其他国家机关，警察机关的合法性更多体现为不断改善的社会秩序，为社会利益保驾护航，公众通常也不会舍弃社会秩序而对警察抱有其他期待，否则，只能明显暴露出公众对警察的认知偏差和社会发展的不成熟。如果警察仅追求暂时或局部的社会秩序，一般通过增加警力和装备即可如愿。但是，此举很难在长远和整体的秩序诉求中奏效，毕竟再多的投入也无法彻底消除社会秩序的制约因素，甚至还会以此为名滥用权力，窒息社会活力，阻碍社会进步。也就是说，“如果警察仅以罔顾民意的国家为存在理由，以不够成熟的法律为其强制手段的依据，不仅会使警务活动缺乏民意基础，而且会使排斥、否定警务活动的行为更具道义力量。”① 显然，这些现象不仅难以保障社会秩序，甚至警察的合法性也会屡遭质疑。因此，在基本社会秩序的基础上寻求其他的合法性来源无疑是一种更为明智的选择。“如果没有正义，王国和大的抢劫集团有什么分别?”② 这就意味着，民主社会中的警察不仅要主动借鉴历史的经验和教训，积极顺应和推动权力民主化和法治化的进程，而且应作为社会进步的重要力量，不断提升警务活动中的公平正义。换而言之，警察不能仅以统治工具的身份被动地存在，也应通过自身的正义行为维护和促进社会正义，并以此改善社会环境，增强社会凝聚力，而且要积极回应公众的价值期待，让公众在社会正义中感受警察的道义力量，进而在警民的良性互动中持续发掘潜藏于社会的警务资源，从根本上努力消除违法犯罪的社会根源。显然，规范的警务监督能够在激浊扬清中保证警察的自主空间，彰显警务活动中的公平正义。面对这样的警务活动，公众不仅会自觉理解和尊重警察，而且会作为更为广泛的社会力量支持和配合警务活动，从而使其具有空前的合法性基础。

三、总体原则的实践路径

面对警民双赢的规定，何去何从无疑对不同选择的主客体进行明确的分类，远见或短视、理性或非理性，不仅反映了主客体双方身为社会人的理性和作为公民的素质，而且将最终决定警务监督和警务活动的现实价值。因此，落实这一原则也就成为提升民众的公民素质、发展和完善公民社会、推动民主政治进程的现实舞台，进而凸显了营造良好的监督环境的重要作用。其中，在主

---

① 吴永生：《警民和谐受限的客观原因分析》，《中国人民公安大学学报》（社会科学版）2011 年第 1 期，第 93 页。

② ［美］莱斯利 · 里普森：《政治学的重大问题——政治学导论》，刘晓等译，华夏出版社 2001 年，第 51 页。

要由监督主体和监督客体组成的相对独立的系统中，他们是否具有推动民主的意识和能力，将直接决定警务监督的方向和效能。因此，只有在前文分析的基础上探索总体原则的实践路径，才能形成这一主题的完整架构。同样，只有在实践中坚持这一原则，才能有效消除警民双方唯我独尊的自我中心主义，共同走向平等互尊和有机融合的正确轨道，才能推动警民关系由现实中难以消除的对立关系走向可以预期的合作关系，有效落实警务监督的目的。

（一）监督主体的应有作为

首先，体制内主体应当严格执法、热情服务，为警民双赢提供制度保障。“严格执法、热情服务”作为行政学中平衡理论的体现和警务活动的指导原则，因其机制的吻合同样适用于体制内监督。体制内主体作为直接行使国家权力的监督力量，既能根据工作计划和实际需要，自主实施监督，又能关注和回应体制外监督的诉求，体现自身沟通警民的中介功能。因此，他们应在依据职务标准不断提高自身素质的同时，按照严格执法的标准，在动真碰硬中实施监督，以强化警察的宗旨意识和制度意识，提高其执法能力和警务效能，维护法律权威和公众作为社会主体的地位，从而以显著的监督绩效强化警察清正廉洁、勤政高效的职业形象。与此同时，鉴于不当不法监督行为掣肘警察职权、挤占警务空间的事实，他们在发挥其执法和惩处功能的同时，应充分发掘其服务和激励功能，即他们应当坚持热情服务的理念，帮助警察解决警务效能的制约因素，尤其是充分挖掘警务监督维护警察正当权益的功能，并在及时纠正不实投诉、严肃查处蓄意诬告的过程中有效化解警察的职业风险，从而彰显体制内监督关爱和服务警察的人文情怀，赢得警察的理解、配合和支持。这就意味着他们既不因为有权监督警务而恣意妄为，或以此与警察进行利益结盟，又不能因公众作为权力终极来源的地位而屈从社会力量和舆论压力，进而以规范的监督行为彰显其沟通警民的制度力量。这样，在正确认识和处理执法和服务关系的过程中，他们才能以客观公正的监督行为平衡警察和公众的利益空间，从而为警民双赢提供制度保障。

其次，体制外主体应当积极实施理念性监督，以规范的监督行为促进警民双赢。相对于体制内监督，体制外监督的动机和机制显然有所不同，对切身利益的关注使其具有明显的功利性色彩。但是，体制外主体法定的公民资格并不意味着相应的公民素质，也不能保证其规范监督的意识和能力，当然也就无法保证其监督行为的规范性，权利和义务的失衡往往导致他们过度放大自身利益，不断挤占他人乃至整个社会的利益空间。尤其是当膨胀的权利意识和不尽理性的舆论相互激荡，原本合理的功利性监督极易异化成非理性的情绪性监督，他们更会因自身利益受限或受损而产生过激情绪，或在各种鱼龙混杂的信息面前丧失自我判断的理智，进而置警察权威和社会利益于不顾，肆意贬低和丑化警察形象，损害警务活动的社会基础和自主空间。如果说警察的恣意妄为无助于警务效能，其缩手缩脚的表现同样于警务效能无补，更是对监督目的的彻底背离。因此，即使实施功利性监督，体制外主体也应当注意防范不当不法诉求的消极影响，更要避免以此威胁或利诱警察，制约其规范警务的积极性和自主性，影响社会利益的最大化。为此，他们在依法维护自身正当利益的同时，更应设法超越功利性监督，追求更加高远的理念性监督。相对于功利性监督，基于平等、民主、尊重、宽容等现代政治品质的理念性监督不仅立足现实追求公平正义，继承了前者对监督主体正当利益的强调和维护，而且实现了权利和义务的平衡，为不当不法的监督行为和警务活动设置了道德标准，为规范的监督行为和警务活动创设了充足的自主空间。这样，理念性监督既不会贬低乃至否认个人或局部利益的正当性，制约公众监督警务的积极性，又不会置警务规律于不顾，恣意放纵乃至发泄消极情绪，简单进行否定性的批评，因而能够在实事求是的褒贬之中提供宝贵的建设性建议，有效实现科学性和合理性、局部性和整体性的有机统一，体现警务监督的真实价值和发展走向。更为重要的是，在理念性监督的引领下，监督主体能够坚持权利和义务的平衡，培育民主法治社会中的公民美德，进而将公民素质提升至全新的发展阶段。①

（二）监督客体的努力空间

在民主政治的推动下，国家和社会之间的相互认知发生了很大的变化：国家更加明确地界定自身的现实使命，更加准确地定位、平衡其和社会的关系，而不是简单地凌驾于社会之上；同时，社会也在追求自身利益的同时尊重国家的价值和权威，而不是一味地忍气吞声或仇视国家。受其影响，作为国家职能分工的警察自然要主动顺应这一发展趋势，充分发挥其职业优势，走在国家和社会互动的前沿，进而从特定的视角反映这种互动的基本趋势，并成为这种互

① 立足经济学的视角，功利性监督往往表现为一种收益大于成本的个人或局部行为。在此类监督中，如果正当途径的监督能够实现预期目标，其监督功能自然也是对社会利益的积极推动，同样也符合理念性监督的目的。可问题是，这种监督的收益并不总是大于成本，监督主体也因此寻求非法的途径，其结果必然是“制度外参与降低了个别交易的成本但增加了社会总的交易成本；非法的参与方式则直接否定了现行制度的合法性，大大增加了国家维持政治系统稳定的成本，降低了社会福利总量。”（陈粟：《公共选择视野中的政治参与》，《东南学术》2005 年第 2 期，第 46 页。）这样，即使不论功利性监督对社会利益的负面影响，监督主体在谋求自身利益的同时，也将其置于违法犯罪的境地。相反，超越功利性监督，追求理念性监督，监督主体自然不会通过非法途径，谋求自身利益的最大化，而是始终在制度框架内维护自身的正当利益，提升社会利益，进而赢得自身与警察乃至国家的双赢。就此意义而言，理念性监督作为一种发展趋势和正当诉求更为稳定的保障机制，能够克服各种狭隘观念和现实诱惑，理当成为一种全民共识和全民行动。

动的内在动力和现实表现。尤其在警务监督过程中，作为监督客体的警察既是贯彻总体原则的主要力量，又是落实警务目的的最终环节，因而理当通过自身的积极作为，落实警民双赢的总体原则，彰显其现实价值和公众的主体地位。

首先，警察应尊重公众作为社会主体的地位和作用，为警民双赢夯实社会基础。真正的社会利益“不是仅仅作为一种‘普遍的东西’存在于观念之中，而首先是作为彼此有了分工的个人之间的相互依存关系存在于现实之中。”① 只有当警察付出真诚的努力，他们才能真正体现其之于社会利益的促进作用。对警察而言，他们既有机会深入了解公众的喜怒哀乐，又有一定条件帮助他们纾困解难。因此，“警察除了遵守法规之外，还不应该把根本信仰的人间爱忘却了”。② 无论从事何种警务及其具有何种特殊性，警察都不应以此否认或推卸自身责任，更不能因警务监督的存在或者规范性的欠缺而无所作为或少有作为，无视公众的现实诉求。在此过程中，警察不仅要依法开展警务活动，而且要以强烈的责任心和使命感关注和关心那些亟待帮助的普通民众，因为“穷人、没受过教育的人使用警察，看起来就像中产阶级的人使用家庭医生和教士，——就是说，他们把警察当作困难时首要的求助处。”③ 如果连警察也不愿回应他们的求助，他们常常会产生被边缘化的感觉，甚至因此偏离正常的生活轨迹，并在积累怨恨和怀疑现实中走向社会的对立面。显然，这样不仅会恶化社会环境，加剧警务活动的难度和强度，而且也有违国家和社会良性互动的发展趋势。相反，警察主动顺应警务监督的内在机制，积极响应监督目的的引领，自觉关注和回应民意诉求，则能以其公平正义的警务活动化解自身压力，并在更大范围内赢得公众对警务活动的支持和配合，进而实现警民双赢。

其次，警察应着力提升职业素养，为警民双赢丰富制度资源。对于警察而言，总体原则必然要求他们承认和尊重公众对警务活动的道德引领和智力支持，不断提高自身的职业道德、专业知识和业务能力。职业道德中自我约束、自我完善的内在机制能够使警察以警民双赢的目标定位和开展警务活动，并在坚守法律底线的基础上拓展警务活动的道德空间，从而在更大范围内产生示范效应和社会影响。而专业知识和业务能力不仅能够保证应有的警务效能，实现警务目的，而且能够使警察明辨监督行为的规范程度，敢于主张和维护自身的正当权益，进而为警民双赢提供路径和保障。同时，警察应当在实践中主动探索警务规律，积极提升其职业素养，为警民双赢提供理论支撑，因为警民双赢

① 《马克思恩格斯选集》（第1卷），人民出版社1995年，第84页。

② 阮光铭：《警政概论》，商务印书馆1932年，第27页。

③ ［美］罗伯特·兰沃西等：《什么是警察——美国的经验》，尤小文译，群众出版社2004年，第330页。

固然离不开警察的长期投入，但只有在掌握和遵循警务规律的基础上才能收到事半功倍的成效。而在探索和利用警务规律方面，警察具有独特便利的制度优势，能够为创新和完善相关的制度规定贡献其实践智慧。此外，虽然警务活动中不乏规范警务的努力和成绩，但畏惧监督或放纵权力的现象也极为普遍，其结果既不能消除监督，也不能提升警务活动的规范性，甚至还因此助长不当不法的监督行为或警务活动，并且因片面追求单方面的利好而最终在利益失衡中导致双输的局面。因此，警察应当依法履行职责，通过不卑不亢的警务活动，保障警民双方的正当诉求，进而将警民双赢落到实处。

最后，警察应在社会角色中规范自身行为，以良好的形象提升警察权威，促进警民双赢。警务监督的重心主要锁定在警察的职务行为以及动用制度资源的个人行为，但在具有“以吏为师”悠久传统的我国，始终存在着官德不彰、民风难淳的因果联系，即使警察社会角色的不当不法表现也会对警察机关乃至国家形象产生明显的负面影响。因此，警察在理解和支持具有广泛约束力的监督制度的同时，还必须充分认识和承认社会角色也是自身形象的重要组成，即使完全属于社会角色的个人行为也不可能完全割舍其与制度角色的联系，也会或多或少地影响其制度角色的职业形象乃至社会风气，其不当不法行为更会作为负面因素掣肘警民双赢的原则，甚至与监督目的背道而驰。因此，警察就不能因个人空间和基本人权的合理性而无所顾忌，更不能因公众尊重其社会角色的正当权益而淡化其应有的社会责任，即使现实中不可避免的角色转换和角色重构也不应推卸其身为公民的道义担当。在此背景下，如果警察在坚守道德底线的同时，对其社会角色也能严格要求，规范的个人行为在展现其较高素质、间接提升警察职业权威和社会声誉的同时，也将作为现代社会的积极因素催生更加成熟的公民社会，并且以平衡权利和义务的良好表现为警民双赢奠定坚实的社会基础，实现警民双方利益的可持续发展。

第四章　警务监督的体制内主体：权力和责任的平衡

鉴于监督主体在丰富监督手段、发掘监督资源、落实监督原则、实现监督目的等方面的主导地位和重要作用，本章和第五章拟在第一章以体制为界对其分类的基础上，用相对平衡的篇幅深化对监督主体的认知，探讨其规范表现，而在体制内监督远不规范的当下，膜拜权力、忽视责任的体制内主体普遍缺乏权责平衡的意识和能力，更加凸显了这一主题研究的现实紧迫性。当然，这种反躬自省并不意味着警务监督的方向性错误和体制内主体的潜能缺失，而是说明操作措施和实施细节尚有待完善，尤其是其背后基础理论研究及其指导功能的明显缺失。因此，分析体制内主体的应有表现，尤其是强调其权力和责任的相关内容及其在权责平衡中实施监督，自然是完善体制内监督的理论前提和现实路径，进而也构成本章乃至本书的主要内容。①

第一节　关于体制内主体的基本认知

如前所述，在我国的政治制度框架内，警务监督的体制内主体包括立法机关、行政机关、司法机关和执政党组织以及警察机关内部的监督力量，因为他们都拥有直接查处和纠正不当不法警务的权力，并能直接产生效力。在此基础上，依据其监督职能的行业属性，可以将其进一步划分为两个子系统，其中，来自立法机关、行政机关、司法机关和执政党组织的监督属于体制内的外部监督，警察机关的监察、督察、纪检、法制、政工、信访等各司其职的监督则属于体制内的内部监督，两者从不同角度相互补充，形成比较完整的体制内监督体系，并以其相应的制度资源，共同发挥警务监督的应有功能。

---

① 事实上，警务监督主体中的任何一方都难以单独实现监督目的，两种主体之间相互依存、相互促进的关系已在第一章有所交代。而监督主体离开了警察的理解和配合，其监督活动甚至都无法进行，从而反映出主客体双方无法绝对分离的辩证关系。本书第四、第五和第六章的单独论述，而且在主客体两分的框架内进行，完全是出于行文的需要，因而不应进行绝对化的理解。

一、体制内主体的理论依据

体制内主体包括立法机关、行政机关、司法机关和执政党组织等，而警察机关内部的监督力量则从行政机构派生出来，具有相对独立性和鲜明的行业特色。其中，立法机关、行政机关、司法机关都是现代政治生活中必需的，它们通过警务监督共同挖掘和体现警务活动的重要价值，以实现国家意志。同时，执政党对警务活动的监督也要制定各种党纪党规，并通过各级各类国家机关中的党组织予以落实，进而发挥其应有的领导作用。因此，体制内主体虽然在价值导向、监督体制等方面有所差别，但都要通过国家机关才能充分发挥相应的作用。就此意义而言，在健全和完善警务监督的过程中，自然需要在国家背景下追问和明确体制内主体实施监督的理论依据。

首先，国家权力的起源和终极目的需要体制内监督。就其渊源而言，警察权作为国家权力的职能分工和主要代表，既与国家一样来源于社会，又伴随着国家权力的产生而产生。在此过程中，随着人类社会的发展，警察职能随着国家职能的演变而不断变化，最终由一般统治权演化成主要以维护社会秩序的特别统治权。[①] 正是因为这一机制持续发挥作用，警察权的现代特征日益明显，以至于成为“由宪法和法律赋予警察机关执行法律、法规，实施警务活动的权力”。[②] 也就是说，警察权作为一种国家权力，由宪法和法律授权，并由警察机关代表国家防范和控制不当不法行为，维护统治秩序和社会秩序，回应公众的基本诉求，因而兼具限制和保护的双重功能。不仅如此，再浓厚的阶级统治色彩也不能完全否定国家基本的社会职能，并随着时代的进步不断彰显其对社会利益的关注，直至其最终成为社会利益的代言人。显然，这种趋势自然要求警察遵循和体现这一趋势，甚至成为加速这一趋势的重要推动力量。因此，警察权不仅具有权力的一般属性，而且还具有自身的行业特点，并对国家和社会产生广泛而深远的影响。纵观警察的演进过程，“警察权之发动，虽渊源于国家统治权，然若漫无限制，不无违法之虞，适用警察权时所依据之基础有二：法律之基础；条理上之基础”。[③] 换而言之，警察不仅要反映国家意志，而且要遵循社会利益。因此，要合法、准确、及时地行使警察权，必须立足其与公民权对立统一的关系，准确界定其边界，并依据宪法和法律赋予的国家强制力予以约束，体现警察之于社会的现实意义，进而证明并进一步夯实国家的

① 陈兴良：《分权与限权：刑事法治视野中的警察权》，《法律科学》2002 年第 1 期，第 3 页。
② 惠生武：《警察法论纲》，中国政法大学出版社 2000 年，第 127 页。
③ 余秀豪：《警察学大纲》，商务印书馆 1946 年，第 9 页。

合法性基础，毕竟“全部法律都以人们的公共福利为目标，并且仅仅由于这个缘由，它才获得法律的权力和效力”。[①] 体制内监督正是基于宪法和法律对监督主体的明确授权，依靠国家的强制力对警察权进行约束和引导，因而不仅拥有明确的制度保障和主体的职权支撑，具有明显的强制力和有效性，而且反映了国家日益理性的自我定位、日益成熟的政治自觉及其对公众作为社会主体的尊重和人类社会发展规律的服从。就此意义而言，体制内监督可以说是国家系统中其他权力对警察权的分工制衡，同样也是置身其中的警察机关根据国家意志的自我规范，进而以内外兼修的方式顺应国家权力社会化和公共化的发展趋势。

其次，民主法治的进程需要体制内主体的介入。虽说警察最初确是暴力和专制的产物，但作为国家意志的体现，必然反映国家演化的轨迹，巩固国家演进的成果。这样，人类社会内在的民主法治机制一方面在推动国家权力社会化的进程，向公众全方位展现其现实意义，另一方面又需要国家利用其自身的主导力量，主动顺应这一趋势，积极推动这一进程。实践表明，“如果权力过多地集中于一个主体，那么，必然发生掌权者的个人权威凌驾于法制权威和组织权威之上的后果”。[②] 这就要求人们有效改变集权专制的传统，对权力进行科学合理的配置，适当削弱权力的强度，以保证权力运行在合理可控的范围之内，防止因权力的过分集中和强大而难以控制，背离民主法治的进程。在此过程中，受此机制推动的国家不仅要因势利导，不断加强权力的分工制衡，而且也要求各职能部门切实承担起维护民主法治的积极成果。在国家的职能分工中，警察权的运行特点决定了警察既可能成为民主法治的促进者，又可能沦为民主法治的破坏者。不仅如此，警察能否在规范警务的基础上主动追求服务社会的目的，也将直接关系到民主法治的持续进程。因此，出于维护国家意志的需要，体制内主体不仅要充分认识自身监督警务的必然趋势和制度优势，切实承担起制衡警察权和规范警务活动的责任，最大限度地消除警察破坏和阻碍民主法治进程的可能，而且要顺应社会的发展潮流，立足自身的角色定位，以其规范的监督行为推动民主法治的进程，为激发警察和公众的巨大潜能营造良好的制度环境。换而言之，体制内监督就是特定领域中国家权力自我监控、自我调整和自我规范的民主法治机制。由此可见，相对于警察在民主法治进程中的双重影响，体制内主体只有积极实施警务监督，更加规范地行使职权，发挥出更加稳定的积极作用，才能无愧于国家的重托和社会的期待。

---

① ［意］托马斯·阿奎那：《阿奎那政治著作选》，马清槐译，商务印书馆1997年，第123页。

② 莫负春：《论权力监督和权利监督》，《华东政法学院学报》1999年第3期，第5页。

再次，警察权的运行特点需要体制内监督。如前所述，警察权运行所具有的广泛性、深入性、强制性和公共性等特点，不仅能够为国家的统治秩序和政治生活保驾护航，实现国家意志，而且能够全面感知和有效回应社会诉求，对个人利益和社会生活产生重大影响。这样，国家既非常乐见这样的影响，以保证政权平稳而持续的运行，又时刻担心这种影响的畸变及其消极影响，侵蚀政权的合法性。与此同时，虽然在社会发展过程中，国家和社会的利益曾一度严重对峙，但是，社会坚持不懈的抗争也使其不能完全忽视社会诉求，甚至作出相应的让步，不断巩固社会抗争的结果，以至于学界认为，“毋庸置疑，在大众的压力之下，在历史上统治阶级不止一次作出让步妥协。但是归根到底，‘压力’意味着将统治阶级赶出权力结构并占据其位置的威胁。”① 即使如此，为了有效回应国家和社会的双重诉求，行政权在特定时空下的扩展也使得警察获得更多的权力，尤其在获得权限边界模糊、运行方式灵活的自由裁量权后，警察权的消极影响也就更加频繁地反映在现实之中。正是基于理想与现实之间的巨大反差，国家自然要动用各种力量，防范不当不法警务，保障警察队伍的纯洁性，充分发挥警察机关的应有作用。其中，体制内监督作为“以权力监督权力”的模式，以其特有的针对性有效地应对和化解了警务活动的消极影响。这样，在国家权力职能分工的基础上，既有立法机关、司法机关的监督，又有行政机关的监督，还有警察机关的内部监督，从而在体制内形成一个分工有别、内外兼备、各有侧重的监督体系，最大限度地发挥体制内力量在警务监督中的制度优势，以发挥警察在政治统治和社会生活中的重要作用，充分彰显警察的合法性依据。

最后，体制内监督的优势拓展了广阔的监督空间。体制内监督相对于体制外监督的优势已在理论和实践的双重层面上得到了充分证实。一方面，体制内监督明显优于体制外监督的地方就是更加专业，更具效能，因为它各有侧重的分工不仅能够使其各司其职，而且明确的制度保障能够有效应对各种现实问题。如司法机关对警务活动中的法律适用和执法程序等问题具有权威的评判权，审计机关能够对警察机关及其警察可能存在的经济问题形成定论，而警察机关的内部监督更是因为更加专业和精准而令其他主体无法企及。另一方面，与体制外监督不同的是，体制内监督具有直接性，即体制内主体具有法定职权，对于不当不法的警务活动，有权责令其及时纠正错误，甚至直接依法进行查处。因此，体制内监督的直接性就能够转化为警务监督的实效性，以不断规

---

① ［美］哈罗德·D. 拉斯韦尔等：《权力与社会：一项政治研究的框架》，王菲易译，上海人民出版社2012年，第246页。

范的警务活动提高警务效能，反映警察队伍建设成效。此外，体制内监督还具有一种与体制外监督明显不同、更加真实的广泛性，即体制内主体不仅能监督警察机关的抽象行为，如立法机关有权撤销警察机关制定的违法的规章条例，而且能监督警察的具体行为，如司法机关在行政诉讼中能够对具体警务行为进行纠正。由此可见，体制内监督不仅能和体制外监督一样，监督警务活动是否符合法律法规的相关规定，监督警察是否遵守职业规范，而且能够在更高层面上审查相关制度的合法性，完善制度供给，直接纠正和依法查处不当不法警务，因而具有非常广阔的监督空间和非常明显的现实意义。

二、体制内主体的制度保障

人类社会政治文明的进程反复说明，绝对权力不仅导致绝对腐败，背离权力的应有功能，而且会败坏社会风气，扭曲社会发展方向，滞缓社会发展进程。与此相对应，民主法治也在社会的期待中逐步成为防范绝对权力、促进社会发展的方向和路径，并在加强和完善权力监督的进程中不断获得新的发展空间，彰显其现实价值。作为权力监督的组成部分，警务监督的成效直接关系到民主法治的进程，甚至是政治文明的重要标志和直接动力，因此，世界各国都非常重视警务监督，并立足生动丰富的监督实践，全方位加强制度供给和制度创新，不断提高警务监督的成效，并为我国的警务监督提供了有益借鉴。而我国在高度重视警务监督重要作用的同时，也在国家制度的宏观框架内，通过各个层次的制度建设，积极开展和持续完善警务监督。

首先，体制内的外部主体具有日益系统的制度依据。随着政治文明的进步，国家权力开始明显分化，不同权力之间逐步形成相互制衡的格局。立足宪政的视角，人类社会逐步认识到权力分工和以权力监督权力的实践意义，并与宪政建设相互依存，相互促进。在西方，“近现代意义上的分权，是作为封建专制的对立物出现的，是在资产阶级民主前提下的政治分赃。资产阶级的分权学说及其实践把国家权力划分为立法权、行政权、司法权三权，并由立法、行政、司法三大权力主体分别独立行使，使三大权力主体之间互不相属，互相制衡”。[①] 当下，“三权分立”不仅具有系统的理论支撑，而且已在长期的实践过程中得到了持续完善，并以其一贯的影响力推动着人类社会的政治文明进程。虽然历史传统和社会制度使得我国无须全盘搬用西方国家的做法，但也在有所借鉴中积极防范权力的失范和扩张，更具广泛代表性的“议行合一”组织原则在我国最终形成了更具针对性和操作性的制度设计，

① 荣仕星等：《政坛永恒的话题：民主监督》，法律出版社 1998 年，第93页。

立法机关主导的权力制衡格局使得所有国家权力都在宪法的框架内分工，在宪法精神的规定下运行，并形成一个事实上相对分工和相互制衡的关系。这样，在权力架构方面，包括警察机关在内的行政机关不仅向立法机关负责，受立法机关监督，而且和司法机关形成相互监督、相互制衡的格局。而在行政机关内部，警察机关不仅要对政府负责，受政府监督，而且也受到其他职能部门的监督制约。这样，人大监督、行政监督、司法监督正在形成一个日益完善的体制内监督体系，各种同样适用于警务监督的法律法规也得到了不断完善，并共同体现了一切权力属于人民的宪法精神，如《中华人民共和国各级人民代表大会常务委员会监督法》就明确规定了立法机关有权对行政机关进行监督，有权撤销不当不法的行政行为，这样，警务活动也就必须置身于立法机关的监督之下；如《中华人民共和国宪法》第 89 条规定，国务院“领导和管理民政、公安、司法行政和监察等工作”，第 129 条规定，“中华人民共和国人民检察院是国家的法律监督机关”。在此背景下，警务活动接受行政机关和司法机关的监督也就具有明确的法律规定。基于同样的精神，《中华人民共和国行政监察法》第 2 条规定，“监察机关是人民政府行使监察职能的机关，依照本法对国家行政机关及其公务员和国家行政机关任命的其他人员实施监察”。又如，《中华人民共和国人民检察院组织法》第 5 条规定，各级人民检察院有权“对于公安机关侦查的案件，进行审查，决定是否逮捕、起诉或者免予起诉；对于公安机关的侦查活动是否合法，实行监督”，第 6 条规定，“人民检察院依法保障公民对于违法的国家工作人员提出控告的权利，追究侵犯公民的人身权利、民主权利和其他权利的人的法律责任”；同样，按照《中华人民共和国行政诉讼法》第 54 条规定，人民法院有权判决变革显失公正的行政处罚，这就意味着法院同样有权纠正警察机关的不当不法行为。事实上，在我国由以公安机关为主的侦查机关、检察机关和审判机关组成的刑事司法体系中，公安机关的起诉意见必须经过检察机关的审查，才有可能由后者向审判机关正式提出公诉。而在监督实践中，“中国的刑事诉讼法还赋予了检察机关法律监督权，赋予了人民法院专属的定罪判刑权，这些同样在有效地制约着公安机关的权力。在司法实践中，检察机关提出的检察建议、立案监督要求，公安机关必须服从或回应。据 2011 年最高人民检察院向全国人民代表大会所作的工作报告，2010 年全国检察机关对公安机关的侦查违法提出了纠正意见 33863 件次，对公安机关应当立案而不立案的，督促公安机关立案 31203 件，对公安机关不应当立案而立案的，督促撤案 10702 件。同样，在实践中，检察机关不批捕、不起诉、撤诉，人民法院判决无罪的比例，正在逐年升高，这些都在有效地监督、制约着公安机关的权力”。① 此外，从《中华人民共和国审计法》到《中华人民共和国行政复议法》等一系列法律法规的面世，也充分反映了体制内监督制度依据日益完善的过程。与此同时，在宪法的框架内，各种党纪党规也从不同的角度体现了宪法精神，维护了国家意志，如《中国共产党章程》、《关于党内政治生活的若干准则》、《中国共产党纪律处分条例》和《中国共产党党内监督条例（试行）》等，不仅完全适用于警察机关，并通过其中的党组织监督身为中共党员的警察，而且还和国家层面上的法律法规一起构筑了警务监督中各有侧重、优势互补的立体框架。

其次，体制内的内部主体具有更具操作性的制度保障。在实践中，除了不断完善的法律法规、党纪党规在为警务监督提供坚实系统的制度依据外，警察机关自身也高度重视警务监督在警察队伍建设、提高警务效能中的重要作用，并根据法律法规、党纪党规的精神，结合自身的行业特点，制定了一系列适用于警务监督的规章条例。《中华人民共和国人民警察法》不仅为所有外部主体实施警务监督提供了更为直接、更为具体的法律依据，而且也为包括警务监督在内的主要警务活动提供了明确的制度依据，如该法第42、43和47条分别规定，“人民警察执行职务，依法接受人民检察院和行政监察机关的监督”，“人民警察的上级机关对下级机关的执法活动进行监督，发现其作出的处理或者决定有错误的，应当予以撤销或者变更”，“公安机关建立督察制度，对公安机关的人民警察执行法律、法规、遵守纪律的情况进行监督”。与此同时，警察机关还针对不同时空下的问题，出台了一系列的规章条例，如为了辞退已不具备人民警察条件、不适合在公安机关继续工作的人员，公安部于1996年会同人事部制发了《公安机关人民警察辞退办法》；为了加强公安机关建设，落实公安机关的行政首长负责制，公安部于1997年制发了《公安机关追究领导责任暂行规定》；为了完善公安机关监督机制，保障公安机关及其人民警察依法履行职责、行使职权和遵守纪律，国务院于1997年制定了《公安机关督察条例》，并于2011年进行了修订，其科学性和合理性得到了进一步提升；为保障公安机关及其人民警察依法正确履行职责，防止和纠正违法和不当的执法行为，保护公民、法人和其他组织的合法权益，公安部在总结各地公安执法监督实践的基础上，于1999年颁布实施了《公安机关内部执法监督工作规定》和《公安机关人民警察执法过错责任追究规定》；为了加强公安机关人民警察队伍正规化建设，规范内务管理，建立良好的工作、学习和生活秩序，2000年公安部又对1984年的《中华人民共和国人民警察内务条令（试行）》进行了

① 沈辉：《驳“人权观察”对中国司法改革的片面观察》，《人民日报》2012年1月28日，第2版。

修订，颁布实施了《公安机关人民警察内务条令》；为了规定公安机关执法行为，保障公民的知情权和监督权，实现公正廉洁执法，公安部还于 2012 年颁布了《公安机关执法公开规定》。总之，体制内的内部监督不仅和其外部监督一样，利用国家权力的强制性对不当不法警务进行预防、纠正和查处，而且还针对警务活动的特点，制定出一系列诸如“五项禁令”这样严格且更具针对性的纪律规定，为更加规范的警务活动和警务监督提供了系统的制度保障。

当然，无论是已有的制度规定，还是未来的决策规划，更多是面对不当不法警务的应对之策，而少有将问题有效消灭在萌芽状态、具有操作性的防范措施，一些原则性规定和倡导性要求也难以收到实效，自然也无法及时发现和查处各种苗头性问题。而现实也反复说明，完全依赖人力有限、素质各异的体制内力量及其制度建设，仍无法从源头消除不当不法警务的滋生和蔓延，因而自然要求借用体制外力量和非制度手段弥补前者的不足，并与前者形成各有侧重、优势互补的监督网络，从源头将不当不法警务消除在萌芽状态，进而引导体制内监督转向更高的价值诉求，持续提升警务活动的规范性，充分彰显警察及其警务活动的现实意义。

第二节　体制内主体的权力

体制内主体作为国家权力的职能分工和制度性的职位安排，是权力和责任的统一，并直接关系到警务监督和警务活动的现实意义。深入分析其在警务监督中应有的地位和作用，必然要求对其权责进行较为系统的分析，以便为深化关于体制内主体的认识、指导监督实践提供理论支撑。其中，论及体制内主体的权力，自然需要考虑这一权力的来源、性质和特点，并以此为基础，进一步思考如何规范行使这一权力，进而为分析其他相关内容夯实基础，明确方向。

一、体制内监督：何种权力

体制内监督当然要依赖国家权力以及与其相关的组织机构和体制机制，即使执政党的权力绕过国家权力，单独发挥作用，也难以收到预期的效果。也就是说，只有当党纪和政纪、党规和国法共同发挥作用，执政党的监督才能更好地发挥其应有功能。由此可见，无论在实践中采取何种方式和路径，体制内监督最终仍要归结为国家权力的分工和授权，体现国家意志。当然，最初的国家权力并无明显的分工，只是随着面临的问题和任务越来越复杂，国家才考虑如何合理分工自身的权力资源，提升其解决相关问题的能力。在此背景下，权力分工才会越来越明确，越来越细致，由此产生的监督功能也逐步显现。同样也是在此背景下，不仅军队和警察开始分化，分别承担了不同的职能，而且司法和警察逐步分离，警察逐渐主要归属行政机关，并在其中具有日益明确的权责范围。基于同样的机制，国家权力的分工并不仅仅发生在警察机关，也同样发生在其他领域，并对不同的职能部门进行明确的授权，确保各个部门在相互配合和监督中发挥相应的作用。这样，尽管在历时角度，国家权力的职能分工并非一劳永逸，不同职能部门的权力也并非一成不变，但这种分工在相当长的时间内具有一定的稳定性，以保证其发挥应有的功能。这就意味着这些部门既有不同的分工和授权，又有明确的职权范围和行为边界，进而说明，任何一个部门及其公职人员的越权行为都会侵蚀国家意志和其他部门的利益。同样，出于对自身权力和国家意志的维护，其他部门也会以不同方式制衡其不当不法行为。这样，在分工和制衡的过程中，其他基于不同目的的职能部门自然要在国家意志的统一部署下，对警察机关进行制衡，进而对警务活动产生相应的监督功能。①

但是，如果因此就认为国家是体制内监督的终极依据，显然不仅非常幼稚，而且也明显背离了历史事实，因为国家既不是与生俱来的，也不可能永远存续，其演进机制仍要到其与社会的角力中寻找。虽然在国家起源方面存在不同的理论主张，而且也难以在此问题上达成共识，但就人类社会的发展趋势而言，人民主权的理论和民主政治的实践都从不同视角凸显公众作为社会主体和国家权力终极来源的地位，并日益受到广泛的认同。这就意味着，国家的一切权力都来自公众，只有公众委托、认可的国家才具有相应的合法性，公众也因此有权参与公共事务的管理，并于其中对国家的合法性产生明显的促进作用。基于高效管理公共事务的需要，公众向国家让渡一部分权利，并逐步体现出代议制民主的现实合理性，但也始终保留着监督权力和维护正当利益的权利。同样，鉴于公众应有的地位和作用，代议制民主也必然尊重和保障公众对其选举产生的代表和国家机关的监督权利。只有当国家按照公众的意愿运作，并始终接受公众的监督，国家才会有效防范各种力量的自利倾向，体现出应有的公共性，人民主权原则才有可能得以实现。因此，即使国家的职能部门直接从国家获得相应的权力，但最终都来自公众的授权，自然应承载着公众的期盼，积极回应公众的正当诉求。这样，体制内监督在体现国家意志的同时，自然应在更高层次上反映公众意愿。这也就意味着，体制内监督不仅要立足国家意志，依

---

① 即使在不涉及本书主题的情况下，国家权力的分工也内含着相互监督的动机和机制，因为任何权力都有自身利益最大化的企图，为了防止其他权力对自身的挤压，每种权力必然要对其他权力保持警觉，进而发挥其监督功能，只不过在此背景下，由私利主导的监督难以上升到更高的层次，实现更高的追求。

据法律法规实施监督，更要从社会利益的高度，在倾听民意、顺应社会发展的基础上完善监督的体制机制，以便在平衡国家意志和社会利益的过程中体现自身价值。

上述分析表明，虽然体制内不同部门的监督权力各有其运行机制，但也具有一些明显有别于体制外监督的共同特点。首先，体制内监督具有民主性。如前所言，现实中国家权力的强势并不能否认其派生角色，其合法性仍要取决于公众的认同和支持。如果没有权利的约束和规范，国家权力难免在运行中蜕化变质，甚至可能因为背离民意而重返与社会对立的格局。也就是说，体制内监督虽然不能直接等同于体制外监督，但仍然是为了公众的监督，也要反映公众的心声，因而具有明确的民主指向，公众也因此获得日益明确的终极主体地位。也正因为如此，学界认为，“现代意义的监督，乃是民主的产物。监督制度的发展和一个国家、社会的民主化进程呈现同步性。在现代，监督是一种体现和保障民主的手段”。[①] 就此意义而言，在宏观趋势的规定下，体制内主体自然应当超越部门利益的狭隘，克服自身利益的偏私，并立足民主的高度监督警务，从而实现警务监督的双重目的，否则，再多的制度保障也必将因其民主性的缺失而难逃公众质疑和国家重组的命运。

其次，体制内监督具有实效性。如前所述，在国家权力的范围内，不同的职能部门具有不同的职权，不同职权实施监督的重心自然也不尽相同，因而具有明显的针对性，如审计部门在审计警察机关财务状况的同时，必然也在一定程度上监督财务管理的科学性，并以其特有的针对性为警察机关完善财务管理提供专业支持。不仅如此，分工不同的职能部门还在整体上共同表现出系统性，进而有效涵盖警务监督的各个方面，从整体上体现出实效性。由此可见，体制内监督的实效性不仅来自相关部门和人员的专业背景，是这些部门和人员的专业背景为其监督活动提供了更为科学、更为专业的支撑，或者说是其专业性才及时弥补了警察机关专业性不足的问题，有效消除了后者自我监督缺位和乏力等现象，而且还得益于体制内主体的相互配合和共同努力，甚至可以说，正是体制内监督的这一特点有效回应了体制外主体的多样化诉求，才明显体现出体制外监督难以企及的独特优势。而专业性和系统性还能够在更快时间内把握问题的实质，更加及时地解决问题，从而以其鲜明的时效性保证了实效性，落实了及时监督的原则，体现了警务监督的现实价值。当然，除了上述因素外，体制内监督的实效性还得益于体制内主体的权力，即他们所拥有的职权使得他们能够更及时与警察机关进行沟通，更有效地解决相关问题，并以其相应

---

① 莫负春：《论权力监督和权利监督》，《华东政法学院学报》1999 年第 3 期，第 4 页。

的威慑力产生更为长远的监督效果。总之，体制内主体既能够从法律精神、法律原则的层面对抽象警务进行监督，又能够在具体警务中监督实体和程序的合法性，因而强化其鲜明的实效性。[①]

再次，体制内监督具有法制性。权力与体制内主体的对应关系并不意味着两者之间存在着天然联系，而只能说明权力始终是职位的制度安排，也就是说，“权力通过个人运行，但不归他们所有”。[②] 既然体制内主体的监督权力皆由制度规定，在实施过程中就理当尽量剔除个人主观因素的影响。一方面，无论立法机关，还是行政机关或司法机关，其行使的监督权都是由宪法和法律所赋予和确认的职权，代表着国家意志和社会利益，具有法定的强制性，进而要求警察机关及其警察立足法律法规的基本精神，主动配合监督，不得逃避、拒绝或对抗监督，否则都属于违法，都要承担相应的法律责任。另一方面，正是由于体制内监督的权力具有明确的制度规定，体制内主体在行使这一权力时，其权责边界都有明确的规定，既不能以权谋私，或出于个人好恶而滥用职权，也不能超越法定的边界，或放弃自身必须承担的责任。否则，体制内主体的身份也不能使其免除法律责任，甚至也无法逃脱最终被从体制内清除出局的命运。

最后，体制内监督具有相对独立性。无论是在理论层面还是实践视角，警务监督在一定程度上反映出对警察权的质疑和对警务活动的担忧，这种质疑和担忧通常无法得到警察发自内心的理解和配合，反而极易引发他们逃避、抵制监督或讨好、利诱监督主体的行为。在此背景下，如果体制内主体没有独立的人格和意志，难以坚守相关的制度规定，必然受到警察和其他利益相关者的掣肘，以至于监督只能流于形式，无法体现国家意志和社会利益。同样，由于体制内监督的民主性，体制内主体还要对公众诉求作出及时回应，也必然承受着后者的压力，因而极易出现舆论干涉乃至左右监督的倾向，甚至导致处理决定严重偏离事实真相的可能。尤其是当体制外监督的动机明显有别于体制内监督

---

① 需要强调的是，在民主法治进程加快、科学技术迅猛发展的今天，警察机关的专业和职权优势则使得体制内的内部监督更为明显地证实和强化了实效性特点。在监督实践中，“无线电使得监督者几乎可以随时与警官保持联系。警官必须接受分派的任务，并在完成任务后向监督者做出回汇报。因此，监督者知道谁在工作、在干什么工作、在哪里工作，以及用了多长时间完成工作。这样，普通巡逻警官的活动受到的监督和控制越来越多”。（［美］罗伯特·兰沃西等：《什么是警察——美国的经验》，尤小文译，群众出版社2004年，第461页。）时至今日，日益普及的网络技术则让内部监督主体足不出户，便可以通过各种视频对许多警务活动进行实时监督，甚至还可以将这种监督具体到特定时空中的任何警察和任何警务，体制内监督的及时性和实效性也因此更加明显，并进一步彰显其积极意义和发展空间。

② ［法］米歇尔·福柯：《必须保卫社会》，钱翰译，上海人民出版社1999年，第28页。

时，更加要求体制内主体明确其职位的重要性，不断提升其职业素质，自主开展警务监督，并尽其所能规范自身的监督行为，防范坐等体制外投诉、被动回应体制外诉求等不当行为。总之，体制内主体必须依据日益完善的制度体系，力排各种因素的干扰，力求调查处理的客观公正，以落实警务监督的目的，同时彰显自身的现实价值。

二、体制内主体：如何行使权力

与警务活动不同的是，警务监督的主导权并不在于作为监督客体的警察，而在于监督主体，即由监督主体决定是否以及如何实施监督，其中，体制内主体的主导权不仅历史更为悠久，而且强度和成效也更为明显。这就要求在警务监督日益普及的当下，体制内主体不仅要关注警务活动的规范性，更要关注自身行为广泛而深远的影响。因此，当前文初步明确体制内监督的权力来源及其特点时，自然就需要进一步追问和思考体制内主体如何行使这一权力。首先，体制内主体应当明确监督权的来源和目的。对体制内主体而言，拥有一定的职位也就拥有了相关制度赋予的权力，但是，现实中许多体制内主体只是知其然而不知其所以然，并不完全知晓这种权力的来源和目的，只是机械地执行制度规定，或按照惯例行使这种权力。在此背景下，体制内主体对其职位缺乏应有的科学认知和职业自觉，一旦遭遇某种压力或利诱，极易出现放弃或滥用这种权力的可能。因此，各级监督机关应通过广泛深入的教育，使体制内主体明白，监督权并不是他们的天然力量或个人资源，更不是因为他们能够监督警务而拥有这种权力；这种权力不仅是体制内主体职位的当然前提，而且是国家的制度资源在不同部门的分工和配置，其终极来源在于公众的让渡和委托，监督目的不仅在于规范警务，防范和消除警察的不当不法行为，更在于服务社会，不断提升社会利益。只有这样，体制内主体才能在长期教育中，将上述要求主动内化为积极的监督意识，自觉转化成规范的监督行为，进而为体制内监督夯实基础，实现警务监督的目的。同样，面对规范的监督行为，警察机关也会在压力和动力的双重作用下，不断规范自身的监督行为。这样，在内外两种主体的积极影响下，警察自然会端正对警务监督的认识，从被动承受监督转向主动接受监督，进而将外在的压力转化为自觉规范警务活动的内在动力。

其次，体制内主体应不断健全和完善监督体系。在国家和社会仍然分立的现实中，如果体制内主体无法完成监督任务，或难以实现监督目的时，也就意味着他们难以有效控制警察权的运行，公众的正当权益也就面临着遭受警察和体制内主体的双重侵害。在此背景下，体制外力量只能被迫作出相应的反应，并通过权利表达来弥补体制内力量的不足，以维护自身的正当权益。由此可见，如果体制内主体能够积极吸收公众的合法化建议，建立起科学合理的监督体系，以此发挥警务监督的作用，显然能够让警察规范地执行警务，自觉地服务社会，进而有效地平息体制外力量对警务活动的关注，引导其将更多的精力投入到各自的岗位上，并与各种力量共同促进社会利益。换而言之，如果身兼重任的体制内主体不能或不愿自加压力，就将不得不承受沉重的社会压力，甚至无法摆脱其在监督活动中的被动局面。现实中体制外主体在警务监督中的普遍参与，在一定程度上说明他们的民主法治意识不断提升，但从中也反映出体制内监督的体制机制缺陷以及由此造成的主体乏力和效能低下等现状。[①] 显然，这一现象应当引起体制内主体，尤其是警察机关的深刻反思。为此，他们不仅要依法监督警务，而且应主动关注民意诉求，积极吸纳其中的合理因素，不断健全和完善监督体系，以保障警务监督的顺畅实施和监督目的的顺利实现。

再次，体制内主体应当持续提高专业知识和业务能力。在国家权力的职能分工中，任何一个职位都会对权力主体提出日益专业化的素质要求。在政治文明的推动下，“现代制度所需要的个人……基于客观证据做判断，服从不是由传统或宗教而是由技术才能够合法化的权威”。[②] 而现实中的经验教训也反复说明，在现代科技日益普及、公众素质持续提升的当下，体制内主体只有具备相应的专业知识和业务能力，才能适应其职位需要，并以其“卓越的才能或专门知识去决定何种行动能最好服务于对象的利益与目标”，[③] 回应社会的期盼，满足公众的诉求。事实上，在日益理性的公众看来，体制内主体之所以值得期待，不只是他们拥有监督警务的权力，更意味着他们具备必需的专业素养，能够以规范的监督行为和高效的监督绩效提升警务活动的规范性。因此，体制内主体不仅应通晓与警务监督相关的法律法规，而且也要明白如何规范地实施监督，否则，因为无知或无能而滥用或放弃这一权力，尸位素餐的体制内主体必然会瓦解公众对国家的信心。为此，体制内监督机关应通过加大其工作人员考录的范围和力度，“在很大程度上成功地把具有足够智能和教养的人们吸引到当局者的位置上来”，[④] 进而以优胜逆汰的良性机制，不断提升体制内

① 近年来，大量腐败行为都因体制外主体的揭发而浮出水面，“表哥”杨达才、“房叔”蔡彬等人也因此受到应有的查处。但是，当体制外监督不断彰显其巨大能量和现实价值的同时，体制内主体的明显缺位也因此暴露出来。其监督活动的主动性和实效性也大打折扣，自然也难免受到体制外力量的诟病。

② ［美］阿列克斯·英克尔斯等：《从传统人到现代人》，顾昕译，中国人民大学出版社 1992 年，第 4 页。

③ ［美］丹尼斯·朗：《权力论》，陆震纶等译，中国社会科学出版社 2001 年，第 60 页。

④ ［美］戴维·伊斯顿：《政治生活的系统分析》，王浦劬译，华夏出版社 1998 年，第 535 页。

主体的专业素质。与此同时，体制内主体还应以不断提高的职业素质为基础，努力改变以往更多关注警容风纪的做法，引导自身和警察更加关注和吸收民意，持续提升监督效能和警务效能，促进社会利益的持续提升。

最后，体制内主体应当不断提升和完善自身的职业道德，规范行使职权。体制内监督的存续并不意味着其有百利而无一弊。事实上，深受各种因素影响的监督权和其他权力并无本质区别，也是一把双刃剑，因而也难以避免一般权力的流弊。这样，在体制内监督利弊并存的背景下，监督权能否规范行使，不仅直接关系到监督效果，而且最终影响到自身的现实价值，进而说明，在既定的制度框架内，监督效果和监督目的是否吻合，相当程度上取决于体制内主体职业道德的有无和高下。在监督实践中，一个公正无私的监督主体能够自觉将一切监督行为建立在事实和法律的基础之上，实事求是地行使其监督权力，甚至主动接受各种意见和建议，不断加强制度创新，努力实现监督目的；而一个视职权为个人资源的监督主体既有可能出于私利而向警察献媚或妥协，进而催生盘根错节的利益共同体，滋生权力互惠等腐败行为，又有可能因个人好恶，假借警务监督之名，掣肘正常的警务活动。而人类社会的政治实践则从不同的角度证明，“为了狭隘的个人目的而行使的权力是不具备合法性的。事实上，一旦政治功能私人化，也就是说政治功能只为私利服务，统治权利就将受到质疑”。[①] 显然，上述监督行为不仅背离了警务监督的初衷，而且必将侵蚀国家的合法性资源。因此，体制内主体在行使这一法定权力的同时，应不断完善自身的职业道德，增强其自律意识，确保监督行为的正当性，以提升警务监督的规范性，进而在提升社会利益的同时，体现自身价值，夯实国家的合法性基础。

第三节　体制内主体的责任

在监督实践中，人们更多关注如何建立健全和完善监督体系以及在此基础上如何监督警察权的运行，却较少思考体制内主体的权力运行，甚至将其设定为天然正确、完全自主的权力主体。事实上，任何权力主体都会因主客观因素而不可能天然正确和完全自主，在此规定下的体制内主体自然应在承担相应责任中体现其应有价值，所以，当卢梭坚称“监察官的法庭远不是人民意见的仲裁者，它仅仅是人民意见的宣告者”，[②] 不仅意味着监督行为的合法性源自公众的意愿表达，而且要承担起相应的责任。这样，随着监督实践的深入，理

① ［法］让－马克·夸克：《合法性与政治》，佟新平译，中央编译出版社2002年，第46页。
② ［法］卢梭：《社会契约论》，商务印书馆1980年，第168页。

论研究也就面临着“谁来监督监督者”、“如何监督监督者”这样的系列追问，进而对监督主体提出了相应的责任要求。前文已在一定程度上说明，体制内主体对警务活动进行监督，不只是出于人人渴求的职位和权力，同样也是责任使然。但是，更为现实的问题是，当人们对这种权力津津乐道甚至孜孜以求时，却很少有人能以同样的兴趣谈论与其相伴的责任，其中的原因既有无知或传统的因素，又有不愿谈及或故意回避的可能。但是，何种动机也不能因此否认和推卸其中的责任，而在民主政治的推动下，这种权力将在日益完善的制度保障下不断凸显其中的责任，甚至可以说，这种权力不仅意味着权势和力量，更是一份无法推卸的主体担当，即使其中的荣耀也无法否认其相应的责任。所以，只有养成相应的责任意识，并积极履行责任，体制内主体才能规范行使权力，并确保其始终运行在制度轨道上。

一、体制内监督：何种责任

鉴于权力和责任的对应及其相互影响的关系，对体制内主体责任的思考自然应遵循与权力相同的逻辑，追问责任的来源、性质等相关问题。这样，经过深入思考，就能够得出以下结论。首先，体制内主体的责任与其职位相联系。就权力和责任的关系而言，当个人在国家机关中占有某个职位，承担相应角色的时候，也意味着他既享有这一职位为其提供的权力，又承担着与其对应、不可推卸的责任。也就是说，当一个职位赋予主体相应的权力时，也就意味着该主体必须承担起相应的责任，这也是“在其位，谋其政；司其职，负其责”的道理。因此，与职位相伴、与权力并存的责任决定了体制内主体不仅能够做职位规定之事，而且还要做成和做好分内之事，不做与职位无关或有损职位形象之事，否则，体制内主体乃至所在部门就要承担相应的道德、行政乃至法律责任，因为体制内监督反映的不只是体制内主体和警察之间的关系，在此背后则体现了国家平衡自身与社会关系的政治自觉，是国家意志的表达、国家对体制内主体的授权和公众对他们的期待。就此意义而言，强调体制内主体的责任，其实质就是对责任行政乃至责任国家的重申和强调。更何况，体制内监督也有明显的不确定性，既可能实现监督目的，又可能掣肘或误导警务活动，背离监督目的。因此，就责任和权力以及它们和职位的关系而言，体制内主体不仅要按照职位的要求实施警务监督，规范行使权力，而且要对国家和社会负责，同样也要对作为监督客体的警察负责。

其次，体制内主体的责任是对现实的积极回应。鉴于应然和实然之间的差距，权力素有抽象权力和具体权力之分，其中，“抽象权力是法律化、制度化的规范性权力，而具体权力则是由具体的人和人格化的组织所执掌的权力。”①相比之下，“抽象权力由于是法律制度化的权力，因而它的功能和旨向是明确而稳定的，具体权力不是这样，它具有双重效应：一方面，它可以与抽象权力的功能和目标相一致，用来为权力所属的组织或社会服务，为权力所在的共同体的公共利益服务；另一方面，它也可以成为权力执掌者谋取私利的工具。”②而在人人“皆挟自为之心”的现实生活中，具体权力往往因裹挟私利或恣意妄为而堕落腐败，以至于一切有权力的人都滥用权力已成为一条屡试不爽的教训。这样，人们不仅担心和提防不当不法警务的侵害，而且也担心体制内主体不作为或乱作为的可能，以及由此造成的更大危害。尤其当警察逐步感受到体制内监督所蕴含的权威性和威慑力时，他们极有可能因畏惧监督及其潜在影响而曲意逢迎体制内主体，进而极易形成利益同盟，逐步背离警务监督的初衷。当下，这种担心已经不再是理论上的结论，而是相当普遍的事实。在此背景下，人们自然期待通过各种途径，强调和强化体制内主体的责任意识，用相应的责任来规范其监督行为，并以此规范和引导警务活动，确保警察的具体权力不断接近直至完全符合抽象权力的规定，以实现监督目的，回应国家的授权和公众的期待。

显然，在体制内主体责任意识普遍缺失、履责能力明显薄弱的当下，在初步探讨了体制内主体的责任来源之后，进一步的追问自然是他们应当承担哪些责任，以明确其强化责任意识、提升履责能力的方向和路径。经过长期实践的反复验证，体制内主体在警务监督过程中至少要承担法律责任、行政责任和道德责任，三者以其不同的强度和范围，共同构筑其全面立体的责任体系。首先，体制内主体应主动承担法律责任。自民主政体确立以来，依法治国已日益成为所有民主国家共同努力的方向和目标，我国作为保障人民当家做主的民主国家，理所当然地遵循依法治国的方略。在此过程中，警务监督作为规范和引导警务活动、推动民主法治进程的政治行为，也必须以相关的法律为依据开展监督活动，否则，疏于监督、监督不当或随意监督等不当不法行为都会误导或阻碍正常的警务活动，都有可能掣肘警务活动，甚至背离监督目的。因此，在体制内主体中强调法律责任，就是要求其监督活动始终运行在法律框架内。这也就意味着，体制内主体自身不法的监督行为也要依法受到查处，以保障警察依法开展警务活动的合法权力，维护国家意志和社会利益。

其次，体制内主体应勇于履行行政责任。依法治国的方略并没有也不可能

① 张康之：《公共行政中的哲学与伦理》，中国人民大学出版社 2004 年，第 68 页。
② 张康之：《公共行政中的哲学与伦理》，中国人民大学出版社 2004 年，第 83 页。

剥夺体制内监督机关的自主空间，因为更为宏观的法律并不能为各个行业和部门的工作提供具体的操作规范和执行标准，仍需要各行业或部门结合自身实际情况予以细化。为此，国家的各职能部门都要根据自身的行业特点和工作性质，制定相应的工作制度，覆盖包括警务监督在内的各项工作，从而为体制内监督提供更为具体、更有操作性的制度规范。这些制度规范不仅为体制内监督提供制度依据，同样也为其设置了行为规范。如果体制内主体不能严格遵守这些制度，他们不仅会制约警务监督的功效，在一定程度上影响警务活动的正常开展，而且会破坏相关的法律精神，危及其所在部门的职业声誉和社会形象，因此，他们也要为自身行为负责，即使尚未达到承担法律责任的程度，也要接受相关的行政处罚，以防止相同或类似行为反复出现，甚至恶化为违法犯罪行为，完全背离警务监督的初衷。

最后，体制内主体应积极面对道德责任。道德作为评价行为的善恶标准，能够依靠社会舆论、传统习惯或内心信念来调整人与人、人与社会之间的关系。因此，道德具有的柔性约束和自律机制不仅能对警察及其警务活动产生作用，同样也会对体制内主体产生类似的影响。这种影响要求体制内主体既不能推卸责任，坐视不当不法警务的存在和蔓延，又不能因为享有监督警务的权力，随意监督警务活动，甚至在监督过程中夹带个人的好恶和情绪，导致警察无所适从。否则，这样的监督行为不但无法实现警务监督的目的，而且极有可能严重打击警察开展警务活动的积极性和创造性。显然，这样的体制内主体即使没有违法违纪到承担法律或行政责任的程度，也会受到其他监督主体乃至公众的道德谴责，进而对其形成相应的约束和规范功能。而体制内主体积极面对自身的道德责任，显然能够从细微处入手，在防微杜渐中提升其监督活动的规范性，进而挖掘警务监督和警务活动的现实意义。

明确了责任的来源和类型之后，显然还需要继续追问这一责任的具体特点，以持续深化对这一问题的思考，推动相关责任的落实。首先，这种责任具有职位性。如权力一样，责任并不是个人行为的主观产物，而是制度角色的客观配置，因为一旦某个职位被人占据，由职位派生的责任也就同时成为权力主体的担当，既不容推卸，又不许越权。只有当该主体离开了这一职位，相关的责任才能得以解脱。但是，这种与职位相生相伴的责任在现实中往往并不被人察觉，人们通常关注的是与其对应的权力，并普遍表现出对权力的贪婪，权力主体也因此理所当然地占有、心安理得地行使这种权力，甚至滋生一种“权力是个人资源”的错觉，而淡忘了与权力相伴而生的责任，以至于在现实中攫取权力、推卸责任成为一种司空见惯的官场常态。因此，强调体制内主体责任的职位性，不是对其权力职位性的否定，而是基于其攫取权力、淡忘责任等现象的纠偏，是对其监督行为的制约和规范，更是延续、巩固和完善体制内监督的前提。尤其值得强调的是，这种责任始终与职位相联系，自然也会受到与职位相关的道德、行政和法律的制约和规范，与此紧密关联的国家意志、社会利益乃至警察的正当权益也因此获得了基本保障。

其次，这种责任具有约束性。正如前文所言，体制内主体的权力不是个人资源或私人财产，而是代表国家和社会对警务活动进行约束和规范的工具。基于这样的关系和定位，体制内主体占据了这样的职位，与此相关的责任就和权力一样，紧密附着在这一职位上，不会因主体意愿而消失或游离在职位之外。这就意味着体制内主体不能简单地占有监督警务的职位，享有监督警务的权力，而是要自觉节制欲望，积极、规范地行使这一权力，这既是对体制内主体惰性的准确把握，又是对其私欲的主动防范。这一责任背后的法律、行政或道德担当必然产生相应的约束力，并从外在的他律和内在的自律两个层面规定体制内主体既不能自恃有权而为所欲为，也不能独占权力而无所作为，否则他们不仅要面临普遍的道德谴责和沉重的心理压力，而且会受到更为具体、更为严厉的行政和法律制裁。不仅如此，至少在理论层面上，这种约束性和责任之间存在着正向关联，即责任越大，约束性越大；体制内主体的责任意识越强，约束力越大。因此，置身于相关责任之中的体制内主体只有积极谨慎、客观公正地行使监督权力，消除不当不法警务，保障警务活动的正常空间，才能以相应的责任担当，积极响应国家的授权，有效回应公众的期盼。

二、体制内主体：如何承担责任

在理论上，权力和责任并不存在孰先孰后、孰轻孰重的问题，两者应受到同等看待，但在现实中，相对于权力而言，责任远未受到应有的重视，甚至因为其中的担当而遭到故意回避或推诿。因此，突出强调体制内主体的责任，并在实践中积极探索其承担责任的路径，也就显得更加重要和紧迫。首先，体制内主体应强化自身的责任意识，提高自身的职业素养。如果进行历时的考察，应当承认，经过长期的宣传教育和实践锻炼，体制内主体的责任意识已有明显的提高，但与民主法治进程和公众的民主法治意识相比，他们仍然存在着很大的努力空间。在监督实践中，有些主体眼中只有权力，得之欣然，用之当然，却对与其并存的责任漠然视之，毫无为公众服务、对警察负责的意识；有些主体法律意识淡薄，甚至不知监督中的失职渎职同样也是违法犯罪，更懒于思考自身不当不法行为对国家、社会和警察机关的消极影响；有些主体缺乏发展的眼光，用明显滞后于时代的制度规章裁剪和审视现实，机械执行制度规定，而忘却自身在此过程中不断完善制度供给的责任。因此，监督机构，尤其是各级决策者应在积极宣传教育的过程中，主动增强体制内主体的法律意识、纪律意识，不断完善各种法律法规和工作制度，为监督工作提供更为合理的制度依据；要不断提高自身依法监督的意识，广泛树立和宣传依法监督的先进典型，确保体制内主体在警务监督中准确运用法律，充分发挥法律法规在监督活动中的作用；要加强自身的道德建设，提升其道德素质和道德自律能力，防范和纠正各种不道德的监督行为，在提高监督质量的同时提高自身的职业形象和社会声誉；要重点监督少数权力意识膨胀、责任意识淡薄的体制内主体和警察，防止和消除不当不法的监督行为和警务活动；要通过典型案例，及时处理不当不法的监督行为，并认真剖析原因，最大限度地唤醒体制内主体的责任意识，营造遵章守纪的监督环境；同时还要对警务监督保持必要的职业敏感性，并对体制外的监督诉求及时作出回应，保障体制外主体的监督权利，从而提升自身和警察机关的免疫能力，体现体制内主体的存在价值。

其次，体制内主体应主动承担起公民教育的重任，不断提高体制外主体的监督素养。与体制内主体权力相对应的体制外主体权利既不是与生俱来的，也不是一经法律认可就能非常完善的。不仅历史上并非始终存在权利意识不断觉醒的过程，即使在当下，不知权利为何物、更无法正确行使权利的民众也不鲜见。当然，这一现状并不是对公众主体地位的怀疑，更不是对其监督警务巨大潜能的否定，但也反衬出现实与公众应有作用的反差，进而强调了提升公众素质的重要性和紧迫性。对体制内主体而言，“如果我们认为人民见识不足，判断不周，不能执行他们的权力，补救的办法不是把权力从他们手中取走，而是通过教育，让他们善于判断”。[①] 这样，公民教育需要公众在社会发展中自我锻炼、自我教育和自我提高，但更需要体制内主体立足宏观视角和高远追求，动用国家的力量和体制内的资源，通过长期教育加以推动。只有通过大量的投入和持久、耐心的公民教育，公众才会逐步明白警务监督的目的，并养成合理行使权利的习惯，其监督警务的意识和正确监督警务的能力才会不断提高。在此过程中，体制内主体尤其要不断加强自我教育，不断提升自身素质，挖掘自身潜能，以自身规范的监督行为向公众展现其良好的公民素质和规范的职业行为，规范和引导体制外监督，以便尽快构筑起体制内外分工明确、相互补充的监督体系。不仅如此，在警务监督中锻炼成长起来的公民素质必将对政治文明进程产生巨大的促进作用。

再次，体制内主体应在完善监督体系的基础上客观公正地行使监督权。列宁曾指出，“刑罚的防范作用，决不在于刑罚的残酷，而在于有罪必究。重要

---

① ［美］科恩：《论民主》，聂崇信等译，商务印书馆 1988 年，第 172 页。

的不是对犯罪行为处以重刑，而是要把每一桩罪行都揭发出来。”[①] 这就说明，体制内监督能否发挥应有的作用，首要取决于监督体系的科学性，进而要求监督主体应当在实践中不断总结经验教训，持续完善监督体系，不断细化相关规定，以防止权利缺失的放弃监督、动机不纯的过度监督或违法监督。此外，攫取权力、推卸责任是现实政治生态中的人之常情，体制内主体也不会因为这种身份规定而置身事外。因此，任一合格的体制内主体都要对自身不足保持足够的警觉，自觉防范争权诿责的天性，因而不仅要清楚自己的职位和权力的规定，而且要明白权力的适用范围和运行程序，严格按照有关规定承担相应的责任，客观公正地行使监督权。这就要求体制内主体摒弃各种个人因素对警务监督的干扰，既不拿监督权与警察或警察机关做任何交易，也不能利用监督之机发泄个人的情绪或偏见。也就是说，体制内主体应当坚持实事求是的原则，防止自身监督行为掣肘警务活动。显然，客观公正地行使监督权就意味着监督行为能够经得起推敲，或者说能够经得起包括警察在内的各种力量的监督，以有效防止和杜绝各种不当不法的监督行为。其中，相对于体制外主体，体制内主体，尤其是警察机关更要理解置身于立体监督中的警察，“熟悉警士之实在状况，更宜通晓其心理作用”。[②] 为此，体制内主体在查处不当不法警察的同时，认真查找制度方面的不足，依法追究相关官员的领导责任，以便从制度和领导的层面根除不当不法警务，以保护和发展更多警察的职业生涯。与此同时，体制内主体还要处理好制度和民意的关系。体制内监督的优势往往会使体制内主体成为公众表达诉求的对象，自然也会因此影响体制内监督的力度和方式。这就需要体制内主体既要倾听民声，关注民意，又不能被民意左右，更不能简单地将民意作为监督警务的依据，杜绝对权利绝对主义的迷信，毕竟原生态的民意有时情绪化色彩更浓，非理性因素更多。而实践也证明，“任何将道义、民愤等作为行使行政监督权依据的做法，在一个正逐步走向法治的国家中，必须予以彻底的否定”。[③] 因此，体制内主体即使要回应民意，也要通过制度化的方式，在尊重立法规律的基础上，将特定规范上升到制度层面，尽其所能减少各种主观因素的干扰，防止警务活动陷入进退维谷的尴尬境地，杜绝各种打压警务空间的非理性行为。

又次，体制内主体应尊重和理解警察，保护警察的正当权益。体制内监督作为一种权力，可以充分发挥其预防、纠偏、惩处等功能，从而有效规范警

---

① 《列宁全集》（第 4 卷），人民出版社 1984 年，第 364 页。

② ［日］松井茂：《警察学纲要》，吴石译，中国政法大学出版社 2005 年，第 46 页。

③ 章剑生：《行政监督研究》，人民出版社 2001 年，第 103 页。

务，整饬警察队伍，但是，监督警务并不意味着监督主体和作为监督客体的警察在人格和社会地位等方面存在高低优劣之分，更不能以此态度来实施监督，激化警察的对立情绪。由于警务活动的强制性等特点，警务活动难免会导致一些误解、怨恨乃至冲突，从而引发许多诬告、诽谤或不实报道。而在群体性事件的处置过程中，警察的身心健康乃至生命安全也会因暴力抗法而经常受到威胁。在此过程中，能否有效查处举报中的不实之词，向社会公布事实真相，及时恢复警察的社会声誉，有效保护警察的切身利益，将直接影响到警察的职业荣誉感和工作主动性。显然，警务活动中的各种艰辛，都需要体制内主体始终以一种平等、尊重和关爱的态度对待警察，更要求他们在监督中尊重警察的正当权益，防止在强调程序的过程中陷入程序万能的认识误区，在“宽严相济”中落实惩教结合的原则。因此，体制内主体应当积极发挥自身优势，准确把握真实情况，及时澄清、纠正各种有损警察社会形象的失实举报，依法追究暴力抗法、危害警察人身安全、损害其社会声誉等行为的法律责任，依法维护警察的正当权益，维护法律的尊严和国家的权威，为警务活动的正常开展提供强有力的组织和制度保障。基于同样的原因，体制内主体在警务监督中应广泛听取警察的意见和建议，了解并理解他们工作和生活中的实际困难，并要利用体制内监督的优势，加强政策供给和政策创新，并在自身的职权范围内主动为警察排忧解难，有效维护其正当权益，保障警务活动的正常空间，从而调动警察遵章守纪、公正执法以及理解、配合和支持监督的自觉性和主动性。否则，对警察进行不分场合、不分角色的监督，甚至“不审察其根源而轻为之臧否”①，而毫不顾及警察的感受及其承受能力，不仅内含着对警察的全能主义期待，暴露出全能政府、全能国家的陈旧观念，而且必然引发警察抱怨、畏惧乃至抵制监督的情绪。

最后，体制内主体应主动维持社会秩序，减轻警察的额外负担。如果说警察有维护秩序的职责，体制内主体也应当有所担当，至少不能恶化社会秩序，毕竟他们也是国家意志的维护者，其不断提升的道德境界也能对社会进步产生积极作用。所以，孔子指出，“政者，正也。子率以正，孰敢不正”，“上者，民之表也。表正，则何物不正”。② 而霍尔巴赫也认为，“再也没有什么东西能够像政府那样对人民的风俗习惯产生如此直接的影响”，“在不道德的国王统治之下，恶德本身也变得高尚起来”。③ 为此，松井茂强调指出，“警察官吏亦

① 《十渐不克终疏》。

② 《孔子家语·王言解》。

③ ［法］霍尔巴赫：《自然政治论》，陈太先等译，商务印书馆1994年，第330页。

须充分理解宪法之精神，安宁秩序始克维持，而促国家健全之进展”。[①] 而在现实中，无论是立法机关，还是行政机关或司法机关，以体制内主体的身份监督警务只是其工作的一部分而非全部，在警务监督之外还有大量的工作，而且这些工作对社会生活的影响非常广泛和深远。鉴于社会生活和警务活动的紧密关联，“社会秩序的源泉在于社会政治经济和社会文化，而非警察自身的壮志。在一定程度上，为公众提供了有意义的生活之后，冲突、犯罪和无序就会减少”。[②] 由此可以说明，“地方当局而不是警察自身将是犯罪预防战略的主要合作机构”。[③] 这就意味着，立足警务监督的视角，所有体制内主体在完成本职工作的过程中，同样要规范行使职权，以免因自身的不当不法行为激化社会矛盾，恶化社会秩序，因为由这些不当不法行为引发的社会矛盾乃至群体性事件，轻则需要警察维持社会秩序，重则需要警察参与相关事件的处理，结果必然将警察推向风口浪尖，使其承担更多的职业风险，制约其对监督目的和警务目的的追求。这样，不仅拥权自重、滥用警力的动机令人生疑，就连警察相对独立的人格及其应有的社会形象和职业声誉也遭到某些监督主体的“绑架”，甚至沦为其粗暴工作作风的“牺牲品”。而此时的警察再想维持一种良好的警民关系，自然也就成为奢望，每况愈下的社会秩序只会恶化社会环境，诱发更多的违法犯罪行为，进而对整个统治秩序产生不良影响。而实践的经验教训也反复证明，简单而随意地动用警力来处理社会矛盾，除了暴露出体制内主体的能力危机和信任危机，只能强化社会和国家的对立，激化公众和政府的冲突。因此，基于自身的重要责任，体制内主体应当主动强化责任自觉的意识，防止增加警察的额外负担，更不能因有权监督警务而随意动用警力，或利用地方政策强迫警察参与一些没有明确法律授权甚至具有明显利益倾向的活动，为那些违法的行政行为“保驾护航”。在此基础上，立足责任的视角，体制内主体不仅要秉承“科学执政、民主执政、依法治政”的理念，而且要正确认知警察的职能，并通过自身良好的执政能力，为警务活动的正常开展，为贯彻“立警为公、执法为民”的理念营造良好的制度环境。

第四节　体制内主体权力和责任的平衡

如前所述，权力和责任作为一个职位的两个方面，应当有机地统一在职位

① ［日］松井茂：《警察学纲要》，吴石译，中国政法大学出版社 2005 年，第 4 页。

② ［英］罗伯特·雷纳：《警察与政治》，易继苍等译，知识产权出版社 2008 年，第三版前言。

③ ［英］罗伯特·雷纳：《警察与政治》，易继苍等译，知识产权出版社 2008 年，第三版前言。

上，并在其中保持动态平衡。但在集权专制的历史时期，两者经历了一个漫长的失衡阶段，并对后世产生明显的消极作用，以至于时至今日，权责失衡仍然是制约政治文明进程的重要因素，以至于“有责无权和有权无责都是行政权力运行中的腐败因素。有权无责意味着权力可能被滥用，掌权者会恣意妄为，而有责无权则打击着任何形式勤政的积极性，助长慵懒闲散、推诿扯皮”。[①]而实践也反复证明，“只有在权责统一的情况下，才能保证行政权力沿着设计的方向运行”。[②] 在民主社会中，受各种因素的共同影响，权力和责任才开始走向统一，并逐步向其应然状态发展。显然，这两者的关系不仅完全适用于体制内监督，而且也能在其中发挥其积极作用。就警务监督的发展趋势而言，知道监督警察、规范警务活动无疑是一种令人欣喜的进步，但知道监督监督者、规范监督行为则是一种更加值得期许的现实追求。由此反观监督实践，也就不难发现，面对规范性迥异的警务活动，人们往往热衷于讨论“如何监督警察?”但并非所有人，甚至很少有人会追问“如何监督监督者?”显然，如果后一个问题得不到应有的重视，也很难有效实现监督目的，因为没有监督，或监督不力，自然难以实现监督目的；过度监督乃至违法监督，也必然导致警察不能或不敢作为，或使警务活动出现严重偏差，同样是对监督目的的背离。因此，鉴于监督目的的应然规定和监督实践的现实不足，警务监督不仅要强调体制内主体权力和责任的对应并存，而且应追求两者量的对等，以权责平衡的监督行为挖掘和彰显体制内监督的巨大潜能。

一、权力和责任的平衡是监督目的的保障

第二章已系统论述了警务监督的最低目的和最高目的，以及双重目的在监督实践中的平衡路径。但是，立足权责平衡的视角，重新思考监督目的，仍能产生新的结论和启迪。立足监督目的的视角，如果警务活动的制度规范形同虚设，警察就会藐视法纪，践踏规范，甚至沦为备受质疑的对象，其权威性也将丧失殆尽，那么，就得考虑这样的警察机关是否还有存在的价值，对其进行整顿乃至重组自然在所难免。在此背景下，规范警务都沦为奢谈，更遑论服务社会这样崇高的价值诉求。由此可见，只有当警察对法律法规以及其他的制度规范持有足够的敬畏，他们才有可能遵守这些制度，警务活动的规范性才能有所保障，这些制度所追求的安全、秩序等价值才能得以实现，社会利益才能在规范的警务中得以实现和提升。当然，将警务监督的目的分别定位为最低目的的

---

① 张康之：《公共行政中的哲学与伦理》，中国人民大学出版社 2004 年，第 136 ~ 137 页。

② 张康之：《公共行政中的哲学与伦理》，中国人民大学出版社 2004 年，第 137 页。

规范警务和最高目的的服务社会，并不意味着现实中我们只追求规范警务，而将服务社会束之高阁，但是，如果淡忘规范警务这样的基础性工作，服务社会也只能成为奢谈。因此，规范警务和服务社会之间相互依存，相互促进，不存在先后和轻重之分，理当在警务监督中受到同等重视，并通过权责平衡的体制内监督予以落实。

基于上述认知，体制内主体应当在权责平衡的基础上，努力追求警务监督的双重目的。首先，体制内主体应当在权责平衡中发挥其规范警务的优势。按照权力和责任的关系，体制内主体有权发现和查处不当不法警务，也必须依法行使这一权力，以求通过其负责任的监督行为遏制警务活动中的各种消极倾向。与体制外监督相比，体制内监督的优势在于它能够通过及时查处不当不法警务而显现其现实价值，进而产生相应的威慑力，但是，如果体制内监督仅满足或停留在这一层面上，而不追问其深层原因，不当不法警务的反复滋生自然无法避免，甚至会出现“严下吏之贪，而不问上官，法益峻，贪益甚，政益乱，民益死，国乃以亡”[①] 的现象。事实上，许多不当不法警务的根源都不在警察自身而在领导或制度层面，因为警察机关反复清除违法违纪者，一些常见的不当不法警务仍没有销声匿迹，甚至在特定时空下大有愈演愈烈之势，这就足以说明，如果在领导或制度方面存在缺陷，就必须在此方面刨根究底，以期彻底杜绝后患。因此，在监督中发现问题，并依法追究领导责任，或不断完善相关制度，也是体制内监督的应有之义和分内之事。为此，体制内主体应立足各自的工作岗位，着重防范不作为或乱作为的冲动，并畅通民意表达渠道，利用社会力量发现和处理警务活动中的问题，使得各种不当不法警务无所遁形；他们应在监督中发现各种制约监督活动和警务活动规范性的制度性缺陷，进而健全和完善这些制度，以稳步提升监督活动和警务活动的规范性；他们应认真对待监督中发现的问题，设法帮助警察解决问题，改善警务环境，以调动警察自觉配合监督、规范警务活动的积极性和创造性。

其次，体制内主体应当在权责平衡中拓展其服务社会的空间。在人类社会的早期，政治生活的出现固然出于私有制的原因和阶级统治的需要，但也因此克服了前国家时代的动荡和冲突，甚至能把公众“从被恐吓中解放出来，让他们可以在完全受到保护的情况下生活、行动，避免自身受到伤害”[②]，进而为社会生活提供了起码的公共秩序。而在之后的发展进程中，民主政治的发展

① 王夫子：《读通鉴论》（卷二十八），中华书局 1975 年，第 886 页。

② ［美］哈罗德 · D. 拉斯韦尔等：《权力与社会：一项政治研究的框架》，王菲易译，上海人民出版社 2012 年，第 207 页。

诉求则将由少数人主导的状态逐步引导至多数人乃至所有人都能自由表达意志、主宰自己命运、共同决定社会发展的状态。在此状态下，即使政治生活尚未完全公共化，但权力主体也无法恣意挥洒个人意志，也不得不承载着尊重公众、服务社会的责任，进而在权责平衡中反映人类社会的利益诉求和发展趋势。显然，警务监督作为一种特殊的政治行为不仅反映了这种趋势，而且也要接受这种趋势的规定。而理论和实践都已证明，不当不法的警务活动不仅无法服务社会，而且还会因丧失必要的基础而使得监督目的沦为幻想。但是，如果体制内主体仅追求警务活动的规范性，而忽视更深层次的追问，同样也会模糊乃至颠倒国家和社会、警察和公众的关系，甚至会导致警察机关和警务活动目的化，进而导致公众对体制内主体的不满和猜疑，影响体制内监督的持续发展。因此，体制内主体应当超越规范警务的标准，在权责平衡中不断提升警务监督的新境界。这就要求体制内主体超越国家和社会、警察和公众的传统关系，从社会主体的视角重新审视国家和警察的工具性价值，从社会利益的视角重新审视自身监督行为的重大责任和积极意义；这就要求体制内主体超越传统的权责观，将自身权责和社会利益联系起来，自觉接受社会利益对自身权责的规范和引领；这就要求体制内主体超越现实眼界，把握社会发展趋势，不断关注和研究公众的利益追求，并通过警务监督引导警务活动，予以积极回应；这也同样要求体制内主体立足自身职位，顺应社会发展趋势，做好本职工作，不断提升社会利益，为强化警察服务社会的意识提供良好的示范作用。

二、权力和责任的平衡是制度角色的体现

在政治生活中论及权力，总是和国家权力联系起来，甚至两者之间被画上等号。事实上，这种现象只是特定历史背景下的产物，权力的本质是社会关系的媒介，总是与人类社会相伴而生。所以，马克思形象地指出，“一切规模较大的直接社会劳动或共同劳动，都或多或少地需要指挥，以协调个人的活动，并执行生产总体的运动——不同于这一总体的独立器官的运动——所产生的各种一般职能。一个单独的提琴手是自己指挥自己，一个乐队就需要一个乐队指挥。”① 也就是说，从不同规模的组织到最为宏观的人类社会，都需要通过权力将原子式的个体连接成不同类型的社会关系，组合成不同规模的社会组织，即使现实中的国家权力也摆脱不了这样的本质规定，再特殊的国家权力也不能丧失起码的社会性和日益凸显的公共性。同样，人类社会的历史也反复证明，权力所追求的目标离不开责任的配合，在任何组织内部，乃至整个社会，权力

① 《马克思恩格斯全集》（第44卷），人民出版社2004年，第384页。

和责任都应当并存：没有权力，组织和社会就会分崩离析，动荡无序；没有责任，权力主体必然滥用权力，使权力丧失应有的担当，组织乃至整个社会也会同样无法体现其应有的社会属性。而在政治生活中，职位、权力、责任是国家机关中任何一级组织的基本结构要素。缺乏任何一个要素，都不可能构成组织中成员之间、组织之间以及成员和组织之间的相互关系，都无法实现组织目标，甚至国家机关也因此而难以正常运转，国家权力也将丧失其现实意义。其中，职位作为符合一定标准的社会成员的职务性岗位和国家机关最基本的结构要素，根据组织追求的目标和组织运行的内在机制而设定，必须由一定数量和相应素质的人员担任，进而为行使权力、承担责任以及两者关系的形成和发展设置了最基本的格局和平台；权力是建立在职位基础上和范围内指挥他人、支配资源的制度力量，它反映了组织中职位的属性和非个人属性的成员之间的关系，因而作为一种非人格化的现象，为组织建立相应的控制机制、管理所属部门奠定了组织基础；与职位、权力紧密联系的责任则规定了职位范围内必须承担的任务，以及承受失误或失败而应受的责罚，进而规定其与职位、权力的匹配程度，也为组织的部门和成员按照规定完成分派任务、实现预期目标设定了内在的控制机制。显然，在此规定下，体制内监督同样要求体制内主体作为反映和执行国家意志的权力主体，必须成为权责平衡的制度角色，并接受这两者关系的基本规定。

上述分析表明，权力和责任作为职位不可或缺的部分，和职位一起构成了“一体两翼”的关系。这样，在体制内监督中，作为“两翼”的权力和责任不仅和职位构成一个相伴共存的有机体，而且两者之间也形成平衡的关系：一方面，权力和责任是对应的。有权无责必然导致体制内主体无所顾忌，恣意妄为，不当不法行为自然在所难免；有责无权则无法支配任何资源，也无法完成规定的任务，进而使职位形同虚设。体制内主体一旦权责失衡，不仅辜负公众的期待，损害自身的角色形象，而且也必然侵蚀国家的合法性。因此，对体制内主体而言，他们拥有职位赋予的监督警务的权力，也就表明他们必须承担着依法监督、失误或失败就要受到处罚的责任，权力和责任便以对应的关系，与体制内主体紧密相连，并统一于体制内监督之中。另一方面，权力和责任是对等的。这种关系规定两者不仅应当在结构上对应并存，而且在量的方面也应当相等，即权力大则责任大，权力小则责任小，所谓“位高权重”也必然意味着“位高责大”，“位卑言轻”也即“位卑责轻”，“无官一身轻”同样表达了权责同向乃至同步消长的道理。同样，这就意味着，一旦两者失衡，权大责小极易导致权力因少有约束而被滥用，权小责大则让权力主体谨小慎微，难有作为。显然，在体制内监督中，不同部门的体制内主体一旦进入各自的部门和职位，便无可选择地承担起由国家和“非个人因素”确定的制度角色，便相对稳定地与该职位上的权力和责任联系在一起。不仅如此，对体制内主体而言，有权监督并不是实施警务监督的充分条件，因为体制内监督通常融合在管理之中，而管理显然不光是证明乃至炫耀权力，而是身先士卒的率先垂范。这不仅意味着他们有权监察、督导警务活动，处置违规违法的警察，纠正不当不法的警务，而且意味着他们在各自职务范围内，必须严格遵守警务监督中相关的制度规定，不越权或放弃行使监督权，从而通过自身的规范行为催生和激发警察提升警务规范性的主动性和积极性。为此，体制内监督机关应当在日常的宣传教育中突出强调权责平衡的重要性，并在监督实践中及时纠正权责失衡的职位配置，严肃查处争权诿责的体制内主体，以强化体制内主体权责平衡的意识和能力，进而以其规范的监督活动引导警务监督的方向和进展，持续推动警察在警务活动中权责平衡的进程，并为完善警务监督作出应有的贡献。

三、权力和责任的平衡是民主法治的要求

从专制人治的传统社会到民主法治的现代社会，由个别人或少数人主导权力的主观因素和恣意空间不断受到压缩，民意主导的权力运行越来越具有科学合理的制度保障，权责平衡和民主法治之间形成了相互依存、相互促进的关系，并在警务监督中得到充分体现，进而发挥了体制内外两种主体共同推动民主法治的进程。首先，权责平衡的监督是民主的产物和动力。尽管不同文化背景下的人们对民主有着不同的理解，但是“民主是一种人民自治的制度”① 已渐成共识，并日益成为人类社会发展的方向、路径和主流。民主要求国家愈发尊重公众作为社会主体的地位，更加重视其在社会发展中的终极作用，也要求公众日益成为社会发展的主导和自我命运的主宰。人民自治、人民当家做主的诉求要求一切国家机关主动顺应民主化的发展趋势，彰显民主理念，维护人民主权，将为人民执政和靠人民执政有机地结合起来。辩证地看，民主一方面赋予公众更多的权利空间，另一方面则为政府和官员设置了政治责任和行为规范，并通过对责任的强调，持续纠正膜拜权力的传统，因而可以说，“自由民主制度实际上是防止政治家们远未结束的傲慢自大的必不可少的堡垒，是限制国家权力扩大和自大的重要机制”。② 这样，民主政治的进程就催生和保障了真正意义上的监督。虽然说警务监督的规范性程度并不能代表民主政治的全

---

① ［美］科恩：《论民主》，聂崇信等译，商务印书馆 1988 年，第 6 页。

② ［意］诺伯特·波比奥：《民主与独裁：国家权力的性质和限度》，梁晓君译，吉林人民出版社 2011 年，第 3 页。

貌，也不能完全承担起推动民主进程的重任，但就警务活动和警务监督的涉及面及其培养公众民主意识的内在机制和现实意义而言，它不仅是民主的产物，而且也是警务民主化的有力证据和国家民主化的重要机制，因而能够成为民主政治进程中的重要标志和动力机制。而民主政治的诉求不仅要求国家高度重视公众对警务活动的监督功能，及时查处不当不法警务，以回应公众的关注，而且要求代表国家意志的体制内主体不得滥用或放弃监督警务的权力，即要在权力和责任的平衡中动态平衡国家和社会、警察和公众的利益，以免偏重其中一方而背离警民双赢的原则。为此，体制内主体必须立足民主政治的高度，既要在倾听民意中规范警务活动，又要尊重警务规律，并通过常态的制度化为警务活动提供支持和保障；既要善于倾听和甄别民意，使之及时转化为制度规定，提高决策的民主性和科学性，又要做好解释甚至教育少数体制外主体的工作，以防止膨胀的民意掣肘正常的警务空间。与此同时，“监督制度的发展和一个国家、社会的民主化进程出现同步性。在现代，监督是一种体现和保障民主的手段”。[①] 也就是说，随着各种政治力量渐趋理性，监督也逐渐成为实现和改善民主的基本路径。在警务监督中，体制内主体权责平衡的监督行为在彰显民主政治现实成就的同时，也在有效巩固其积极成果，并对警务监督中的其他力量产生积极影响：当警察逐步认识到警务监督并不只是外在的异己力量，民主的成就在全面提升社会利益的同时也使其现实价值得到充分体现，他们自然会严格自律，理解甚至主动支持和配合警务监督，从而使得警务活动在制度和民意的双重引领下走向更高境界；当体制外主体在体制内力量的示范和影响下，他们也会逐渐追求权利和义务的平衡，并为民主政治营造良好的社会基础，进而为警务活动提供相应的自主空间，增强警察严格自律的自觉性和积极性。显然，当体制内主体的示范作用最终使得三股力量形成规范警务的合力，必然加快民主进程，使得警务活动逐步走上服务社会的佳境。为此，体制内主体必须客观公正地对待警务活动以及警民双方的利益诉求，以自身实事求是的监督行为化解警察对监督的恐惧和抵制，消除体制外主体的忍气吞声或为所欲为的现象，才会增强警察对警务监督的信心，才会有效培养体制外主体平衡权利和义务的意识。在此监督环境中，不仅国家意志和社会利益逐渐趋于一致，警察的价值和公众的地位也得到空前的彰显，民主也因其真实性而成为各方面力量共同追求的目标，并获得更加持久的发展动力。

其次，权责平衡的监督是法治的依据和保障。“民主发展的第一个条件，

---

① 莫负春：《论权力监督和权利监督》，《华东政法学院学报》1999 年第 3 期，第 4 页。

是建立某种均势"。[①] 法治作为实现民主的手段和路径，并与民主相互影响，相互促进，自然也需要相应的均衡机制，以有效扭转国家和官员的强势传统。而理论和实践也反复证明，民主并不能在政治发展中单兵突进，也需要相应的制度保障，因为民主的诉求自然要求权力始终运行在公众的视野中，公众在权力运行中具有日渐明显的影响力，相关的制度规定也必须日益反映公众的呼声，突出民意的主导作用，进而彻底改变权力完全由各级官员主导的运行传统，否则，"当法律终止时，暴政就开始了"。[②] 显然，强调国家和权力的手段价值与社会和权利的目的意义，既是法治的真谛和内在机制，又抑制了人治的空间，进而从根本上消除了专制存续的可能。发展至今的法治不仅要求建立健全公平正义的法律，而且要求这些法律得到严格遵循，否则，"盖法善而不循法，法亦虚器而已"[③]，再完善的法律也只能为人治提供制度帮凶，社会利益更是无从保障。不仅如此，不断进步的人类社会期盼的不仅是日益完善的法律体系，更多的是合乎基本人性、积极回应民意诉求的良法以及崇尚法治的制度环境，以便将日益科学、民主的执政体制、执政方式制度化，从而规范执政行为，彰显法治社会的科学精神和人文关怀，维护公众作为社会发展主体和动力的目的性意义。也正是在这一层面上，法治一改"国王便是法律"的传统，并使法律代替了国王和官员的地位，从根本上保障了绝大多数人的切身利益。[④] 在警务监督中，一旦权力和责任失衡，体制内主体既有可能置制度规定于不顾，为所欲为，甚至凌驾于法律之上，严重挤占警务活动的应有空间，又有可能忽视乃至放弃自身职位所承担的重任，放纵警察的不当不法行为。显然，无论体制内主体出现何种情况，偏重权力或责任都是对法治的挑战和对人治的放纵，由此导致警察难有作为或为所欲为，无疑也是对法治的明显背离。相反，体制内主体在行使权力的同时不忘自身对于警察和公众的责任，自然能够保证警察正常开展警务活动的空间，又能够为体制外监督提供制度保障。因此，根据法治理念，体制内主体作为现代法治的主导者和执行者，应始终坚持法律至上的原则，逐步完善各项制度规定，在权责平衡中不断规范自身的监督行为。这就要求体制外主体始终坚持"法律面前人人平等"的原则，平等对待作为监督客体的警察，公正对待民众诉求和社会舆论，既不因民声高涨而严苛警察，甚至要求警察言听计从，也不因警察的职位优势而偏袒警察，放纵其

① ［美］巴林顿·摩尔：《民主和专制的社会起源》，拓夫等译，华夏出版社 1987 年，第 348 页。

② ［美］哈罗德·D. 拉斯韦尔等：《权力与社会：一项政治研究的框架》，王菲易译，上海人民出版社 2012 年，第 210 页。

③ 沈家本：《历代刑法考》，中华书局 1985 年，第 47 页。

④ ［美］托马斯·潘恩：《潘恩选集》，马清槐等译，商务印书馆 1981 年，第 35 ~36 页。

不当不法行为；这就要求体制内主体在监督警务的同时，强化程序意识，主动将自身的监督行为置于警察和民众的监督之下，防止滥用职权、假公济私等不当不法的监督行为；这就要求体制内主体遵从法治理念，遵守法律的实体规定，严格规范自身的监督行为，确保警务监督在法律的框架内进行，保障警察的正当权益。

第五章　警务监督的体制外主体：权利和义务的平衡

关于体制内主体的分析表明，体制内监督作为警务监督体系中最具实效、最受认可的监督类型，其实质是权力系统内部的分工制衡和纠错机制，并以权力监督权力的模式向社会证明了国家和警察机关的政治自觉及其现实价值，进而从一个独特视角印证了阿克顿的理论主张："对权威的限制是必不可少的。只有当一个政府受到有效的限制时，它才是合法的。"[①] 但是，随之而来的问题是，如果说体制内监督是必要的，那么，这种行为是否也是充分的？即体制内监督是否必定能不断提升警务活动的规范性？如果能，这种概率又会是多少？事实上，前文已经说明，体制内主体根本无法单独完成这一重任，无论如何强势和高效，其作用也是有限的，难以达到治本的目的。由此也说明，简单依赖体制内主体难以完全实现警务监督的目的，甚至还极易背离社会发展的总体趋势。因此，在重视体制内监督的同时，承认、尊重并积极发掘体制外力量的作用，并与体制内主体形成一个重心和机制有别、动机和功能互补的监督体系，不仅是对监督目的更为可靠的现实保障，而且也是对公众应有地位的确认和体现，更是对民主法治进程的积极推动。当然，这种强调并非意味着体制外监督能够一举超越体制内监督，彻底解决警务监督中的所有问题，一些具体措施在不改变努力方向的前提下，仍有亟待完善的巨大空间。

第一节　关于体制外主体的基本认知

立足不同的角度和范围，警务监督始终存在着不同层面的自体监督和异体监督的辩证关系。具体而言，现实中任一警察都会有一定的自律意识和能力，而其他外在的监督活动无疑都是异体监督。而在体制内监督中，相对于来自警察机关的自体监督，明显有别于其利益诉求的外部监督自然又成为一种异体监督。而在国家的框架内，体制内外部监督的异体性无论如何也不能忽略国家意志，有时还决定了这种异体性具有明显的相对色彩，由此也决定了体制内监督

① ［英］阿克顿：《自由与权力》，侯健等译，商务印书馆2001年，第343页。

始终难以摆脱自体监督的嫌疑及其消极影响，其中包庇乃至放纵不当不法警务的现象更是屡受诟病。相比之下，立足国家和社会的关系，体制外主体作为一种制衡和纠偏的力量，与警察机关的利益关联使之能够有效克服基于国家意志的自体监督的不足，最大限度地彰显异体监督的优势，由此也说明，“任何权力的滥用都必然对公民权利构成侵害，权利在防止这种侵害的同时也对权力运行起到制约作用”。[①] 也就是说，体制外监督作为一种权利主导、真正意义上的异体监督模式，其实质就是以权利监督权力，显然能够有效克服和弥补体制内监督模式的内在缺陷。

当然，充分发挥异体监督的优势，还需要建立在准确界定体制外主体的基础之上，毕竟体制外主体并不具有恒定性，也会因时空变化而发生角色变换。第一章曾简明分析体制内主体的相对性，即他们一旦不再行使职权监督警务时，也就转变成普遍民众，即使此时他们继续监督警务，也因没有行使职权而更多以体制外主体的身份发挥作用。实际上，这种相对性也反映了体制内主体和体制外主体乃至公众之间的交叉重叠，在特定场合下具有明显的重合性。基于同样的道理，变换视角对体制外主体进行分析时，也就不难发现，虽然这一主体日渐普遍、全面，但并不意味着他们是固定不变的。事实上，相对于体制内主体，体制外主体始终具有更为明显的动态特征和不确定性：一方面，针对不同警务活动，关注和参与监督的主体是变化的，并非所有人都必然成为体制外主体，即使警务客体也会因为监督意识的缺失或不愿实施监督而无法转变成体制外主体；另一方面，针对同一警务活动，每个主体也不一定全程关注或参与警务监督，虎头蛇尾的监督活动也并不鲜见。由此可见，公众也不能完全等同于体制外主体，只有那些以不同方式监督警务的公众才是体制外主体，本章所关注的对象也始终锁定这样的监督力量。也就是说，只要按照这样的标准来理解和定位体制外主体，才能比较顺畅地理解本书关于体制外监督和体制外主体的表述方式，也才会更好地理解监督实践中的种种现象和本书的理论主张。就此意义而言，无论在数量上，还是在范围上，体制外主体都表现出明显有别于体制内主体的特点，尤其是他们在整体上表现出全天候、多方位和立体化等优势的同时，也因为个体的鱼龙混杂及其不稳定性和不确定性而明显制约其监督潜能，进而凸显出以单独一章的篇幅，研究和规范体制外监督的重要性、可能性和紧迫性。

---

① 阎德民：《构建干部监督长效机制的若干思考》，《中州学刊》2005 年第 5 期，第 3 页。

一、体制外主体的理论依据

立足国家和社会的关系及其发展趋势，相对于体制内监督，体制外监督不仅起步较晚，起点较低，而且力量相对分散，成效也有待提升，但在现当代却以更快的速度和更加强劲的势头日益彰显其合理性和紧迫性，进而要求从理论上追问体制外监督的依据，以澄清和端正关于体制外监督的认识，充分挖掘体制外主体的监督潜能。首先，体制外监督是人类发展的结果和动力。人类社会的历史不仅客观描述了人类发展的进程，准确揭示了人类发展的趋势，而且也明确了如下的历史规律：社会发展日益关乎每个社会成员的切身利益，能有效激发其政治参与的积极性，从而能增强社会的自主性和主动权，不断淡化权力主体的主导地位。受其影响，国家权力从传统的主、客体的绝对分裂逐步走向相对分离，不同程度地呈现出主体客体化、客体主体化的发展趋势，国家权力的分化和社会化不仅在理论上成为共识，而且在实践中已渐成为社会进步的正道。严格意义上的权力分化始于资产阶级革命时期的“三权分立”，并随着资本统治的扩大而逐渐成形和成熟，渐成主流的科学、民主的价值追求和市场经济的内在机制不仅持续巩固着权力分化的成果，而且也明显加快了国家权力社会化的进程。时至今日，虽说国家权力尚未完全嬗变为公共权力，但人类社会的历史已经证实了权力回归权利这一确定性趋势，国家权力的社会基础日益坚实。因此，“从社会发展的远景看，国家权力的完全社会化，将是人类历史发展的必然归宿”。① 在这种回归权利、还政于民的社会化进程中，“一方面，随着社会高度的组织化和结构化，各种社会权力崛起并壮大起来，他们不断促使政治权力的分化并向社会让渡；另一方面，社会生活的多样化和复杂化，促使政府转变职能，使其社会治理的职能不断强化和扩大，从而使得政治权力的内涵发生变化”。② 在国家权力社会化的进程中，社会进步催生的客观因素以其内在的动力机制，促使国家和社会之间的相互认知产生更为可喜的理性变化：国家更加明确地界定自身的现实使命，更加准确地定位、平衡其和社会的关系，而不是凌驾于社会之上；社会则在捍卫自身利益的同时尊重国家的权威，而不是一味地忍气吞声或仇视国家。国家和社会在自我约束和相互制约中彼此理解，相互尊重，在此基础上进行的合作就显得极具现实性和可持续性。双方在合作中相互理解和尊重，在相互亲近中不断进行有效的合作。因此，在重视体制内监督的同时，通过监督视角的转换，强调体制外主体的潜能，充分挖掘

① 郭道晖：《权力的多元化与社会化》，《法学研究》2001 年第 1 期，第 7 页。

② 江德兴：《马克思社会化理论与政治权力的演变》，社会科学文献出版社 2005 年，第 16 页。

以权利监督权力的优势，发挥各种社会力量在警务监督中的积极作用，无疑是丰富警务监督理论、提高警务监督效能的客观要求，也是社会力量长期量变之后质变的必然结果。这样，体制外力量在依法分享国家权力的同时，日益凸显其作为权力来源和权利主体的终极性地位，同时也为其实施警务监督提供了宏观保障，开辟了现实路径。在此背景下，尊重公众作为警务活动价值主体的地位，在警务监督中主动接受公众的智力引导和道德规范，能够进一步改变相对封闭的警务评价机制，充分调动公众理解和支持警务活动的主动性和创造性。这样，警察机关自然不能高高在上，我行我素，而且还要通过警务公开等系列举措鼓励体制外监督；体制内主体不仅不能阻挠或排斥体制外监督，而且还要主动顺应国家权力社会的趋势，为体制外监督创设更大的空间，并主动关注体制外主体的呼声，用民意来引导和规范体制内监督。所以，体制外监督作为国家社会化的现实表现，必将在持续推动这一趋势、稳健开启国家回归社会的进程中发挥其独特功能。

其次，体制内主体难以克服的不足凸显了体制外主体的优势。“公民监督权利行使的强弱和频繁程度主要取决于国家权力行使的合法、合理、公平、公正性。”① 由此反观本章乃至本书主题，警务活动的规范性和公众的关注度无疑形成了一种反向关联，即面对规范的警务活动，深受其利的公众自然会更加专注于各自其他的利益关切，警察也因此获得自主开展警务活动的广阔空间。然而，现实中的警务活动与制度规定和民意期盼存在着明显差距，必然要求各方力量予以持续关注，以缩小乃至消除这一差距。然而，体制内监督却始终难以克服以权力监督权力的一般流弊：第一，国家权力作为管理社会的力量，并不能脱离权力主体而独自发挥作用，即使权力主体睿智严明，公正无私，其主观因素必然会在权力运行中有所体现，影响权力运行的公正性。显然，由自身并不完满的权力主体来监督警察及其警务活动，防范其可能出现的权力失范行为，极易导致监督标准扭曲，监督措施失真。第二，由于警务活动的广泛性、深入性、强制性等特点以及警察的自利性倾向，体制内主体必然担心警务监督损害个人或部门利益，可能会以不同形式向警察妥协或献媚，进而催生盘根错节的利益共同体，滋生权力互惠等腐败行为，弱化体制内监督的应有作用。第三，基于警务监督的目的，体制内监督要求各级监督机关依据相关的法律法规，设立不同层级的监督机构，配备较高素质的监督人员，按照法定程序实施警务监督。而机构、人员等诸要素又以必要的成本投入为前提，尤其当体制外

① 王月明：《论监督权力和监督权利的关系及良性互动的实现》，《江汉论坛》2007 年第 8 期，第 51 页。

主体难以规范实施监督时，监督链条不断延伸，监督成本不断上涨，必然制约监督效能和社会利益，背离警务监督的良好初衷。第四，作为体制内监督直接依据的法律法规在现实中又明显落后于警务活动和社会生活，这种滞后性以及由此产生的僵化往往无法及时应对警察权扩张的步伐，使得体制内监督难以获得有效的制度保障，难以回应社会对警务监督的期盼，进而影响体制内主体的职业声誉和社会形象。总之，仅靠自身力量，体制内主体自然难以克服上述不足，更难以有效遏制不当不法警务，进而要求体制外主体作为一种更少利益纠葛、更具异体监督色彩的力量投身到警务监督之中。

再次，体制外主体也有其独特优势。斯宾诺莎曾经指出："每个公民或臣民拥有的权利越少，国家权力就越大。"① 显然，遵循这一逻辑，这种关系的反向表述也是成立的。也就是说，虽然国家不会主动约束和规范其权力运行，但公众的维权行动也能不同程度地改变乃至改进国家权力的运行。与体制内监督相比，体制外监督作为国家权力社会化的逻辑结论，体现了公众主宰自己命运、直接参与国家事务的权利，反映了权力社会化和民主化的程度，强调了社会力量监督警务的可行性，反映了警务监督的发展趋势，因而能弥补体制内监督的局限，完善警务监督体系，并从根本上突出和实现警务监督的目的。第一，警务活动对社会生活的诸多影响要求体制外主体设法超越体制内监督的时空限制，调动和强化其监督警务的积极性，从而通过全天候、多方位和立体化的警务监督，形成更为合理的监督机制，纯洁警察队伍，提升警务效能。尤其在公众的民主法治意识不断增强的背景下，不仅警察及其警务活动成为当然的监督客体和监督内容，甚至连同样进行警务监督的体制内主体及其监督行为也注定成为体制外监督的客体和内容，从而有效防范两种权力主体之间互利互惠、消解警务效能的可能，使其更好地回应公众、服务社会。第二，体制内监督以相应的成本投入为前提，并在一定程度上和社会利益形成此消彼长的关系，制约警务监督的效能。相比之下，随着民主法治进程的加快，体制外主体从自身或社会利益出发，主动监督警务活动，不仅不会增加体制内监督的成本，制约其监督效能，而且会因体制外监督的有效性而遏制监督机构不断膨胀的私利冲动，降低警务监督的成本，开拓警务监督的新局面。第三，与体制内监督相比，体制外监督的全面性和真实性不仅有利于弥补体制内监督的时空局限，有效缓解体制内主体的工作压力，而且能将体制内主体从常规的事务性监督中解放出来，使其集中力量进行更为专业的监督，从而明显提高监督效能。第四，稳定的法律法规更多是为警务活动设置一条不可逾越的制度底线，其难

① ［荷］斯宾诺莎：《政治论》，冯炳昆译，商务印书馆2003年，第24页。

以消除的滞后性和消极性并不能对不断增长的社会需求作出及时反应，自然也无法将警务活动引领至更高阶段。相对于滞后、僵化的法律法规，体制外监督，尤其是体制外主体广泛的民意表达能够对警务活动提出更高要求，进而以其强大的社会压力迫使体制内主体和警察及时加强制度供给，并以其应有的监督功能，有效防范不当不法的监督行为和警务活动，充分发挥警务活动的现实意义。

最后，社会进步日益赋予体制外主体更多的权利。面对权力的消极影响和体制内监督的不足，人们也在不断探索新的力量和路径，以平衡和补充体制内监督，进一步完善警务监督体系。随着理论的不断发展，人们也逐步认识到，人类社会的发展在很大程度上取决于权力和权利之间此消彼长的互动关系，充分认识这些因素的关系及其在不同时空下的特殊表现，能够找寻到克服上述问题的思路。就权利和权力的相互关系而言，权利对权力的让渡并不意味着权利的派生性及其对权力的完成臣服，相反，权利的内生性和终极性不仅意味着公众在让渡权利、形成权力系统的同时保留其基本权利，而且还意味着公众保留着有权收回和重新分配权力的权利，自然也拥有否定非法权力、纠正不当权力的权利。这就说明，除了权力系统为长期延续其正当性而利用体制内力量进行分工制衡，由权利汇集而成的体制外力量同样也具有监督权力的正当性和现实空间。也正因为如此，托克维尔从实证的视角指出，美国之所以能持久地保护民主，除了以权力制约权力，公民权利也起了很大的作用。① 显然，这一理论给警务监督以很大的启发。无论从公众向国家让渡权利的角度，还是从国家根据需要而进行的职能分工的视角，体制内监督都不能否认体制外力量在警务监督中的终极性主体地位，更无理由排斥或阻挠他们日益广泛的参与。尤其当体制内监督的弊端日益突出且难以消除时，作为警务活动终极受益者的体制外力量参与警务监督则显得更加正当、合理，并通过批评、建议、申诉、控告和检举等各种监督措施，使得警务监督体系更加完善。与此同时，立足权利和权力的关系，权利让渡为权力，权力来源于权利，至少在理论上意味着权利优先权力，权力服务权利。从这一理念出发，随着人类社会日益理性的进步，体制外力量作为权利主体和权力的本源，不仅有权评价权力的服务质量和体制内监督的效果，而且有权直接参与监督和规范权力的活动，并对体制内监督形成强大的压力和动力，促使体制内监督更加频繁、更加规范。这就说明，在警务监督中，体制内主体不仅不能排斥体制外主体的参与，而且要从权利优先、服务社会的角度，主动为体制外监督创设更为便捷的制度环境。同样，在此背景下，

① ［法］托克维尔：《论美国的民主》，董果良译，商务印书馆 1997 年，第 360 页。

警察不仅毫无排斥或逃避体制外监督的权力，而且还逐步置身于日益完善的监督体系之中。

二、体制外主体的现实构成

在人类社会的发展过程中，尤其在民主政治的进程中，人们不仅在实践中真切感受到权力在缺乏或失去监督情况下的专制和暴戾，而且也在切实体会监督重要性的基础上，不断构建和丰富监督理论，并在实践中不断制定和完善相关的体制机制。在此过程中，随着民主法治的发展和健全，不仅体制内主体更加自觉地将民主法治的理念落实到监督实践中，而且体制外力量也在民主法治的培育下中迅速壮大成为一支更为基础、更为全面的监督力量，正如列宁曾经期待的那样，“使所有的人都来执行监督和监察的职能，使所有的人暂时都变成‘官僚’，因而使任何人都不能成为‘官僚’”。[①] 时至今日，当越来越多的社会力量基于各种动因和制度保障投身到警务监督中，他们不仅在事实和价值层面上对警务活动实施了终极性监督，而且也对体制内监督提出更高要求，其作为体制外主体的地位也因此而日渐突出，并日益受到重视。在美国，早在20世纪的50年代，体制外主体就开始普遍性地实施警务监督，到了80年代，许多地方都成立了各种旨在加强体制外监督的机构，如堪萨斯市的公众投诉办公室、纽约市的公众投诉监督委员会、迈阿密市的职业守法办公室等，这些机构多数都是由社会各界人士组成的独立机构，并在警务监督中发挥了不容小觑的作用。而在政治制度和民意诉求更加明确的我国，各种社会力量也在不同时空下，以不同方式显示出体制外监督的无限空间。就监督实践的现状而言，按照实施监督的目的和动机，体制外监督正在以积极或消极的方式蓬勃进行，并形成了丰富生动的监督图景，进而体现其现实合理性。

在社会转型时期，在民主法治意识渐浓的当下，各阶层的社会成员正以空前高涨的热情参加警务监督，而日新月异的现代科技使得监督形式和途径更加丰富。围绕本书的逻辑和思路以及本章的主题，所有参与警务监督的体制外主体可以进行以下划分，即公民个人、社会组织和现代传媒。[②] 首先，权利意识渐浓的公民个人积极投身警务监督。在传统社会里，受教育、交通和通讯等因

① 《列宁选集》(第3卷)，人民出版社1995年，210页。

② 社会组织的分类标准有很多种，其中就有以机构编制为标准的分类。立足体制的视角，这里作为体制外主体的社会组织主要指国家机关和执政党编制组织、国家事业编制组织和国家企业编制组织之外的组织，如政协组织、民主党派、人民团体和其他各种行业组织。当然，鉴于现代传媒在警务监督中的特殊地位，本章拟另外行文分析报刊、电视、网络等媒体的特殊作用。

素的影响，人们的“生产方式不是使他们互相交往，而是使他们互相隔离”。[①]这样，“政治是国王与他的重要封臣之间的事情。政治活动只是在环绕在小型、原始、游动的朝廷而进行”。[②] 在这样的政治生态中，几乎所有民众都是以一种安分守己的政治心理和谨言慎行的政治行为看待和处理与国家和各级官员的关系，只有在非常态的情况才偶有监督权力的可能，或以极端的方式影响权力运行。显然，在此环境中，无论存在多大的抱怨情绪，警察的权威始终是不容置疑的，即使受到不公的对待，也很少有人会怀疑警察的动机，更遑论纠正不当不法警务，甚至监督警务会被看作不可思议的疯狂举动而受到各种因素的制约。但是，随着民主和权利意识的觉醒，公众还是逐步消除了对国家和官员的敬畏，并开始用一种前所未有的平等心态审视权力运行。他们不仅逐步感受到警务活动的广泛性和深入性及其对自身利益的影响，而且还开始用质疑的态度审视警察和警务活动的正当性，警察形象出现了平凡化的倾向，其原有权威也因此逐步式微。尤其值得注意的是，那些受过较好教育的民众对警察的态度也在改变和引领社会风气，最终使得社会各阶层对警察的敬畏之情不复存在，警察和警务活动便逐渐置身于被监督的地位，公众开始用合法和合理的双重标准评价和引导警务活动。时至今日，随着警察职能的不断丰富和公众的主体意识增强，公众对警察的要求已不再停留在传统警务上，甚至开始用一种受之泰然的态度接受警察提供的各项服务，并借助各种力量和手段，将警务监督的范围由传统领域延伸到警察的日常行为，甚至对各种服务型警务也提出很高要求。这不仅要求警察更加注重警务的规范性，而且要更加主动地服务社会，提高服务社会的质量，以回应民众日益提高的监督意识和监督能力。在此监督环境中，大有所有人都变成“官僚”的态势，警察机关和警察接受监督的意识、规范警务和服务社会的能力也因此得到很大的提升。当然，这种意识和能力与公众期待和社会发展进程仍有一定的距离，而且也没有得到均衡的发展，不同时空下仍存在着明显的差距，因差距而产生的互相影响又在一定程度上消解了社会进步的成果，从而显现出公众素质有待提高、其监督行为亟待规范的发展要求。可以想象，随着警务监督的完善，所有人都将不再自觉位卑言轻而听任警察摆布，也不因主体地位的凸显而随意摆布警察，进而以常态理性的个人行为汇集成宏大深远的社会运动，不断提升警务活动乃至国家权力运行的规范性。[③]

---

① 《马克思恩格斯选集》（第1卷），人民出版社1995年，第677页。

② ［美］肯尼斯·米诺格：《政治学》，龚人译，辽宁教育出版社1998年，第26页。

③ 本书认为，当下广受关注的群体性监督行为同样应归为公民监督，因为这种监督方式的组织性、体制性和表达诉求的理性程度等因素明显逊色于社会组织的监督，也反映出这种体制外监督亟待规范的现状。

其次，日益繁多的社会组织积极参与警务监督。在传统社会，由于“各个小农彼此间只存在地域的联系，他们利益的同一性并不使他们彼此间形成共同关系，形成全国性的联系，形成政治组织……因此，他们不能以自己的名义来保护自己的阶级利益，无论是通过议会或通过国民公会，他们不能代表自己，一定要别人来代表他们……所以，归根到底，小农的政治影响表现为行政权支配社会。”[①] 在这样的社会中，民众犹如袋中的“一个个马铃薯”，数量众多却没有应有的政治联系，也不可能产生代言切身利益的社会组织，更无法发掘其潜藏在社会中的各种政治资源。在此背景下，政治制度也自然不会允许任何个人试图通过组织化的方式动员和集中各种社会力量，常态地表达其意志，纠正权力运行中的偏差，集权专制的传统自然能顽固地得以延续。相比之下，虽然“个人独自面对国家时处于弱势，而在有团体代表他们的情况下，他们在政治上得以大大增强，国家蹂躏他们愿望的权力因此削弱”。[②] 这样，在民主意识逐步萌发的近现代，激烈的民意表达和政治参与催生和壮大了各种社会组织，社会的组织化步伐逐步加快，组织化的优势也受到了更多认可。而这些逐步取代初级群体的社会组织又广泛联系社会各阶层，深入了解和凝聚了各方面的意愿，因而在更高的平台上，以更高的效率谋求更多的权利空间，推动着国家权力社会化的进程，社会和个人也因此获得了不断拓展的自由空间，进而以其更多更持久的动力推动着各种社会组织的发展壮大。这样，人类社会自然能够有效改变其诉诸极端方式、反复再现暴力革命的传统模式，进而以更小代价、更加平稳的方式推动社会进步，由此也证明，“如果要想维持民主的过程，如果要想促进公民的目标，那么，不同类型和规模的积极团体的存在，的确是至关重要的”。[③] 就此意义而言，社会组织既是民主法治发展的积极成果，又是推动民主法治的不竭动力。尤为重要的是，随着经济上的日益独立和功能上的日益完善，各种日益成熟的社会组织以其非人格化的特征有效克服了“原子化”个体的涣散、无助、偏私和非理性，为个人的利益诉求和体制外监督提供有效的组织支持，有效维护本组织及其内部个体的正当权益，使得个人更多将自身的利益诉求寄托在日益强势的社会组织而非个体极端的政治行为上。当然，现实中的社会组织不可能因为警务监督而产生和存在，但的确在其中发挥了重要作用，尤其是各种专业型的社会组织在引导民意、监督警务方面更加凸显其独特的话语权和权威性，体制外主体的利益表达也因此变得更加明

---

① 《马克思恩格斯选集》（第 1 卷），人民出版社 1995 年，第 677 ~ 678 页。

② ［美］杰弗里·庞顿等：《政治学导论》，张定淮等译，社会科学文献出版社 2003 年，第 64 ~ 65 页。

③ ［英］戴维·赫尔德：《民主的模式》，燕继荣等译，中央编译出版社 2008 年，第 188 页。

确、充分，从而能够在监督中为警务活动提供各种建设性意见。由此可见，相对于公民的个体监督，无论对体制内主体还是警察机关本身，社会组织监督诉求的受重视程度是显而易见的，监督绩效也因此更有保障。当然，社会组织在警务监督中彰显其组织力量和民主潜能的同时，在引导警察培养规范警务、服务社会的意识和能力的过程中，也应当看到自身发展的不足，尤其是理性看待其行为背后的监督绩效和社会影响，防止以一种天然正确的心理优势将自身意愿强加给体制内主体，挤占体制内监督和警务活动的自主空间，以便在警务监督中更加平稳地发挥其现实意义。

最后，迅猛发展的现代传媒在警务监督中的作用日益凸显。论及传媒在警务监督中的地位和作用，人们首先想到的可能就是舆论，甚至直接将舆论视为一种监督主体。[①] 事实上，传媒除了表达传播媒介的意义外，同样也有传播媒体的含义。立足本章的主题，本书和本节主要用人员主导、现代科技支撑的传播媒体来指代公众个体和一般社会组织之外的体制外主体，而不简单地指代舆论这样的传播媒介。立足另一个视角，即使在现代传媒尚未产生重要影响的传统社会中，舆论已经作为一种颇为有效的监督方式在政治参与中发挥重要作用，以至于数千年前先民就产生了“防民之口，甚于防川”[②] 的警世恒言。也就是说，舆论并不完全由现代传媒掌控，即使在传统社会中的个人或组织也可以在一定程度上影响乃至操纵舆论，舆论和现代传媒并不具有完全对等的关系，舆论发挥监督功能的历史无疑要悠久得多。因此，当论及现代传媒在警务监督中的作用时，应当更多将注意力集中在人员和技术紧密结合的传播媒体上，如报刊、电视、网络等，而不是一般意义上的舆论，进而保证了本节乃至本书相关内容的逻辑自洽。时至今日，随着教育的日益普及和科技的迅猛发展，现代传媒已不仅作为一种最广泛、最具影响力的力量参与和影响政治生活，即使在相对狭窄的警务活动中，他们也正在发挥着其惊人影响。一方面，现代传媒能够通过各种方式缩小警察和公众之间的距离，扩大公众关于警务活动的知情面，进而显著消除警务活动的神秘感，为体制外力量监督警务奠定基础，提供平台。另一方面，现代传媒的从业人员作为社会中教育背景良好、民主法治意识突出的群体，能够凭借其良好的职业敏感性，充分发挥其公民素质和技术优势，直接投身到警务监督之中。这样，在警务公开日渐完善的背景下，任一典型性、代表性的监督个案经过现代传媒的酝酿、传播和发酵，能够

① 在关于监督理论研究的专著和期刊中，即使从主体视角对监督类型进行分类，将舆论监督单独归为一类也不鲜见，而在要求并不严格的其他场合下，舆论监督这一概念的混乱使用则更为普遍。

② 《国语·周语上》。

使分散的话语权集中化，从而产生巨大的“蝴蝶效应”，汇集更多的民意支持，对警察机关和相关人员产生巨大的压力，促使其不断完善相关制度规定，进而以制度化的方式防范和纠正不当不法警务。更为重要的是，现代传媒能够有效改变层级过多导致的监督信息失真和难以上达的困境，不当不法警察已逐渐被置于公众的视野之下，任何包庇行为都很难得逞，不当不法警务自然能得到及时有效的纠正，并对所有警察产生巨大的威慑和警戒作用。当然，现代传媒的巨大威力在激发众望的同时，也无法彻底消除公众对现实的担忧。就其起源和实质而言，公众舆论的表达和汇合是传媒存在和发展的内在机制和现实基础，传媒对社会利益的关注和维护也明显提升了自身的合法性。但是，当下无孔不入的商品经济已使得传媒过度地商业化、商品化，进而使自身的批判功能弱化、伦理担当淡漠，甚至还出现了因为经济效益而媚俗、妥协乃至被其他势力左右的倾向。由此可见，现代传媒的作用越是显著，公众就会对其寄予厚望，就越会要求其勇于承担社会责任，要求其从业者具有理性的公民精神、优秀的职业道德和明辨是非的能力，进而要求其坚持用正确的舆论引导和教育公众，谨慎使用传媒的重要影响，避免产生误导，确保其监督行为都能经得起事实的检验。否则，现代传媒在监督警务的同时，不仅难免伤害警察，败坏警察形象，而且会损害社会利益乃至每个人的切身利益，从根本上背离警民双赢的原则，其公信力也将最终毁于一旦。①

当然，上述三种主体在监督实践中并不可能像理论分析的那样泾渭分明。事实上，公民个体不可能始终以“原子化”的方式实施监督，他们不仅会以不同的角色存在于各级社会组织之中，以自身行为推动组织化监督，而且也会适当借用现代传媒的影响力，以适当的方式将自身行为转化为现代传媒的监督，或与之结合成相互协同的监督合力。同样，社会组织的监督力量也不总是以组织化的形式实施监督，在一些个案中也会以个体或协同传媒的方式实施警务监督。此外，如果缺乏公民个体和社会组织的响应和协同，现代传媒也无法产生现有的影响，更不会成为各种监督主体争相倚重的力量，甚至可以说，现代传媒一旦失去前两种主体的呼应和协同，其监督功能将大打折扣。由此可

① 在著名新闻人海伦·托马斯的名著《民主的看门狗》（夏蓓等译，南方日报出版社 2009 年）中，她将监督功能不断凸显的媒体称为民主的看门狗。事实上，如果将以权利监督权力的媒体推广到体制外的所有力量，由此产生的理论启迪将更加发人深省。在长期熏陶和锻炼中不断成长和完善的权利在发挥其监督功能、提升权力运行规范性的同时，既要对权力保持应有的警觉，又要防范自身失范的监督行为。为此，体制外主体同样要规范行使自身的权利，既不能放弃权利，甚至被权力驯服成摇尾乞怜的哈巴狗，又不能拒绝义务，膨胀成狂吠不已、见谁咬谁的疯狗，以便通过自身规范的监督行为为权力运行营造良好的自主空间。

见，现实中的体制外监督不仅不是任何一方的单兵作战，也不是这三种主体中任何两方的固定联合，更多情况下则是一种更为丰富生动的多方协同，甚至可以说，正是这种多方协同，才最终形成了体制外监督全天候、多方位和立体化的独特优势。因此，本章对上述三方的分别强调，主要是出于分类表达的需要，其明显的分析色彩并不意味着他们单兵作战就能轻易实现监督目的。相反，他们只有在监督实践中联合各方面力量，尤其要积极配合体制内主体，才能切实发挥体制外主体的应有作用，才能有效拓展其更大的监督空间。

第二节　体制外主体的权利

权力源自权利，并和权利并存，但是，在人类社会的政治生活中，以权利监督权力的历史显然逊于以权力监督权力的历史，因为前者得到确认只是近现代民主政治的产物，而且远未成熟，更未发展到应有的高度。相比之下，权力利用自身的强势来挤占甚至扼杀权利的历史要悠久得多，其存在空间和现实地位仍明显强于权利。但是，随着民主政治的发展，权利的地位和作用逐步得以凸显，并与权力渐成彼消此长和趋于平衡之势，进而预示着人类社会可以预期的美好未来。第一，权利和权力分别属于两个不同的领域和范畴，即权利属于社会领域，以公民个人为本位，强调的是公民作为社会成员在利益分配中应有的身份和资格；而权力则属于国家领域，是国家统治和管理社会的强制性力量。因此，对权利和权力进行划分，首先意味着权利的范围就是权力的禁区，权力不得随意侵入权利的“领地”，即“权利乃国家权力止步之处”。这样，即使在消极意义上，权利对于权力的扩张也能起到一种阻碍和制约的作用，即权利作为一种标识，时刻提醒权力不可越界，进而要求权力不能为所欲为，必须尊重权利的相对完整和独立存在。第二，权利作为权力的来源，构成了以权利监督权力的内在机制。根据人民主权理论，国家的产生必须经过公众的授权，因为公众主要出于更好地实现自己的整体利益，才把自身的一部分权利让渡给国家，以便由国家管理公共事务，提升社会利益。这样，权力本身并无独立意义和终极价值，必须以权利为其目的和归宿，这就从根本上构成了对权力的积极监督。[①] 显然，权利和权力的关系不仅同样适用于警务监督，而且在其中表现出更为具体的特色。历史地考察警务活动的规范性，便可发现其不断上升的发展趋势，进而说明，警务监督的兴起显然不是因为警务活动规范性的缺

① 汪来杰：《行政权力监督制约机制探析》，《河南大学学报》（社会科学版）2006 年第 5 期，第 40 页。

失或下降，而是因为公众权利意识的明显上升。可以说，正是这种持续上升的趋势，才最终导致日益规范的警务活动仍然要接受越来越严格的监督，甚至可以说，正是双方的同向乃至同步的上升，公众的权利意识才获得日益广阔的成长空间，并以其勃兴之势持续减少不当不法警务，进而预示着警察将和国家一样减少其异己性，直至最终彻底回归社会。

一、体制外监督：何种权利

就国家和社会的关系而言，公众作为社会主体的地位决定其权利在政治生活中的本源意义和终极地位，在警务监督中强调体制外主体的权利根源，无疑是在特定领域对这种地位和意义的体现和重申。首先，体制外主体的权利是对历史的真实回归。立足人类社会漫长的发展历程，原始社会中的人们不仅不受权力的侵扰和压迫，而且还享有天然平等的权利，甚至可以说，正是这种天然平等的权利使得源自权利的权力始终承载着公共性、伦理性的广泛期待。但是，随着生产力的发展和社会进步，人类社会开始出现国家的身影，并表现出鲜明的政治色彩，阶级化的国家权力开始侵犯社会利益，并使公众原本平等共享的权利丧失殆尽，甚至成为戕害权利的异己力量，公众的主体地位也因此成为历史。针对当时权利和义务两极化的倾向，恩格斯曾一针见血地指出，国家“几乎把一切权利赋予一个阶级，另方面却几乎把一切义务推给另一个阶级。”① 经过这样的巨大转折，人们最终明白这样的道理，即“人在权利之中方具有精神的生存条件。若无权利，人将归于牲畜，因此罗马人把奴隶同家畜一样对待”。② 显然，这段历史足以说明，权利和人的应然状态具有直接同一性，保障人的权利就是保护他们作为人的资格和尊严。当然，权力对权利的践踏一度排除了权利监督权力的可能，却无法剥夺或消除权利对权力的激烈抗争。正是历史上这种漫长的周期性运动既迫使统治阶级不断作出让步，又巩固了这种政治行为的积极成果，从而为权利的复苏和成长营造了相对宽松的环境。③ 起初，这种抗争和制约只是少数人偶尔、自发的行为，却因其积极意义而受到日益广泛的认可，并逐步成长为一种权力运行中的常态，乃至最终成为政治文明和人类进步的标尺，以至于人们坚信，“人们尽可以在力量上和才智

---

① 《马克思恩格斯选集》（第4卷），人民出版社1995年，第178页。

② 梁慧星：《民商法论丛》（第2卷），法律出版社1994年，第12页。

③ 当然，在某些时空下，也还存在权力挤占权利的现象，如“9·11”之后，美国“国会扩大了某些警察监控权，联邦机构更积极地调查恐怖主义”。（［美］罗伯特·兰沃西等：《什么是警察——美国的经验》，尤小文译，群众出版社2004年，第296页。）但是，这种局部或暂时的非常之举并不是针对所有人，也不能长期持续，自然也就不能逆转权利快速发展的趋势。

上不平等，但是由于约定并且根据权利，他们却是人人平等的"。[①] 正如权力的扩张必然导致权利的萎缩，权利的复苏也必将遏制权力的扩张，这样，权利对权力的监督从无到有，从弱到强，最终在政治制度、法律法规以及社会力量的共同维护下，走向了权利优先于权力、权力和权利相对平衡的发展道路。这一趋势不仅揭示了规范权力运行的正当性，而且初步实现了监督体制的对等性和平衡性。所以，当我们不断强调对国家权力进行监督时，不仅指国家框架内各种职能化权力之间的相互监督，而且还包括来自社会力量的监督。这样，体制外监督不仅是社会发展的结果，而且是权利复苏的醒目标志，更是逐渐再现历史、向历史辩证回归的生动体现。尤其当现实中的体制外主体日益主动地监督警务时，我们不仅看到了体制外主体权利意识的不断觉醒和对自身利益的自觉维护，而且还看到了许多民众已自觉超越自我本位的狭隘眼界，积极维护社会利益，体现出令人向往的公民潜质和令人鼓舞的成长空间，也坚定了人们对国家向社会回归的信心和期待。

其次，体制外主体的权利是对警察权运行特点的现实回应。从历史的角度考察体制外主体的权利，也就从一个特定视角揭示出人类社会辩证否定的发展趋势。而在现实层面上，越来越多的体制外力量参与警务监督，则在于警察权比其他行政权更能直接影响到自身的正当利益和社会利益：规范的警务活动能够使自身利益和社会利益更为保障，不当不法警务虽不一定会直接影响自身利益，但必然损害社会利益，制约自身利益增益的社会环境。尤其当警务活动的广泛性、深入性和强制性在现实中不断显现时，公众在对警察的期待中夹杂着深切的担忧，在对警察的担忧中又潜藏着善意的期待。这样，无论是基于对警务活动积极功能的期盼，还是出于对其消极影响的防范，无论是基于对自身利益的维护，还是出于对社会利益的关注，体制外力量都在不同程度上希望通过警务监督兴利除弊，有所作为。也正是鉴于这样的诉求，相关的制度规定也在不同层面上予以体现，支持和巩固这一发展趋势，如《中华人民共和国人民警察法》第44、46条分别规定："人民警察执行职务，必须自觉地接受社会和公民的监督。人民警察机关作出的与公众利益直接有关的规定，应当向公众公布"，"公民或者组织对人民警察的违法、违纪行为，有权向人民警察机关或者人民检察院、行政监察机关检举、控告。受理检举、控告的机关应当及时查处，并将查处结果告知检举人、控告人。对依法检举、控告的公民或组织，任何人不得压制和打击报复"。尤其当公众参与政治、影响社会的资格和潜能不断得到确认、日益全面丰富时，监督警务的期望就会由被动的激发逐步转变

① ［法］卢梭：《社会契约论》，何兆武译，商务印书馆1980年，第34页。

为主动参与和积极投入。随着社会的发展和权利意识的增强，这种主动性和积极性仍有明显上升的空间。只有当体制外监督逐步进入一种主动规范的境界时，体制外主体才会平和地释放其民主潜能，其对警务活动才不会过于关注和敏感，也才能有效消除警察对警务监督过分敏感的戒备心理，其在此方面的权利也由此进入一种“备而不用”的佳境，转向投入更能提升社会利益的其他领域。

显然，当我们分析了体制外主体权利的产生和存在的理由时，也就不难发现这种权利的主要特点。首先，这种权利具有终极性。警务监督既可以依靠体制内主体，又可以动员体制外力量，因此，对监督警务的权力和权利应当等量齐观，而不应简单倚重某一方力量。但就这两者的渊源和相互关系而言，权力源自权利，权力只是权利的委托行使，公众始终是警务监督最为根本的利益主体。尤其当体制内主体难以有效提升警务活动的规范性时，公众的终极地位更是凸显出体制外监督的终极性。这不仅意味着体制内监督的终极价值在于公众而不在于自身，而且也意味着体制内监督应当积极吸收体制外主体的合理建议，其效果最终也应由体制外主体评价。这样，体制外监督的终极性也就必然要求各项制度建设从不同的角度保障体制外主体的监督权利。当然，这种终极性只是就权利的本源意义而言，并不意味着它对不当不法警务具有终极的处置权，任何体制外监督都不可能绕过体制内主体自行决断，现实中的一些过激行为除了发泄一下情绪之外，也难以产生持续的积极影响。这也就非常现实地提醒体制外主体，任何监督诉求必须在制度的框架内方有彻底解决的现实可能，任何极端的监督方式都是对自身权利的滥用，更会将其置于更加危险的境地。

其次，这种权利具有广泛性。这种权利的终极性使其在各种场合下都应得到保护，进而反映出一种广泛性的特点。结合监督实践，这种特点至少可以从四方面进行理解：第一是指权利主体的广泛性。与体制内主体需要明确授权不同的是，所有公众都有依法监督警务的权利，而不仅仅以警务客体的身份被动地存在，即使一些即兴的批判或建议也能产生相应的监督效果，而任何人都可以在毫无年龄、财产、性别、民族乃至国籍限制的情况下，基于自己的判断和价值取向实施监督，自然也就成为体制外主体。第二是指监督方式的广泛性。体制外主体只要不是捏造或者歪曲事实进行诬告陷害，无论采取批评、建议、申诉、控告或者检举等任何一种方式，都可以行使监督权利，都应当得到肯定。第三是指监督内容的广泛性。体制内监督通常具有专一性，即来自不同国家机关的监督通常都有非常明确的监督范围或主题，一般不会进行宽泛的监督，但体制外主体既可以对不同警种和不同部门进行单项或全面监督，又可以对同一警种、同一部门甚至同一警察进行单项或全面监督，甚至警察的社会角色日常行为也会成为其监督内容。第四是指监督时空的广泛性。体制内主体通常具有确定的监督时空，一旦超出规定的时空，其监督活动只能以体制外主体的身份进行。这样，多元化的体制外主体就能够突破体制内监督的时空限制，进行全天候、多方位和立体化的监督，从而以其独特优势使不当不法的警察和警务活动无所遁形。①

再次，这种权利具有内生性。虽说体制外监督不具有体制内监督的强制性和处置权，其监督行为更多通过体制内力量才可能有效实现目的，但这种力量源自国家权力的职能分工，最终仍然源自权利的让渡。这样，相对于体制内主体的权力，体制外主体的权利无疑是天然和内生的，无须任何前提。也正因为如此，这种权利即使在特定的历史时期可能会遭到权力的践踏和扼杀，但不可能被完全铲除，并在抗争中顽强地萌芽、生长和壮大。所以，针对这种内生性，作为警务主体和监督客体的警察不应试图用体制内主体代替体制外主体，更不要指望体制外监督销声匿迹，为此，他们应当不断提高认识，自觉接受监督，主动实现警务监督的双重目的。此外，这种内生性通常也反映在监督动机上。与体制内监督不同的是，体制外监督往往是因为公众利益受损或可能受损而作出的应对之举，并不迫于制度安排和外界压力，因而表现出明显不同于体制内监督的内生性。因此，无论监督制度如何调整，都不应对体制外监督加以各种限制，以体现和支持这一权利的内生性。当然，这种内生性只是就权利的起源，并相对于体制内主体的权力而言，并不意味着体制外主体因此具有直接处置不当不法警务的资格和能力，更无取代体制内主体的可能。相反，这种内生性只意味着体制外主体具有直接批评、建议、申诉、控告或检举的资格，监督的最终成效仍取决于体制内外两种力量的对比以及体制内主体的努力。所有通过自身力量直接处置不当不法警务的企图不仅反映了体制外主体公民素质的缺乏、权利意识的膨胀和义务意识的低下，而且是对现行监督体制乃至政治体制的无知或挑战，也是对法治进程的严重阻碍。

最后，这种权利具有法治性。一方面，虽然权利是权力的本源，但如若没有科学合理的法律法规为其提供支持和保障，以分散单薄的权利监督集中强大的权力，往往无法实现监督的目的。为此，从早期资产阶级的宪政诉求，到当今社会对法治的普遍追求，“权利制约权力的法律依据比比皆是，有的是单刀直入地规定权利制约权力，有的则明显体现权利制约权力的精神和原则。”②同样，体制外监督作为权利的现实表现，也得到不同层次制度的支持和保障，

① 刘巍：《以权利制约权力》，《上海社会科学院学术季刊》2001 年第 3 期，第 134 页。

② 刘巍：《以权利制约权力》，《上海社会科学院学术季刊》2001 年第 3 期，第 133 ~ 134 页。

在我国，宪法和法律无不强调体制外主体的权利，又为体制外监督提供了最为直接的依据，而《中华人民共和国人民警察法》第44条也明确指出，“人民警察执行职务，必须自觉地接受社会和公众的监督。人民警察机关作出的与公众利益直接有关的规定，应当向公众公布。”当然，这种法治性也意味着，在制度的规定下，任何体制外主体的权利不仅是明确、有限的，而且其行使的结果是可以掌控和预知的，任何突破其法定界限、随心所欲的企图不仅得不到允许和保障，甚至还有遭受相应的制裁。另一方面，在法制缺失的社会里，权利并非不可以制约、影响权力，但多是在个体或群体长期压抑背景下以极端方式予以爆发，往往会造成社会的动荡不安和社会资源的巨大损失。而日益完善的法律体系不仅为权利监督权力提供了制度依据，而且也为这一行为提供了科学合理的调控机制，保障了常态、平和的监督行为。这也意味着，在警务监督中，体制外主体应当理性看待自身权利，主动放弃自身诉求永远正确的心态，并依照法律的实体和程序规定，行使监督权利，同时，在任何场合下都不得藐视相关的制度规定，更不能挤占乃至排斥其他力量监督警务的权力或权利。否则既是对自身权利的践踏，又是对法律的无知或藐视，不仅对警务监督毫无补益，而且也会给社会利益造成损失。

二、体制外主体：如何享有权利

对体制外主体权利的来源和特点的分析，在某种意义上也是对这一权利重要意义的重申和强调。这样，结合上述分析，他们行使这一权利的路径就显得非常明确，进而要求他们作出相应努力。首先，应加强自我教育，了解自身权利的来源和目的。从总体上讲，当下体制外监督的数量和质量都有迅速上升之势，但也因此暴露出公民教育的缺失和公民素质的参差不齐。在警务监督中，存在着保护性监督和发展性监督之分，其中，保护性监督多是因为自身利益受损或可能受损而被迫监督警务，更多着眼于不法警务。相比之下，发展性监督则明显超越了个人利益的狭隘视野，通常能够着眼于整体或长远利益，即使不当警务也常被纳入监督视野。由此可见，从无监督到有监督，从保护性监督到发展性监督，所取得的成绩以及其中明显有待规范的方面也反衬体制外主体尚有巨大的努力空间。然而，现实中并非所有人都知道何为监督警务，更非所有监督主体都懂得如何监督警务。显然，不知道何为监督警务的人只能被动接受警务活动的影响，只会将自身的利益寄希望于警察的职业自觉；不懂得如何监督警务的人往往以为在法律的护佑下，自身在警务监督中拥有恣意挥洒的无限空间，似乎执法型警务专为其保驾，服务型警务只能为其独享，而且可以随意挑剔或横加指责。显然，持有上述观点的人很难成为警务监督的合格主体，也不会在改善和优化监督环境方面作出应有的贡献，当然也就无法指望其监督行为为警务活动营造良好的社会环境，更不会在规范警务、服务社会方面作出相应的贡献。因此，体制外主体只有充分认识自身不足，并在警务监督中自我锻炼和自我教育，持续提升自身的公民素质，才有可能在权利和义务的平衡中逐步提高其监督意识和监督能力，才有可能将消极监督转化为积极监督，将保护性监督上升为发展性监督，警务监督作为一种社会进步的途径才会彰显其现实意义。

其次，应积极推动警务公开，拓展监督空间，巩固监督权利。就权利和权力的关系和互动趋势而言，权利的行使是以权力的公开运行为前提的，“没有公开性而谈民主制是很可笑的，并且这种公开性还要不仅限于对本组织的成员。”① 鉴于体制外力量在国家权力体系中的终极地位，体制外监督无疑是权利的体现和保障，但也需要以政务公开为前提。同样，这一宏观规定和监督机制也要求警务监督以警务公开为前提，没有警务公开，就无所谓警务监督，也就谈不上行使监督权利。当然，警务公开更多是基于外在压力的结果，即使最终成为警察机关的自觉行为，也是基于最初的外在因素。与此同时，实践中的体制外监督不只是针对某个警察、某一方面或某一时段的监督，而是一个全员、全程和全方位的过程，随时可以涉及每名警察、每项警务及其始终。这样，体制外主体就应当主动了解警务活动的各项规定，规范行使权利，以此推动警务公开的力度，并通过自身规范的监督行为，在维护自身利益、提升社会利益的过程中巩固警务公开的成果，增加公众和警察对警务监督的信心，以赢得更多体制内力量的信任，凝聚更多体制外力量的关注，从而在更大范围内推动警务公开，拓展警务监督的空间。

再次，应在制度框架内适度行使监督权利。政治学和社会学等学科都强调，安全和秩序并不是民主社会中公众理所当然的福利，也需要他们有所担当。所以，哈耶克指出，“秩序并非一种从外部强加给社会的力量，而是一种从内部建立起来的平衡”。② 结合本书和本章主题，国家和警察追求的秩序同样离不开公众的配合，甚至还要求他们作出相应的贡献。相对于无视或听任不当不法警务的存在，即使被动地监督警务已是一种可喜的进步，毕竟这一监督模式既维护了自身利益，又对警察产生了应有的警诫，从而间接维护和提升了社会利益。但是，立足发展的视角和规范的标准，即使被动地监督警务，哪怕

① 《列宁全集》（第6卷），人民出版社1986年，第131页。

② ［英］弗里德利希·冯·哈耶克：《自由秩序原理》（上册），邓正来译，三联书店1997年，第183页。

只是为了维护自身利益，也应出于善意的目的，任何借口维护自身权益而恣意行使监督权利，必然损害社会利益。也就是说，用错误的监督行为纠正错误的警务活动，除了让错误更多、更持久和更加反复，恶化社会风气，肯定不会产生更好的效果。所以，体制外监督也应当坚持适度的原则。这种适度的要求意味着任何体制外主体都不能无限放大自身权利，只能对警务活动进行正当、合理的监督，而不能因为维权而陷入权利绝对主义的错误行径之中，否则，一旦超越自身的权利边界，也就必然挤占警务活动的应有空间，制约警务效能，也就必然侵犯和挤占他人的权利空间，侵害其正当利益和社会利益。而这种要求不仅是理论的结论，更是监督实践的迫切需要。在监督实践中，部分体制外主体为了自身利益的最大化，不惜捏造事实、恶意投诉，或为了发泄自身情绪，辱骂、殴打警察，甚至一些媒体为了自身的经济效益，也不顾社会的公序良俗和自身的职业道德，操纵社会舆论，制造轰动效应，严重损害警察机关的职业声誉和社会形象。显然，所有这些行为假借监督之名，滥用监督权利，既超出了法定的权利范围，又违反了法定的监督程序，自然难逃道德谴责乃至法律制裁。但是，异化的民主权利和失真的警务监督已损害了警察的尊严和权威，破坏了警务活动的社会环境，自然也就严重背离了警务监督的良好初衷。

最后，应在理解和配合中行使监督权利。警察作为“国家不眠的眼睛”，其工作的辛苦和危险程度远高于一般公务人员，但作为性情禀赋与一般人并无本质区别的社会成员，既无法避免工作生活中的喜怒哀乐，又与其他社会成员一样具有自身的利益诉求。因此，体制外主体既不应因个别优秀警察的神勇而神化每名警察，无限拔高整个警察队伍，也不能因警察队伍中一人一事的过失而贬低警察声誉，丑化所有警察形象。也就是说，警务活动的高强度、高风险及其广泛性造成的难以排遣的消极情绪，更需要体制外主体在依法监督的同时，以平等、平和的态度主动了解、关心警察，体谅警察工作中的困难，原谅其工作中的细微过失，主动配合和支持警务活动，从而营造极具人文关怀的监督环境，缓解警察的工作压力，强化其责任感和事业心。因此，在日益广泛的警民互动中，体制外主体应当明白，“警察检查之役，于国民全体有极大之利益存焉”。[①] 这样，基于警民双方根本利益的一致性，体制外主体应立足自身长远利益和社会利益的视角，主动理解警察，积极配合和支持警务活动，最大限度地调动而不是影响和打击警察的工作积极性，不能因一己之私而影响社会利益，从而实现社会利益的最大化。为此，松井茂强调指出，“民众对警察之行动，不可徒事非难，应随时予以激励、襄助，俾警察得发挥其技能，取公平

① ［日］松井茂：《警察学纲要》，吴石译，中国政法大学出版社2005年，第4页。

之态度而无所回避，斯臻极致”。[①] 相反，如果公众一味坐享警察严格执法和热情服务的利好，却对警察缺乏应有的理解和尊重，被动应付警务活动，甚至因警务暂时影响自身便利便恶语相向。显然，如此刻薄的体制外主体和如此挑剔的监督环境只会打击警察的自信心和责任心，徒增警察的工作压力，甚至诱导其强化警务活动中的冷漠、恣意或徇私舞弊等行为，却难以调动其接受监督的主动性，更难激发其规范警务、服务社会的创造性，警民关系也难有持续和谐的人际环境。因此，对体制外主体而言，如果说对警察的“尊敬是必要的，畏惧已大可不必，神化则系荒谬”[②] 的话，那么，对警察的理解、配合乃至必要的宽容也是必需的，更是实现监督目的的必要条件。因此，体制外主体应当正确认识自身行为的重要意义，在兼顾和平衡自身利益和社会利益的关系中规范地行使权利，为警务活动树立正确导向，为警察创设广阔的自主空间，进而在警务监督中实现警民双赢，共同拓展社会利益的发展空间。

第三节　体制外主体的义务

就政治文明的发展趋势而言，权力正日益明显地受到国家和社会的严格审视和合理限制，权利在总量和范围上也呈现出不断扩大的趋势。显然，这一积极趋势无疑是人类社会孜孜以求、不懈奋斗的结果，也预示着权利更为光明的发展前景。但是，任何人都是权利和义务的统一体，如果在权利的意识和能力增长的同时，义务的意识和能力没有同步增长，也会因两者关系的失衡而导致权利的膨胀，从而破坏权利主体在利益诉求上与他人、集体、国家乃至社会的平衡，甚至导致权利掣肘权力运行、挤占他人权利的严重后果。由此反观监督实践，则不难发现，面对规范性迥异的警务，人们往往热衷于讨论“如何规范警务活动?”但并非所有人，甚至很少有人会追问“如何规范监督行为?”如果后一个问题得不到应有的重视，监督目的的实现也就难以预期，甚至毫无可能。在监督实践中，人们通常强调自身监督警务的权利，却很少关注与权利相对应的义务，甚至在对自身权利津津乐道时，已经不知或忘却义务为何物了。因此，当我们条分缕析地论证体制外主体的权利时，强调其在警务监督中的义务也就并非多余，而且更有必要对其予以更多的重视，以纠正权利膨胀、义务缺失的状态，更好地实现两者的平衡。

---

① ［日］松井茂：《警察学纲要》，吴石译，中国政法大学出版社 2005 年，第 61 页。
② ［美］科恩：《论民主》，聂崇信等译，商务印书馆 1988 年，第 181 页。

一、体制外监督：何种义务

与权力和责任的关系一样，分析义务，同样也离不开权利。这样，在类似逻辑的启示下，权利和义务之间至少存在两种关联，即“一方面是一个人的权利与他人的义务的关系；另一方面是一个人的权利与他自己的义务的关系”。[①] 也就是说，一个人拥有的全部权利分别基于他人和自己履行的义务，或者说，只有他人和自己的担当才能保障其权利。立足义务的视角和本节的主题，警务资源作为一种公共产品，是公众生存和社会发展的现实前提，但在对待警务资源的态度上，化公为私、损公肥私、损人利己的现象并不鲜见，一如陈天华在《警世钟》中所言的那样：“中国的人最可耻的，是不晓得国家与身家有密切的关系，以为国是国，我是我。”[②] 显然，这种图家忘国的极端心理在警务监督中通常表现为义务意识的缺失和义务能力的低下，进而要求本节系统思考体制外主体的义务来源、特征以及与此相关的其他问题，以纠正在此领域中权利和义务的失衡。

首先，这种义务是体制外主体应有的付出和担当。如前所述，每一个社会成员都有可能成为体制外主体中的一员，但他首先是社会中的一员，因而更离不开社会关系对他的基本规定。从社会成员转化为体制外主体，是对其在警务监督中应有身份的确认，更是对其在警务监督中应有作为的期待。任何人要想以主体地位在警务监督中发挥应有作用，仅有宪法和法律赋予的身份和资格是明显不够的，因为这种身份和资格只能保障该主体行使监督警务的权利，却无法保证其能够坚守而不放弃自身权利或挤占其他主体的权利，更无法保证其不将公共资源贬低为满足个人私利乃至个人野心的工具。“一个人以一定方式行为的权利，便是另一个人对这个人以一定方式行为的义务。”[③] 因此，任何一个体制外主体的身份和权利的确认，都要求得到其他主体的承认和尊重，反之，则要求体制外主体对他人的身份和权利予以同样的承认和尊重。而这种承认和尊重又是建立在对他人身份的理解和认同的基础上，进而要求该主体在其他主体行使监督权利时作出自己的支持和配合，甚至要作出相应的付出和担当。这种付出和担当在尊重警察和其他主体正当利益的同时，也就成就了自己作为体制外主体的完整身份和真实权利。否则，缺失义务的权利必将沦为一种毫无节制的索取，虽然可能会成就自己的天堂，却也会将他人送进地狱，进而

① 王海明：《论权利与义务的关系》，《伦理学研究》2005 年第 6 期，第 5 页。
② 郭力安等：《中国读本》（上册），国际文化出版公司 1997 年，第 33 页。
③ ［奥］凯尔森：《法与国家的一般理论》，沈宗灵译，大百科全书出版社 1996 年，第 87 页。

彻底背离政治生活的理性追求和人类社会的发展趋势。

其次，这种义务是对正常的监督活动和警务活动的保障。无论是延续国家的分析逻辑，将警察的职能区分为政治职能和社会职能，还是转换视角，将其划分为统治、管理和服务的职能，都从不同角度反映出警察管理社会、维持秩序的责任。在此过程中，警察希望他们始终能够及时将社会秩序控制在可以接受的范围内，或恢复到原来的状态，这就需要公众在理解的基础上自愿遵守相关规则，主动配合警务活动。如果每个人都具有这种自我管理的意识和能力，或者整个社会的自觉性足以实现社会秩序，警察当然无须用职权为警务活动充当开路先锋，警务活动的规范性自然会不断上升，警民关系也会因此变得更加和谐，公众也就无须将宝贵的时间和精力投放到警务监督之中。与此同时，警务活动具有人为性和为人性的特点，即警务活动始终离不开作为警务主体的警察的参与，警务活动也始终具有明确的价值追求，即维护和提升社会利益，造福其中的每一个社会成员。这样，一方面，这种人为性说明警察并非万能，警务活动也往往受制于警察机关和警察的认知和能力，无法满足所有时空下的警务需求，因而更需要得到他人的理解和支持；另一方面，这种为人性则进一步说明，警察能力的有限性必然在一定程度上制约其服务社会的能力和质量，必然需要作为警务客体的公众的支持和配合，或者说，只有得到公众的支持和配合，警务活动才能更好地发挥其服务社会的目的。这样，体制外主体作为警务活动的利益相关者和平等受益者，应当承认和尊重警务活动的上述特点，自然不能坐享警务活动的利好，更不能一味地指责、刁难，甚至还需要他们比普通民众为警务活动提供更多的支持和配合，使警务监督更富合作性、建设性和开创性，进而为警察更好地把握公众的关注和社会的需求、更加精准地服务社会夯实基础。此外，随着民主法治进程的加快，备受关注的善治理论尤为强调权力与权利的平等和互动，它不仅要求权力服务权利，而且要求权利尊重权力，所有重大的社会问题都应在国家和社会的相互理解、相互配合中加以解决。这样，作为警务目的的社会利益才能在警察和公众的共同努力下成为可能，才能在体制外主体自觉承担义务的基础上得到持久的维护和提高。由此可见，如果每个体制外主体都固守自我本位，一味强调自身作为警务活动的价值主体和监督主体的地位，必然导致警务监督脱离应有的运行轨道，甚至因此掣肘警务活动。而在纷繁复杂的警务环境中，毫无自主性的警务活动必然打击警察接受监督的主动性和规范警务的积极性。

上述分析表明，体制外力量作为监督主体的地位不仅意味着一种身份和资格，更意味着一种付出和担当。这种付出和担当既是他人主体地位和权利的外在条件，又是自身主体地位和权利的共存因素，否则，他人和自己的地位和权利也将无所依托。显然，这样的定位也从不同视角反映了体制外主体义务的主要特点。首先，这种义务具有共生性。马克思曾明确指出，“没有无义务的权利，也没有无权利的义务。”① 体制外主体的存在本身就说明义务和权利是一种共生并存的关系，即两者虽有不同，却始终是互为条件，相互依存，相互促进。如果进一步分析义务相对于权利的共生性，就不难发现，一方面，这一特点是相对于自己的权利而言，即每个主体应尽的义务都是因自身的权利而存在，都是为了维护自身权利而作出的付出和担当；另一方面，这一特点是相对其他主体的权利而言，即每个主体所尽的义务都与他人的权利共存，都是他人权利的前提和保障。所以说，“法律条文和道德规范只要规定了一条权利（或义务），便意味着规定了一条义务（或权利）”。② 不仅如此，这种共生性除了义务和权利的并存外，还意味着两者之间总量的平衡，即“只要赋予了一些人多少权利（或义务），便意味着赋予了另一些人多少义务（或权利）”。③ 也就是说，一个人享有多少权利，就必须承担同量的义务；承担多少义务，也就应当享有同量的权利。否则，义务的缺失必然导致自身权利的扩张和他人权利的萎缩，义务的偏重则意味着自身权利的缺失和他人权利的膨胀。显然，上述任何一种情况都必然导致体制外主体义务和权利的失衡及其公民素质的偏颇，都会制约体制外主体这一力量的存在及其应有作用的发挥，进而蔓延到人类社会的其他方面，阻碍人类社会的健康发展。

其次，这种义务具有普适性。正如监督警务的权利是体制外主体权利的有机组成及其身份的现实保障，与此相对应的义务同样也是公民义务在特定领域中的逻辑延伸和体制外主体的现实支撑。如果说权利和义务的平衡构成了合格公民的基础，那么，体制外主体的权利和义务的平衡显然也构成体制外监督的现实前提。在人类历史上，作为对自由的向往和维护，全体社会成员曾长期共同承担秩序、安全等重任，也因此在更好享有自由的同时免于国家和警察的干预，这种传统在此后的历史中仍然以不同方式存在着，以至于在所谓的过渡警务（Transitional Policing）时期，人们在业余时间也自愿承担相应的警察职责。④ 不过时至今日，这种义务意识和义务能力并没有随着职业警察的出现和完善而有所加强，反而出现了淡化的趋势，甚至在很多人心中已完全缺失。虽然这一现实在一定程度上反映了国家和社会之间的此长彼消，但这也不能说明

① 《马克思恩格斯选集》（第2卷），人民出版社1995年，第610页。

② 王海明：《论权利与义务的关系》，《伦理学研究》2005年第6期，第6页。

③ 王海明：《论权利与义务的关系》，《伦理学研究》2005年第6期，第6页。

④ ［美］罗伯特·兰沃西等：《什么是警察——美国的经验》，尤小文译，群众出版社2004年，第34页。

当今社会已无须这样的担当，公众更不用承担这样的义务，而只是说明这一义务在当下应当重新被唤醒和受到重视，甚至应当延伸到警务监督之中，并普遍存在于每一个体制外主体的监督行为之中，以此培养和壮大公众自我管理的能力，遏制国家继续扩张的势头。也就是说，这种普适性并不意味着这种义务仅仅表现和停留在警务监督方面，而应作为公民难得的应有素质，充分展现在社会生活的方方面面，从而推动社会持续进步。这就意味着，无论现实中的个体之间存在多少差异，任何人都不能以任何理由推卸这份担当，否则，他们必将丧失现代公民最宝贵的品格和更多自由的可能。显然，在权利存续的情况下，一旦相应的义务意识和能力成为体制外主体乃至全体民众的基本素质，他们既会通过警务监督推动社会持续进步，又会通过社会进步让警务监督获得持续的规范。与此同理，缺乏义务意识和能力的公民则不可能成为一个合格的体制外主体，而不知义务为何物的体制外主体更不可能在警务监督中有上佳表现，而且在其他场合和其他方面也不可能表现出合格公民的良好素质，更难以体现自身在社会发展中的应有价值和积极意义。

最后，这种义务具有工具性。虽然说义务和权利既要相互依存，又要保持平衡，但是，立足主体的视角，两者之间始终存在着手段和目的的关系。具体而言，无论在人类社会之初，还是在其发展至今的时期，与其说义务是人们自觉自愿的终极追求，是所有人应有的主动担当，毋宁说是义务缺失阶段的惨重教训和重视义务的宝贵经验反复证明和相互对照的结果。也就是说，如果在义务缺失的情况下，也能够长期享有权利的话，肯定无人会主动提及，更不会勇于承担义务。由此可见，当下人们越来越重视和强调义务和权利的平衡，并不是符合人性的最佳选择，更不代表当下人们已普遍达到的道德境界，而是在历史的经验和教训的反复中不得不接受的现实。这样，在长期的发展过程中，经验和教训使得原先不得不承担的义务才逐步转化为人们的共识和自觉行动，转化为一种体现和实现人的本质的条件，进而体现出权利和义务的价值一致性的趋势，权利诉求也因此具有稳定而持久的保障。正是在这个意义上，相对于权利这一内生、终极的目的而言，义务始终是一种孕育、滋养和丰富权利的手段，具有鲜明的工具性，所以，拉斯韦尔等人明确提出如下命题："承担义务的同时也会获得利益。"① 也正因为如此，与其说义务"由旨在维护某种结构以保护个人目的的国家强制赋予的"，② 毋宁说是人们公民身份日益明确背景

① ［美］哈罗德·D. 拉斯韦尔等：《权力与社会：一项政治研究的框架》，王菲易译，上海人民出版社2012年，第153页。

② ［英］戴维·赫尔德：《民主的模式》，燕继荣等译，中央编译出版社2008年，第17页。

下的主动担当。基于这样的原因，为了通过警务监督最大限度地提升警务效能，有效维护和持续提升自身的正当利益，体制外主体也就不得不承担起自己的义务。这样，体制外主体无论是相对消极地坚守自己的权利空间或被动地尊重他人的权利，还是非常积极地拓展和丰富自己的权利或主动维护他人的权利，义务意识便悄无声息地生根发芽，义务能力在日积月累中得到了培养，久而久之，义务在保障权利中显示出极其重要的现实价值。同样，因为对义务的强调和越来越多体制外主体对义务的担当，警务监督的质量日益显示出稳步提高的趋势，警察接受监督和主动提高警务效能的积极性也得到了有效激发，包括警察在内的所有人的正当利益诉求也因此更有保障。

二、体制外主体：如何履行义务

上述分析表明，在建设政治文明的背景下，只有经过长期具有针对性的公民教育和生动的监督实践，强化体制外主体的义务自觉，才能有效端正体制外主体对警务监督的认知，规范其监督行为，发掘其监督潜能。首先，体制外主体应自觉养成义务意识，不断提高义务能力。从理论上讲，权利和义务的关系使得权利教育即是义务教育，权利生成即是义务生成，但事实上权利意识和义务意识往往难以同时形成和齐头并进，人类社会既有全体成员权利和义务由平衡到失衡的历史，也有许多个体权利或义务缺失的现实。即使在民主进程中，政治实践和公民教育催生和强化了公众的权利意识，但他们的义务意识并未因此得到同等的重视和强调，发展和完善民主的努力也在一定程度上受到制约。虽然在此环境中，警务监督也许能照样实施，并能产生一些成功的监督个案，但想要取得持久、普遍的成功，显然希望甚微。虽说"行为是否恰当和景色是否美丽一样，通常是观察者个人的看法"，[①] 但是，个人判断无论存在何种差异，也不应违背公序良俗，或突破伦理底线，更不应背离社会发展的总体趋势。因此，体制外主体应从发展民主政治、促进社会进步的高度，重视和发挥自身在民主进程的应有作用，并借助警务监督这一舞台不断强化自身的义务意识，不断提高自身的义务能力，防止因义务意识缺失、义务能力低下而导致错误行为。换而言之，在监督实践中加强公民的自我教育，不仅要使他们明白，即使警察有高度的智慧和良好的心愿，也无法保证其毫无过错，而且要让他们知道，即使自己极其合理的监督动机，也难以保证其监督效果始终事遂人愿。因此，体制外主体不仅应当在权利行使中规范警务活动，而且应当在义务担当

---

① ［美］罗伯特·兰沃西等：《什么是警察——美国的经验》，尤小文译，群众出版社2004年，第418页。

中规范监督行为，进而以其应有的积极功能为体制内监督和警务活动营造良好的社会环境。此外，通过公民教育，公众即使不直接参与警务监督，至少能够提高他们理解警察、认识警务和加强警民沟通的能力，也至少能够培养起评判他人监督行为的能力。这种能力犹如不会烹制筵席却具有品赏美食的能力一样，对于警务监督既是完全可能的，又是完全必要的，进而能够以客观公正的态度评判和规范监督行为，提升警务活动的规范性。

其次，体制外主体应自觉承担义务，主动配合警务活动。时至今日，随着权利意识的日益发达，警察再也无法"绝对运用权力以制服民众"，而"人民心理往往偏于权利方面，义务观念因以欠乏"。① 置身这一环境的人们往往期待警察在打击犯罪、改善治安和提供服务等方面有更多更大的作为，却很少有人、更少考虑过自身在这些方面的相关义务。事实上，立足积极意义的层面，社会利益既是警务活动追求的最终目的，也是公众的期盼及其对警察的期待，从而构成了警民双方的共同追求。这不仅要求警察进行不懈努力，同样也要求体制外主体主动承担相关义务，主动配合警务活动，如提供侦查信息、协助缉捕疑犯、维护社会治安等。而在消极意义上，"虑患防危，以期秩序安宁，乃人类生活中不可少之事。国家既负此重大责任，而国民在道德上、法律上，亦应以不妨害公共安宁为重大义务。此种义务，乃当然不易之原则"。② 这样，体制外主体理当明白，自由和秩序之间始终存在着动态矛盾，"在任何社会中，自由与秩序这两种利益都此消彼长，此长彼消。更多自由的'代价'可能是更多的混乱，更多秩序的'代价'则可能是更少的自由。"③ 因此，他们应当追求自由和秩序的现实平衡，而不因自由发展的宏观趋势而舍弃现实的秩序追求，也不因秩序的现实意义而放弃更为高远的自由追求。但在现实中，很多体制外主体在享有警务利好的同时，却徒生事端，增加警察负担，甚至还滥用监督权利，恣意批评警察和挤占警务空间，结果不可避免地阻碍了警务效能的提高，打击了警察开展警务活动的积极性。尤其在科技迅猛发展的今天，发达的通讯设施使得报警的经济成本和时间消耗大幅下降，报警的数量及随意性也随之大幅上升。这些低价值或无价值的报警不仅挤占或耽误了那些重要或紧迫的警情，贬低了自身价值，而且也降低了警民相互沟通、理解和信任的可能。由此也说明，在公众需求日益多样化和警力稀缺的情况下，对警力的非分要求或故意消耗必然排斥其他人的紧急需求，其实质就是滥用权利，侵蚀社会

① ［日］松井茂：《警察学纲要》，吴石译，中国政法大学出版社 2005 年，第 18 页。

② ［日］松井茂：《警察学纲要》，吴石译，中国政法大学出版社 2005 年，第 28 页。

③ ［美］罗伯特·兰沃西等：《什么是警察——美国的经验》，尤小文译，群众出版社 2004 年，第 6 页。

利益，更是义务意识缺失的现实明证。因此，立足提高警务效能、维护社会利益的角度，体制内主体应当自觉遵守法律法规，服从警察管理，珍惜和慎用警力，确保有限警力能够投放到紧急之时和紧急之所，其中，他们尤其应当主动体谅警察艰辛，避免增加警察负担，更应主动关注和理解警察，积极配合警务活动，这就是“接受义务意味着服从权威”[①] 的道理。此外，他们也应主动承担社会责任，自觉规范自身行为，不因制度缺陷而推卸自身的道德义务，更不因此而放任乃至放纵自身行为。显然，面对如此理性的监督主体和如此人性化的监督行为，警察不仅不会畏惧和抵触监督，而且会主动接受监督，以便从监督中获得更多的理解和支持。

再次，体制外主体应尊重警务规律，进行合理监督。政治文明的进程决定了权力在权力和权利的双重制约下不断规范其运行方式，尤其是行政权不仅受到立法权、司法权的制衡，而且受到体制外力量的全面监督，进而证伪和否定了全能政府的现实可能，决定了有限政府的现实意义及其在民主法治进程的权力边界。作为有限政府的职能部门，警察机关不可能也不应该背离民主法治的趋势，警务活动的广泛性也只是相对于其他行政权而言的有限广泛性，并不意味着警察可以无限拓展其职权的适用时空。虽说理论上的警务活动是有限性和无限性的统一，但现实中的警务活动总是存在于特定的时空中，总是表现出相应的有限性，公众在现实中深受影响和能够影响的只能是特定时空中的有限警务。因此，体制外主体在实施警务监督中必须立足有限性的视角，监督特定时空下的警务活动，即监督那些动用警察权的行为，确保警察权始终运行在法律法规的框架内，确保警务活动符合社会利益。虽说无论在何种意义上，“最好的警察力量也不能侦破、跟踪和抓获所有的罪犯，更不用说少年犯罪了”。[②] 但在现实中，体制外主体出于对警务活动的全能期待，或是出于对警察权潜在危险的担忧，既要求警察无所不能，又希望警察完美无瑕，进而表现出随时随地监督警察所有行为的强烈愿望。殊不知，无论警察这一身份如何特殊，都和其他职业一样聚合了多种角色，都与其他角色一起并存于公民角色的基础上，他们在行使警察权之余，也应当和其他社会成员一样，以公民身份分享其社会角色的权利，承担相应的义务。在此环境下，警察的制度角色不能也不应该剥夺其社会角色分享社会进步利好的权利，正如不能剥夺其他从业者这一权利一样。当然，这并不是说，在不动用警察权的情况下，警察以公民身份从事的各

---

① ［美］哈罗德·D. 拉斯韦尔等：《权力与社会：一项政治研究的框架》，王菲易译，上海人民出版社2012年，第152页。

② ［美］道格拉斯·拉米斯：《激进民主》，刘元琪译，中国人民大学出版社2008年，第21页。

种行为可以为所欲为，无须承担任何责任，毕竟在此时空下也会出现一些违反法律和道德的行为，但这些行为也只能从公民的角度出发进行评判和惩戒，而不应与其制度角色联系在一起。否则，对警察进行不分场合、不分角色、不分情境的监督，显然是对警务有限性的背离和对警察社会角色的否认，也是对全能警察的幻想和对民主法治的逆转，自然也就暴露出体制外主体心存全能政府、全能国家的陈旧观念。同样，这种监督行为不仅使其具有权利膨胀的嫌疑，更有侵犯和危及他人权利的可能，自身的主体地位和作用最终也将陷入难以长久维系的境地。因此，体制外主体应当明白，无论他们如何主动和强势，警察都不可能唯其命是从，而只能以国家意志和社会利益为行动依据，这就意味着他们只有立足国家意志和社会利益，在警务监督中表达其正当诉求，其监督行为才能得到警察的积极响应，才会产生积极作用。

又次，体制外主体应提升公民美德，提高监督质量。对体制外主体而言，现实中的警务监督更多是基于维护和提高自身利益的目的，与社会利益并无直接关联，其监督行为也没有承担相应的社会责任。但是，人各自私、人各自利的状态在特定历史阶段的进步性并不意味着人类历史就此终结于这种状态，更不能否认人类社会仍有更为积极的发展期待，因为这种状态只会让人类社会长期停滞在自私自利的境地，甚至长期挣扎在私利膨胀、相互倾轧的泥潭中，无法将人类社会引领到更加崇高的道德境界。同样，监督现状也说明，这种状态极易导致众多的体制外主体追求各自私利的单一目的，甚至使其监督行为沦为群氓之举，蜕变为利欲熏心的极端行为。[①] 这就意味着，体制外主体应当在遵纪守法中实施监督。如果说“当法律终止时，暴政就开始了”，[②] 明确指向了国家和警察，那么，对公众而言，当法律失效时，暴民也将不可遏止地盛行起来。不仅如此，正如托克维尔所强调的那样，“当人们看到其伙伴身处险境，有责任伸出援助之手；强者多做，弱者少做，但弱小并非是袖手旁观和拒绝合作的理由”，[③] 这种道德标准不仅是社会发展必需的，而且在社会化程度空前

---

① 警务活动中存在的一些问题看似警察自身的因素，其深层原因仍和公众的义务缺失密切相关。如警力紧张并非警察机关不愿扩大编制，而是编制的扩大必然增加社会负担，与社会发展趋势背道而驰。而更深层的原因则在于公众的非理性，正是因为一些民众过度使用警力，才最终导致警察无法满足其他人的合理需求，其合法利益也会因此受到损害。与此同时，现实中一些天真乃至贪欲很盛的民众往往因为自身的非分之想，极易上当受骗，进而使得原不充裕的警力更加紧张，警察的负担更加沉重。

② ［美］哈罗德·D. 拉斯韦尔等：《权力与社会：一项政治研究的框架》，王菲易译，上海人民出版社 2012 年，第 210 页。

③ ［美］乔治·弗雷德里克森：《公共行政的精神》，张成福等译，中国人民大学出版社 2003 年，第 170 页。

提高的今天尤显重要，更值得在警务监督中推广。为此，体制外主体应当继续发挥在安全、秩序等公共事务方面守望相助的优良传统，为他人、警察和社会，同样也为自己提供更可预期的社会环境。与此同时，在这样的监督环境中，体制外主体外在的公民资格不仅会逐步发展为内在的公民素质，上升为公民美德，促进政治文明的进程，而且必将为警务活动创造一个理性的社会环境，必将激发警察规范警务、服务社会的自觉性和创造性。相反，完全基于私利或偏见的监督行为，必然滋生狭隘、苛刻的监督氛围，必然导致警察在警务活动中的无所适从和难有作为，警察的职业形象和社会声誉只能陷入每况愈下的境地。在此环境中，不仅各种藐视警察权威、侵犯警察合法权益的违法犯罪行为会滋生蔓延，而且因此而恶化的治安形势必然增加警察打击违法犯罪的难度，社会利益也会因此存在于危境之中。因此，体制外主体通过警务监督，应在对警察的信任中存有一定程度的怀疑和批判精神，在怀疑和批判中融进应有的理解和支持，以免一些正常的维权行为恶化成冲击制度底线的极端行为。这样，立足警务监督的视角，以文明、正义、平等、宽容、同情和责任为主要内容的公民美德必然要求体制外主体超越个人私利，淡化“经济人”的狭隘诉求，摒弃极端的个人主义和功利性监督，进而提高其提高社会责任感，凸显“道德人”的深远意义，追求基于社会利益的理念性监督；要求他们搁置个人好恶标准，摒弃基于个人偏见的批判性监督，实事求是地追求基于规范警务、服务社会的建设性监督；要求他们尊重他人在警务监督中的权利，并主动帮助他人提高认识，防止维权这样的正当诉求对法律底线造成意外的冲击，防范和减少那些情绪化监督乃至恶意监督，杜绝各种睚眦必报的狭隘和偏激的监督行为。

最后，现代传媒应在私利和公益的平衡中进行理性监督。在各种体制外力量中，现代传媒既能直接对不当不法警务进行监督，又能将有关情况公布于众，广泛调动社会的监督潜能。正是这种优势使得包括警务监督在内的监督行为获得越来越大的影响，现代传媒自身也因此被称为“第四种权力”。但是，现代传媒的巨大影响并不意味着其监督行为具有相应的规范性。作为现实社会的特定组成，现代传媒不仅存在着局部的利益诉求，其从业者同样也有个人的利益追求，这样，“处于商业目的的考虑，媒体常常面临为迎合大众低级趣味的压力，最终选择了大肆渲染案件并美化犯罪、贬低警察的情况”。[1] 显然，现代传媒的这一诉求在强化其监督优势的同时，也存在着功利性倾向明显、对上监督流于形式和对下监督“杀伤力”过大、凌驾于其他社会组织乃至取代

---

① ［英］罗伯特·雷纳：《警察与政治》，易继苍等译，知识产权出版社 2008 年，第 161 页。

行政和法律部门等问题。[①] 事实上，作为一种公认的政治文明动力机制，现代传媒不仅应充分行使自身在民主法治进程的权利，更要自觉履行其中的义务，主动防范自身监督行为的消极影响。对此，有研究者特别强调，“新闻传播活动不属于国家的管理活动，无论是新闻工作者的采访活动还是新闻报道的内容都不具有司法、行政的强制力。记者不可能指令人们做什么或者不做什么。新闻工作者享有的不是权力而是权利，不是司法、行政权力而是政治权利、民主权利。”[②] 也就是说，现代传媒的监督权利理当受到尊重，但是，其作为警务监督的记录者和传播者的地位不应僭越为发动者和组织者，不能蜕变为雾化事实真相的舆论操纵者，更不能膨胀为偏听偏信、滥加评论的专断判决者，毕竟“人民并没有把自己的言论出版新闻自由等权利授予新闻媒介和新闻工作者。所谓‘记者是人民的代言人’的说法，是从道义上说的，不能说人民有了代言人，自己就不用说话了。新闻工作者是作为人民的一分子，与广大人民一起来行使这些权利的。新闻工作者的采访权、报道权、评论权、批评权和通信权、传播权等等，只是公民行使表达权和知情权的一种具体形式，是一种职业权利。”[③] 因此，现代传媒必须明白，在日益常态化的警务监督中，无论置身于何种监督环境中，他们都应当履行不制造舆论颠覆国家制度、反对社会、不损害集体或他人合法权利、杜绝非法牟取经济利益或进行舆论误导等义务，[④] 尤其要防止用私利代替公益的企图，进而在积极维护社会利益的正义之举中展现其应有的义务担当和道德光辉。

总之，在民主法治的社会和崇尚治理的当下，所有人都应明白，“不遵守法律，不服从官员命令的人不是好公民，不想尽其全力提升整个社会福利水平的人也肯定不是一个好公民。”[⑤] 在警务监督中即使是为了维护自身利益，体制外主体也应尽量减少那些无义务约束的善良愿望所造成的负面影响，更不应绑架乃至蓄意侵害社会利益。在此基础上，体制外主体还要在防范警察“为非”的同时，堵塞其更为广阔的“行善”空间，更要防范自身失范的监督行为激化其“为非”的冲动，毕竟警察的存在和社会对警察的认可都是以其“行善”为前提，一旦体制外主体的义务长期或普遍缺失，屡遭批判和挑剔的警察必将毫无“行善”的自主空间，每个人的切身利益也因此变得岌岌可危。因此，体制外主体必须主动顺应警察社会化的趋势，在明辨是非的基础上进行

① 赵振宇：《程序的监督和监督的程序》，社会科学文献出版社 2008 年，第 295 页。

② 展江：《新世纪新闻舆论监督的语境和实践》，中国海关出版社 2002 年，第 23 页。

③ 展江：《新世纪新闻舆论监督的语境和实践》，中国海关出版社 2002 年，第 23 页。

④ 唐惠虎：《舆论监督论》，湖北教育出版社 1999 年，第 145 页。

⑤ A. Smith. The Theory of Moral Sentiments. Indianapolis：Liberty Classics，1982，p. 231.

善恶判断，自觉承担起保障警务活动、提升社会利益的义务，以一种积极公民的形象和作用激发和引导警察在追求真善美中拓展其职业空间，丰富其人生价值。

第四节　体制外主体权利和义务的平衡

由于警务监督的主导权主要在于监督主体，警务监督不仅要关注警察的现实表现，更要关注监督主体的应有作为，尤其是在监督实践中如何保持权利和义务的平衡。其实，在前文各有侧重的分析基础上，只要转换视角，稍加归纳，权利和义务的关系又会以另一番景象表现出来：首先，权利和义务应当是对应的。在原始社会中，人们还没有明确的权利和义务的观念，更没有权利和义务的区分，两者以近乎完美的方式保持着对立统一的关系，并天然地扎根于世人的观念之中，自然地融于社会习俗之中。但随着人类社会走进专制社会，分化的权利和义务开始以一种极端的方式表现出来，一部分人攫取了一切权利，却把一切义务强加给其他人。这样，无论是个人，还是全体社会成员，权利或义务都进入了明显缺失的状态。但在社会的激烈抗争和持续纠偏下，这种单项缺失的状态才得到明显的遏制，进而随着民主社会的发展和逐步成熟，权利和义务才逐步对应地并存于现实之中。其次，权利和义务应当是对等的。一方面，无论对整个社会，还是对每个个体而言，权利的获得意味着义务的增加，义务的增加也意味着因此能够享有更多的权利；而在不同的个体之间，个人权利的获得意味着他人义务的增加，个人义务的增加也意味着自己可以因此向他人主张更多的权利。另一方面，在两者的应然关系上，特定时空下的权利总量和义务总量之和是明确和一定的，其中，不仅权利总量等于义务总量，而且每个人的权利和义务相等。这样，从全社会到每个组织，再到每个人，权利的增减必然意味着义务的同步增减，反之亦然，人类社会也正在逐步向这个方向发展。这样，权利和义务的关系要求在实践中以两者平衡的标准规划其发展格局，而且也完全适用于警务监督这一特殊领域。正是基于这样的认识，早在20世纪早期，松井茂就强调："昔之权利义务有所偏枯者；今则须并重矣。"① 因此，在监督活动蓬勃发展、监督行为亟待规范的今天，相对于体制外主体的权利和义务的来源和特点，以及如何行使权利、承担义务的路径分析，在深化对两者关系认识的基础上，强调体制外主体如何在监督实践中实现权利和义务的动态平衡也就显得极为重要和紧迫。

---

① ［日］松井茂：《警察学纲要》，吴石译，中国政法大学出版社2005年，序。

一、权利和义务的平衡是监督目的的保障

立足警察职能和警务目的的视角，前文关于警务监督的双重目的的分析表明，如果警察无制度化的刚性制约，警务活动无规范性的硬性规定，仅凭警察的角色自觉，他们自然难以有效抵御各种因素的影响，其作为“经济人”的冲动就会恶性膨胀，不当不法警务就会泛滥成灾，警察和警察机关的权威性也会岌岌可危，国家的合法性必将遭受侵蚀。而在这样的危境中，公众必然时刻担心警察挤占或损害其切身利益，自然也就不敢奢望警察为社会提供更多的利好。由此可见，只有当警察对法律法规等制度规定心存足够的敬畏，他们才有可能将其自身行为控制在制度框架之中，这些制度规定所追求的安全、秩序等价值才能有实现的可能，服务社会的目的才能具有坚实的基础，社会利益才能在规范的警务活动中得以持续提升。而理论和实践也反复说明，规范警务和服务社会作为警务监督的双重目的，不仅需要体制内主体规范行使权力，主动承担责任，充分发挥体制内监督的制度优势，而且要求体制外主体正确行使权利，主动履行义务，充分挖掘体制外的智力和道德资源，完善警察规范警务和服务社会的激励机制和社会基础。这样，监督权利的行使不仅能为警察设置警务边界和行为规范，而且能有效遏制警察权膨胀的趋势。与此相对应，如果体制外主体不能规范监督行为，即使放弃监督也会放纵不当不法警务，而权利膨胀的监督行为必将掣肘警务活动，甚至挤占正常的警务活动，其结果必将制约社会利益的提升，警务活动的价值和警察存在的意义自然会屡遭质疑。为此，松井茂指出，“一般民众，每以警察官吏，制限人民之自由，辄生厌恶之感。至遭遇危害，方知警察之功用，正如临病方知求医”。[①] 这也就是说，体制外主体只有充分认识到警察作为国家机关的常态构成和现实社会的基础设置，并以自身规范的监督行为催生规范的警务活动，挖掘其中的丰富潜能，才能持续提升社会利益。这也意味着体制外主体在警务监督中对警察提出各种要求时，只有坚持权利和义务的平衡，规范警务的诉求才有持续实现的可能，服务社会的宏愿才不至于沦为幻想。

基于这样的认知和定位，体制外主体应当在平衡权利和义务的基础上，充分挖掘其监督潜能，努力追求警务监督的双重目的。首先，体制外主体应当在权利和义务的平衡中夯实规范警务的基础地位。规范警务不仅彰显了制度建设的重要性和体制内力量的现实价值，而且体现了体制外力量的终极意义，并为体制外监督预留了广阔的现实空间。对体制外主体而言，规范警务在向警察强调和重申相关制度规定及其行为边界的同时，即使在消极意义上也能够有效防

① ［日］松井茂：《警察学纲要》，吴石译，中国政法大学出版社 2005 年，第 7 页。

范不当不法警务对自身合法利益的侵害，而在积极意义上则能够在此基础上为社会利益的增益夯实基础。显然，这一目的必然要求体制外主体立足不同视角和现实可能，敢于主张自身的合法权利，并利用日益完善的制度资源，及时发现不当不法警务，协助查处违法违规的警察，以警诫和遏制各种潜在的问题；这就要求体制外主体充分认识到自身与体制内主体的共同追求，重视体制内监督的制度优势，在配合和支持中最大限度地挖掘体制内监督的制度资源；这也要求体制外主体积极关注警务活动，主动关心和理解警察，从而赋予警务监督相应的人文关怀，激发和调动警察规范警务的主动性和创造性；这还要求体制外主体勇于超越自我利益的短视和狭隘，从维护和提升社会利益的高度，为规范警务注入更多的道德诉求，为警务活动拓展更多的发展空间。

其次，体制外主体应当在权利和义务的平衡中持续挖掘服务社会的引领功能。如前所述，如果警务活动缺乏相应的制度规范，服务社会的目的只能成为无法实现的幻想，但仅满足甚至停留在规范警务的追求上，同样也会模糊甚至颠倒国家和社会、警察和公众的关系，甚至导致警察和警务活动的目的化，警务监督也会因此丧失动力而停滞不前，进而制约自身乃至警务活动在政治文明进程中的应有作用。因此，体制外主体应当在规范警务的基础上，立足社会的整体利益和长远的发展趋势，不断提升自身的境界和追求，注重在监督活动中将警务活动引领至服务社会的高远境界。这就要求体制外主体超越国家和社会、警察和公众的传统理论视野，从社会主体的视角重新审视国家和警察的工具性价值，从社会利益的视角重新审视自身监督行为的目的性意义；这就要求体制外主体重新审视自身的监督权利，自觉将这一权利和社会利益相结合，从提升社会利益的高度规范行使这一权利；这也要求体制外主体主动理解和积极配合警察，珍惜和慎用有限的警务资源，确保警务资源投放给更为急需的群体和领域，进而以更为平衡的格局和更为突出的效率提升社会利益；这也同样要求体制外主体超越功利性监督，顺应社会发展趋势，不断提升自身的道德境界，在理念性监督中弘扬现代社会的公民美德，进而以日益完善的社会环境不断提升警务监督的规范性，激发和调动警察服务社会的主动性和创造性。

二、权利和义务的平衡是合格公民的体现

人类社会的经验表明，“人们很容易相信适合自身的安排对他人也是有利的。个体的利益影响了其判断，常常比腐蚀其心灵更为频繁”。[①] 也就是说，

① ［美］哈罗德·D. 拉斯韦尔等：《权力与社会：一项政治研究的框架》，王菲易译，上海人民出版社 2012 年，第 141 页。

对自身利益的过分强调，将不可避免地扭曲个人的定位和品格。在各种日益科学化的政治价值不断受到信奉的今天，人们在获得越来越多权利保障的同时，却似乎忘却了实事求是这一品格的现实意义。相对于公平正义、民主法治等政治价值，这一基本品格往往因为过于基础、难以体现其明显的政治色彩和现实意义而没有受到足够的重视。但是，在一个是非观念随意、善恶标准多变的社会中，所有政治价值都丧失了起码的生存空间，又岂能有实现的可能！虽说实事求是并不一定能够实现更为高远的政治价值，但在客观缺失的社会环境中，公正丧失了起码的标准，其他的政治价值必将因见仁见智而陷入纷争之中，人类社会也将丧失须臾不可或缺的公道，公众只能永远接受他治的命运，更遑论更为高远的追求。因此，政治生活应强调和追求客观公正的品格，并对公众提出实事求是的要求，而不应因这一规定过于基础或无明显的政治色彩，就轻易怀疑乃至否定其深远的政治意义，因为一旦公众在任何场合下都能发自内心地坚持实事求是的品格，公平正义、民主法治等价值追求必将具有足以生根发芽的深厚土壤和发展壮大的广阔空间。由此可见，人类社会崇尚实事求是，不仅因为它是认识客观世界的认识论基础，而且因为它更是改造客观世界、创造美好生活的现实前提。一旦社会形成了实事求是的风气，公众不仅能客观公正地认识和处理人类社会和外部世界的关系，而且同样能客观公正地认识和处理自己与他人和社会的关系，也就不可能放纵自身欲望，或因为自身诉求而无视甚至挤占他人的正当利益，更不会因为社会利益的公共性而恣意侵蚀或冷漠以对。在此社会环境中，即使上述的非理性行为也会遭到其他人实事求是的评价，进而遭到更多社会成员乃至全社会的谴责和否定。这样，在实事求是的规定下，公众不仅能努力实现自身的正当利益，而且也能理性尊重他人的合理诉求，不仅能为社会的现实利益而共同努力，而且也将为人类的未来空间而客观评价自身行为，甚至自觉约束其非理性的行为。这样，实事求是的品格就能够持续发挥其规范和引领作用，将公众的兴趣从眼前或局部的偏好引导至长远和整体利益，从而保障个人在社会发展中获得更大的利益预期。而人类历史也反复证明，过度自私的个人和急切追捧私利的社会必然导致无政府主义，最终必然堕落为专制制度的牺牲品，这就意味着民主的追求必须与民众义务相对应，甚至必须以此为前提，进而意味着任何人都必须实事求是地看待和理性处理局部和整体、眼前和长远的利益关系。因此，实事求是作为人类社会的认识论基础和行为准则，自然应当转化为公众的义务，并在现实生活中发扬光大，进而成为合格公民的基本品格。

在本章和本节中重申和强调公众的实事求是品格，并不是要贬低公众的素质和潜能，更不是要质疑和剥夺其来之不易的权利，而是要将这种权利普及至所有人，持续推动日益理性的社会发展，以确保越来越多的社会成员能共享社会发展的丰硕成果，并将警务监督引领至日益规范的轨道上。显然，这就意味着，公众在分享社会发展成果的同时，既要顾及他人，又要关注整体和长远，既要强调自身利益的终极性，又要尊重国家和警察的现实性，进而对他们提出了相应的义务规定，即他们应秉承实事求是的品格，在警务监督中实现权利和义务的平衡，实现个人利益和社会利益、局部利益和整体利益、现实利益和未来利益的平衡，进而如黑格尔所指出的那样，“在普遍意志跟特殊意志的这种同一中，义务和权利也就合二为一。通过伦理性的东西，一个人负有多少义务，就享有多少权利；他享有多少权利，也就负有多少义务”。①这样，权利和义务便和体制外主体形成了一体两翼的整体格局，体现了每个人日益成长为合格公民的可能及其对社会的积极意义。与此相对应，体制外主体长期重视权利和义务的平衡，又能够巩固和广大其实事求是的品格，进而实现两者之间的相互促进和相互提升。在此背景下，立基于良好公民素质的体制外主体在彰显自身现实价值的同时，也就成为规范警务活动乃至国家权力的政治力量，成为有效维护现有秩序、提升社会人文情怀的伦理动力，警务监督也因此能够成为检测和评判公民素质的特定手段，培育和提升公民素质的特殊课堂。经过这一课堂或类似方式的培养和锻炼，公众才能逐步从他治的客体成长为自治的主体和自我主宰、自我实现的公民。

按照实事求是的标准，尽管警察不免会给自身造成诸多不便，但公众也无法否认，警察与其说是一种恶，毋予说是一种现实中不可或缺的善，因为他们在保障个体所需要的安全和秩序的同时，又能有效防范其他社会成员对自身的侵犯，因而保证了他们可以预期的利益空间，进而要求他们必须立足现实，承认警察的现实价值。也正因为如此，公众必须明白，警察不可能也不应当成为安全和秩序的唯一承重墙，其不懈追求也必须得到公众的广泛参与和积极配合，因为“现代公共社会对公民美德的需求不仅仅是维护社会正义的良好秩序，公民美德本身就是良好的社会公共秩序的内在构成部分和实质性标志，更是建构社会公共秩序并确保社会公共生活得以良序发展的政治伦理资源。”②显然，这也明确表达了合格公民在警务监督中的重要作用，显示出公民美德在现代社会中的存在价值和发展空间，因为“良好的公民应该有能力在进行政治决策时，既能完整地维护自己的权益又能考虑到他人利益的完整性。”③ 因

---

① ［德］黑格尔：《法哲学原理》，范扬等译，商务印书馆1961年，第172~173页。

② 万俊人：《公民美德与政治文明》，《光明日报》2007年6月19日，第11版。

③ ［美］特里·L. 库珀：《行政伦理学：实现行政责任的途径》，张秀琴译，中国人民大学出版社2001年，第48页。

此，体制外主体坚持实事求是的品格，用合格公民的标准严格要求自己，规范行使权利，主动承担义务，充分展现自身良好的素质，也就成为他们在警务监督中的重要使命和规范其监督行为的现实路径，进而要求他们客观认识和理性处理自身利益和警务活动的关系，一改作为警务客体单纯享有警务利好的传统角色，代之以积极公民和负责任的监督主体的形象，以提升警务监督的规范性。这就要求体制外主体既要明确自身在警务监督中的合法权利，并为维护这些权利积极实施警务监督，又要承担关注警务、理解警务规律的义务，确保不因自身无知或非理性的监督行为而掣肘正常的警务活动；既要从民主法治的高度严格要求警察，防范和杜绝一切影响警察职业形象和职业声誉的不当不法警务，又要从警民和谐的高度，客观评价警务活动，为警察规范警务活动提供科学依据，同时设身处地地理解警察的艰辛，体谅和支持警察，为警察接受和配合监督、主动提高警务效能营造良好的社会环境，为警察服务社会的努力注入持久的动力；既要从社会主体的高度审视权力，保持对权力适度的戒备，防范权力的越轨，又要从合格公民的高度尊重和服从警察管理，为营造良好的社会秩序做出表率；既要依法维护自身利益，防范不当不法警务对他人利益的侵害，又要超越个人私利的狭隘眼界和功利性监督，更多坚持理念性监督，不因自身利益的局部或暂时受损而随意动用监督利器，防止影响社会的整体和长远利益；既要一视同仁地监督所有警察和所有警务，使一切不当不法警务无所遁形，为净化警察队伍作出相应努力，又要克制自己的主观意愿，约束自己的不当诉求，实事求是地监督警务，防范自身好恶影响监督质量，以维护法律和警察的权威；既要监督警察的制度角色，也不应忽略其制度角色背后的社会角色，即使在纠正乃至查处不当不法行为的同时，也不应剥夺其作为社会角色的正当权益；同样，“民众方面亦须观察警察做事之是否公平，如有不公正行为，不特鸣鼓而攻；如遇良好之警察，亦当誓为后盾”。① 显然，在此背景下，警务监督的背景因素，尤其是其社会性因素，将会全面发挥其提升警务规范性的积极功能。

三、权利和义务的平衡是民主法治的要求

人类历史已经并将继续证明，民主法治不仅是人类社会发展的方向，而且也在广受认同中渐成社会发展的主流和正道。按照民主法治的要求，警务监督不仅要求警务活动受到应有的监督，而且要求体制外主体在监督活动中具有不俗的表现，并以其巨大潜能和体制内主体一道，持续推动民主法治的进程。首

---

① ［日］松井茂：《警察学纲要》，吴石译，中国政法大学出版社 2005 年，第 63 页。

先，民主要求体制外主体应当维护自身和他人的正当诉求。在现实层面上，民主承认公众作为社会主体和当家做主的权利，一方面要求国家越来越尊重民众作为社会主体的地位，越来越重视他们在社会发展中的终极作用；另一方面也要求公众具有相应的民主意识和民主能力，以维护自己和尊重他人的民主权利。而人类历史也无数次地证明，“民主的原则是自由，但是由于民主的人民缺乏道德约束和政治约束，由于不当欲望和难以餍足的需求的激增，这种自由会突然转变成为所欲为的许可证”。[①] 这样，民主作为“人民权利”的表达方式和“人民统治”的现实手段，作为一种普世价值和全民待遇，不仅要求公众具备必要的民主意识，以捍卫自身的权利，而且还要求人们自觉尊重和配合权力的正常运行，以尊重他人的权利，维护社会的整体利益和长远利益。甚至可以说，正是每个主体之间权利和义务的紧密关联，才最终保障了民主的普适价值和正当性。否则，“过度民主等于扼杀民主”，[②] 看似诱人的民主会被幻化成一桌丰盛得无法消化的大餐，产生意想不到的毒副作用，甚至走到人们初衷的反面。这就要求享有民主的每个个体既要为自己的民主权利承担相应的义务，又要履行尊重和维护他人权利的义务，这样，民主既是所有人追求的政治价值，又是每个人不可推卸的道义担当。而在警务监督中，没有民主政治的宏观环境，普通民众根本无权评判和纠正警务活动，更无法发掘警务监督的民主潜能。

其次，法治要求体制外主体尊重和服从相关规则。政治文明的进程在不断揭示法制可能危害的同时，日益彰显出法治的道德力量和现实意义，在此背景下，人们也日益认识到，“法治应包含两重意义：已成立的法律获得普遍的服从，而大家所服从的法律又应该是本身是制订得良好的法律”。[③] 从法制到法治的历史进程反映了现代民主对法律认知的质的飞跃，法治理念不仅追求日益完善的法律体系，重视“法律面前人人平等”及其对社会生活各方面的规范作用，而且更加强调法律对民主的捍卫和对公平正义的追求，并迫使以往高高在上、以法治民的各级官员逐步回归到“依法执政”、“民主执政”的轨道上，从而接受各种力量的常态监督。因此，从法制到法治的转变落实了“治人者受制于人”的理念，甚至完全可以理解为从治民到治官的转变，直至进入官民共同尊重和服从相关规则、协力推动社会进步的佳境。当然，这一追求并不

---

① ［意］诺伯特·波比奥：《民主与独裁：国家权力的性质和限度》，梁晓君译，吉林人民出版社2011年，第121页。

② ［意］诺伯特·波比奥：《民主与独裁：国家权力的性质和限度》，梁晓君译，吉林人民出版社2011年，第5页。

③ ［古希腊］亚里士多德：《政治学》，吴寿彭译，商务印书馆1965年，第199页。

意味着法治彻底颠倒了权力和权利的关系。如果说在人治社会中，各级官员错误地表现出颐指气使、唯我是从的强势，那么，随着法治理念的深入人心，公众也不能有睚眦必报、以牙还牙的心理，或扬眉吐气、唯我独尊的张扬，而应当在理解和尊重的基础上，和各级官员一起在法律的框架内共同管理社会。显然，这样的规定必然要求体制外主体在警务监督中秉承法治理念，在权利和义务的平衡中实施监督行为。由此也说明，警务监督能够从一特定视角反映法治的成就，并推动法治的持续完善。

在宪政制度下，无论是立足国家和社会的关系，还是基于警察和公众的关系，民主法治的发展要求同样规定了警察的现实使命，并非常真实地表现为警察机关保障国家长治久安和人民安居乐业的责任。显然，这一使命不仅需要警察做出不懈的努力，同样需要体制外主体做出相应的贡献。一方面，国家的长治久安为人民安居乐业提供了良好的外部环境，也要求体制外主体倍加珍惜安宁的社会环境，并为社会秩序的改善做出自己的努力。为此，松井茂强调指出，“自民众而言，则警察乃保护国民之警察，若有扰害社会之秩序者，国民应即援助警察，官民协力，共奠治安。至其他灾害，民众务各自尽全力破灭之”。[①] 另一方面，人民安居乐业彰显了国家长治久安的民主追求，为警务活动指明了终极目标，注入了强大动力，但也同样要求体制外主体做出相应的努力，以持续维护和提升社会利益。而在国家长治久安和人民安居乐业的追求中，和警察一样，体制外主体也有其相应的担当，并不能因其日益凸显的权利而弃之不顾。这样，警务监督显然可以成为警民良性互动、实现民主法治的平台。对体制外主体而言，这一平台的存在不仅意味着他们拥有行使权利、维护民主法治的空间，而且意味着他们还要承担履行义务、保障民主法治的重任，甚至可以说，只有当他们最终实现了权利和义务的平衡，警务监督的民主法治功能才能成为现实。这就要求体制外主体既要依法实施监督，防范任何非民主、反法治的警务活动，又要支持和配合警察，杜绝任何为民主而危害民主、为法治而损害法治的无知行为；既要在监督中积极维护自身利益，防止因个人利益受损而危害社会利益，又要在个人利益和社会利益之间寻求平衡，防止因强调个人利益而危害社会利益，杜绝任何为私利而损公益的错误行为；既要通过监督发现违规违纪的警察，纠正不当不法的警务活动，又要主动遵守公共秩序，自觉维护警察权威，并通过合法途径纠正不当不法警务，防止过激行为对警察和警察机关的伤害，在更广范围内形成维护民主法治的氛围；既要通过监督活动督促警察机关打击犯罪，改善社会治安，又要主动支持和配合警察，为

① ［日］松井茂：《警察学纲要》，吴石译，中国政法大学出版社2005年，第71页。

各种案件的侦破提供力所能及的帮助，杜绝各种坐享其成的错误行为；既要立足社会利益的高度，实事求是地监督警务，循序渐进地规范警务，又要体谅警察的艰辛，体谅和容忍警察暂时或偶尔的失误，以免频繁的否定性监督打击警察开展警务活动的积极性和创造性，制约社会利益的提升；既要通过警务监督积极主张自己和他人的民主权利，又要尊重和保障警察作为公民的合法权利，杜绝任何为监督而侵害警察正当权利的恶意行为。总之，只有当体制外主体正确地行使了权利，履行了义务，才能体现出民主法治所弘扬的“人民当家做主”、“法律面前人人平等”等精神，才能持续推动民主法治的进程，进而在警务监督中为人类社会的持续进步贡献其应有力量。

第六章　警务监督的客体：权责平衡的警察

和其他从业者一样，警察也是多种角色的统一，其制度角色和社会角色[①]的区分决定了警察的职务行为和个人行为的本质区别，同样也规定了身处不同角色的警察认识监督的视角和对待监督的态度。就其本意而言，警务监督主要针对警察的职务行为，但是一些警察在个人行为中也会动用其职务资源，进而影响警察的职业声誉和社会形象，自然要求警务监督将这些行为也纳入监督范围。这样，警务监督不仅指向警察的制度角色和职务行为，而且也包括其社会角色的部分个人行为。因此，警察作为警务监督的客体，警务作为其职务资源的外在表现，决定其必须接受特殊的规范和严格的监督，以培养警察的职业意识，进而以规范的职务行为和良好的个人行为回应各方面的期待。当然，警务监督并不是要为难和打压警察，也不意味着警察只能被动地接受监督，或按照监督主体的意志行事，否则，警察就会心存顾忌，甚至因此畏葸不前，难以真正体现其应有功能。也就是说，规范的警务监督在对监督主体提出相应要求的同时，也要求警察正确认识和处理警务和监督的关系，忠于职守而不越权或徇私情，勇担责任而不恣意妄为，在自觉接受监督中更好地发挥其应有的价值，充分体现警务活动和警务监督的积极意义。[②]

---

① 为了合理区分警察在警务监督中的身份，这里的社会角色主要取其狭义用法，即剔除警察的制度角色之外的角色集，以还原和保障警察作为社会成员的正当权益。严格意义上，警察的社会角色自然不再是警察，更不应具有相应的职权，当然也不应使用警察这一概念。这里仍然沿用这样的表述，仅仅是出于语境统一和行文方便的需要。

② 当然，本章将警察视为警务监督的客体，也是出于行文的需要。事实上，即使整体上作为监督客体的警察也不意味着他们将始终保持这一身份，承担这种单一角色，因为即使普通警察也可以在社会角色上对警务活动实施监督，更何况其制度角色也不能否认其监督警务的权利，各种力量也对他们特殊的监督功能充满了期待。因此，本章从监督客体的视角分析警察的应有作为，也只具有相对意义。这种相对性仍然为警察在警务监督中发挥其独特优势预留了足够的现实空间，同时也要求理论研究和监督实践辩证看待警察在警务监督中的双重身份，而不应将其绝对化，以便最大限度地调动其各种潜能，发掘警务监督的积极意义。

第一节 警务监督与警察的不同角色

马克思在论述人的社会属性时，曾非常经典地指出，“人是最名副其实的政治动物，不仅是一种合群的动物，而且是只有在社会中才能独立的动物”。①同样，警察作为人类社会的特殊群体，同样摆脱不了人的本质规定，也需要在各种社会关系中考察和把握其各种行为的深层动机。总体而言，警务监督反映了身居相应职位的警察这一群体在业缘关系上的特殊规定，即他们作为监督客体应有的角色自觉和规范表现，除此之外，他们和其他社会成员一样，还存在着血缘、亲缘、地缘等众多关系，因而也是一种角色集的存在。这种区分在宏观上规定了警务监督的总体思路，以至于有研究者指出，“当我们把行政人员混同于一般的社会成员时，如果提出让他们‘放弃个人利益追求’这样的要求，是没有道理的。当我们把行政人员看作一个特殊的职业群体时，提出这种要求，就是非常合理的了。”② 也就是说，警务监督不应该笼统地针对警察这一群体，而应对其进行角色区分。如前所述，在警务监督中，我们主要以警察的制度角色来考察其行为，至少不能将其所有行为都纳入到监督范围之中，否则，就是对其角色集中其他角色正当权益的否定和侵犯。在此定位和规定下，虽然不同警察可能具有数量不等、关系迥异的社会关系，因而其社会角色具有鲜明的差异性，但是，立足业缘的视角，每个警察都可以区分为职业性的制度角色和非职业性的社会角色。而在社会学的视角，这两种角色区分事实上就是规定性角色和开放性角色的区分：③ 制度角色作为一种规定性角色，严格、明确地规定了警察的权力和责任，对应的主要是警察的职务行为；而社会角色作为一种开放性角色，其权利和义务具有明显的开放性，对应的主要是警察的个人行为。显然，不同的角色和行为也就决定了警察在不同时空下的不同表现，进而决定了他们认识和对待警务监督的不同态度。这样，这两种角色区分对监督主体和警察都提出了相应的要求，即前者不应在不作角色区分的情况下笼统地将警察所有行为都纳入监督范围，甚至在全能化中严苛警察，后者也不应因身处社会角色而自我放纵，颠覆其一贯的角色负载，进而既保障他们作为社会

---

① 《马克思恩格斯全集》（第30卷），人民出版社1995年，第25页。

② 张康之：《公共行政中的哲学与伦理》，中国人民大学出版社2004年，第282页。

③ 在社会学理论中，根据是否存在严格的规范要求，角色可以划分为规定性角色和开放性角色。其中，前者是指其权利、义务和行为规范具有明确的规定，不得自由发挥，防止违背相关要求，而后者则是指个人可以根据其对角色的理解，相对自由地决定行为方式。显然，这种区分明显有助于解释警察的角色表现，而不同时空下的警察自然可以按照不同的角色规定决定其行为方式。

成员的正当权益，又规范其身处制度角色的职务行为。

一、警务监督与警察的制度角色

任何职业都有相应的职业规范，警察也概莫能外。相比之下，警察权运行的广泛性、深入性、强制性和公共性等特点反映了国家与警察的紧密关系及其对警察的特殊期待，决定了警察明显不同于其他从业者，甚至也明显有别于其他公职人员，其职业规范也承载着更多期待，从而也决定了警务活动更加引人关注。换而言之，相对于其他从业者，警察的规定性角色更加明显，内含的放大效应甚至会遮掩乃至否定其开放性角色的正当性。在此背景下，对警察规定性角色的强调，也反衬出警察在知识结构、职业技能和道德境界等方面的差异性，绝大多数警察和个别优秀警察的角色差距，尤其是和公众的角色期待形成了鲜明的反差。但是，这种参差不齐的客观现状并不能成为不当不法警务的借口，也无法消除公众的角色期待，相反，这种角色差距指明了警察努力的方向。也就是说，“虽然行政人中个体能力的差异是难以避免的，但服务于公共事业的价值取向必须一致，否则就势必造成公共领域的混乱和公共权力的异化。正是在这个意义上，行政人应当是一个纯洁的统一整体，社会整体的公共利益是他至高无上的追求，一切属于他个人的愿望和要求，都是在他无条件服务于公共利益的严格自律中实现的。”① 这也说明，所有拟从事或已从事警察职业的社会成员必须按照制度规定和社会期望进行角色领悟，并在实践中修正和完善自身的角色形象，以实现实际角色和理想角色的逐步趋同，回应国家和社会的期待。

基于上述的思路，无论在社会学的视角，还是在政治学的层面，警察都只能是一种表现性角色而非功利性角色。② 这种规定意味着国家必然要求警察以规范的职业行为和良好的社会形象体现统治阶级意志，维护和巩固统治秩序；同样，基于警察的现实价值，社会也对他们报以公平正义的角色期待，希望他们通过警务活动营造安居乐业的社会环境。这样，无论国家和社会在其他方面存在何种分歧，他们在警察处出现了利益交集，并对警察产生共同的期待，进而要求通过制度化的手段，遴选符合条件的社会成员充任警察机关，塑造一支能够担当重任的警察队伍。但是，无论制度化手段如何全面和严格，如果警察

---

① 张康之：《公共行政中的哲学与伦理》，中国人民大学出版社2004年，第291页。

② 在社会学理论中，根据追求目标的不同，角色可以划分为表现性角色和功利性角色，其中，前者以追求规范的价值观念和道德境界为目的，后者则是以追求现实效益和实际利益为目的。显然，警察作为公平正义的制度化身和社会利益的忠实代表，是一种非常典型的表现性角色，国家和社会也对他们寄予厚望，因而警察一些正常的利益诉求也难以得到应有的支持，甚至使其无法免除相应的责任。

机关和警察认识不到这种期待，他们仍难以有效承担甚至辜负这种期待，这种角色期待仍旧无法转化为警察的制度角色，更难以发挥其应有作用。因此，与其说警察的制度角色是一种外在安排和制度规定，毋宁说是一种内在的自我认识和职业自觉，只有基于内心认同的职业自觉才能使其重视和遵守相关的制度规定，并逐步成长为合格的警察。因此可以说，合格的警察总是制度规定和角色自觉的有机统一和共同作用的结果，这就要求警察必须对这种职业充满兴趣，具有强烈的自我实现愿望，同样也要求他们应当超越职业眼界，将本职工作上升到事业的高度和天职的境界，并在维护国家意志、提升社会利益中回应各种力量的角色期待，同时逐渐实现其人生价值。

毫无疑问，当今的警察队伍并不缺乏广受称颂的优秀警察，但存在明显差距的警察也不在少数，后者更多将本职工作视为一种职业，甚至和其他行业一样，只是一种养家糊口的手段，进而导致其难以认同甚至百般推卸自身承载的政治和社会责任。显然，这样的职业定位决定了这些警察即使知晓相关的制度规定，也会蓄意游走在制度盲区或灰色地带，甚至在反复的试探中扩张以权谋私的空间，当然也就不愿承认或接受任何形式的监督，因为任何形式的监督都是对其错误的角色定位的纠正，自然也是对其徇私舞弊的妨碍。但是，警察制度性的外在安排总是和国家意志、社会利益密切相关，任何形式的警务活动都必须服从和服务于国家意志和社会利益，因为“行政行为绝不能成为实现个人利益的手段，它必须与行政组织总体目标相一致。否则，就是行政主体的异化，是行政人员对行政组织的背叛”。[①] 因此，无论在理论上，还是在实践中，警察队伍中的不良警察和不当不法警务则从反面反复说明这样的精神：“政府组织工作人员就是负有特殊责任的公民。”[②] 这就说明，警察的社会角色承认其具有与其他公民一样的利益诉求，但这种利益诉求也绝不能超越其他公民同样的利益边界，其法定权限也不应成为其突破这一规定的借口或依据。在此基础上，警察作为“负有特殊责任的公民”，他们又不能将自己简单地等同于普通公民，更不能像普通公民那样，尽其所能实现自身利益的最大化，至于以权谋私等不法行为自然无法逃避应有的惩处。这就说明，警察的这种特殊身份要求其明确区分自身的双重角色，准确进行角色认知和职业定位，并严格按照制度角色的标准开展警务活动，履行其政治和社会责任。显然，一旦警察具有这样的角色自觉，他们不仅不会利用自身的职权徇私舞弊，而且还能够敏锐地感

① 张康之：《公共行政中的哲学与伦理》，中国人民大学出版社 2004 年，第 17 页。

② ［美］特里 · L. 库珀：《行政伦理学：实现行政责任的途径》，张秀琴译，中国人民大学出版社 2001 年，第 47 页。

受到自身的角色期待，自觉抵制各种诱惑，谨慎地行使职权，以其自身合乎规范的行为影响和净化警务环境。这样，他们不仅不会抵制监督，反而乐意在警务公开中接受各种监督，并以其规范行为影响其他同行，净化警察队伍，维护和提升警察的职业声誉和社会形象。显然，秉承这种态度的警察通常能够得到监督主体的理解和配合，获得更多更为理性的监督，进而获得广泛支持和广阔的警务空间，其制度角色的现实意义也因此得以充分彰显。相反，那些毫无职业自觉和角色自觉的警察不仅会抵制或逃避各种形式的监督，而且会设法寻找各种机会扩张职权影响，谋求私利的最大化。显然，当下的警务监督主要重点指向这样的警察，或者说，正是这样的警察以及由此产生的不当不法警务才引发社会各界对警察权的担忧和提防，才使得警务监督日益发展成为一种全民行动。

如果说警察的角色自觉不仅决定其制度角色的规范性，而且与警务监督的广度和深度存在着正向关联，那么，监督主体能否正确认识和区分警察的双重身份，同样也直接关系到监督效能和警务效能。毋庸讳言，与部分警察一样，监督主体中也同样存在角色混乱的问题。这种角色混乱通常包括两种类型：一种是自身的角色混乱，尤其在在体制内主体身上表现得非常明显；另一种是对警察的角色认知和角色区分上的混乱，并普遍存在于各种监督主体身上。在前一种情况下，监督主体无论是为了维护社会利益，还是基于自身正当利益的考量，其监督行为都是值得提倡和鼓励的，除非个别主体不当不法的蓄意行为，因为这种行为在拓展其利益空间的同时，必然挤占他人利益，损害社会利益，进而背离警务监督的目的。相比之下，体制内主体的角色混乱就比较明显。与警察相对应，体制内主体也是制度角色和社会角色的统一，其中，其制度角色的价值定位在于国家意志和社会利益，承载着国家和社会的期待，但他们通常在警务监督中又夹带着不作为或乱作为的随意和徇私舞弊的企图，前者既可能表现出对体制外主体的诉求不做任何实质性的回应，也可能表现出对警察正当权益的忽视，一切听任其个人意愿和情感支配；后者则利用职务之便，谋求与警察之间的利益互惠，削弱监督力度，乃至放弃监督职责，当然也有胁迫警察遂其心愿的可能。显然，这种异化的体制内监督不但起不到应有的作用，而且必然走向监督的反面，加剧权力异化的范围和程度，严重背离民主法治的进程，进而突出体制外监督补充和完善体制内监督的现实意义。在后一种情况下，对警察的角色认知和角色区分上的混乱及其滋生的各种问题则更为密切地关联到本章的主题。在民主法治有待完善的当下，部分主体由于认识差距而放弃或淡忘自身的权力或权利，进而放任不当不法警务；部分主体由于认识偏差、混淆警察的双重身份而滥用自身的权力或权利，进而掣肘警务活动。显然，这两者中的任何一种情况都不是规范的警务监督，都不利于提高监督效能，实现监督目的，因而需要在民主政治的实践中不断提高主体的监督意识，规范其监督行为。在此过程中，监督主体应当明白，良好的监督环境和规范的监督行为都有助于培养和强化警察的角色自觉和职业自觉，提高其接受监督的主动性和自觉性。这样，监督目的的实现不仅取决于警察的作为，同样也取决于监督主体的努力，即对警察进行毫无区别的监督，必然导致警察谨言慎行，难有更多的积极作为，而放任警察的行为，同样会导致不当不法警务对社会利益的侵害。因此，监督主体应当明白，只有当监督重心主要集中在警察的职务行为，或者说，只有堵塞警察职权私用的所有渠道，其不当不法警务才有可能明显减少。①

上述文字在强调监督主体应当对警察进行角色区分的同时，同样也从特殊视角揭示出警察制度角色的应有表现。在监督实践中，绝大多数警察对警务监督心存畏惧，除了少数确有不法行为的原因，更多是担忧监督主体的不当不法行为使其无所适从，甚至掣肘警务活动，但是，这种消极情绪并不能消除或弱化监督，也无法对警务活动产生积极影响。因此，警察应当明白，既然畏惧和担忧监督于事无补，无视和逃避监督也无现实可能，毋宁全面认识自身制度角色的相关规定，正确行使职务行为，以规范的警务活动展现自身的良好素质，应对日益普遍的警务监督。就此意义而言，当警察以规范的制度角色展现在监督主体面前时，事实上也是在向后者明确警务活动的制度标准和监督行为的恰当边界，进而对监督主体，尤其是那些对有关规定并不熟悉的监督主体产生事实上的宣传和告知功能，并为其监督行为设定了监督标准。显然，在此背景下，持续的努力必然会改善监督主体的行为习惯，固化警务活动应有的自主空间。相反，如果警察因为监督行为的失范而怀疑相关制度的现实意义，不作为或乱作为必然导致监督主体采取相应的措施予以反制，甚至激发监督主体以偏激应对偏激、以错误纠正错误的冲动，以达到矫枉过正的目的。显然，在此监督环境中，警察的制度角色都必将偏离正轨，陷入过紧或过松的警务环境之中，进而制约警务活动应有的自主空间，背离警务监督的目的。

基于以上分析，作为监督客体的警察应当充分认识到，在民主法治不断健全的当下，面对各种无处不在、无时不在的监督及其内含的深远期盼，自身应

---

① 在此过程中，警察机关尤其应当明白，警察长期工作在同一岗位，极易从角色自觉走向角色混乱，甚至导致角色淡化和角色失范。因此，警察机关适当变动警察的岗位，强化内部监督，也同样有助于强化其制度角色的自觉性。

当努力实现从权力型警察到能力型警察的转变，以不断提升的职业素质回应日益普遍的警务监督。对权力型警察而言，他们通常不但热衷于行使甚至炫耀权力，而且也不满足于本职工作已有的合法权限，甚至会在职务之外谋求更多的权力。在他们看来，不断增长的权力以及随之而来的各种资源不仅能为其获更多利益，而且能有效规避或化解各种监督活动。但是，这种主观意图并不能改变权力日益受到监督的发展趋势，因而既不能有效规范警务，也不能一劳永逸地使警务免予监督，充其量只能将更多不当不法警务积压或暂时搁置，最终不可避免地以一种集中激烈的方式爆发出来。显然，这种治标而不治本的方式必然要求警察转变对权力的过分嗜好，端正职业的价值诉求，将更多的兴趣和精力转移到努力提升自身的职业能力上。与权力型警察不同的是，能力型警察对本职工作的期待已不再囿于职业的层面，而是寄予更多的事业追求，并对自身能力及其不断提升充满信心，因而他们既能在警务活动中得到锻炼和提高，又因为这种自信而敢于正视和接受监督。这样，他们就能够在能力提高中体会到事业的乐趣和成就感的同时，淡忘职务和职权的功利色彩和现实诱惑，当然也就不用担心警务监督会给自己造成的消极影响，甚至还将监督视为检验和提高自身能力的现实路径，希望通过外在的监督为自己的职业生涯助一臂之力。由于能力型警察的权力欲望并不强烈，又敢于接受监督，因而更能得到监督主体的认可和接受，并在更大范围内产生更加积极的影响。这样，他们在丰富和完善自身的同时，也就找到了回应警务监督、与监督主体良性互动的现实路径。在此背景下，警察提升职业境界之举蔚然成风，警务活动的示范效应逐渐放大，监督主体自然会对警察报以赞许、欣赏的态度而非怀疑、苛求和挑剔的眼光，并以自身规范的监督行为予以回应，国家也会从日益规范的警务活动中赢得更多的理解和认同，社会也会从中获得更多更稳定的利益保障。

二、警务监督与警察的社会角色

从警务监督的视角强调警察的制度角色，并不是要否认其社会角色的应有地位和重要意义。事实上，这种强调在重申对制度角色的规定时，就是要将相关规定公布于世，阻断制度资源被滥用或私用的空间和途径，进而保障警察的社会角色在不发生角色混乱、不依赖制度资源的情况下自主发展，全面分享社会发展的各种利好。如果说，分析警察的制度角色，更多是立足政治学的视角，那么，对警察社会角色的强调不仅超越了制度角色的单一性，而且成为警察身为社会成员的全面性和共同标志，体现出他们来源于并存在于社会的社会学意蕴。就其社会角色而言，警察已无制度角色的相关规定和警务活动的相关要求，通常也不能动用与职权相关的各种资源，因而与其他社会成员并无本质区别。但是，“行政人员作为过着社会生活的社会成员，势必会把个人利益的实现作为最直接的动力”。[①] 这就意味着，同样置身于现实生活中的警察既有可能基于个人追求而在制度角色上更加投入，又有可能动用制度资源实现个人利益的最大化。而警务监督无疑是要在个人利益上为前者顺畅实现路径，为后者堵塞谋私路径。也就是说，只有当警察能和其他社会成员一样，真实分享现实生活中的各种利好，他们才会真正重视和珍惜本职工作，才能认真对待其制度角色的相关规定。在此规定下，他们应当享有和其他社会成员一样的公民权利，也只应承担同等的公民义务。这样，当他们按照规定履行制度角色时，其社会角色的正当权益也应受到尊重和保护，在此角色中的不足也不应受到额外的苛责。

当然，强调警察社会角色的正当性和重要性，并不是鼓励警察放纵其个人行为，而是强调要区别对待不同角色，以便在张弛有度中提高监督效能和警务效能，平等保障警察社会角色的正当权益。因此，论及警察的社会角色，还需要从另一种视角对其与制度角色进行区分。与其制度角色作为一种规定性角色不同的是，警察的社会角色始终是一种开放性角色，由此也规定这一角色在不同时空中可以暂时搁置各种制度规定，相对自由地表现出与其即时身份相适应的行为，体现这一角色应有的丰富性。这就意味着，作为社会成员的警察不仅可以和其他人一样，过着正常的社会生活，而且可以根据自己和社会对这一角色的理解和期望决定其行为方式，因而具有明显多于制度角色的选择空间。这样，他们有权按照公民的权利和义务决定其行为，一切符合公民权利和义务标准的行为不仅正当合法，而且也在其选择范围之内。也就是说，即使在警务监督显现勃兴之势的当下，也不能因为他们身为警察，就要求他们在任何时空下都得依据警察的职业标准行事，更不能将少数优秀警察的自律行为制度化，进而严苛所有警察。事实上，不仅其他任何组织或个人不应也无权出台这样的制度规定，擅自挤占警察社会角色的自主空间，强迫警察改变其正当合法的行为方式，警察自己自然也无须承担这样的思想包袱，否则，就是对其社会角色正当权益的剥夺，必然导致警察怀疑自身制度角色的真实性及其与自身合法权益的关联性，进而打击其接受监督的主动性与落实警务目的的积极性和创造性。也正因为如此，有研究者指出，《中华人民共和国人民警察法》第 19 条关于“人民警察在非工作期间，遇有其职责范围内的紧急情况，应当履行职责”的规定，明显违背了《中华人民共和国宪法》第 43 条关于“中华人民共和国劳

---

① 张康之：《公共行政中的哲学与伦理》，中国人民大学出版社 2004 年，第 282 页。

动者有休息的权利。国家发展劳动者休息和休养的设施，规定职工的工作时间和休假制度”的精神。[①] 由此可见，即使出于提倡和鼓励的目的，像上述第19条这样的规定也不应上升到制度层面强制警察执行，或被相关人士理解成是警察必须履行的职责，否则，其违宪之嫌的确会引发社会对警察的全能主义期待，甚至为过度乃至失范的警务监督提供借口，进而制约监督目的和警务目的的实现。

如前所述，在指向性非常明确的警务监督中强调警察的社会角色并非要为警察开脱责任，其政治和社会意义并不逊于其制度角色。对警察而言，这种角色区分一方面强调了警察在制度角色之外的正当权益，保障了警察作为社会成员相对自由、相对宽松的生活空间，落实了以人为本的理念，并为监督主体设置了相对明确的监督预期和行为边界；另一方面则强调警察自身也要有明确的角色自觉，避免角色混乱，防止公权私用和徇私舞弊等错误行为。立足警务监督的视角，这种角色区分在保障警察充分享有社会成员正当权益的同时，也要求警察应当模范履行社会成员的应尽义务，因为“由于职业的性质，公众或许认为，警官业余时间的个人行为应该无愧于他的工作”。[②] 也就是说，身处社会角色的警察行为不仅应符合各种制度规定，而且应当合情合理，遵守公序良俗，所有违背法律精神、超越道德底线的行为都不应当发生在警察身上，毕竟并不是所有人都能够明确区分警察的角色，即使部分民众具有这样的能力，其对警察的角色期待也是模糊的，并不会因为警察身处社会角色而放松对警察的要求，即使警察没有动用与职权相关的资源，他们也会期望警察具有良好乃

---

① 封志晔：《警察职业的角色紧张与角色冲突》，《河南公安高等专科学校学报》2009年第3期，第110页。

② ［美］罗伯特·兰沃西等：《什么是警察——美国的经验》，尤小文译，群众出版社2004年，第431页。

至完美的道德表现。[①] 所以，罗伯特·兰沃西强调指出，“在某种意义上，民众对警察的道德要求比对平民的道德要求要高”。[②] 这样，警察就不能因为即时身处社会角色而放松对自己的要求，更不能出现明显逊于普通公民的行为，否则，即使不违反制度规定，也会在道义上贬低警察的职业声誉和社会形象，恶化警务环境。因此，即使个人行为和职务行为完全不存在时空上的交叉，警察也要尊重和遵守社会规范，也应将自身行为自觉置于公众的监督之中，进而以其良好的职业形象和社会声誉，改善警务环境乃至国家的形象。为此，警察应当明白，现实中身处社会角色时仍被限制甚至禁止从事某些活动，并不意味着所有警察身处社会角色时都会动用相关资源，也不是要剥夺他们合法的权利和义务，而是出于个别不当不法警察的教训和对更多不当不法行为的防范。一旦制度能够完善到警察在这些方面不再抱有任何企图，或日益完善的监督环境使得警察根本无法动用相关资源时，这些限制或禁止也就不再以异己力量存在，而是转化为警察内心广泛认同的行为标准。这就说明，警察越是规范地行使职权，其社会角色的自主空间也就越大，其个人行为的合理性也就得到更多

① 马克思曾经指出，“资产者唯恐失去的那种教育，对绝大多数人来说是把人训练成机器”。[《马克思恩格斯选集》（第1卷），人民出版社1995年，第289页。] 如果说在马克思时代，统治阶级为了实现政治目的，通过其意识形态培养社会成员，还仅仅是初现端倪，那么，这种趋势在现时代已经成为普遍化的社会现象，以至于学界认为社会和公众已普遍承担起宣传和维护统治阶级意识形态的功能。根据现当代国家和社会之间日渐密切的趋势，阿尔都塞认为，国家机器已从国家层面拓展到社会层面，这样，“国家机器包括两类：一类是代表镇压性国家机器的机构；另一类是代表那些意识形态国家机器的机构”。（陈越：《哲学与政治：阿尔都塞读本》，吉林人民出版社2003年，第513页。）为此，他特别强调，“绝大部分的意识形态国家机器（它们显然是分散的）是私人领域的组成部分。教会、党派、工会、家庭、某些学校、大多数报纸、各种文化投机事业等，都是私人性的”。（同上书，第339页。）不仅如此，他还明确指出，“（镇压性）国家机器大量并首要地运用镇压（包括肉体的镇压）来发挥功能，而辅之以意识形态（根本不存在纯粹的镇压性机器）。例如，军队和警察为了确保它们自身的凝聚力和再生产，也要凭借它们对外宣扬的‘价值’，运用意识形态发挥功能”。（同上书，第337页。）显然，无论立足何种视角，警察已不再是公众中随机产生的一个职业群体，而是其中具有良好公民素质的优秀代表，是国家精心选择、执行其意志的政治力量。这样，在社会国家化的背景下，普通民众都在不同程度上承担起意识形态国家机器的功能，自然会对警察寄予更多更高的期待和要求，而作为镇压性国家机器的警察自然是任重而道远，更应在承担传统警务的基础上全面承担起宣传、维护和实践统治阶级意识形态的责任，甚至还要更加巧妙地隐匿其暴力色彩，努力实现警务活动和意识形态的有机统一。在此背景下，只有当警察积极从暴力中隐退，甚至不再主要依赖暴力，他们才可能依法行使职权，并按照制度角色的职业规范延伸到社会角色之中，并用这两种角色的优秀标准自律其行为，进而全面展现警察不断提升的综合素质，充分体现警察的现实价值及其意识形态的功能。在此背景下，如果警察的社会角色依然表现得相当优秀，无疑能更加全面和持久地发挥其意识形态国家机器的功能。但是，即使如此，与警察制度角色承担意识形态功能的强制性不同的是，其社会角色仍然具有自主选择是否和如何充当意识形态国家机器的权利，任何组织或个人都不得予以剥夺。

② ［美］罗伯特·兰沃西等：《什么是警察——美国的经验》，尤小文译，群众出版社2004年，第430页。

的认同和尊重。这同样也说明，科学合理的制度、规范的警务监督不仅不是掣肘警务活动，反而是对警察更为合理的关心和保护，并在合乎社会利益的方向上为警察拓展了更加广阔的发展空间。

对监督主体而言，区分警察的制度角色和社会角色同样显然非常重要。如果说监督主体，尤其是体制外主体重视并敢于主张自身的正当权益，是社会进步的现实标志，那么，承认并尊重警察在警务活动之外的正当权益不仅是良好公民素质的应有表现和民主法治的客观要求，而且能够为警务监督营造良好的人性化环境，有利于调动警察接受监督的自觉性和积极性，无疑是一种更为理性的社会进步。因此，监督主体不能因为紧迫的监督任务和高远的监督目的而模糊警察的角色区分，将警察的所有行为纳入监督视野，甚至予以严苛。在监督实践中，相对于警务活动本身的不足，监督行为的失范明显有过之而无不及。在现实生活中，监督主体，乃至整个社会在并不了解警察职业特点和警务规律的情况下，常常因个别优秀警察的神勇而无限拔高整个警察队伍，进而将对已被神化的警察泛化到社会生活的各个方面。而这种神化和泛化似乎是重视和尊重警察的表现，实质上却在更大范围内为矮化警察形象埋下了祸根，因为警察队伍中一人一事的过失，哪怕是警察在社会角色中的细微过失都会被无限放大，甚至波及整个警察队伍，进而破坏警察的职业声誉和社会形象。更有甚者，屡见于媒体的监督个案仅关系到警察社会角色的案件不在少数，无论是其中一方当事人，还是各种媒体，无不突出强调另一方当事人的警察身份，似乎丧失了警察身份后就会不再产生这样或类似的案件，警察身份似乎也就成为这类案件的充分条件。事实上，面对这样的警务监督，人们自然心知肚明，突出强调警察身份，无非是想营造强大的舆论压力，迫使警察就范或接受那些本不该接受的苛刻条件。由此可见，这样的监督实质上是假借监督之名，图谋私利之实，最终不但不能提高警察在监督中规范警务和服务社会的意识，反而会打击警察的职业自豪感，徒增警察开展警务活动的畏惧心理。可以想见，心怀畏惧的警察又能在多大程度上规范地行使职权、承担责任，这样的监督又能在多大程度上规范警务、服务社会！因此，对监督主体而言，明确区分警察的双重身份，尊重和理解警察的社会角色，防止将道德标准过度制度化，并不是放松监督，纵容警察，而是用同一种标准对待身处警务活动之外的警察，使其感受到警务监督的真实意义，是民主法治的必然要求。只有当警察和其他社会成员一样，正常地行使权利、承担义务时，他们才能感受到身为警察的职业尊严，才会以规范的警务回应规范的监督，这样的监督才能真正实现监督目的。因此，上述文字就揭示了本章乃至本书中相对隐匿的一贯主张，即如果警务监督始终紧绷警察的神经，貌似合理的背后真相是对有限警力不可持续地无度耗费，因而也就明确强调，张弛有度才是正确的用警之道，才能保证有限警力的可持续发展，实现警务活动的无增长改善。

三、在警务监督中强化警察权威

上述分析表明，对警察进行制度角色和社会角色的适当区分，就是要在有的放矢中提高警务监督的针对性和实效性，激发警察理解和配合监督的主动性和积极性，进而在既不能消除又无法逃避的监督中规范警务活动，以良好的职业声誉和社会形象强化其与职位相匹配的职业权威。事实上，前面有关章节已从不同角度和不同程度地说明，警务监督并不是对警察现实价值的否定，而是要树立和强化其应有的职业权威，以保障警务活动的规范性，提升警务效能。而警察权威既来源于职位，又不局限于职位，即职位只能为警察权威提供制度前提，更为稳定、持久的权威仍需警察在积极作为和勇于担当中加以培养。所以，有研究者指出，“完整的警察权力是由一定的警察职位、警察职责和警察职权互相联系、互相制约的三个方面有机构成的。不占有警察职位，不具备警察身份，自然就不会也不应有警察职责和警察职权，从而不可能产生警察权威。有警察职位无警察职权或有警察职权无警察职责，都不能使警察工作正常进行，从而也不可能产生真正的警察权威”。[①] 显然，现有的制度规定通常能够赋予警察应有的权威，而警务监督的内在机制则能够从特定视角有效提升警察的权责意识，并在持续提高其职业能力的过程中强化其职业权威。因此，身处监督之中的警察应当充分利用这一机制，持续提高其角色行为的规范性，不断提升其职业权威。立足政治学的视角，警察权威除了国家赋予的制度资源外，还应当包括自身的职业素养和道德境界所赢得的认同和支持。这样，警察权威至少可以从合法权威、合格权威和个人权威三个方面[②]进行分析，并以此探索其在警务监督中的实现路径。

首先，警察应在监督中强化其合法权威。警察是国家意志的化身和国家权威的代表，必然具有相应的权力保障，这是警务活动的制度前提和警务监督的重要原因。当然，这种权力并非源自警察的个人力量，更非源自其警用装备。“一般来说，政治领袖的权力首先是一种职位所赋予的，处于一定政治职位的个人必然被赋予一定的权力。”[③] 以此类推，警察的权力来源于国家的授权，是国家支配的政治资源在警察机关的再分配。公众对警察认可的

---

① 张兆端：《警察哲学》，中国人民公安大学出版社 2008 年，第 256 页。

② ［美］丹尼斯·朗：《权力论》，陆震纶等译，中国社会科学出版社 2001 年，第 56 ~ 71 页。

③ 马宝成：《试论政治权力的合法性基础》，《天津社会科学》2001 年第 1 期，第 51 页。

首要原因就在于他们是国家权力的代表和化身，对其警务活动的认同和遵守则主要基于国家权力的合法性。在此制度框架内，如果说“现代民主政体下，作为政府首脑的政治领袖的产生和政府本身一样，其政治权力的获取必须遵循一定的规则——与现代民主政治密切相关的一套法律制度，如宪法、选举制度等，这是政治领袖的政治合法性的基本源泉”，[①] 那么，作为国家化身的警察也只有依法产生，才能名副其实地占据相应的职位，享有相应的合法权威，即由“规则、法律或惯例”或“非个人的制度”赋予的，因而受到公众认可的权威。由此可见，“合法权威是一种权力关系，其中掌权者有公认的发布命令权力，而权力对象有公认的服务义务。是任一特定命令的来源而不是其内容赋予合法性并引起接受命令之人的自愿遵从。”[②] 如果说只有依照法定程序和制度安排进入警察机关的社会成员才能拥有合法授予的职权，独享警察合法权威的话，那么，身为警务主体的警察还必须遵从相应的制度规定，防范警务活动中的职权滥用和恣意行为，这既是合法权威的另一必然规定，也是合法性最直观规定的必然要求，因为“当局的效力来自承认一个成员在当局结构中所承担的角色的合法性，以及他对限定那一职位的权利和义务的规范的遵守。”[③]

由此可见，社会成员违反法定程序或实体规定进入警察部门，或合法进入，却无视相应的制度规定，恣意妄为，同样难以享有应得的合法权威，甚至还会侵蚀国家的合法性基础。就现实而言，由于警察在国家权力格局中的特殊地位，拥有相对丰富的政治和社会资源，加上权力本身的可交换性和易腐蚀性，不可避免地对警务活动造成负面影响，增加警察队伍建设的难度，消解警察的合法权威和职业形象。因此，只有按照法定程序和入警要求，严控警察队伍的入口关，从源头上严格遵守警察的录用标准，同时在警察队伍中加强制度创新与供给，明确权责，依法引导其规范制度角色，才能从根本上开启维护警察合法权威的现实路径，进而为法律权威和国家权威夯实基础。显然，日益普遍、完善的警务监督能够从警察考录和任用开始，在程序和实体上强化和完善警察机关选人用人的制度依据，并不断完善相关的制度供给，进而在规范警察的角色行为、纯洁警察队伍和提升警务效能中强化警察的合法权威。尤其在当下，日益严格的制度规定使得曾经司空见惯的招警方式越来越丧失制度依据，也使得在此环节中的监督活动获得越来越多的制度支撑，进而使得程序上难有

① 马宝成：《试论政治权力的合法性基础》，《天津社会科学》2001 年第 1 期，第 52 页。
② ［美］丹尼斯·朗：《权力论》，陆震纶等译，中国社会科学出版社 2001 年，第 56 页。
③ ［美］戴维·伊斯顿：《政治生活的系统分析》，王浦劬译，华夏出版社 1998 年，第 345 页。

可乘之机的招警方式逐步排除了徇私空间，由此也提升了新警的合法权威，但也因此提醒监督主体，不能因为有所成就而放松监督力度，以免功败垂成，丧失业已取得的显著成就和良好的发展态势。

其次，警察应在监督中强化其合格权威。虽说警察的本质及其合法权威要求对警察进行严格的政治考察，但“仅仅进行政治考察的做法是有害于公共事务的，因为它常常把毫无能力的人放在重要的职位上去”。[①] 虽说公众服从的是制度遴选的警察，而非制度之外的个人，合法权威也赋予警察相应的合法性资源，但这一前提并不能保证他们就足以具备应有的职业素养，充分发挥其应有功能，而“现代制度所需要的个人……基于客观证据做判断，服从不是由传统或宗教而是由技术才能够合法化的权威”。[②] 尤其随着社会的发展和时代的进步，科技日益具有空前的广泛性和渗透性，社会管理和犯罪行为日趋复杂化和智能化，必然要求警察具备相应的知识水平和业务能力，以切实履行其基本职能，回应公众的期盼。如果他们在这些方面的表现确实优秀，而且公众也“信任有卓越的才能或专门知识去决定何种行动能最好服务于对象的利益与目标”,[③] 那么，在合法权威的基础上，警察还会建立起一种基于一定知识和能力、与其职位相适应的合格权威，即“仅仅依赖于对象对其卓越知识或技能的信任”。[④] 这种权威一旦建立，警察将会在合法权威的基础上更加便捷地获得更多的合法性，警务活动也因此获得坚实的社会基础，因为公众相信，警察不仅是有效打击犯罪、维护社会秩序的忠诚战士，更是主动服务公众的“现代更夫”；他们不仅能对非常态的社会秩序作出迅速反映，具有令人满意的执法效能，而且还能针对社会需要，提供优质服务。因此，合格权威对警察的专业知识和业务能力提出了更高的要求，并要求警察作出必要回应，以提升警务效能，夯实警察的合法性基础。

基于合格权威的特定要求，警察机关应在利用警务监督加强制度建设、巩固警察合法权威的同时，注重把具有足够智慧和能力的社会成员吸引到相应的职位上来，因为“输出的时间和效率是与特定历史时刻当局角色的特定担任者的教养、经验和卓越的判断力密不可分的”。[⑤] 换而言之，加大警察考录和培训的力度和范围，以优胜劣汰的良性机制提升警察的文化素养、专业知识和

---

① ［美］F. J. 古德诺：《政治与行政》，王元译，华夏出版社 1987 年，第 65 页。

② ［美］阿列克斯·英克尔斯等：《从传统人到现代人》，顾昕译，中国人民大学出版社 1992 年，第 4 页。

③ ［美］丹尼斯·朗：《权力论》，陆震纶等译，中国社会科学出版社 2001 年，第 60 页。

④ ［美］丹尼斯·朗：《权力论》，陆震纶等译，中国社会科学出版社 2001 年，第 60 页。

⑤ ［美］戴维·伊斯顿：《政治生活的系统分析》，王浦劬译，华夏出版社 1998 年，第 535 页。

职业技能，不仅是社会发展的客观要求，更是经验型、体能型警务向智力型警务转变的专业支撑，因为素质显著提高的警察不仅回应了时代和社会对警务效能的诉求，而且也让公众感受到警察在现实生活中积极和谐的推动作用。显然，警务监督的内在机制不仅会关注警察的政治素质，而且同样会强调其职业能力，进而在日益凸显其与警务效能的直接相关性中常态提升警察的业务素质，以不断完善的制度角色持续回应社会各界的普遍关注。如果说，警务监督在程序上保障警察的合法权威方面已初见成效，那么，就应当在继续巩固这一成果的基础上，将更多的精力投放到招警的实体监督上，力争将那些缺乏足够职业素养的候选人淘汰出局，同时加强对警察职业素养的考察，强化其自我提高的压力和动力，进而全面提升其合格权威。不仅如此，相对于合法权威，警察在提升其合格权威方面具有更大的主动性和努力空间，因此应充分认识这一趋势的必然性，在警务监督中感受这一日益普遍的社会呼声，并结合本职工作，积极提升自身的专业素养，在顺势而为中强化其合格权威。

最后，警察应在监督中强化其个人权威。事实上，即使目的性非常明确的制度规定也只能为警察提供一种可能性空间，他们仍有可能偏离制度规定和社会期待，关键就在于其自律意识和主观努力。因此，警察只有按照职业承载的意义开展警务活动，才能显示出自身的现实价值。也就是说，警察身为警察机关的一员，拥有相应职权，配置警用装备，充其量只是形似，只有当其行为符合其应有表现、发挥其应有作用时，才会产生应有的政治和社会效益，真正体现其现实意义。显然，这就要求警察在合法权威和合格权威的基础上，努力实现外在他律和内在自律的统一，进而要求他们按照制度规定不断提升其个人品德，以便在持续实现警察价值的同时赢得更多的认同和支持。理论和经验也反复说明，具有良好人格魅力的警察在履行其权责时往往能赢得公众的支持和配合，进而形成一种有助于增强其亲和力与合法性的个人权威。而戴维·伊斯顿在论述个人品质对合法性的影响时也认为，“如果成员认为新的当局者个人是值得信赖的和关心社会的……那么，当局者的合法性就不可否认”。[①] 虽说民主社会追求的是法理型而非魅力型的警察，但是公众日益增强的民主意识和权利意识凸显了警察个人品德对警务效能的影响，也强化了对其职业形象的现实需求。“由于执法服务于人民群众，使人民警察的执法形象，必须具有爱民的

① ［美］戴维·伊斯顿：《政治生活的系统分析》，王浦劬译，华夏出版社1998年，第365页。

本质要求。"[①] 这样，按照"权力的理性就在于确保权利"[②] 的理念，警察理当充分运用其合法权威和合格权威，高效打击犯罪，尽心尽责地服务社会，但是，他们作为正常的社会人，也具有相应的私利诉求和"经济人"的自利倾向，大公无私只是一种道德标杆，仍缺乏实现的普遍可能性。因此，警察品德的优劣不仅会直接关系其义利观以及公众的认同，而且会左右他们对警务监督的看法和对职权的安排：时刻告诫自己只是国家和社会利益代表，自身职权最终来源于公众的警察通常会从国家和社会的整体利益出发，忠于职守，克己奉公，廉洁自律；反之，他们就会投机钻营，置各种监督机制于不顾，把职权蜕变成谋私的工具。显然，"为了狭隘的个人目的而行使的权力是不具备合法性的。事实上，一旦政治功能私人化，也就是说政治功能只为私利服务，统治权力就将受到质疑。"[③] 由此可见，在国家和警察并存的背景下，原本属于个人素质的品德与警察权威产生了直接相关性，并连带地影响着国家的合法性。因此，个人权威要求警察具有良好的职业道德，并始终规范行使职权，防范在警务活动和社会活动中的谋私行为，以树立和强化其公平正义的社会形象。

由此可见，现实中强调"以德治国"和"德才兼备"，对警察而言，也就必然提倡"立警为公、执法为民"，并要求他们切实履行公仆的责任，在严格执法、热情服务中完善其作为警务主体的道德形象，并"通过他们的个人品质……成功地为一个政权罩上合法性的光辉"。[④] 因此，在警务实践中，切实提高警察的政治素养和道德水准，不仅可以有效控制和打击社会的丑恶面，而且可以主动激活和弘扬社会的正义面；不仅可以为统治型警务、管理型警务向服务型警务转变奠定了稳固的道德基础，而且可以有效防范警察权力的错位和滥用，防止对警察职能的偏离和对国家合法性的侵蚀。受其影响，警务监督就从外在的程序要求逐步转向内在的实体要求，并因此在实体上获得更大的努力空间，毕竟，相对于程序规定，实体规定既要依靠警察的自觉努力，又要依赖监督主体规范的监督行为。虽然警察的个人权威也必须以合法权威和合格权威为基础，但并不是这两种权威的必然结果，仍需要警察在职业自觉和道德自律上作出不懈努力，仍需要监督主体为警察的道德自觉预留足够的自主空间。相对于前两种权威，个人权威因其鲜明的主观性而赋予警察更大的表现空间，进

① 陈晋胜：《刍议人民警察的执法形象》，《中国人民公安大学学报》（社会科学版）1998 年第 1 期，第 31 页。

② 谢晖：《法学范畴矛盾辩思》，山东人民出版社 1999 年，第 264 页。

③ ［法］让－马克·夸克：《合法性与政治》，佟新平译，中央编译出版社 2002 年，第 46 页。

④ ［美］戴维·伊斯顿：《政治生活的系统分析》，王浦劬译，华夏出版社 1998 年，第 371 页。

而要求其承担更多的责任，同样也要求监督主体将更多的精力投放到警察在警务活动中的表现，为其提升个人权威提供更具针对性的建设性意见。只有这样，警察才能感受到监督主体的真诚态度，才能在理解和支持中获得必要的个人权威，进而在内心深处为警察的职业权威树立道德准则，警务监督的目的才能在稳定的心理认同中获得坚定的认同和不懈的坚持。

上述分析表明，从强制色彩最弱和制度弹性最大的个人权威开始，经由合格权威，到合法权威以及由此产生的鲜明强制性，全面反映了警察权威的内在系统性和紧密关联性。每当低强制性的权威失效后，就必须诉诸更高一级的权威，直至采用合法权威和强制手段，以确保警务活动不至于过度偏离制度标准。然而，正是个人权威的主观性明显，实体标准最高，因而更多取决于警察的主观努力而难以作出明确的制度规定，警务监督即使在纠正不法警务方面也难以产生明显的成效和确定性，如果警察缺乏角色自觉和主动担当，不当警务仍会相当顽固、相当普遍地存在，自然难以得到有效遏制。这也从一个侧面反映了警察角色自觉的重要性，因为只有当警察具有高度的角色自觉时，其个人权威才能稳定地确立起来，他才会想方设法地提升其合格权威和合法权威。同样，在这三种权威的综合规定下，如果警察动辄炫耀其合法权威，甚至诉诸强制手段，也就说明其已毫无合格权威和个人权威；如果警察只能依赖外在的国家权威，才能勉强开展警务活动，也必将侵蚀国家的合法性基础。因此，在民主法治已成大势的当下，警察不应满足于合法权威，而应在合法权威的基础上诉诸自身的不懈努力，努力提升其合法权威和个人权威，以其内在的能力和品德来回应公众的期待。这样，警务监督不仅对警察具有明显的督促和提升功能，而且能够超越监督主客体的双边关系，对政治和社会生活产生广泛而深远影响。因此，警务监督对警察的制度角色提出了相应的要求，要求他们以德能兼备的标准规范其角色行为，并向社会展现其完全胜任角色期待的综合素质，进而从特定视角为国家的合法性夯实基础。与此同时，警察作为对现实生活具有广泛而深远影响的公职人员，除了制度予以保障的合法收入外，再也不能滋生坐地生财的企图，更无法因为社会角色的正当性而证明其以权谋私的合理性，日益完善的监督已经使得那些凭此职业发财致富的企图愈发渺茫和危险。这就要求现实中的每一名警察必须主动认清社会形势，主动顺应发展趋势，强化角色自觉，在警务监督中从善如流，在本职工作中不断提升其人生价值，否则，既会在日益规范的警务环境中承受日益严格的监督，经常遭受体制内外的批判和指责乃至行政或法律的查处，又会在无奈和痛苦中虚度光阴。① 因此，在外在的警务监督和内在的自我提升的双重作用下，警察应当努力规范自身行为，以赢得更多的认同和支持，进而改变其对职业的物质依赖，在追求更高价值的过程中实现职业的事业化。一旦进入这一境界，警务活动将作为一种能够自我支配和自我激励的有意义劳动乃至生活的第一需要，成为警察增强成就感和完成自我实现的现实平台。这样，警务监督以及由此产生的对警察制度角色和社会角色的规范要求就不再是一种外在的异己力量，而是一种帮助其实现自我价值的推动力，警察乃至国家的现实意义也将在空前的范围内得以展现。因此，警务监督作为体现和持续发挥警察现实价值的代价，对警察具有扬长避短、惩恶扬善的机制和功能，警察自然要予以高度重视，并予以积极配合。当然，立足警务监督的视角，强调并维护警察权威，并不仅仅是警察的责任，监督主体同样也有相应的担当。对他们而言，规范的警务监督并不必然要怀疑乃至挑战警察权威，而是要在挑错纠偏中使这一权威更纯正、更持久。换而言之，以削弱警察权威为目的的监督并不是真正的监督，甚至就是动机不纯的监督，只能导致民主、权利这些政治价值毫无约束功能，整个社会将面临更多更大的风险。②

第二节　警务监督与警察权责

前文分析表明，对警察进行制度角色和社会角色的区分，就是要重申和维护警察社会角色的正当权益，同时将监督重心更多集中在警察权的运行上，提高警务监督的针对性和实效性。因此，警务监督并不是要剥夺警察职权或削弱

---

① 由此可见，面对无法回避的监督，警察既要敢于面对直接监督，以此规范警务活动，又要从间接监督中汲取合理化意见，不断提升警务活动的规范性，以全面巩固和提升其职业权威。当然，警察权威的树立不仅需要警察的不懈努力，而且离不开公众对警察和警务活动的理性认知。而这种认知除了可以通过社会发展和公众素质的提升得以实现，也需要警察以自身的理性行为加以引导。然而，当下的警察机关普遍存在着绝对主义的极端倾向。例如，一提及唯物史观，就不再质疑警务客体利益诉求的合理性，一些明显的不当不法诉求都能在警务活动中屡试不爽；一提及以人为本，警察权的强制性就形同虚设。显然，在此警务环境中，警察作为社会成员中相当优秀的职业群体不但难以发挥其应有的示范性和影响力，而且大有听命于一些非理性社会风气的倾向，更谈不上履行向公众宣传和普及警务规律、引导公众行为等责任。如果警察机关对此缺乏足够的认识，或不及时进行修正，警务活动的规范功能将明显受到抑制，警察权威自然难以进入良性发展的轨道。

② 由此可见，所有人都不应忘却拉斯韦尔等人的忠告：“当制裁强化了制裁对象的价值时，制裁是积极的；而当制裁剥夺了制裁对象的价值时，制裁就是消极的。”（［美］哈罗德·D. 拉斯韦尔等：《权力与社会：一项政治研究的框架》，王菲易译，上海人民出版社2012年，第57页。）显然，这一忠告在本书的语境中无疑也是适用的，甚至具有非凡的理论启迪，尤其当“制裁”替换成“监督”时，这一主张不仅仍然能够站得住脚，而且明显切中时弊，具有振聋发聩的警示之效，因为警务监督的终极目的不是要激化主、客体的对抗，而是要充分挖掘警务活动的积极意义。

其权威，也不是要为警察开脱责任或放纵其行为，而是要求警察正确认识并积极顺应其职能的动态变化，并在规范行使职权、主动履行职责中予以积极回应，彰显其在警务监督中的应有空间及其在民主政治进程中的现实价值。

一、警察职能与警务监督

研究警务监督，离不开对警察职能的分析，甚至可以说，加强和完善警务监督，是顺应国家社会化趋势、发展和丰富警察职能的现实选择和主要路径。由于国家和警察之间相伴而生的关系，警察职能主要受制于国家意志，并在国家职能的发展中作出相应的反应。而“在国家的统治职能和管理职能之间，又存在着复杂的关系，而且这种复杂的关系在统治者和被统治者之间的认识上又存在着各种各样的差异”。[①] 显然，即使这种复杂关系难以言表，其对警察职能的影响也是决定性的。也就是说，当国家固守其统治职能时，警察也难以在服务社会方面具有明显作为，充其量也只能是少数警察的偶尔之举；当国家坚定地发展其管理和服务职能时，警察也必然要通过自身的表现予以积极回应，进而日益凸显其服务社会的责任和潜能。由此可见，当下关于服务型政府的呼声必然通过政府传导给警察，进而要求警察充分发挥其职业优势，予以积极回应。在此背景下，任何无视这一规律、漠视这一趋势的警察不仅会在警务活动中陷入被动，而且最终会被淘汰出局。而在更广的视野中，国家职能的演进则意味着国家权力日益处在一个不断向社会公开和进入公众视野的政治环境中，权力运行和权力主体的行为也必须接受公众的审视。这一趋势同样也意味着警察机关必须因时而变，不断拓展和丰富自身的职能，逐步扬弃统治型警务的封闭性和隐秘性，关注和回应公众的利益诉求，以提高其管理职能和服务职能。显然，在此过程中，只有得到公众的知情、理解和配合，警察的管理职能和服务职能才能得到有效落实。同样，这一趋势也必然要求监督主体主动顺应这种趋势，积极关注警务活动，加强和完善警务监督，以更好地配合和巩固警察职能的转变。

上述分析表明，国家职能的变化也必然会由警察以其独特方式予以体现，并在赋予警务监督日益增多的可能和全新内容的同时产生重要影响。“就警察之沿革观之，在警察国家时代，政府与人民间，只有命令和服从。”[②] 显然，在此历史背景下，警察肯定会规避任何形式的监督，公众也不敢有此奢望，当然也就没有真正意义上的警务监督。但是，警察乃至国家的保守性并不能扭转

① 张康之：《公共行政中的哲学与伦理》，中国人民大学出版社 2004 年，第 123 页。
② ［日］松井茂：《警察学纲要》，吴石译，中国政法大学出版社 2005 年，第 101 页。

社会发展的方向，他们迟早也得放弃其传统做法，逐步重视并回应社会的强烈呼声。这样，正如国家不能永远凌驾社会之上，警察也不能永远置身于监督之外。在警察职能的演进过程中，从统治职能到管理职能，再到服务职能，后者的出现并不意味着前者的消亡或后者对前者的完全替代，充其量是前者在新的时代背景下的丰富和发展，毕竟受国家规定的警察不可能完全背离国家的发展规律，当然也不可能舍弃国家的影响而独自发展。因此，警察管理职能的产生仅意味着统治职能的淡化而不是消亡，而服务职能同样也不能挤占统治职能和管理职能的应有空间。但是，面对不同职能的警察和不同制度伦理主导的警务活动，警务监督的可行性和效果却有天壤之别。所以，有研究者指出，“从属于统治行政的模式，就表现为强权政治和权力掌握者的专横跋扈；从属于管理行政的模式，就会滋长行政人员的‘自以为是’和官僚主义意识；而从属于服务行政的模式，就会在公正的社会管理和优质、高效的为人民服务中发挥巨大的作用”。[①] 从统治职能到服务职能的演进，职能的丰富和转变必然要求警察具有相应的思想转变和能力储备，以应对公众日益严格的审视和日益广泛的期待，为此，松井茂提出忠告：“警察若无任劳任怨之决心，则不如不为警察之为愈也。”[②]

立足上述的宏观规律，在警察职能迥异的不同历史时期，警务监督的生存空间显然是大相径庭，其规范性和实际功效更是有天壤之别。当国家的统治职能一统天下时，这一职能同样也会在警察职能中占主导地位，国家主义和警察主义也会因此甚嚣尘上，不仅“警察国家”会应运而生，而且警察也会成为国家恣意舞弄的工具。这样，为了维护统治秩序，实现统治目的，国家往往会动用包括警察在内的一切政治资源，甚至随意诉诸强制手段，其结果必然强化国家权力运行的封闭性和隐秘性，“民可使由之，不可使知之”便是对这一历史事实的真实反映和专制国家的内心独白。在此背景下，作为国家工具的警察当然也会顺应这种宏观需要，尽量隐蔽其权力运行的体制机制，最大限度、极其频繁地行使警察权，尤其是其中的强制手段。显然，这种权力运行模式在营造国家权力隐秘性的同时也强化了警务活动的自身神秘性，使得体制外力量根本无法了解警务活动的内在规律，使其无从评判、更遑论监督警务活动。同样，被隔绝在外的体制外诉求难以对国家产生持续的压力，自然也使得体制内监督毫无存在的可能，即使偶尔的监督行为出现也多为权力斗争的结果，其明显的偶然性自然难有持续发挥作用的动力机制。就国家的本质而言，警察乃至

① 张康之：《公共行政中的哲学与伦理》，中国人民大学出版社2004年，第310页。
② ［日］松井茂：《警察学纲要》，吴石译，中国政法大学出版社2005年，第24页。

国家自然都会设法维持和强化这种隐秘性，但这种隐秘性又会滋生滥用职权、以权谋私和官僚主义等诸多问题，并危及统治秩序乃至统治地位。这些不断反复的历史教训迫使国家不得不首先在体制内寻求防范和遏制权力隐秘性的措施，并在体制内对策难以奏效的情况下在体制外寻求良策，动用体制外力量防范不当不法警务。① 而体制外力量也在此过程中认识到，警务监督不仅是国家将原本来源于社会的权力回归给社会，而且也直接关系到自身利益，进而在不同程度上与国家一起，共同实施警务监督，并随着相关认识的深化而不断强化和完善警务监督。当然，这种宏观趋势并不意味着警察权的隐秘性企图会被彻底消除，即使在当下，一些警察机关或警察仍会以各种各样的借口，规避警务监督，遮掩自身的不当不法警务，但已无法改变这种隐秘性日益减少的趋势。由此也说明，无论何时何地，只要警察仍然动辄强调自身的统治职能，事实上便会或多或少为自身的警务活动设置回旋余地，其中就潜藏着规避监督、放弃更高追求的企图，结果必然削弱警务监督的效果，自身也难以跃升至更高的境界。

但是，国家权力的保守性也只能掩盖而不能否定潜藏其中的社会化机制。恩格斯曾明确指出，“政治统治到处都是以执行某种社会职能为基础，而且政治统治只有在它执行了它的这种社会职能时才能持续下去”。② 也就是说，如果公众根本感受不到国家的现实价值，必将在物质和精神层面彻底瓦解其合法性，抵制乃至对抗国家意志。不仅如此，马克思强调的国家职能“既包括由一切社会的性质产生的各种公共事务的执行，又包括由政府同人民大众相对立而产生的各种特有的职能”，③ 同样说明，就国家产生的动机而言，其统治职能具有本源性，但并不因此就意味着其自始至终都居于主角地位，管理职能也

---

① 立足国家演进历史的宏观视角，资本主义生产方式的日渐强势以及内在的平等机制必然要求通过分权制衡限制以王权为代表、集权专制的行政权，“三权分立”无疑是这一趋势的现实要求和必然结果。但是，“三权分立”狭隘的阶级属性和无法消除的结构性矛盾不仅难以实现分权制衡的初衷，而且还重蹈排斥民意、掠夺民众的历史覆辙，欧美国家的生动实践也无法掩盖其局限性和被超越的必然性。在此背景下，在扬弃中应运而生的“议行合一”不仅结合了“议会制的长处和直接民主制的长处”[《列宁选集》(第3卷)，人民出版社1995年，第296页]，直指权力的集权倾向和异化冲动，而且将日益觉醒的民意置于空前的高度，公众也因此从顺从国家意志的客体逐步成长为监督国家权力的主体，从而理顺了国家和公众的关系，密切了他们的联系，并为监督活动夯实了社会基础，提供了制度保障。(关于监督模式演进机制的详细论述，详见吴永生：《监督模式的演进与民主监督的转型》，《理论探讨》2012年第5期，第15~17页)。而警务监督逐步发展到体制内外两种形式并存的格局，无疑就是近代以来权力分化的客观要求和现实表现，也是这一宏观趋势在该领域的生动反映，由此也反映出警务监督日后继续普及和深化的必然趋势。

② 《马克思恩格斯选集》(第3卷)，人民出版社1995年，第523页。

③ 《马克思恩格斯全集》(第46卷)，人民出版社2003年，第431~432页。

能够与时俱进地成长为主要职能，否则，赤裸裸的统治职能反而会将国家置于和社会对立乃至对峙的地位，进而危及统治秩序，贻误统治目的的实现。为此，罗莎·卢森堡明确强调，无产阶级专政“必须是阶级的事业，而不是少数领导人以阶级的名义实行的事业。这就是说，专政在每一步上必须依靠群众的积极参与，必须直接处于群众的影响之下，必须接受公众的监督”。① 由此可见，在国家职能演进规律的规定下，相对于警察的统治职能，其管理职能虽然不具有本源性，但其历史和影响一点也不逊色于其统治职能，而且已得到越来越多的认可和支持。这就要求警察在不完全背离国家意志、彻底放弃统治职能的同时，淡化其打击和镇压色彩，强化其管理职能，乃至融统治职能于管理职能之中。尤其值得注意的是，“管理权力与统治权力不同，它不可能通过夺取而被占有，管理权力是通过授权获得的”。② 显然，这种授受关系反映了社会和国家、公众和警察的源流关系，进而揭示了权力接受监督的必然性：“既然权力不再为权力的执掌者所有，权力的主人和权力的主体相分离，那么，这种权力就是需要得到监督和制约的权力。”③ 与统治职能相比，警察的管理职能超越了统治阶级的单一诉求，更加突出了社会利益和警务活动的受益面，进而也夯实了警察权的合法性基础。与统治职能不同的是，管理职能更加重视社会利益，当然也就需要警务活动更多基于社会利益，以提升警察的合法性，进而要求监督实践既要重视警务程序的制度设置，以防止即使在“权力稍多稍重的情况下，亦能依法行使和避免权力滥用”，④ 也要在广泛的警务监督中提升警务效能，更好地发挥警察的社会职能。如果说统治职能在体制内监督难以奏效的情况下，不得不谨慎地开启体制外的监督之门，那么，管理职能则在重视警察维护统治秩序的基础上，更加突出警察之于社会的重要意义与社会对警务活动的认可和支持，因而也更加重视体制外力量在警务监督中的效能机制，为体制外监督提供了更多可能和路径。显然，从统治职能到管理职能，明显揭示出国家和社会、警察和公众之间相互尊重、相互接近和逐步一体化的趋势。

就人类社会的辩证发展和国家社会化的总体趋势而言，国家职能不会演进管理职能就停滞不前，仍需向更具社会性和公共性的阶段发展，进而对警察产生相应的影响，其服务职能的产生和凸显则是这一趋势的现实要求和必然结论。如果说警察的统治职能是暴力的，其管理职能是冷峻的，那么，其服务职能无疑是温和的，甚至是温情的。如果说警察的管理职能在一定程度上是对其

---

① 《国际共运史研究资料》（第4期），人民出版社1982年，第46页。

② 张康之：《公共行政中的哲学与伦理》，中国人民大学出版社2004年，第71页。

③ 张康之：《公共行政中的哲学与伦理》，中国人民大学出版社2004年，第71页。

④ ［日］松井茂：《警察学纲要》，吴石译，中国政法大学出版社2005年，《勘校导言》第5页。

统治职能的去暴力化甚至去妖魔化，那么，警察的服务职能则在更大程度上加快了警察平民化和警务平凡化的进程。在此背景下，公众不仅无须畏惧警察，甚至连敬畏之情也大可不必。人们不仅逐步明白自身的社会地位和历史意义，正确认识国家和社会、警察和公众的关系，而且完全能够以平常心理对待警察，以平和心态看待警务活动，从而更加能够在常态监督中有效消除不当不法警务。这样，警务监督不仅更加可能，而且更加广泛和深入，因为在此过程中，公众更加明白国家和警察之于社会的工具性价值和自身的终极性意义，自然也能在警务监督中更加自信和从容。因此，为了社会的整体利益和长远利益，警务监督不仅是必需和可行的，而且也从体制内的制度安排逐步推广为普通民众的日常行为，体制外力量的监督潜能空前凸显。也正是在此意义上，体制外主体能够立足人类社会的发展趋势，更加重视对警察职能的监督，直至成为一种全民行动，即使其中的不足也无法否定警务监督的现实价值，更不会阻碍其逐步完善的发展趋势。同样，随着国家职能的丰富，体制内主体在动力和压力的双重驱动下，也会积极借鉴和及时回应体制外主体的合理诉求，从而使警务监督的体系更加全面和完善。这样，在监督实践中长期锻炼的监督主体最终不仅知道应当敢于和善于主张自身的合法权利，而且也不会无事生非，蓄意抵制警务活动，进而逐步进入基于社会整体和长远利益的监督佳境。而在服务职能渐成国家和警察的主要职能时，警察只能在这一背景下接受日益普遍严格的监督，并通过自身日益规范的警务活动体现自身的工具理性和公众的终极价值。也正是在此状态下，警察才能真正找准自己的职业定位，才能有效实现其人生价值及其作为社会成员的目的性意义。

当然，立足本书主题，对警察职能进行条分缕析，完全是出于行文的需要，并不意味着现实中某种职能可以单独存在，或者，这三种职能可以进行非常清楚的区分。事实上，从统治职能到服务职能的演进过程，在描述警察和公众的关系变迁的同时，只是说明前一种职能有所弱化或隐匿而不会消失，这犹如国家决定了警察的存在，警察也自然会保持最低限度和色彩明显淡化的统治职能一样，随之而来的是更为显性、权重更大的管理职能和服务职能，进而形成动态互补的职能格局。但是，这也不意味着后一种职能最终将无限挤占前一种职能的存在空间，或完全取而代之，而只是说明，政治色彩最为明显的统治职能将作为警察的核心职能，逐渐被社会性和公共性色彩浓郁的管理职能和服务职能包裹起来，进而淡化警察的强制性和暴力色彩。这也说明，无论后两种职能如何强势，也必须依附警察的统治职能。换而言之，一旦统治职能不复存在，警察也无存在的理由，其管理职能和服务职能也就无从附着，即使届时仍然存在这两种职能，那不再是警察的必然担当，甚至已经完全成长为公众的自治行为，与国家和警察已无必然联系，自然也就毫无传统的政治色彩。显然，这也从一个侧面证伪了当下片面乃至孤立强调警察服务职能的观点和做法，并说明这一职能必须与前两种职能紧密相连，甚至只有以它们为前提，才有谈论这一职能的理论基础和现实意义。由此可见，强调警察的服务职能，更为准确的表达应当是在其统治职能和管理职能中坚持服务的理念，离开前两种职能强调服务职能，自然极易激发公众对警察的全能主义期待，进而将警察置于无法应对、无所适从的境地。① 这样，当分析重心重新回到本节主题时，这一理论主张自然为警务监督设置了不可逾越的行为边界。一方面，监督主体，尤其是体制外主体，不能因为自身地位的本源性和终极性而要求警察放弃统治职能，甚至滥用监督之权，推行个人中心主义，否则，只能暴露出自身的幼稚、无知和贪婪，反映出与其地位不相匹配的公民素质；另一方面，面对日益多元的公众诉求，警察必须保持清醒的头脑，不能因服务呼声的高涨而淡化乃至舍弃自身的统治职能和管理职能，否则，只会以自己的幼稚和无知助长监督主体的幼稚、无知和贪婪，进而导致社会长期挣扎在物欲横流的名利场，滞缓社会进行自我管理和恢复其旺盛生命力的进程。由此可见，当警察感慨监督环境恶劣时，倒也不妨反躬自省，追问自身是否具有应有的理论自觉和坚韧的道德底线。如果自身也缺乏这样的认知和坚守，又如何体现其应明显优于民众的职业素养？又以何理由理直气壮地批评难尽人意的世风？又如何以更具示范效应的角色形象引导和改善社会风气？显然，在警务监督中，警察并非只能被动承受，同样可以自身的规范行为引导监督主体，不断提升警务监督的规范性，进而在改善监督环境、促进社会进步等方面显现其积极作为的巨大空间。

二、监督中警察职权的行使

上述分析表明，警务监督既是社会发展的必然要求，又是警察队伍建设的客观需要。规范的警务监督作为规范警务活动、实现社会利益的现实选择，需要转化为主、客体双方的共同认知，尤其需要作为监督客体的警察的正确认知，并通过其规范的警务活动，在认真落实其权责的过程中追求警务监督的目的。由此可以说，警察是否以及在何种程度上认识其权责，将直接关系到警务监督的顺利实施和监督目的的最终实现。因此，警察机关和所有警察都应当明白以下道理：“把监督的对象确定为人，无疑是有道理的。但应该明确一点，

① 由此可以说，虽然警察的统治职能抑制了警务监督，但根本无法否认其正当性，更无法窒息其生命力，一俟其管理职能和服务职能的普及，警务监督就会以茁壮之势迅速发展。这也就相当合理地解释了我国警务监督的阶段性特征和改革开放背景下警务监督的现状，进而强调了本书的现实价值。

这里的人不是特指的哪个人或是哪些人，而是掌握和行使权力的一般人。……无论哪一级组织，无论是什么人、无论其任职时间长短、也无论其职位高低，只要掌握着公共权力，就必须接受权力主体的监督。从这个意义上讲，监督的对象本质上是权力，而不是哪个特指的组织和人，具体的组织和人不过是权力的人格化而已。”① 显然，这一理论主张同样可以用以解释警务监督，并要求警察将关于警务监督的认识上升到这一高度，以更为理性的态度理解和接受警务监督。只有秉持上述思想和态度，警察才能从根本上消除对警务监督的消极情绪，并有效推动其在警务监督中主动提升警务效能。

毫无疑问，在监督实践中，并非所有警察都能够正确认识和对待警务监督，各种错误认识必然导致他们在无法回避的监督中难以找准自身定位，自然也无法产生应有作用。在各种错误的认识和行为中，确因自身不法行为而逃避或抵制监督的当属最严重、最恶劣的现象。毋庸讳言，警察机关始终不同程度地存在着害群之马，他们因以权谋私，甚至以身试法，自然担心监督损害既得利益，或暴露其非法行径，当然要百般阻挠或逃避警务监督。相比之下，因误解或轻视而抵制监督当属最为常见的现象。在一些警察看来，繁杂而耗时费力的警务活动已经让人不堪承受，无所不在的警务监督则明显掣肘警务活动，甚至招致无端的抱怨或投诉，警务效能也因此每况愈下。同样，也有一些警察认为，这些监督活动通常形式大于内容，甚至形同虚设，难以长期坚持和见效，还是其惯常的工作方式更具效率，进而我行我素地延续传统的态度和方式。此外，因畏惧监督而不敢行使职权的现象也不在少数，因为在许多警察看来，不仅不当不法警务会因监督而受到查处，有时连正常的工作也会遭到误解，甚至难以避免恶意投诉，原本艰辛的工作也因缺乏应有的理解和配合而举步维艰，其开展警务活动的积极性和创造性必然受到打击。而这种态度又往往导致警察委曲求全，一味地迁就监督主体，甚至发展到“骂不还口、打不还手”的地步，结果必然严重打击警察的职业荣誉感，进而危及国家意志和法律权威。

显然，对于那些从事过不法警务和利欲熏心的警察，常规监督，甚至是极具针对性的批判教育已难以端正其态度，自然也就无法简单通过提高认识而解决问题。事实上，不法警务已经对国家意志和法律权威构成了挑战，如果无视这些问题或不进行严肃查处，不仅是对这种挑战的回避，而且会纵容并滋生更多的类似行为，引发更多更严重的不法警务。因此，依法查处不法警务，追究相关人员的行政和法律责任，直至将其中的犯罪行为诉诸刑罚，不仅能以治本的方式，直接根除不法警务的源头，有效遏制和防范更多的不法警务，而且能

① 吴君：《中国共产党党内监督路向浅析》，《探索》2007 年第 3 期，第 42 页。

对潜在的不法冲动和更为常见的不当行为产生相应的威慑和警戒作用，消除各种以权谋私或滥用职权的危险企图，以达到治本的目的。更为重要的是，通过查处不法警务，清除相关人员，将会发挥反面教材的功能，在更大范围内纠正警察对警务监督的错误认识，减少警务监督的阻力，甚至赢得他们的理解和配合。因此，警察必须正确看待同行因警务监督而被查处的事实，这只是不当不法警务的必然后果，是对各种潜在问题的警戒，而不是对这一职业群体能力和品德的普遍怀疑，更不是对其职权的褫夺。显然，这是对警察职权现实而明确的界定、提示和纠正，也是所有警察必须具有的正确认识，只有这样，才能促进其依法行使职权，不断提升警务活动的规范性。

对于那些因误解或轻视而抵制监督的警察，警察机关应多管齐下，从根本上扭转其错误认识，以防范其不当不法行为的蔓延和恶化。首先，警察机关要让所有警察明白，如果说以法律不合理为由来否认和对抗法律，就会为更多的违法乱纪行为提供借口，那么，面对监督，谁也不能以监督的现实不足来抵制监督，即使非理性的监督主体和监督活动也能从一个侧面凸显监督规范性的重要性和紧迫性，因而不能否认警务监督的现实意义，否则，更趋形式化甚至走向消亡的警务监督必然滋生更多的不法警务，甚至最终导致警察难逃重组的命运。因此，警察就应当明白，警务监督不会因为现实不足而被取消，其中的不足之处也只能在实践中予以完善。其次，警察机关必须充分利用各种反面教材的警戒作用，使警察理解“监督就是警戒、监督就是关爱”的深层含义，确保他们在切身感受监督效果的过程中认识到警务监督的重要作用，进而在规范行使职权中落实监督目的和警务目的。最后，警察机关必须在准确把握警察队伍思想状况的基础上，不断提高警察队伍建设的针对性和实效性，使之认识到自身的政治和社会责任，以及警务监督在规范警务、服务社会过程中的纠偏和引导功能，进而扭转他们轻视监督、抵制监督的错误认识和抵触情绪。

相对而言，因畏惧监督而不敢理直气壮地行使职权的现象更加普遍。在监督实践中，一些监督主体借监督之名，刻意挑剔警务活动，甚至动辄打骂警察或进行恶意投诉，在一定程度上反映了国家与社会之间的张力，以及公众民主和法治意识的缺失、权利和义务之间的落差。在此监督环境中，身处一线的警察往往因其职业特点而首当其冲地成为国家和社会矛盾的集中体现，甚至成为不良社会风气的牺牲品，有所顾虑自然也是正常现象。显然，在此背景下，仅靠警察机关的努力的确很难改变这种环境和风气，也难以有效消除警察的顾虑。即便如此，警察机关仍应有所作为。首先，警察机关要立足维护社会利益、国家意志和法律权威的高度，并通过各种途径加强警察公共关系建设，向社会各界宣传警务规律，尽其所能赢得公众的理解和配合。其次，警察机关应旗帜鲜明地支持警察规范行使职权，依法查处那些借监督之名发泄个人情绪或蓄意损害警察权威的行为，保护警察的合法权益、职业荣誉感和工作积极性。再次，警察自身也要明确自身职权的特殊性[①]及其和警务监督的关系，既不能因监督而放弃职权，也不能因职权而藐视监督，注重警务活动中程序和实体的统一，从而既规范行使职权，又坦然面对监督，确保在日益规范的监督环境中渐入警务佳境。最后，警察应强化自身基于科学认知和准确定位的坚守，杜绝毫无主见或委曲求全的妥协，进而在不断提升其职业素养中培养其依法行使职权的能力，尤其是运用法律武器开展警务活动的能力，为公众树立知法用法的典范形象，进而以其独特作用推动和提升民主法治进程。

在端正警察对警务监督的认识、引导其规范行使职权的过程中，上述三种措施事实上都可以归结到一点，即警察应加强和监督主体的沟通，为其规范行使职权营造良好的公共关系和社会环境。研究发现，公众在对待官员的态度上存在着所谓的“距离悖论”，即“人们相信或者崇敬离他们近的政府官员，而认为离他们远的政府官员则是懒惰、不称职和不诚实的”。[②] 显然，这一悖论并不仅仅是人们的直觉，而且是基于广泛调研的科学结论。这就要求警察在处理警务监督和行使职权的关系时，必须在正视公众感受的基础上，积极寻求应对措施。上述分析表明，警察对待警务监督的态度实际上都不同程度地关系到监督主体和警察之间的心理距离。既然沟通能够消除或缓解这种距离感，警察就应当从自身做起，注重警务公开和警民互动的力度和实效，在体察和回应监督主体的现实关切中争取其理解、信任和支持。在此过程中需要强调的是，警务公开和警民互动不应片面地局限在各级警察机关的辖区内，因为产生不良影响的距离通常产生在监督主体和远离他们的警察之间，而不仅仅局限在特定辖区内。这样，如果警察能最大限度地拓展关爱半径，将警务公开和警民互动拓展到最大限度，包括那些偶尔接触的民众，人们自然会改变其对警察的一贯印象，体制内主体才会着力减少刻板、冷漠的监督行为，体制外监督才不至于沦

---

① 相对于其他行政权而言，“警察权对于人民尽是禁戒之条，其制限人民自由者良多，自昔不受人民之欢迎”。（［日］松井茂：《警察学纲要》，吴石译，中国政法大学出版社2005年，第16页。）事实上，在警察存在的情况下，即使日益凸显的服务职能也明显有别于其他行业，其管理职能中的禁戒性自然更不可能彻底消失。对此，公众也应正确对待这种现象，即所谓的“禁戒之条”只是相对于不当不法行为而言，并不会对行为规范的公众带来明显的不便。同样，警察也必须明白，在公民素质尚未提升到完全自治的程度之前，这种禁戒性自然无法彻底根除公众的不满情绪。为此，警察只有具有充分的思想认识，才能有效根除理想和现实之间的心理落差，进而以更加理性的心理对待警务监督，落实警务目的。

② ［美］乔治·弗雷德里克森：《公共行政的精神》，张成福等译，中国人民大学出版社2003年，第162页。

为挑衅警察、掣肘警务的帮凶，进而才能有效显示其善良愿望，消除警察对警务监督的误解和顾虑，引导其坦然面对监督活动，并在监督中逐步规范行使职权，提升警务活动的规范性。

三、监督中警察职责的履行

早在20世纪上半叶，研究者针对当时的国情，就明确指出，“二十世纪社会日趋复杂，经济之设施，错综万端，因之发生之危害，亦层见叠出。倘一本往日之放任主义，不加以相当之限制，则社会将陷于危险之地位，而人民即无安居乐业之可言。故国家特设机关，使于法令范围内，行使国家统治权，限制人民违法之行动，此种预防公共危害及维持社会安宁之国权作用，谓之警察权。警察之作用，即在增进人民之福利，辅助各种政务之推进，当国家政治未上轨道，尤其是在今日一般民众程度低下之中国，警察负有社会先导之责。”① 时至今日，社会的迅速转型以及由此造成的各种问题也要求国家和警察发挥相应的作用，而日益普及的警务监督更是对警察的职责提出了明确的要求。在警察职能日益丰富和完善的背景下，历时地分析警察职责和警务监督的关系，权责平衡的原则必然要求警察在行使职权的同时，必须承担与之对等的职责。如前所述，如同其他从业者一样，警察也是职权和职责的统一体，而且由于政治和法律的原因更具权责统一的刚性。权力和责任的对应和对等并不会因为警务监督而有所改变，这在要求警察在规范行使职权的同时，履行相应的职责，因为“警察可以以多种方式恰当使用他们的权力，也使他们可以以同样的方式滥用权力”。② 如果说警察的职权因警务监督而不断明确和完善，警务监督也因警察职权的完善而更加真实，那么，警察职责也在警务监督中显得更为真实和更加刚性，其制度和社会环境也会在时代进步中变得更加严格和更加规范，警务监督也因警察的积极履责逐步走上日臻完善的境界。

但是，毋庸讳言，那些自身确有不法行为的警察显然缺乏应有的责任意识，或者说，其责任意识已因私利或恣意而丧失殆尽。这样，他们不仅不会承担应有的责任，而且也会担心自身的权限因监督而受到制约，更会担心自身的问题因监督而暴露，自然会畏惧和抵制警务监督。相比之下，因缺乏责任意识而误解和抵制监督的情况当属最为常见的现象。应当承认，权责平衡的原则当下更多仍停留在理论上，自身缺乏责任意识的警察不在少数，即使原有少许的

① 余秀豪：《警察行政》，商务印书馆1936年，第8页。

② ［美］罗伯特·兰沃西等：《什么是警察——美国的经验》，尤小文译，群众出版社2004年，第426页。

责任意识在权利意识同样缺乏、警务监督难以生效的社会环境中也会被逐步淡化和淡忘。在他们看来，只要不滥用职权或徇私舞弊，对责任的强调往往使工作难以有效开展，在监督中强调警察的责任只会徒增工作难度，影响警务效能。同样，也有一些警察认为，在当下民主阙如、法治不兴的社会环境中，无所不在的监督根本毫无规范可言，有时就是一己私利的率性表达，甚至就是个人情绪的恣意宣泄，个别或少数人的努力难以改变警务环境。这样，面对监督，即使不能不作为，也尽可能少作为，以规避相应的责任，消除因监督而产生的消极影响。显然，上述关于责任的认识不仅明显制约了警察职责的履行，而且也难以提升警务监督的规范性。

显然，对于那些从事过不法警务的警察，一切与职权相关的职责如同达摩克利斯之剑，不仅是一种持久的警戒和威慑，而且随时会成为追究和惩处其违法行为的制度依据。他们不仅担心监督主体知晓其应当承担的职责，而且担心警务监督暴露其违法行为，自然也就会掩盖和推卸责任。这样，监督主体自然无法指望他们以应有的责任意识自觉接受监督。因此，警察机关应通过各种措施，积极回应监督主体的合理诉求，依法查处不法警务，尤其应当将蓄意逃避责任的害群之马从警察队伍中清除出去，从而从根本上消除其犯罪行为，有效遏制和防范更多的不法警务，同时在警察队伍中强化责任意识，实现警务监督和警察职责的良性互动。相反，让不法警察继续潜藏在警察队伍之中，监督主体自然会因此丧失对警务监督的信心，甚至放弃在此领域的一贯努力，最终导致功亏一篑，其结果不仅会严重影响警务效能，继续败坏警察的职业声誉和社会形象，而且也会严重阻碍国家在政治、法律和道德等领域的努力，侵蚀国家的合法性基础。

对于那些因缺乏责任意识而误解和抵制监督的警察而言，提高他们的责任意识应属当务之急。一方面，警察机关必须加大教育力度，使所有警察明白，民主法治的进程需要全体社会成员的努力，作为国家公职人员的警察更应当在权责平衡中推动这一进程，任何放弃相应责任的行为都是对这一原则的破坏，都会在不同程度上影响民主法治的进程。① 在此过程中，权责平衡的原则不仅是一种道德原则，需要转化为内在的自律，而且是一种更为普遍的法制原则，需要通过外在的他律加以落实，任何人以责任影响工作、监督制约工作为由，抵制警务监督，不仅是推卸法律责任的非理性行为，而且也是其缺乏道德自觉的表现，都会辜负国家和社会对警察的角色期待。在此背景下，流于形式或走

① 所有警察都应当明白，虽然自身并无中流砥柱乃至力挽狂澜的能力，但是，不随波逐流和洁身自好同样也是对社会进步的积极贡献，由此汇集而成的社会风气无疑将形成社会进步的强大动力。

向消亡的职责必然导致警务监督难见成效，制约监督主体责任意识的养成和提升，进而导致监督的主客体在相互怀疑和指责中危害社会利益。另一方面，警察机关自身也必须明白，责任意识不仅需要教育，更需要在实践中养成，或者说，只有在实践中养成的责任意识才是真正的责任意识，才能转化为相应的履责能力。因此，警察机关不仅要基于规范警务的目的，更要立足服务社会的高度，不断完善内部监督机制，加强自我约束和自我控制，自觉接受各种形式的警务监督，在奖惩和褒贬中强化和提升警察的责任意识，进而引导警察积极履行服务社会的崇高责任。而警察也应当明白，警察职权总是和社会利益紧密联系在一起的，并不是可供恣意挥洒的个人资源，更不是其飞扬跋扈的依仗，进而要求他们积极承担相应责任，发挥其在提升社会利益中的抑是扬非、抑恶扬善功能。因此，“少一些高人一等的优越感和傲慢，而更多一些民主和信任感”[①] 的良言对警察同样具有启发意义，而松井茂也强调，“警察之权力，不能不以国民之道德及自治之观念为基础。此等权力，只可称为警察维持道德之手段”。[②] 不仅如此，他还特别强调，“现在之警察，非为保护特定人而设，对一般民众均宜一视同仁，而无贫富之别”。[③] 这就意味着，警察应当自觉体恤民情，平等对待和尊重所有社会成员，用权而不推卸责任，履责而不滥用职权，最大限度地维护社会利益。这样，在警务监督中，警察以勇担责任来唤醒公众义务，公众以勇担义务来善待警察职权，从而实现监督和责任、警察和公众的良性互动，而警察也在权责平衡中落实了监督目的和警务目的。

同样，因畏惧监督而不敢承担责任，或者担心承担责任而受到更为严格的监督，不仅是消极的，而且是错误的。心存这样担忧的警察本身通常没有明显的违法行为，但并不规范的警务监督却使他们难以应付，身心疲惫，因而滋生了畏惧心理。但是，不尽如人意的警务监督并不会因此改善或消除，甚至一些监督主体会利用警察的畏惧心理，恣意放纵其权力，进而加剧了这种担忧，恶化了监督环境和警务环境。与此同时，相关职位在赋予警察相应职权的同时，也为他们规定了对等的职责，这些职责并不会因为警察不愿或不敢承担责任而不复存在，也不会因为监督主体放弃或滥施监督而烟消云散。在此背景下，逃避责任必然导致警察自缚手脚或自我放纵，进而将自身置于恶性循环的境地。换而言之，警察不因责任而畏惧监督，不因监督而放弃责任，在提高职业能力和警务规范性过程中，不断强化自律意识，主动承担责任，不仅有利于警务活

---

① ［美］乔治·弗雷德里克森：《公共行政的精神》，张成福等译，中国人民大学出版社 2003 年，第 183 页。

② ［日］松井茂：《警察学纲要》，吴石译，中国政法大学出版社 2005 年，第 24 页。

③ ［日］松井茂：《警察学纲要》，吴石译，中国政法大学出版社 2005 年，第 71 页。

动的正常开展，充分履行其政治和社会责任，而且也能在一定程度上教育和引导监督主体，提高其监督的义务意识和履行义务的能力，进而规范其监督行为。此外，社会发展也日益证明，“权力本位的制度是一种恶的制度，而能力本位的制度则具有有利于社会进步的善”。[①] 这就意味着，针对自身职业能力的不足和日益高涨的社会需求，警察自身应重视并着力提高其职业素养，提高自身履行职责的能力，以便敢于直面并纠正各种非理性的监督行为，进而在规范监督行为的过程中回应监督主体的合理诉求。当然，置身于监督之中的警察能否切实承担责任，在很大程度上还取决于警察机关是否有相应的支持和保护措施。也就是说，在保障和鼓励警务监督的同时，依法查处不法的监督行为，唤醒和激发警察对警务监督的正确认知和持久信心，提高和保护其责任意识、职业尊严和工作积极性，也就成为警察机关强化警察接受监督、提升责任意识的现实选择。

当然，在警务监督和警察职责的关系上，“距离悖论”同样具有现实启示：“对于那些乐善好施的公共管理者而言，爱他们的邻居并为他们提供有效的服务，是符合道德的。但考虑到距离悖论的存在，热爱并为那些远离他们的人们提供公平的服务，对公共官员来说，则是更大的美德。”[②] 这就意味着，警察应当高度认识自身职责，并在日益广泛的警务监督中落实和强化这种责任，进而在执行制度规定的基础上，通过自身的道德实践，将民主法治的理念转化为内在信念和自觉行动。不仅如此，“公务员必须既是道德的思考者，又是道德的实践者”，[③] 这也要求警察通过加强与监督主体的交流和沟通，注重警务公开和警民互动的力度和实效，不断提升自身的职业能力，以其持续提升的警务效能，最大限度地争取监督主体的理解、信任和支持，使其感受到警察的顾虑和担忧，使其认识到警察的责任不仅有利于规范警务，而且有助于服务社会，进而使其认识到，自身监督行为的规范性作为公民素质的真实反映，不仅关系到警务活动的规范性，而且还关系到社会利益乃至每个监督主体的切身利益。这样，就会有效消除监督主体对警察的怀疑和警察对警务监督的担忧，更为规范的警务监督会在更为深远的意义上消除警察的顾虑，鼓励其主动承担责任，进而实现责任和监督、警察和公众乃至国家和社会的良性互动。

在此过程中，针对其在履责过程中的明显不足和可以有所作为的现实空

---

① 张康之：《公共行政中的哲学与伦理》，中国人民大学出版社 2004 年，第 336 页。

② ［美］乔治·弗雷德里克森：《公共行政的精神》，张成福等译，中国人民大学出版社 2003 年，第 165 页。

③ ［美］乔治·弗雷德里克森：《公共行政的精神》，张成福等译，中国人民大学出版社 2003 年，第 178 页。

间，警察尤其应当在宣传和普及警务规律、慎用自由裁量权和促进公平正义等方面承担起应有的责任。首先，警察应当积极宣传和普及警务规律。实施警务监督离不开对警务规律的把握，警察职责的担当同样离不开对监督主体的尊重。但是，在广泛深入的警务监督中，并非所有监督主体都能较好了解警务规律，即使体制内主体也多满足于实践经验或工作惯性，甚至无视警务规律的客观存在，更遑论体制外主体更加不确定的监督行为。相比之下，基于提高警务效能和回应警务监督的需要，警察自然应该充分发挥其职业优势，主动承担起了解和掌握警务规律的责任。当下，“当新的社会问题出现的时候，警察机构就会应召前去处理，因为通常没有比其更合适的现存机构来处置这些问题”。[①]这一不尽合理的现实说明，虽然其中存在着管理体制等客观原因，但也存在着政府和公众并不知晓相关规定的因素，尤其是警察并不非常明确的定位及其处理特殊问题的权限，必然导致政府和公众根据各自的理解向警察提出各种要求。而在缺乏理论引导和理论自觉的前提下，警察机关并不理直气壮的拒绝乃至在半推半就中的顺从，更是强化了政府和公众的错误印象，纵容了他们的错误做法。与此同时，在警务监督中强调警察的责任，并不意味着警察要百般讨好公众，甚至委曲求全地满足其过分要求。事实上，无论警察如何努力，他们都无法满足公众不断膨胀的个性化要求。如果把责任误认为讨好公众，必然加剧警力紧张，贻误其他亟待处理的警情。[②] 显然，这不仅不是履行责任的应有表现，而是滥用职权、自耗警力的现实反映。因此，警察必须在系统掌握警务规律的基础上，有责任宣传自身的权限和职责，理性拒绝各种不合理的要求，并利用各种手段大力宣传和普及警务规律，引导监督主体将其监督活动建立在警务规律的基础上，否则，必然导致畸宽畸严的监督环境，必然加剧警察的恣意或畏惧心理，进而在责任阙如的情况下背离监督目的和警务目的。

其次，警察应当谨慎使用自由裁量权。鉴于警察权的运行特点，个性化的警务客体、多样化的警务时空以及由此造成的复杂的警务环境必然要求具有能动性的警察相机抉择，在法定权限内因地制宜地行使职权。只有这样，警察才能有效行使职权，对其强调责任才有现实意义，进而说明，“如果公共管理者

---

① 李天明等：《论警察角色定位与公共秩序维护》，《甘肃警察职业学院学报》2009 年第 3 期，第 7 页。

② 当下，一些警察机关在各自的警务创新中也有讨好公众的提法，而且也产生了一定的社会影响，但是，这种做法只能作为一时一地的工作态度和警务策略，而不应成为普遍化的制度规定和警务战略，因为此举明显存在着警察全能化的色彩和用警察的服务职能遮掩乃至替代其统治职能和服务职能的企图，因而是在更高层次和更广范围内对其政治和社会责任的淡忘，自然也难以消除舍本逐末和人治的嫌疑。

没有裁量权，那么他们是不可能承担个人责任的”。[①] 也正因为如此，有研究者明确指出，“警察执法时不可避免地享有自由裁量权，至少有两个理由说明必须如此。第一个理由是，警察没有也从来不可能有足够的资源来全面执行每一个法律。因此，不可避免地需要作出优先选择。第二个理由是，甚至是表达得最精确的法律规则，也需要在具体情况下进行解释。在适用规则时，其开放的逻辑构建不可避免地造就了至少是固有的自由裁量权因素。”[②] 由此可见，如果因为自由裁量权影响了警务活动的规范性而予以质疑或剥夺，警察只能机械地执行法律，法无规定的警情必将无法得到及时处理，低效的警务效能自然无法回应不断高企的民意诉求。因此，警察应当明白，警务监督并非要剥夺而是要规范其自由裁量权，即在制度框架内按照警情的实际，客观公正地使用自由裁量权。这就意味着警察既不能因为警务监督而放弃自由裁量权，以免低下的警务效能制约社会利益，因为“如果平庸成了公务人员的标准，那么即使没有物质特权，同样也会滋生顺从主义和盲从主义”，[③] 又不能无视警务监督而滥用职权，甚至“把国家政权当作凌驾于统治阶级和被统治阶级之上的一种力量来使用”，[④] 损害国家权威和社会利益。所以，面对警务监督，警察应当积极捍卫其公平正义的社会形象，善于从监督诉求中准确把握民意，并在制度允许的范围内作出积极回应，以便最大限度地发挥自由裁量权的现实意义，落实监督目的和警务目的。

最后，警察应当积极促进公平正义。遵循警察慎用自由裁量权的分析思路，必然对警察寄予公平正义的期待。鉴于违法犯罪诱因的广泛性和复杂性，警察只能打击和遏制而无法彻底消除违法犯罪行为，毕竟警察无法满足公众的所有期待。所以，研究者指出，虽然警察负有惩治犯罪的责任，但“最为重要的不是警察清除了多少必须清除的邪恶事件，而在于警察遵守有民主程序产生的价值观”。[⑤] 也就是说，相对于打击和遏制违法犯罪行为的消极功能，警察同样可以在遵循公平正义的价值方面发挥其积极功能，从根本上消除违法犯罪的社会根源，否则，警察显失公正的表现在漠视公众期待的同时，极易激化社会矛盾，引发更多的违法犯罪行为，制约警察和国家的合法性。而理论和经

---

① ［美］乔治·弗雷德里克森：《公共行政的精神》，张成福等译，中国人民大学出版社 2003 年，第 151 页。

② ［英］罗伯特·雷纳：《警察与政治》，易继苍等译，知识产权出版社 2008 年，第 195 页。

③ ［比］厄内斯特·曼德尔：《权力与货币：马克思主义的官僚理论》，孟捷等译，中央编译出版社 2002 年，第 89 页。

④ 《马克思恩格斯选集》（第 3 卷），人民出版社 1995 年，第 119 页。

⑤ ［英］罗伯特·雷纳：《警察与政治》，易继苍等译，知识产权出版社 2008 年，中译版前言。

验也说明，“在一定程度上，为公众提供了有意义的生活之后，冲突、犯罪和无序就会减少”。① 显然，在创造“有意义的生活”的过程中，警察显然可以凭借其独特优势发挥应有的作用，尤其是通过警务监督，在服务社会的积极追求中回应公众对公平正义的期待。首先，警察应在规范警务中激发社会活力。警察当然要以强制手段打击违法犯罪行为，但也要防止其窒息社会活力。所以说，警察的强制手段并“不能诠释为所有的警务活动都必须动用武力。相反，没有诉诸强制力而警察采用有技巧的策略来化解危机的警务措施才经常被视为好的警务。”② 在此背景下，公众才能真正感受到警察的责任担当和警务活动的现实价值，才能真正重视警务监督，并着力规范自身的监督行为，否则，片面倚重强制手段必然导致警察素质低下乃至道德堕落，他们自然无法担当其应有责任，甚至在规避警务监督中逃避责任。其次，警察应当根据差别原则，积极回应弱势群体的呼声。在回应监督诉求的过程中，警察应超越监督主体一时一事的要求，着眼于社会利益的宏观视角，着力解决警务活动中的共性问题。因此，在利益分化明显乃至悬殊的当下，让公众平均分享警务活动的利好，并不符合公平正义的要求和公众的普遍期待，甚至会制约警察的现实价值和社会制度的合理性。而在“以吏为师”传统悠久的我国，权利意识明显匮乏的弱势群体更难通过警务监督表达自身合理诉求，维护自身正当权益。显然，缺乏弱势群体广泛参与的警务监督必将加剧其社会不公的印象，导致其滋生怨恨警察、怀疑社会的心理，进而要求警察在维护公平正义方面作出更有针对性的努力，尤其要在积极回应监督呼声的同时，注重关注弱势群体的正当诉求，并通过有利于弱势群体的差别安排和合乎道德的责任担当，为其开辟新的利益空间。这样，随着监督意义的彰显和监督主体的壮大，警察的责任意识不仅能促使其自觉遏制不当不法警务，而且能内化为一种虔诚的事业心和实现自身价值的天职，进而将警务活动引领至服务社会的佳境。

---

① ［英］罗伯特·雷纳：《警察与政治》，易继苍等译，知识产权出版社 2008 年，第三版前言。

② ［英］罗伯特·雷纳：《警察与政治》，易继苍等译，知识产权出版社 2008 年，第 7 页。

第七章　警务监督的手段：依法监督和以德监督

不当不法警务助长了贪欲和腐败，但也同时催生了遏制贪欲和腐败的手段，推动着监督手段的丰富和完善。在警务监督中，正如要区分警察的双重身份一样，同样也要区分警务活动的对错以及错误的严重程度。而监督主体也非常清楚，在不当不法的警务活动中，“有些违犯了法律，有些违犯了本机构的规章制度，有些仅违反了社会规范”。[①] 显然，对待不当警务和不法警务就不能机械地适用同一种规范，应当区别对待，否则，重过轻罚产生不了应有的监督力度，无法实现规范警务的目的；轻过重罚则会剥夺当事人道德自觉和改过自新的机会，难以体现服务社会的追求。马克思曾强调指出，“人不是抽象的蛰居于世界之外的存在物。人就是人的世界，就是国家，社会”。[②] 显然，这一论断强调了人的社会属性，即“个人仅仅存在于与他人的相互作用和联系之中，他们的本质只能被看做是社会和历史的产物。在历史和政治过程中活动的人，不是单个的、孤立的个人，而是生活在与他人的特定联系中的人类，他们的本质是通过这些联系来确定的。”[③] 这样，这一论断就超越了长期依赖“人性善”和“人性恶”的抽象争论，强调了人性是社会环境和社会关系的产物，人性的善恶只是不同环境和关系的现实表现。由此也说明，用于调节社会关系、规范社会行为的法律[④]和道德作为人类社会除恶扬善的主要工具，同样也应当成为警务监督中防范不法警务、规避不当警务、提升警务规范性的现实手段。事实上，相对于监督目的，监督手段具有较大的灵活性，即为了实现监督目的，不仅可以相机选择各种手段，而且应当以适当的权重，充分发挥这些手段的综合优势。因此，依法监督和以德监督的功能不仅应当受到重视，而且

---

① ［美］罗伯特·兰沃西等：《什么是警察——美国的经验》，尤小文译，群众出版社 2004 年，第 419 页。

② 《马克思恩格斯选集》（第 1 卷），人民出版社 1995 年，第 1 页。

③ ［英］戴维·赫尔德：《民主的模式》，燕继荣等译，中央编译出版社 2008 年，第 114 页。

④ 当然，出于表述和行文的需要，这里乃至本章中的“法律”不应作狭义的理解，而是指以狭义的法律为主以及基于法律精神和原则的法规、规章和纪律等各种强制性制度规定。同样，依法监督也是在这一层面上加以使用，进而与柔性的以德监督构成完整的监督手段。

应当在实践中形成合力，共同提升警务活动的规范性。

在警务监督中强调依法监督和以德监督，还明显存在着一种片面的认识，即监督主体利用法律和道德的力量，强制警察服从相关的制度规定，或引导其提升其职业道德，使其不敢或不愿从事不当不法警务。事实上，就民主法治的精神而言，法律的约束力和道德的规范性不仅针对作为监督客体的警察，而且同样适用于监督主体，甚至对监督主体的要求更高。因为，如果警务监督只是要求警察循规蹈矩，而监督主体可以肆无忌惮，甚至可以为所欲为，那么，不仅无法持续完善警务监督，制约监督目的的实现，而且也是对民主法治精神的违逆和背弃。因此，依法监督和以德监督作为警务监督的手段，对警务监督的主客体双方都提出了相应的要求，要求他们立足各自角色，以其应有反应发挥其在此领域的现实价值。

第一节　依法监督：警务监督的制度手段

法律在设置行为底线、调节社会关系等方面的有效性和稳定性，既体现了其中广受认可的现实价值，又催生了社会对法律的倚重和更多期待，以至于法治日益成为全球范围内广受认可的政治价值，依法治国也同样成为我国的治国方略。在此制度背景下，结合警务活动的特点，依法监督也就成为这一方略在警务监督中的必然要求。为此，警务和法律的关系以及依法监督的必要性等问题也就理所当然地成为本章必须予以回应的话题。只有在此基础上，才能就依法监督这一主题形成完整内容，才能更有针对性、更加准确地运用依法监督的手段。

一、警务和法律的关系

法律作为统治阶级意志的表现形式，起初只是从制度层面维护和强化统治秩序，但随着国家和社会的长期互动，其功能得到了发展和丰富，从中受益的群体也逐步增多。也就是说，在此过程中，法律从统治阶级随意解释的文字和任意装饰的道具逐步发展成为国家意志和社会利益的规定者和仲裁者，并根据时空变化更加平衡地实现了国家意志和社会利益，从而越来越明显地超越了统治阶级、统治集团乃至统治者个人的狭隘眼界，更为宏观地着眼于公众的普遍关切，并在阶级性中生长出日益明显的社会性。也正是因为这样的发展趋势，洛克指出，“统治者无论有怎样正当的资格，如果不以法律而以他的意志为准则，如果他的命令和行动不以保护他的人民的财产而以满足他的野心、私愤、贪欲和任何其他不正当的情欲为目的，那就是暴政。”① 这样，在法律的推动和规定下，国家意志和社会利益的此消彼长持续推动国家社会化的进程，包括警察权在内的所有国家权力也在不同程度上受到了限制，并开始了持续分化的进程。一方面，在国家和社会的互动中，警察主动或被动地将一些权力转移到其他国家机关，或归还给社会，为社会增添更为合理的动力与自主发展的空间和能力；另一方面，警察又不得不承接其他国家机关转让的权力，或承担一些新的任务，以其独特优势回应社会发展的客观趋势。鉴于警察权力的重要影响，这种变化的结果必然要求法律作出相应的制度反应，即法律必须对变革中的警察权进行调整和规定，以便向警察明确其权力边界，向公众告知警察的权责，从而使警察权在法律授权下运行，警察和公众在法律的框架内互动。

在当今社会，随着民主法治进程的加快，国家职能的分化同样要求警察职能发生相应的变化，警察在保持统治职能的同时，相继发展出管理职能和服务职能。但是，即使如此，当人们思考警察如何开展警务活动的问题，必然要追问其统治职能和管理职能的法律依据，这既是依法治国的必然要求，也是依法行政的社会基础。也正是在这一层面上，松井茂指出，“警权之基础，须求之于法律”。② 也许在不同警种中，警务活动的统治职能和管理职能会有所不同，但无疑都是其中最为核心和最具行业特色的工作，绝不会因为服务职能的兴起而被淡化或淡忘，更何况警察的服务职能也是前两种职能发展的结果，并且有机地融合于这两种职能之中，否则，舍本逐末的变化极易导致警察性质的变异及其现实价值的丧失。不仅如此，法律作为社会发展的反应和结果，还要求警察的服务职能也不应违背法律精神，更不应背离社会发展的基本趋势。在此关系影响下，警察“作为同社会相异化的力量的代表，必须用特别的法律来取得尊敬，凭借这种法律，他们享有了特殊神圣和不可侵犯的地位。文明国家的一个最微不足道的警察，都拥有比氏族社会的全部机构加在一起还要大的‘权威’。”③ 因此，当下警察服务职能无限泛化的倾向应当引起高度重视，并要求警察自此理性回归至法律精神和社会发展的正常轨道上来。这就要求每一项警务活动都必须遵守相关的程序规定和实体要求，而刑事侦查、治安管理等警务活动更要不断提升制度规定的明确性，以减少警察主观意愿的消极因素以及滥用自由裁量权和强制手段的恶劣影响。为此，卢梭强调指出，“统治者是法律的臣仆，他的全部权力都建立在法律之上。同时，由于他享受着法律的一

---

① ［英］洛克：《政府论》（下篇），商务印书馆 1964 年，第 121 ~ 122 页。

② ［日］松井茂：《警察学纲要》，吴石译，中国政法大学出版社 2005 年，第 29 页。

③ 《马克思恩格斯选集》（第 4 卷），人民出版社 1995 年，第 172 页。

切好处，他若强制他人遵守法律，他自己就得更加严格地遵守法律。”[①] 由此可见，法律对于警务活动的规定性不仅要求警察杜绝任何没有法律依据或违背法律精神的警务活动，即使具有法律依据的警务活动也要防范其中的违法企图和风险，否则，不仅会违背法律宗旨，而且会背离警务目的，进而损害国家意志和社会利益，引发公众对警察的担忧和怀疑，因为无视法律的警察在导致公众利益无法预期的同时，自身也无法赢得起码的信任，也就必然将自身置于自我毁灭的危险境地。这样，警务活动的高远追求以及在此过程中的各种风险，极其现实地突出了法律的限制功能，进而印证了威廉·冯·洪堡的理论主张：“任何达到一种伟大的最终目的都需要规章的统一，这是毋庸置疑的。”[②] 而列宁在谈到社会主义国家的法制建设时，也明确批评了当时的错误想法：“假使我们拒绝用法令指明道路，那我们就会是社会主义的叛徒。”[③]

当然，法律限制警务、警务服从法律的规定，只是警务和法律关系的一个方面，另一方面则意味着更具动态性的警务也能催生新的法律，以便为其提供相应的保障。“在民主制中，不是人为法律而存在，而是法律为人而存在；在这里法律是人的存在，而在其他国家形式中，人是法定的存在。”[④] 显然，“法律为人而存在”不仅作为一种发展趋势，反映出人的价值和社会发展的普遍呼声，而且日益明确作为法律存在依据的人应当是全体社会成员。不仅如此，法律的发展和完善将意味着全体社会成员日益受到平等的对待，其中既包括作为警务客体的全体民众，又包括作为警务主体的所有警察。受其影响，为人存在的价值理性必然规定法律既不是警察管理社会、强制公众的工具，也不是社会反对国家、公众藐视警察的利器。如前所述，警务活动的广泛性、深入性等特点必然要求警务活动能够及时获得法律的强有力保障，以便能顺应社会发展需要，因为从积极意义上讲，一旦社会发展催生新型警务的需求，必然要求产生相应的法律规定，以便为警务活动提供制度保障和相应的制度空间；而在消极意义上，新型警务活动在回应社会诉求的同时，也必然制约一部分人的切身利益，或改变现有的利益格局，必然招致他们的抵制，其结果也需要相应的制度规定，为警务活动应对这些抵制行为提供制度依据。尤其在当下，警察再也无法延续传统的强势形象，并日益走上平凡化和平民化的趋势，这一合乎规律的趋势在推进法治进程的同时，也为那些义务意识淡薄的民众挑衅警察权威减轻了心理负担，扰警、袭警现象时有发生，警务环境也因此持续恶化。显然，

---

① ［法］卢梭：《论政治经济学》，商务印书馆1962年，第9页。

② ［德］威廉·冯·洪堡：《论国家的作用》，林荣远等译，中国社会科学出版社1998年，第56页。

③ 《列宁全集》（第36卷），人民出版社1985年，第188页。

④ 《马克思恩格斯全集》（第3卷），人民出版社2002年，第40页。

这些行为不仅不会推进民主法治的进程，而且会在社会转型时期引发更多的不安宁因素。因此，有效应对和严肃查处那些挑衅警察的不法行为，及时恢复社会秩序，不仅有利于提高警务效能，强化法律之于警务的保障功能，而且有助于改善警务环境，强化警察的社会形象和职业权威，进而要求国家及时出台相关制度规定，以回应和保障警务活动的需要。马克思曾明确指出，“在一切不同于民主制的国家中，国家、法律、国家制度是统治的东西，却并没有真正在统治，就是说，并没有物质地贯穿于其他非政治领域的内容。在民主制中，国家制度、法律、国家本身，就国家是政治制度来说，都只是人民的自我规定和人民的特定内容。”① 显然，这里的“人民的自我规定和人民的特定内容”在当下不应被过度解读为公众的完全自治，而应被理解为公众尚有待日益完善的法律制度的塑造和培育，并在与警察的良性互动中共同推动社会进步。由此可见，在民主法治的进程中，法制建设应及时回应警务活动的现实需要，适时出台相关的制度规定，为其提供必要的制度保障，其意义显然并不逊于法律限制警务、警务服从法律的意义。

当然，作为警务主体的警察也应当明白，法律之于警务的限制功能只是对少数警察不法企图的提防，并不意味着对所有警察职业能力和道德境界的怀疑，更不意味着警察因此可以在警务活动中有所懈怠，缺少作为。以此类推，法律之于警务的保障功能也仅意味着对国家意志的捍卫和对社会利益的维护，并不意味着警察因此可以独享其他行业和社会成员无法企及的特权，更不意味着自身职权可以无限扩张。与此同时，作为警务客体的公众也必须明白，警察受法律限制只是对公众正当权利的尊重和维护，但并不意味着警察丧失了应有的权威，公众可以膨胀权利，淡忘义务，甚至可以为所欲为；同样，受法律保护的警察不再是个性化的普通公民，他们代表着国家意志，维护着法律权威，挑衅或对抗警察显然是对国家意志的违抗和法律权威的藐视，必将作为不法行为受到相应的制裁或谴责。这样，既有保障又受限制的警察在承受法律授权的同时，也必然承担着相应的责任，并在权责统一中回应国家和社会的期待。而面对这样的警察，公众既可以共享警务活动的利好，感受民主社会中自身的价值和尊严，又应当在义务担当中服从警察，配合警务活动，体现自身之于社会的现实价值。显然，在此关系的规定下，如果警务监督的主客体双方在对法律和警务的关系、自身的应有定位等方面存在明显的认识偏差，其表现之于警务监督绝不会是一种正能量，甚至会直接背离监督的总体原则，制约监督目的的顺利实现。

① 《马克思恩格斯全集》（第3卷），人民出版社2002年，第41页。

二、依法监督：主客体在制度约束中互动

前文分析了警务和法律的关系，强调了法律作为警务活动的限制和保障功能，论证了法律作为警务监督制度依据的理论依据，其实质就是对警务主客体双方人性弱点的客观承认和主动防范。而这一理论主张也同样适用于同一逻辑延伸到的监督主客体双方，即他们也无法完全避免人性的弱点，上述的分析之后自然要讨论监督主客体如何在制度约束中实现良性互动。马克思曾明确强调，"法律是肯定的、明确的、普遍的规范，在这些规范中自由获得了一种与个人无关的、理论的、不取决于个别人的任性的存在。法典就是人民自由的圣经。"① 同样，托马斯·潘恩也有类似的观点："在专制政府中，国王便是法律，同样的，在自由国家中，法律应当成为国王。"② 显然，基于其广受认同的无上权威及其与警务活动的直接关联，法律也理当成为警务监督的"圣经"和"国王"，所有监督行为都要以法律为依据，否则，任何形式的警务监督必然空泛无力或无所依托，其结果自然也无法预期，监督目的更是无从保障。此外，依法监督在监督主体提出相应要求的同时，事实上也再次向警察明示了警务活动相关的制度规定，并要求他们在警务活动中不得逾越制度底线，否则，必然受到各种形式的查处和纠正。

首先，警务监督需要法律为监督主体提供制度依据。在监督实践中，所有监督主体对不法警务的研判并不能简单地依据监督主体的个人好恶，因为研判标准的主观性不仅会导致监督标准和监督依据参差不齐，警务活动无所适从和无法规范，而且也必然为那些借监督之名、行谋私之实的主体提供了便利，其结果必然掣肘警务活动，弱化警务效能，从根本上背离监督目的和警务目的。就体制外主体而言，其监督行为更多是基于维护自身利益的目的，或者说，自身利益受损才最终激活了他们的监督意识，此时的监督行为难以避免盲目和冲动的可能，他们既不会顾及监督程序和相关的实体规定，又不会考虑自身非理性的行为对警察、国家和社会的消极影响。显然，这样的监督行为要么徒劳无功，无法产生实质性的作用；要么就是莽撞行事，维护了私利，却损害了公众利益。因此，对体制外主体而言，了解乃至熟悉警务监督的法律依据，虽然在一定程度上会耗费精力，但无论对私利，还是对公益，都大有裨益，应当大力提倡，更需要他们付出相应的努力。相比之下，体制内监督对其主体的法律意识要求更高。一方面，无论体制内的外部监督机构，还是其内部监督机构，不

① 《马克思恩格斯全集》（第1卷），人民出版社1995年，第176页。

② ［美］托马斯·潘恩：《潘恩选集》，马清槐等译，商务印书馆1986年，第35页。

仅要依法设置，而且都有明确授权，任何机构和个人都不得随意或越权设置；另一方面，所有体制内监督都必须根据法定程序和实体规定进行，不得有违反规定的行为。当然，更为明确的法律依据和角色定位并不意味着体制内主体因此就能够依法行事，恣意妄为或以权谋私的行为也没有因此而销声匿迹，由此也说明，即使对体制内主体而言，依法监督也依然是任重道远，仍需要长期努力。

其次，法律为查处和纠正不法警务提供了制度标准。警务监督是一个质疑、发现、举报、查处等环节构成的过程性活动，各个环节，尤其是举报和查处等环节更是离不开明确的程序性制度规定。如果警务监督仅仅是质疑和发现的过程，显然不能从根本上消除不法警务，也难以实现监督主体的基本诉求；如果警务监督仅仅是举报、受理和查处的过程，即使体制内监督也无法在更大范围内更有针对性地防范相同或类似的问题，丧失其应有的专业性和实效性，甚至因此误导乃至放纵警察的不法行为，或激发警察对警务监督的抵触情绪和抵制行为。因此，相应的制度规定要求监督主体，尤其是体制内主体全程关注警务活动，积极回应体制外主体的正当诉求，否则，坐等体制外主体的投诉举报，或仅在警务监督中机械地充当传声筒，不但无法实现监督目的，而且自身也难逃质疑和诟病的风险，进而制约其现实意义。在此过程中，体制内主体尤其要通过警务监督，使警察知晓自身行为不法的原因，使更多警察知晓规范警务的制度标准，从而使相关的不法警务能够及时受到查处，当事人受到惩戒，并在更广范围内教育更多警察，产生更为广泛和深远的影响。不仅如此，所有的监督行为能否从根本上发挥作用，最终取决于警察自身对警务监督的理解和认知，准确、深刻的理解和认知将会引导警察认真领会法律精神，自觉规范自身行为。因此，像重视监督主体一样，在警察中强调依法监督，不仅有利于从中发现和剔除不当不法的监督行为，鼓励和支持规范的监督行为，而且能从源头上打击和遏制不当不法警务，为规范的警务活动营造良好的制度环境。在此背景下，将惩戒寓于教育之中，在教育中向警察明确相关的制度规定，无疑能够在更大程度上消除警察对监督的抵触情绪和抵制行为，使他们体会到警务监督的关爱之心，进而引导他们更加主动地进行自我检查和自我纠正，强化警察自我监督的自觉性和积极性，以更加规范的警务活动服务社会。此外，法律作为查处和纠正不法警务的制度标准，同样也为警察明确了自我监督的现实警示，并要求他们及时发现和纠正自身不法行为的倾向，以免在自我放纵中滑进违法犯罪的深渊。

尽管法律为警务监督提供了最为基础的制度依据，依法监督也因此产生了基本的监督预期，但依法监督仍有许多不尽如人意的地方，亟待在监督实践中完善。首先，作为监督依据的法律在一定程度上仍存在明显不足，其中既有立法落后于实践，无法为实践提供制度依据的因素，又有各种制度仅有原则性规定而无操作性措施的原因；既有相关制度管理范围宽泛，屡遭弱化或频受抵制的原因，又有缺乏宣传发动，监督主体无法知晓和难以适用的原因；其次，监督主体的素质仍难如人意。就体制外监督而言，监督主体通常并不关注警务活动的法律规定，一旦自身利益和警务活动发生冲突，往往会采取偏颇甚至偏激的手段，有的一味息事宁人，消极对待甚至放任不法警务，有的试图通过动用体制内其他人际资源，迂回维护自身权益，有的则试图通过极端的方式，制造舆论压力来解决有关问题，有的则采取谩骂、围攻乃至殴打警察的方式，以宣泄情绪。相对而言，体制内主体对相关的制度规定更加了解和熟悉，但这种了解和熟悉同样也存在着不容忽视的问题：有的将职权视为个人资源，或根据自己的偏好放松监督，包庇警察，或根据自己的利益损益，决定对警察的态度；有的自身对监督存有误区，担心监督有损警察的职业声誉和社会形象；有的自身就存在错误认识，从内心深处认同各行各业一些心照不宣的潜规则，进而默认不法警务的存在；有的则将警务监督视为部门利益的催化剂，有利上，无利让，推诿扯皮现象严重。显然，这些不当不法的监督行为既不能及时有效地消除不法警务，又使得一些警察发现了警务监督的法律漏洞和制度缺陷，弱化了法律的威慑力，进而导致一些警察长期游走在一些灰色乃至黑色地带。在此背景下，依法监督自然难以产生应有的现实作用，甚至警务监督也因此逐步趋于形式化。

当然，上述不足并不是对依法监督的怀疑和否定，而是从特定视角明确了强化法律权威、依法实施监督的重要性和紧迫性。因此，针对上述的各种问题，加强制度创新，努力消除其中的制约因素，也就成为加强和完善依法监督的当务之急。首先，应加强公民教育，强化公众的法治意识。在政治生活中，公民素质的高低将从根本上决定政治行为的优劣和民主法治的进程，其素质在警务监督中的基础性地位应当受到高度重视。在法治社会，体制外主体都应当明白，自身不仅有权监督警务，维护自身的正当利益，而且其监督行为事关警务效能和社会利益，依法监督无疑能在规范监督行为和警务活动的基础上实现自身、警察和社会的共赢。而体制内主体显然也不能囿于普通公民的权利和义务的相关规定，而应承载着更为重大的政治和社会责任，其监督活动不仅直接关系到警务活动的规范和法律权威的体现，而且还关乎国家意志的落实和社会利益的提升。显然，缺乏良好的公民素质和社会基础，监督主体的素质也难有保障，也自然无法有效回应上述诉求，更无法依法监督警务活动，发挥依法监督的现实作用。因此，加强公民教育，持续提升公民素质，也就成为强化公民法治意识、营造良好监督环境的首选。一旦公民普遍能够积极行使权利，主动履行义务，源自并置身其中的监督主体自然能够以不枉不纵的监督行为规范警务活动，提高警务效能，而且也能在服务社会中提升警察服务社会的意识和能力，推动人类社会的发展进程。

其次，应加强法制创新，完善警务监督的制度体系。依法监督难以规范实施，监督效果不尽如人意，除了监督主体自身因素外，法制建设方面的不足也是不容忽视的。虽说法律建设不可能与社会生活同步进行，具有明显的相对稳定性，但这种稳定性并不意味着法律可以无视现实的呼声，甚至可以停滞不前，相反，也应尽量关注和回应现实需求，自然也需要适时对警务活动和警务监督的实践作出相应的回应。例如，警察机关普遍从事非法定警务活动，却没有法律的明确授权，因此也屡受公众的诟病和学界的批评。显然，针对警务活动的现状，立法机关就应当及时作出回应，或通过相关立法活动，为警察机关明确相关的权限和职责，或重申相关的原则规定，明确非法定警务的非法性，防止非法定警务的常态化和正常化，进而用完备的法律制度，规范警察权的运行，以避免警察长期在法律之外行使警察权，制约警察和警务活动的合法性。相对于立法机关的立法活动而言，警察机关的各种制度规定就要灵活得多，更应当汲取实践中屡经检验、行之有效的成功经验，及时完善现行制度，以明确的机构设置、权责划分、监督方式等更具操作性的制度规定，回应监督实践的迫切需要，为警务监督及时提供更为完备的制度依据。

再次，加强法制教育，强化经费保障，减少不法警务的发生。就警察机关自身而言，不法警务的背后普遍存在着法制意识淡薄、经费保障不力等原因。一方面，在制约依法监督的诸多因素中，不落实或落实得不到位，对不法警务查处不力，往往会给相关人员留下“不过如此”的错觉，导致他们继续我行我素，甚至误导其他警察纷纷效仿，警务监督自然难以遏制不法警务的滋生和蔓延。这样，形同虚设的依法监督不仅逐步流于形式，而且必然恶化其制度环境，滋生更多不法警务。因此，体制内主体，尤其是各级警察机关必须通过典型案例，加强法制教育，强化警察的法制意识，确保依法监督将不法警务消除在萌芽状态。另一方面，在现行的“条块分割、以块为主”管理体制中，各级政府基于种种原因，难以保障警务活动所需的经费，或者以经费强迫或引诱警察从事一些非法定警务活动，以贯彻政府官员的意志。虽然此举能产生期望中的效率，却往往损害了更多的公平，甚至败坏了警察的职业声誉和社会形象。因此，体制内主体，尤其是各级政府必须充分认识经费缺乏的危害性及其对依法监督的制约，以依法行政为前提和动力，依法保障警察机关的必要经费，减少不法警务的政策性诱因，从而使依法监督真正落到实处，在维护法律权威、国家意志和社会利益的同时消除警察权威的制约因素。

又次，强化事前监督和事中监督，依法查处不法警务，畅通依法监督的途径。实践证明，只有不断完善警务公开，保障公众的知情权，增强警务活动的透明度，才能够使公众更好地了解警务活动的程序和实体规定，确保监督主体依法监督警务，才能有效避免背离或违反制度规定的监督行为。但是，现实中的体制内监督仍然更多侧重事后监督，难以及时发现不法警务及其苗头性倾向，因此，体制内主体应当对警务活动进行全天候、全方位的监督，尤其应当通过积极回应体制外监督的诉求，主动利用其人数众多、时空分布广泛的优势，积极发掘其事前监督和事中监督的资源，充分发挥自身监督重心前移的潜能，减少不法警务的滋生和相关危害的扩大，充分体现依法监督的真实意义。此外，重心前移的体制内监督不仅能够及时保护受害者的正当利益，而且必将产生广泛的示范效应，使体制外主体感受到依法监督的重要性和可行性，引导其减少偏颇、偏激乃至违法的监督行为，同时使警察感受到依法监督的严肃性、权威性和真实性，进而在监督主体和警察的良性互动中有效实现监督目的和警务目的。

最后，提高体制内监督的主动性，强化依法监督的权威性。相对于体制外监督，体制内监督既是一种权力，又是一种责任，它要求监督主体必须依法行使权力，及时查处不法警务。但是，体制内监督普遍存在一种认识误区，即认为发现或查处不法警务是一种成绩，没有发现问题也不是过失，甚至是警察队伍管理卓有成效的表现。正是这样的认识误区，最终导致了体制内主体责任的明显缺失，大量的不法警务也多由体制外主体发现、举报或控告才浮出水面，体制内监督也因此完全简化为事后监督，甚至就是对不法警务的处置。显然，这样的工作定位和工作成效不仅完全有违体制内监督的初衷，而且也在社会上造成结党营私、集体腐败的印象，进而迫使体制外主体采取偏颇乃至极端的监督措施，并最终严重危害法律权威。因此，强化依法监督的法定性和权威性，体制内主体不仅要在熟悉法律的基础上，加大警务活动的全程监督，及时发现不法警务或主动回应体制外主体的正当诉求，而且要熟悉相关程序，知晓如何实施监督和引导体制外监督，进而以其应有的主动性和实效性回应国家和社会的期待。不仅如此，鉴于体制内主体的权限，惩教结合的原则还要求他们不仅要查处不法警察，警戒和教育其他警察，而且要及时发现和纠正放弃监督或借监督之名侵犯警察正当权益等违法行为，依法追究相关人员的责任，保障警察依法开展警务活动，充分发挥警务活动的现实意义。

第二节 以德监督：警务监督的伦理路径

前文论证了警务和法律的关系，分析了依法监督的必要性及其完善路径，但是，警务监督显然不能仅要求警务活动遵守法律所设定的制度底线，因为仅仅满足于法律的底线要求，警务活动将永远落后于社会的期望，被动或消极回应公众的正当诉求也将明显制约警务监督和警务活动的现实价值。无论在理论上，还是就其发展趋势而言，“国家机构设置本身并非目的，而仅仅是培养教育人的手段”。[①] 也就是说，国家的存续内含着自我否定的内在机制，其合理性赋予其教育人、提升人的工具理性，其局限性又决定了它的最终命运，进而清楚地反映了作为国家意志的法律的局限。而更为明显的是，“一切传统法律构想都是消极的。它们限制而不是引导各种活动”。[②] 具体到本书主题，规范警务的目的只是消除不当不法警务，具有明显的消极色彩，但也不意味着警务监督就要因此放弃更高的价值追求，否则必然制约其理论意义，辜负日益高企的公众期待和日益明确的社会发展趋势。事实上，相对于警务监督的双重目的，如何引导监督主体从事更高境界的监督活动，法律仅有的限制和保障功能自然难以胜任，因为它既没有无所不能的潜在品质，又无应对一切的现实基础。这就意味着警务监督不得不诉诸于法律之外的其他手段，以更好地落实双重目的。理论和实践已反复证明，“在一切职业的比较中，行政行为是否合乎道德的标准，对职业活动的性质和职业群体的获利状况的影响是最大的”。[③] 显然，这一理论主张对警务监督具有重要启示，进而要求警务监督不仅不应忽视道德的作用，而且应将以德监督上升为主要监督手段，以强化监督主体和警察的道德自觉，不断追求新的监督境界和监督绩效。

一、警务和道德的关系

如前所述，法律既为警务活动提供了制度保障，又为规范警务提供了必要规范。在法律限制和保障警务活动的过程中，限制功能使得警察必须承担相应的责任，不得倚仗职权为所欲为，保障功能则使得警察具有明确的法律授权，为警务活动提供制度依据。但是，在限制和保障之外，警务活动是否还应内含着其他的动力机制？对于那些并不满足于停留在制度底线、立志提升职业境界

---

① ［德］威廉·冯·洪堡：《论国家的作用》，林荣远等译，中国社会科学出版社1998年，第88页。

② ［美］丹尼斯·朗：《权力论》，陆震纶等译，中国社会科学出版社2001年，第13页。

③ 张康之：《公共行政中的哲学与伦理》，中国人民大学出版社2004年，第280页。

的警察，又应当以何为动力、向何处拓展其职业空间和人生价值？显然，这些问题不可能在法律中寻找到答案，因为法律只是“一条不能直接促进良好习俗和高尚美德的途径”，① 过分依赖法律只能将承载着国家意志和社会利益的警务活动贬低成养家糊口、与其他职业并无本质区别的生命本能，并把他人贬低为实现其职业梦想的工具，甚至将社会贬低成用于满足个人欲望的名利场。这样，在法律庇护下、以个人职业成败为标志的警务活动就会逐步沦为自私的惰政行为，原本从国家职能派生出来、应当以服务社会为宗旨的警务活动就会蜕变为“以痴迷职业的成功而著称的”② 的官僚行为，甚至可以说，片面依赖法律只能产生根植于利己主义或实用主义的职业主义者，根本无法培养引领风气之先、响应公众期待的道德英雄。这样，即使警察在职业上取得了一定的成就，也难以消除官僚主义等职场积弊，警察机关普遍存在的惰政、恣意和以权谋私等现象甚至会严重背离国家意志和社会利益。不仅如此，现实生活中频繁出现的新问题必然催生新型警务，但自然也缺乏相应的法律保障，如果因此疏于回应社会诉求，必将明显制约警察的现实价值和合法性基础。显然，这一现实说明，即使在同样的警务环境中，权力既能让警务活动结出善果，又能导致警察行为冷漠乃至劣迹斑斑，如果一味强调或依赖法律，极易陷入法律万能的泥潭，进而从反面说明警察的内在因素至关重要，说明道德在警务活动和警察的职业生涯中的独特功能：它不仅在历史和逻辑上先于法律，其生命力也明显旺盛于法律，因而其存在空间远比法律广阔，其影响也更为广泛深远。由此也说明，“当遵循自私规则有害于他人时，道德规则便是用来压倒那些自私规则的普遍原则”。③

事实上，法律只为警务活动规定了最低要求，更多高标准的要求则在法律之外，需要通过同为社会规范的道德加以引导，因为“立法者的最后目标仍然总是增进公民的教育，使他们仅仅从有关国家机构提供给他们去实现他们个人的各种意图的益处的理念中找到他们的动力”。④ 如果过分强调法律的作用或简单依赖法律，必然淡化道德的应有功能，甚至陷入“国家越糟糕、法律越缜密”的困境，因为日益缜密的法律在详细规定公众行为的同时，也剥夺了公众相对自由和自我完善的可能性空间，少数社会成员甚至会迫于外在强制

① ［德］威廉·冯·洪堡：《论国家的作用》，林荣远等译，中国社会科学出版社1998年，第97页。

② ［美］乔治·弗雷德里克森：《公共行政的精神》，张成福等译，中国人民大学出版社2003年，第174页。

③ ［美］E. 博登海默：《法理学——法律哲学与法律方法》，邓正来译，中国政法大学出版社1998年，第373页

④ ［德］威廉·冯·洪堡：《论国家的作用》，林荣远等译，中国社会科学出版社1998年，第88页。

而掩盖自身的不当不法行为，难以实现能够自我提升的道德自觉。相反，“道德的观点就是自为地存在的自由”，“道德的观点，从它的形态上看就是主观意志的法”。[①] 也就是说，道德作为社会规范力量，既能够像法律一样，以其独特的机制将公众行为纳入现实生活直接需要的秩序范围，推动社会的正常运转，又能够为公众提供道德自觉的空间和全面发展的自由。也正是在这一层面上，马克思明确指出，“道德的基础是人类精神的自律”。[②] 将道德用作评价警务活动的标准和引领警务活动的动力，自然会要求警察不再停留和满足于不得已而为之的法定警务，而且要求他们更加关注和顺应民意，不断拓展服务社会的警务空间，甚至还能超越自身的职业成就，将社会利益的增益视为自身孜孜以求的目标。这样，在道德的引领下，警察就“必须抛弃这样的观念，即理想主义在观念组织中没有立足之地”，[③] 并通过自身坚持不懈的努力，为更多同行乃至警察机关拓展更多自主发展的空间，进而在日益提升的社会利益中体现警务活动的价值和自身之于公众的重要意义。受其影响，越来越多的警察倾向于将警务活动视为一种道德实践，必将有力推动民主法治的进程。这样，置身于警务活动中的警察就会在镇压性国家机器的基础上更多发挥其意识形态国家机器的功能，并逐步成长为道德的实践者和示范者，进而进入一种令人向往的行政境界：“为政以德，譬如北辰居其所而众星共之。”[④] 显然，一旦进入这种境界，具有更高道德境界的警察必然能够有效抵制警察权隐含的利益诱惑，有效回应社会对警察的道德期望。面对这样严格自律的警察，从中受益的公众也必然更加支持和配合警务活动。

上述正反两方面的论证说明，在警务活动中，道德自有其客观存在和发挥作用的空间。首先，警务活动中的自由裁量权需要道德规范。“法律和制度永远都无法把行政行为固定在某些一成不变的模式之中，它必须为行政行为留下一定的自由空间，而这个空间既有可能成为行政主体发挥创造性的前提，也有可能成为行政主体滥用权和以权谋私的机会。”[⑤] 显然，在这利弊参半的可能性空间里，“警察可以以多种方式恰当使用他们的权力，也是他们可以以同样的方式滥用权力”。[⑥] 在“恰当使用”和“滥用”之间如何取舍，显然主要由

---

① ［德］黑格尔：《法哲学原理》，范扬等译，商务印书馆 1961 年，第 111 页。

② 《马克思恩格斯全集》（第 1 卷），人民出版社 1995 年，第 119 页。

③ ［美］乔治·弗雷德里克森：《公共行政的精神》，张成福等译，中国人民大学出版社 2003 年，第 174 页。

④ 《论语·为政》。

⑤ 张康之：《公共行政中的哲学与伦理》，中国人民大学出版社 2004 年，第 15 页。

⑥ ［美］罗伯特·兰沃西等：《什么是警察——美国的经验》，尤小文译，群众出版社 2004 年，第 426 页。

警察进行自由裁量，并最终取决于警察自身的道德境界。关于警察的自由裁量权，罗伯特·兰沃西明确指出，“自由裁量权不仅是恰当的，而且是警察工作的必要组成部分……现在很少有人认为警察的自由裁量权是不恰当的，或不必要的”。[①] 这样，在警务活动存在大量自由裁量空间的情况下，自然会要求警察立足国家意志和社会利益，根据警情的缓急轻重进行客观公正的裁决，以实现有限警务资源的合理利用。但是，自由裁量的主体选择性在赋予警察较大自主空间的同时，其主观性也为不当不法警务的产生和蔓延埋下了祸根。一方面，并非所有警察都能准确区分和分别表现自身的制度角色和社会角色，其中一些人也会像其他社会成员一样深受社会角色相关因素的影响，在特定场合下根据其价值诉求，决定其职务行为。另一方面，不同的警察面对相同或相似的警务客体或警务活动，可能会作出截然不同的决定；同一个警察面对不同的警务客体或警务活动，同样可能采取大相径庭的做法。显然，在此背景下，警务活动的透明度和确定性是很难保障的，而“非运用刑法的自由裁量权是透明度较低的决策。如果警官决定不开具传讯单或实行逮捕，那么任何权力部门都不会检查这一决策”。[②] 由此可见，警察的自由裁量权难以避免的负面影响不仅是理论结果，而且也是客观事实。因此，无论是规范警务，还是服务社会，公众都寄希望于警察的崇高品德，希望他们能发自内心地遵守其职业规范，而不是简单地照章办事，更不是恣意妄为或以权谋私。在此社会环境中，公众的道德期待自然会逐渐使警察认识到自己作为社会利益的代表，应当在警务活动中致力于社会利益的提升，甚至将其视为自己的人生信仰和道德追求。这样，“一切外在的规范和规定，都不再是对行政行为的束缚，反而是其自由行政的必要手段和自我展示的条件”。[③] 显然，警察自觉将其价值观念定位为警察机关和国家的应当追求，甚至将公众的价值期望当做人生追求的目标，无疑能够获得自己的社会生命，并通过警务活动充分展现这种生命的力量，实现更为高远的人生境界。

其次，道德能够在改良社会风气中优化警务环境。理论研究和实践经验表明，“道德对人的目的意义，绝不止于单纯的行为规范和协调，更在于对人性的提升”。[④] 相对于生命存在的目的，警察也会和其他群体一样，在自己的职

---

① ［美］罗伯特·兰沃西等：《什么是警察——美国的经验》，尤小文译，群众出版社 2004 年，第 22 页。

② ［美］罗伯特·兰沃西等：《什么是警察——美国的经验》，尤小文译，群众出版社 2004 年，第 362 页。

③ 张康之：《公共行政中的哲学与伦理》，中国人民大学出版社 2004 年，第 23 页。

④ 王淑芹：《道德法律化正当性的法哲学分析》，《哲学动态》2007 年第 9 期，第 20 页。

业生涯中将能力提升和道德完满视为更高的人生境界，努力追求自身作为社会存在的意义。如前所述，道德能够弥补法律的不足，提升警察的职业境界，更好地顺应社会需要，但是，需要强调的是，道德对警务活动的引领，仅仅依靠警察单方面的努力明显乏力，仍需要公众作出积极响应，毕竟在一个道德不彰的社会里能否产生具有合乎道德的警务活动很难预期，即使存在少量的道德行为也难以得到公众的肯定和响应，必然会消解警察规范警务的努力，更遑论服务社会这样的崇高境界。因此，道德对警务活动的引领作用，同样需要作为警务客体的公众的孕育、响应和配合，进而以崇尚道德的社会行为改良社会风气，优化警务环境。一方面，包括作为警察社会角色在内的公众合乎道德的行为必然会营造良好的社会风气，从根本上防范和消除不当不法警务的诱因。道德面前人人平等的“铁律”使得公众的道德行为不仅能够和警察一样改良社会风气，而且能够在诸多方面为警察和警务活动提供道德示范。在此社会环境中，警察的统治职能和管理职能自然会因公众的自律和自治而名存实亡，警务活动的重心必将明显转移至服务职能。而服务型警务必然进一步彰显警察的积极意义，进而赢得公众更多更坚定的理解和支持，引导社会风气的持续改善和警务环境的不断优化。另一方面，置身于良好风气的公众会逐步明确私利和公益之间的辩证关系，进而摆脱片面考虑个人私利的传统，甚至超越私利的眼界，积极主动地维护和提升社会利益。显然，在明辨公私的公众日益增多的社会里，各种警务活动即使会不同程度地带来暂时或局部的不便，也能得到警务客体的理解和支持，即使那些为了公益而不得不损害私利的警务活动也能得到他们的谅解和配合，从而使大量警力免予消耗在非法定警务上，将更多的警务资源投放到社会利益上。这样，他们既认可警察作为维护国家长治久安、保障人民安居乐业的忠诚卫士，理解警务活动的辛苦和危险，也尊重警察作为性情禀赋与一般人并无本质区别的社会成员的权利，避免将警察神圣化或妖魔化，进而以平等、平和的态度主动了解、关心警察，通过配合和支持强化其责任感和事业心。在此环境中，基于警民双方根本利益的一致性，备受道德熏陶的公众将不再因一己之私利而影响社会利益，能够最大限度地理解和支持警务活动，或通过舆论谴责和纠正不道德行径，调动警察的工作积极性。为此，对于日益崇尚道德的公众而言，松井茂的理论主张时至今日仍需铭记：“民众对警察之行动，不可徒事非难，应随时予以激励、襄助，俾警察得发挥其技能，取公平之态度而无所回避，斯臻极致。此又国民应有之一半责任也。”① 当然，鉴于道德和警务的正向关联，警察更应当明白，位尊未必德高，但必须德彰，

---

① ［日］松井茂：《警察学纲要》，吴石译，中国政法大学出版社2005年，第61页。

同样，位卑未必德劣，却可能德晦。[1] 因此，警察既不能因为其制度角色而自以为是，甚至无视公众的道德期待和道德示范，又不能因为其社会角色而自我放纵，甚至突破公民基本素质的底线。尤其在法治建设难如人意的当下，警察更应加强自律，即使难以避免的制度缺陷也不应成为行为失范的借口，更不应以此放纵自己的行为。这样，在社会风气和警务环境的良性互动中，警务的主客体双方都能在道德的熏陶中实现各自内心的平衡和各自人格的提升，警察自然会更加注重道德自律，向公众展现其崇高的道德境界，以赢得更多的认同和支持，进而以更高的警务规范性实现其服务社会的高远追求。

二、以德监督：主客体在道德引领下互动

关于法制建设，列宁曾明确批评过一些幼稚的想法："假使我们指望写上100个法令就可以改变农村的全部生活，那我们就是十足的傻瓜。"[2] 显然，列宁在此强调了历史传统的惯性和社会风气的深远影响，尤其是其对社会发展的消极影响。将这个观点放置于本书语境中，无疑可以作这样的衍生思考：离开社会风气的整体改善，再多再强制的制度规定也难以彻底消除不当不法警务，难以持续提升警务活动的规范性，更遑论服务社会的崇高追求。如果说实现监督目的和警务目的需要崇高的道德境界，实施警务监督自然也离不开道德的引领和完善，甚至可以说，警务监督缺失道德的应有空间，其目的必将是空中楼阁；如果说法律是警务监督的"国王"和"圣经"，那么，道德无疑应当成为其中的"灵魂"和"良心"。尤其是服务社会追求中的主观色彩既让对监督主体和警察拥有明显的自主空间，也对其道德境界提出很高的要求。基于道德的积极功能，警务监督既要寻求道德的规范和引领，又要主客体双方的道德自觉、相互促进和共同努力。因此，所有监督主体在依法监督的同时，都不应忽视历史更为悠久、功能更为广泛的道德，更要求他们超越狭隘的自我利益或单一的制度规定，以道德提高警务监督的境界，实现监督方式和监督行为的合道德性，显著拓展警务监督和警务活动的空间。

首先，以德监督能够为监督主体提供道德准则。如前所述，如果监督主体在监督过程中对不当不法警务的研判只是简单地依据自身的好恶，其结果不仅会导致监督依据参差不齐，警务活动无所适从，而且也必然为那些借监督之名、行谋私之实的主体提供了机会，进而掣肘警务活动，弱化警务效能，从根本上背离警务监督的目的。事实上，体制外主体通常基于自身利益的维护而监

① 张康之：《公共行政中的哲学与伦理》，中国人民大学出版社2004年，第33页。
② 《列宁全集》（第36卷），人民出版社1985年，第188页。

督警务活动，或者说，当自身利益受到损害时才会考虑通过警务监督来挽回或减少损失，此时的监督行为显然具有明显的主观色彩，自然难以避免冲动和盲目的因素。在此背景下，他们往往既不考虑相关的法律规定，也不顾及自身行为的社会影响，结果不仅在纠正不法警务的同时违反了法律规定，而且也因此打击了警务活动的良好动机，阻隔了警察自我完善的可能性空间。而体制内主体的职权中也有相应的自由裁量权，其监督行为往往停留在相关的制度规定上，而且考虑更多的是自身或部门利益而非国家意志和社会利益，甚至会利用职务之便与警察进行利益结盟，无视体制外监督的正当诉求，进而也削弱了他们对警务活动的规范和引领。显然，缺乏道德引领的警务监督难以避免损公肥私或以公济私的行为，必然危及国家意志和法律权威，恶化社会风气，打击警察规范警务的积极性和创造性。因此，在警务监督中，民主法治的追求也不意味着监督主体可以推卸自身的道德责任，反而会进一步凸显其道德境界的现实意义。其中，体制外主体不仅应当认真甄别和理性思考自身监督诉求的合理性，力戒不当私欲的膨胀，而且应当主动顺回应社会发展的基本趋势，从社会利益的高度理性表达监督诉求，为警务活动创设相应的自主空间；同样，体制内主体不仅应超越监督工作形式化和功利化的狭隘，立足权力源自权利、权力服务权利的高度，克服“官官相护”的传统，摆脱个人利益或部门利益的羁绊，防范监督活动的缺位、错位和选择性行为，在持续提升其职业素质的同时，对警务活动实施全程监督，积极关注和回应体制外监督诉求，而且应立足本职工作与国家意志和社会利益的紧密关联，积极探索警务监督的应然状态，在努力消除不当不法监督诉求的基础上，为警察拓展广阔的警务空间。不仅如此，鉴于自身的法定职责，体制内主体不仅要及时纠正不当警务，防止其恶化和蔓延，而且要主动发现和及时纠正不当的监督行为，防止其对警察正当权益的侵蚀，为警察提供自我锻炼和自我提高的道德空间。

其次，以德监督能够为警察的自我监督设置道德规范。立足本书的语境，警察的自我监督不仅是警务监督的重要构成，而且是更为根本的监督行为，因为外在的他律能否实现监督目的，最终还是取决于警察自身的道德自觉和自我监督、自我规范，尤其在“所有的任务都由警察组织的低级警官自由执行”①的当下，警务活动的分散性特点更是对警察的职业自觉提出了更高的要求，进而凸显其自我监督的重要意义。虽然警务监督是一个质疑、发现、举报的过程，也是一个检查、惩处的过程，但更为根本的追求在于教育和矫正。如果警务监督仅仅是质疑、发现和举报的过程，体制外监督并不能从根本上消除不当

① ［英］罗伯特·雷纳：《警察与政治》，易继苍等译，知识产权出版社2008年，第8页。

不法警务，也难以实现监督目的；如果警务监督仅仅是受理和查处的过程，体制内监督同样无法在更大范围内更为主动地防范类似的问题，更难以对警察产生普遍的规范作用，甚至会激发警察对警务监督的抵触情绪。理论和实践已证明，“在某种意义上，民众对警察的道德要求比对平民的道德要求要高”。[①] 也就是说，只有通过警务监督，使警察知晓公众对自身的道德期望和自身行为不当不法的原因，才能不断强化其自律意识，持续提高其自律能力。这样，当外在的他律规定内化为警察的自觉认同，转化为他们的自觉遵守和自我监督，必然会深化他们对警务监督的理解和对监督目的的认知。在以德监督的过程中，警察的自我监督最初通常会因为外在的法律强制力和道德的舆论压力，不得不作出合乎道德的行为。虽然这种行为一旦置身于独处或外部力量鞭长莫及的情况下，也会迅速急转直下，甚至出现不法警务，但是，随着监督氛围的日益完善，长期严格的他律最终必然转化为警察的行为习惯，曾经作为异己力量的外在规范最终将转化为警察的主动认知和自觉行为，身处监督之中的警察也就不会将他律视为外在的异己力量，他们不但不再产生畏惧心理或抵触情绪，并会充分意识到自身承载的政治和社会责任，而且会根据外在的角色期待自觉调整其人生追求和行为方式，将理想角色视为自我展示和自我实现的现实平台，进而通过自我监督和自我规范，实现个人价值和社会价值的统一。这样，一切可能滋生不当不法警务的外在诱因已难以改变其对本职工作的热爱，在此动力激发下的所有警务活动已进入“慎独”的境界，直接表现为道德行为。在此情境中，无论是警务活动，还是公众，都不再是警察升官发财的现实工具，而是其人生价值的事业基础和高远追求的现实平台，并将引导警务活动跃升至服务社会的崇高境界和无限空间。

最后，以德监督能够实现监督主客体的目的和行动的一致，大幅降低监督成本。在警务监督中强调以德监督，不仅是因为道德适用的范围要比法律宽泛的多，而且也因为以德监督有其特殊的内在机制：“它不仅在一定程度上制约了人们的外在行为，而且涉及了对这些行为的主观动机的制约；道德以善的意志较直接地触及了人们的内心世界，支配人们的行为取向，它强调责任感的内在性，力图使人们的义务观念依愿望而滋生。”[②] 由于这种机制主要源于行为主体的认知，并诉诸于他们求真向善尚美的努力，警务监督的主客体也因此在目的上具有一致性，进而能引导其行动的一致性。就本书的主题而言，警务监

---

① ［美］罗伯特·兰沃西等：《什么是警察——美国的经验》，尤小文译，群众出版社 2004 年，第 430 页。

② 汪来杰：《行政权力监督制约机制探析》，《河南大学学报》（社会科学版）2006 年第 9 期，第 37 页。

督的表层功能是促进警察依法开展警务活动，实现应有的警务效能，其深层功能则是为了促使警察进入更高的道德境界，甚至形成其自为的人格，自觉自愿地投身于服务社会的高远追求。这样，在道德的引领和规范下，监督主体无论出于何种动机，都不会公然排斥服务社会的目的，而且会随着社会发展，更加自觉地认同和支持服务社会的追求，进而实现了监督主客体双方的目的一致性。而这种目的的一致性能够有效化解监督过程中的各种制约因素，化解双方的猜疑和隔阂，引导他们共同追求监督目的，因而使得监督效果更有预期性，并在稳定中不断提升。与此同时，以德监督主要诉诸于现实中的社会公德、职业道德和公民美德，并主要依靠主客体的道德自律，并不特别需要层层设置、环环相扣的监督体制，不仅能够大幅减少体制内监督机构和人员以及由此产生的各种费用，而且能够显著减少因履行程序规定而耗费的时间成本，因而更加有利于提升社会利益。

当然，以德监督的独特功能并不意味着这一手段毫无缺陷。如果说具有制度刚性的依法监督仍有许多难如人意的地方，那么，无论在理论上，还是在实践中，仅能柔性约束的以德监督有待努力和亟待完善的空间则更为广阔。首先，“人性恶”的假设削弱了监督主体和警察的主观努力。传统的意识形态对“人性恶”的过分渲染导致许多人怀疑“人性善”的可能和道德自律的现实意义，甚至还不同程度上谅解甚至纵容那些损人利己、假公济私的自私行为，而大行其道的市场经济更是为各种不道德行为提供了普遍性的舆论支持和自我辩护的现实依据。这样，即使在警务监督这样事关社会利益的公共领域和严肃话题上，国家意志和社会利益也难以得到公众的普遍关注和积极维护，假公济私、损公肥私的监督行为也得不到应有的谴责和制裁，一些弥足尊贵的理念性监督更是无法得到应有的道义认同和支持。在这样的道德氛围和监督环境中，警务监督中存在着明显的公私不分、是非不清、义利不辨等不良倾向，置身其中的警察更有谈虎色变的畏惧之心，甚至有些警察也因此为自身的不当不法行为开脱责任。其次，不良的职场风气明显打压了警察道德自律的空间。相对于其他行政机关，警察机关承受着重大的政治和社会责任，但这种责任也无法消除行政机关的传统积弊，一些警察的官僚习气也逐步蔓延成一种普遍的职业习惯和职场戾气。受其影响，那些勤于和精于业务的优秀警察难以得到应有的承认和尊重，甚至屡受打压和排挤，而一些怠于业务、但深谙官场规则的投机者却如鱼得水，大行其道，甚至屡获升迁。显然，这些现象不仅直接打击了优秀警察道德自律的积极性，而且还严重抑制了他们的示范作用，打击了其他警察践行道德、不断进取的信心。再次，警察管理体制明显侵蚀了警察道德自律的现实基础。虽说警察管理体制难以触及警察内心，从根本上改变其道德状况，却能在很大程度上影响警务环境，进而影响警察的职业境界，甚至决定警务活动的规范性。当下，现行的警察管理体制往往导致常规的经费预算难以满足警察机关的正常开支，由此造成的压力必然导致警察机关不得不将警务活动和经费筹措捆绑在一起。可以想见，带着这一诉求的警察机关能在多大程度上监督警察的不当不法行为，又能在多大程度上回应各种监督诉求？置身于这一环境中的警察能在多大程度上解决这一工作困境，又能为自己预留多少道德自律的空间？当这样的经费筹措机制和本末颠倒的警务活动成为常态、警察已无道德自律的空间时，监督主体除了诉诸法律手段外，还能有多少有效的监督手段？他们以德监督的努力还能对警察产生多大的积极影响？最后，道德的积极作用也难以消除道德专制的现象。在道德日益受到重视的当下，警务监督过度强调道德的作用，或长期单一地依靠道德，监督主体极易产生认识误区，认为自己不仅拥有监督警务的权力或权利，而且拥有警察难以企及的道德境界，进而将自身置于“永远正确”的位置，甚至将自己幻化为道德法官，并对警务活动进行频繁而简单的道德评判。显然，监督主体的道德专制在滋生自以为是的幻觉的同时，必然导致警察无所适从，剥夺其道德自觉和自律的应有空间，进而制约道德应有的积极作用，因为如果道德只是批评他人的手段，也就失去其作为社会规范的应有价值。

当然，上述现象在暴露以德监督中的现实不足时，并不是对以德监督的彻底否定，相反，则从另一个侧面体现出道德在警务监督中的广泛影响，显示出以德监督巨大的努力空间。因此，监督主客体双方应积极强化其道德自律，提高其以德监督的意识和能力。首先，应大力加强公民教育和职业道德教育。人类社会的历史，尤其是近现代的政治文明史反复证明，公民素质无疑是万事之基，能够决定社会风气的优劣，影响国家权力运行的得失和民主政治的存废。立足本书主题，加强和完善公民教育，将从根本上提升公民素质，改良社会风气，并有效巩固和维护职业道德教育的成效，因为在道德败坏、世风日下的社会，任何部门或群体都无法独善其身，置身于利欲熏心、唯利是图的社会风气中，警察也难以抵制私欲的诱惑。托克维尔曾经指出，“有了有知识、守纪律、意志坚定和爱好自由的公民，才会有纪律严明和服从命令的士兵”。[①] 也就是说，良好的公民素质是覆盖在法律之上的道德沃土，不同层次和不同行业的职业道德都应当扎根于公民素质之中，从中汲取营养，进而生长出各具行业规定和行业特色的职业道德。由此可见，随着公民素质的提升，越来越多的社会力量将能够敢于和善于抵制各种不良风气，并对警察的道德境界产生积极影

① ［法］托克维尔：《论美国的民主》（下卷），董良果译，商务印书馆 1991 年，第 818 页。

响，甚至能够在更高层面上克服市场经济的积弊，将“人性善”推广为广受认同的意识形态。也正是在这一意义上，恩格斯曾经指出，“对于任何强迫人从事不道德行为的做法进行反抗，乃是道德上的义务。”① 也就是说，面对不当不法的警务活动，积极实施监督乃是任一合格公民的应尽义务。为此，体制外主体应在充分认识和自觉抵制市场经济弊端的同时，防范各种以错纠错、以暴易暴的错误行为，以其自身合乎道德的行为配合和引导警务活动，从根本上消除不当不法警务。相比之下，体制内主体必须具有良好的职业道德，并立足维护和提升社会利益的高度，正确开展警务监督，以其规范的监督行为调动警察接受监督、规范警务的主动性和积极性，毕竟他们既要通过自身的职业行为向社会诠释国家意志和执政理念，又要通过各种公共政策规定或影响其他行业的道德境界，正所谓“其身正，不令而行，其身不正，虽令不从”。② 因此，他们应当立足国家意志和社会利益的高度，自觉调整自己的人生追求，不断完善自身的道德修养，以自身规范的监督行为褒贬警务活动，为警察作出应有的示范作用。③

其次，警察机关应不断完善人才选拔和队伍管理机制。警务活动的特殊性决定了警察的职业道德应当明显高于其他行业从业者的职业道德，当下警务活动备受关注和屡受诟病也在一定程度上反映了公众的心理期待和现实诉求。实践证明，无视道德不彰的警务活动，就是对不当不法警察的包庇和纵容；及时纠正有违道德的警务活动，自然就是对警察道德自律的肯定和褒扬。为此，警察机关必须从警察招录入手，着重遴选那些具有良好公民素质的竞争者，尤其是那些能够自觉“遵从拥有自身理性的光芒带来的智慧、发出没有外来强制的良心的呼声的善良的人”，④ 同时应着力淘汰那些醉心于“报酬丰厚的闲职”⑤ 的候选人，无疑能够起到事半功倍的效果。否则，待到缺乏应有公民素质的人员进入警察队伍，再来塑造他们的职业道德，不仅会加大职业道德教育

---

① 《马克思恩格斯选集》（第4卷），人民出版社1995年，第78页。

② 《论语·子路》。

③ 松井茂在比较东西方警察制度时曾指出，英国人“视巡捕如慈爱可亲之长者。日本名流耆宿，甚有视警察等于车夫走卒，殊为遗憾”。（［日］松井茂：《警察学纲要》，吴石译，中国政法大学出版社2005年，第9页。）即使在当下的中国，这种现象也不鲜见。可以想象，监督主体，尤其是体制内主体以这样的态度对待警察，监督警务活动，自然无法让警察感受其真诚动机，为其提供道德示范，即使不当不法警务也难以得到有效纠正，甚至会强化少数警察愤世嫉俗的情绪，滋生更多不当不法警务。

④ ［美］汉娜·阿伦特：《马克思与西方政治思想传统》，孙传钊译，江苏人民出版社2007年，第62页。

⑤ ［法］路易·阿尔都塞：《关于意识形态国家机器（AIE）的说明》，《美术馆——全球化语境中的博物馆经济》2007年总12期，第98页。

和道德养成的成本，而且会恶化整个队伍的道德境界，破坏警察的职业声誉和社会形象。与此同时，警察机关还必须不断完善相关机制，及时发现和表彰那些勤于和精于业务的优秀警察，为其提供广阔的成长和发展空间，同时贬斥乃至弃用那些缺乏道德自律或不思进取的警察，以有效防止和遏制警察代表的意识形态功利化、虚伪化的倾向，进而以良好的用人环境，引导更多警察加强道德自律，不断提升其道德境界和业务能力，以赢得更多的民意认同。为此，警察机关应当坚持自上而下和自下而上相结合、体制内和体制外相结合的方法，通过警务监督的独特机制，发现和培养那些具有崇高道德境界和过硬业务能力的警察，防止和杜绝那些沽名钓誉者的飞黄腾达和自我放任者的坐享其成，确保优秀警察得到应有的尊重和重用。显然，这一机制的形成不仅是对优秀警察的肯定和光大，对更多警察产生广泛持久的鞭策和激励，而且也是对那些仅仅满足于底线标准的警察的批评，更是对那些怠于和疏于业务的警察的彻底否定。更为重要的是，一旦形成这一机制，监督主体的监督意识将能得到明显强化，自然会更加慎重对待自身的监督行为，并在监督活动中激浊扬清，为警察的道德自律行为营造良好的社会环境，注入持久的动力。这样，规范的警务监督和规范的警务活动相互激发，相互促进，两者之间的良性互动必将有力推动监督目的的实现。

最后，强化经费保障，从源头上消除不当不法警务的发生。如前所述，用不同的方式将警务活动和经费筹措捆绑在一起，是不当不法警务的政策性诱因。这种政策规定不仅在很大程度上弱化了警察机关对不当不法行为的查处力度，影响了警察机关的管理成效，而且也在消解了警察道德自律的努力，破坏了警察的职业声誉和社会形象，恶化了警民关系。因此，各级警察机关应当在加强警务规律研究、充分认识这一机制现实危害的同时，积极听取监督主体的合理建议，积极争取各级政府的理解和支持，主动调整经费筹措渠道，更多依赖体制内经费而非体制外路径，从根本上扭转警察机关的尴尬境地，减少警察道德滑坡的政策性诱因。这样，经费压力的消除既为警察道德自律消除了政策性障碍，提升了警务活动的公正性，提供了更多的自主空间，又能够扭转公众，尤其是体制外主体对警察的负面印象，赢得公众对警务活动的客观评价和更多的情感认同，甚至能明显加快从功利性监督向理念性监督的转化，更加客观地评价警察和实施监督，进而更为广泛地激发警察道德自律的信心和决心，从根本上巩固以德监督的积极成果，为警务监督和警务活动营造更加健康的社会风气。

第三节 依法监督和以德监督的并存与互补

随着警务监督的普及和深化，依法监督和以德监督都已成为警务监督过程中不可或缺的主要手段，但是，无论在理论上，还是在实践中，忽视或倚重任何一方都难以实现警务监督的目标，甚至还会明显暴露出各自的局限和不足。而在现代传媒的影响下，尤其是经过网络的迅速传播，不当不法的监督行为或警务活动既能产生意想不到的消极影响，规范的监督行为或警务活动也会产生始料不及的积极功能。这样，在警务监督中综合发挥依法监督和以德监督的优势，必将能够实现这两种手段的扬长避短和优势互补，并在堵疏结合中共同发挥其惩恶扬善的功能，不断提升警务活动的规范性。这就要求警务监督必须系统思考和客观看待这两种手段相对于对方的局限和不足，从中探索出两者结合的现实路径，推动监督目的和警务目的的全面实现。

一、依法监督的局限和以德监督的不足

在法治社会中，法律为警务活动和警务监督提供了日益成熟的制度依据，依法监督也因此成为实践中首选的监督手段，但是，这一现实并不能掩盖法律的局限和依法监督面临的现实问题。首先，法律无法为警务监督提供全面的制度依据。虽说法律为警务监督提供了依据和保障，也对监督行为提出了相应的制度规定。但是，作为警务监督的制度依据，法律并不能为其提供全部规范，更不能为其拓展更多的发展空间。一方面，法律在时间上总是滞后于警务活动和警务监督，不可避免地制约其限制和保障功能。这主要表现在以下方面：一是面对不断翻新的不法警务，法律不可能及时面世，当然也就无法为警务监督提供制度依据。二是法律作为警务监督的依据，更多是在事后进行查处和追惩，只能在一定程度上弥补损失，防范相同或类似问题的反复出现，但始终无法将不法警务消除在萌芽状态，也难以将损失降低到最低限度。另一方面，法律无法涵盖所有的警务活动，这其中既有法律自身的原因，也有警务活动的特点所致。就法律自身的原因而言，法律所要防范和纠正的只是触犯底线规范的警务活动，底线之上的不当警务并不在其中。如若有效消除不当警务，只能从其他社会规范中寻找完善路径。就警务活动的特点而言，警务活动的复杂性，尤其是其时间上的全天候和空间上的不确定使得有关警务监督的制度规定难以跟踪，更无法覆盖全部警务活动，自然也就不可避免地为那些蓄意谋私的警察提供了可乘之机。总之，完全依赖法律，警务监督必将不可避免地面对许多制度空白或漏洞。

其次，监督主客体的多样性和复杂性制约了依法监督的效果。“徒法不足以自行”，依法监督的应有成效自然离不开监督主客体双方的规范作为，其中，任何形式的失范行为都会对依法监督的功能造成不同程度的冲击。然而，在警务监督中，面对切身利益，并非所有体制外主体都能有效克服经过市场经济渲染和放大的个人中心主义，甚至会不断降低其道德标准，一再突破行为底线，其结果必然造成法不责众的社会风气，持续瓦解依法监督的成效。不仅如此，依法监督最终都要经过体制内监督才能产生相应的效果，而深受不良风气影响的体制内主体也难以具备相应的职业素质，参差不齐的业务能力和现实利益的强烈诱惑往往导致松紧无度的监督行为，必然制约依法监督的预期。与此同时，除了警务活动在时间和空间上的变动不居外，在很多情况下警务客体也难以固定，其对不法警务的反应更会因人而异，监督力度和监督效果自然是千差万别，尤其是那些缺乏相应意识和能力的警务客体往往会息事宁人，甚至忍气吞声，进而听任不法警务的蔓延。即使一些警务客体最终转变为监督主体，一旦考虑到举报成本以及各种可能性后果时，他们又有可能放弃努力，不再谋求纠正不法警务和查处不法警察。至于司空见惯的不当警务，他们更是无暇顾及，甚至还会因为事不关己或难以改变而放任其恶化为不法警务。

最后，依法监督难以实现警务监督的最高目的。就国家的起源及其与社会的关系而言，“国家的意图也并非十分纯洁，国家不仅仅有意获取好处，而且至少同时另有他图，因此不仅力量受到损失，而且道德意志也深受其害”。①受其影响，作为国家制度安排的体制内主体也难以摆脱这种宏观影响，甚至因其更现实的私利诉求而加剧公众对国家的负面印象。前文分析表明，服务社会作为警务监督的最高目的和主客体的共同追求，能够明显提升警务监督和警务活动的境界。然而，就法律和警务监督的关系而言，即使法律能够克服自身在时间和空间上的局限，及时出台相关规定，并全面覆盖所有警务活动，它也只是查处不法警察，纠正不法警务，在一定范围内提升警务活动的规范性。然而，面对服务社会这一崇高追求，无论如何强调和落实依法监督，总有未逮之处，更遑论明显成效，因为法律内含的道德诉求只是对所有警务活动底线标准的强调，难以将其引导至更高的道德境界，更无法为其拓展道德自觉的广阔空间。也就是说，依法监督只能查处不法警务，限制消极警务，却无法遏制不当警务，更无法引导警察投身于积极警务。面对这样只禁不倡的底线标准，监督主体除了要求在警察和警务活动不违反制度规定外，显然也就难有他求，更无法见效。而在这样的监督氛围中，警察往往会不求有功，但求无过，当然也不

① ［德］威廉·冯·洪堡：《论国家的作用》，林荣远等译，中国社会科学出版社 1998 年，第 41 页。

会有更高的职业取向和人生追求。此外，为了实现警务监督的目的，依法监督要求各级监督机关依据相关的法律规定，设立不同层级的监督机构，配备一定数量的高素质监督人员，按照法定程序实施警务监督。而机构、人员等诸要素又以必要的成本投入为前提，尤其当体制内主体难以规范实施监督时，监督链条不断延伸，监督成本不断上涨，必然制约监督效能和社会利益，背离警务监督的良好初衷，滞缓监督目的的实现。与此同时，在依法监督过程中，无论何种监督都必须依据相应的程序，都必须耗费一定的时间，也就必然贻误警务监督的时效，因为迟到的正义并不是真正的正义，甚至是对法律价值的淡忘和对社会利益的背离。由此可见，“仅仅停留在法律的框架下寻求权力制约并不能从本质上实现权力的制约，如果说在极其表面的层次上表现出了对权力的制约的话，那也仅仅证明了实现不同类型权力之间关系的平衡，却无法证明权力在服务于国家、社会和人民群众的根本利益上是积极有效的。”[①] 这样，依法监督在实践中暴露出自身难以克服的局限，也就凸显出诉诸其他手段弥补依法监督、完善监督手段的重要性和紧迫性。

当然，法律的局限以及依法监督的现实难题并不意味着道德的全能，更不代表以德监督能够对依法监督进行全面救赎。与前者一样，道德也有其天生局限，以德监督同样存在着不容忽视的问题。首先，以德监督难以为警务监督设定伦理标准。如前所述，在警务监督中，道德主要是通过社会舆论的外在压力或自身的道德自觉，促使监督主体规范监督行为，进而推动警察规范警务活动，并在相互促进和相互规范中体现各自价值，提升社会利益。也就是说，在警务监督中，以德监督的内在机制立基于监督主体和警察的道德自觉，如果没有他们的自觉和自律，道德天然的模糊性、软约束和滞后性等特点必然制约其规范和引导功能，甚至会屡屡导致警务活动和监督行为的道德滑坡。这样，在监督中强调道德的作用，也是在法律创设底线规范的基础上对监督主体和警察道德自觉的期盼和拓展。但是，片面强调和过分依赖以德监督，或在监督过程中忽视法律的基础性作用，监督主体的监督行为就极有可能演变成下无底线、无法预期的随机行为，因为以德监督既可能为监督主体和警察提供道德自觉和自律的无限空间，也可能为他们私欲膨胀打开泛滥闸门。而在现实利益的诱导和不良风气的蛊惑下，后者的可能性明显增加，甚至连号称“第四种权力”的新闻舆论也屡屡突破道德底线，“演变为新闻炒作，甚至制造一些假新闻对受众进行误导，新闻成了操纵民众的工具，成了玩弄政治权术和施展政治阴谋

① 张康之：《公共行政中的哲学与伦理》，中国人民大学出版社 2004 年，第 129 页。

的合法途径”。[①] 由此可见，置身其中的警务监督就极有可能完全背离其规范警务、服务社会的良好初衷，转而掉头向下，一再突破底线规范，最终沦为监督主体和警察谋取私利的借口，成为世风日下、道德沦丧的无形推手。也正因为如此，依法监督也就显得更加重要和可行。

其次，以德监督在监督效果上具有不确定性。在规范的意义上，每个人都崇尚道德，其内心深处都存有不同程度的道德空间，自然也希望过着合乎道德的生活，并在不断提升道德境界的基础上丰富和实现各自的人生价值。受其影响，警察自然希望在警务活动中超越职业主义者的眼界，成为世人景仰的道德英雄；监督主体也希望能全面展示行政人员的道德境界和合格公民的公共精神，在权力和责任或权利和义务的平衡中监督警务，以自身的善良心愿善待警察，以自身的道德行为引领警务活动，进而体现其令人敬仰的道德境界。然而，道德的不确定性和弱强制性又难以持续发挥其积极向上的引导功能，自然也无法保障其应有的影响力，甚至会限制其现实作用，因为缺失明确的底线规定，道德规范往往形同虚设，而在“人性恶”的意识形态影响下，现实的利益诱惑，尤其是非道德行为普遍获利的现实，往往使得自律的堤坝难以抵挡现实的冲击，道德可能产生的积极效果无疑会在顷刻间土崩瓦解，道德内在的自律机制也沦为形式。在此环境中，体制外主体往往会不顾自身角色，和其他社会成员一样逐私谋利，甚至假借监督之名堂而皇之地追求自身的不当不法利益。同样，体制内主体也会不断放松对自己的要求，混淆自身的角色，或以权谋私，纵容不当不法警务，或假公济私，使得警务活动难以开展。与此同时，置身于此环境中的警察既可能与体制内主体沆瀣一气，进行利益结盟，鱼肉民众，也可能因备受掣肘而放弃职业生涯中高远的人生追求。由此可见，“‘以德制权’具有不可靠性，指望人的德行通过教化达到至善至美的境界绝难做到，多年来的反腐斗争中揭露出来的不少腐败案件很能说明这一点；况且德治过程是单一的过程体，法治对权力的调控毕竟是多方位的过程体。”[②] 也正因为如此，邓小平特别强调，“还是要靠法制，搞法制靠得住些。”[③] 所以，立足整体和长远的视角，警务监督不能忽视以德监督的现实意义和未来空间，但也不能完全依赖道德的力量，更不能将其视为唯一的监督手段，否则，缺乏确定性的监督手段必将导致警务监督形同虚设，监督目的也必将沦为空谈，警务活动也会在毫无约束中与国家意志、社会利益背道而驰，甚至会因为走到国家和

① 张康之：《公共行政中的哲学与伦理》，中国人民大学出版社 2004 年，第 129 页。

② 屈学武：《法定权力与权力法治》，《现代法学》1999 年第 1 期，第 21 页。

③ 《邓小平文选》（第 3 卷），人民出版社 1993 年，第 379 页。

社会的对立面而遭受彻底否定。

上述不同定位的分析表明，法律只能通过外在的压力，解决他们“不准”和“不敢”的问题，道德则诉诸他们的内化行为，从内心解决其“不想”和“不愿”的问题，并将其现实追求引导至更为崇高的境界。也就是说，法律只是向监督主体和警察宣示了不可逾越的底线，是一种消极的警戒和防范，而道德则为监督活动和警务活动拓展了大有作为的发展空间，是一种积极的规劝和引导。由此可见，相对于法律从外部形成的刚性约束，道德更强调主体的自我塑造，因而具有根本性。[①] 不仅如此，“一般来说，凡是法律所禁止和制裁的行为，也是道德所禁止和谴责的行为；凡是法律所要求和鼓励的行为，也是道德所培养和倡导的行为。反而言之，许多道德观念也体现在法律之中，许多道德问题也是可以诉求法律解决的问题。”[②] 这样，这两种手段在显示出他律的现实力量和自律的丰富空间的同时，也揭示出它们作为社会规范的内在共性和现实共通。不仅如此，就道德和法律之间的演进规律和相互关系而言，“道德是法律的内在基础，是一种自觉的法律；法律是道德的外在强化，是一种强制的道德。道德以法的规范为最低要求，法律以实现道德为期求目标，两者在功能上是一致的，都是为了维持社会秩序的稳定，保障社会的正常发展。”[③] 事实上，法律表现的是国家意志的他律，道德体现的是人类精神的自律，它们作为上层建筑的重要组成部分和规范公众行为、维护社会秩序的重要手段，共同反映了人类自我规范的内外路径。所以，法律和道德都应当而且必须用来规范警务监督和警务活动。其实，强调法律和道德的并存与互补，并非当今人们的创新。早在汉唐时期，这一观点就已非常普遍，如汉代已有“教，政之本也；狱，政之末也；其事异域，其用一也”[④] 的主张，而唐代更是强调，“德礼为政教之本，刑罚为政教之用”。[⑤] 由此可见，法律就可以成为强化道德的制度保障，道德也可以成为完善法律的推动力，这样，双方立足自身的独特优势，并对对方进行力所能及的功能补偿，也就形成了刚柔相济、优势互补的监督手段体系。因此，依法监督和以德监督的局限与不足必然要求人们从理论上认识法律的理性价值和道德的感性价值及其各自局限，克服法律万能或道德万能的偏激观点，在实践中克服各有偏重的做法，在两者的并存中形成不断完善、不

① 薛玉林：《论构建权力监督制衡机制》，《理论学刊》2005 年第 2 期，第 89 页。

② 吴汉东：《法律的道德化与道德的法律化——关于法制建设和道德建设协调发展的哲学思考》，《法商研究》1998 年第 2 期，第 4 页。

③ 颜卫青：《制度伦理的边界、功能涵涉及其意义》，《求实》2004 年第 9 期，第 38 页。

④ 《春秋繁露》卷三。

⑤ 《唐律疏议》卷一。

断互补的合力，将警务监督引导至更为规范的境地，充分实现警务活动的政治和社会责任。可以想象，在这两种手段的共同作用下，警务监督将在一个特殊领域，以特殊方式为公众发现其发展空间、进行自我教育和自我管理提供了现实平台，进而引导其以积极主动的态度与警察和国家开展全面合作，推动民主政治的进程，加快公民社会的进程，释放公民社会真实强大的生命力。

二、两种手段在并存与互补中形成合力

立足本书的语境，在厘清依法监督和以德监督各自局限、强调两者结构并存和功能互补的基础上，探讨在警务监督中共同发挥两者的他律和自律功能的现实路径，挖掘两者在警务监督中的积极功能不仅合乎逻辑，而且也极为重要和紧迫。而在社会转型的背景下，在善与恶的群体性困惑已明显触及意识形态领域的当下，警务监督的主客体双方都应当在其中有所担当，以维护社会中的善恶平衡，实现社会的稳定发展。首先，应在民主法治的进程中强化和提升主客体的法律和道德意识。尽管不同国家具有不同的历史进程和文化传统，存有不尽相同的价值诉求，但是，这种差异性并不能抹杀人类社会的共同规律，其中，民主法治已因此日益成为人类社会的共同追求。在警务监督的语境中，特定时空下的警务活动似乎只是影响有关领域和部分社会成员，依法监督和以德监督也仅关系到主客体双方，但是，警务活动的广泛性、深入性和强制性等特点又能产生意想不到的蝴蝶效应，通过各种途径辐射到社会生活的方方面面，影响到绝大多数乃至所有社会成员，进而影响到公众对警察乃至国家的认知，关系到社会风气和公众行为方式的变迁。与此相对应，特定时空下的警务监督关涉到的人员和领域虽然有限，但也在很大程度上发挥着“一斑窥豹”的功效，进而影响着一个国家或民族政治文明的发达程度和发展趋势。

一方面，在民主进程中强化和提升主客体的法律和道德意识。民主作为一种政治制度，其本意是多数人的统治，旨在支持人民当家做主，实现人民的利益诉求。因此，不应将民主简单地理解为技术层面上的少数服从多数和民主集中制，更应在价值和制度层面上通过规范权力运行，尊重、反映和维护大多数人的利益诉求。立足民主的视角，审视和重塑各种社会关系，自然要求各种制度规定平等对待所有社会成员，防范对普通民众正当权益的侵害，自然也要求人们摒弃职业、财富和地位的差异，追求平等、尊重和宽容的社会关系。这样，民主的价值追求必然要求消除监督主体和警察之间任何不平等的现象，进而要求监督主体不因有权监督警务而打压或掣肘警察，不因事不关己而纵容不当不法警务，也必然要求警察不因职权在握而恣意妄为或徇私枉法，不因重任在肩而推卸责任。概而言之，民主的价值诉求决定了监督主体和警察既不能违反法律规定，

也不能背离道德规范，任何违法或失德的行为不仅暴露出自身的不足，而且也是对他人和社会利益的背叛，进而要求他们按照制度规定履行各自的法律责任，根据道德期待拓展各自的道德空间。这样，随着民主意识的普及和民主进程的深入，在警务监督中实行依法监督和以德监督不仅日益可能，而且会逐步实现两者的并存与互补，进而在政治文明中发挥其应有作用。

另一方面，在法治进程中强化和提升主客体的法律和道德意识。对法治的追求不仅明显改变了阶级统治的狭隘传统，为国家意志和社会利益找寻到相对平衡的恰当位置，克服了传统法制的人治色彩，规避了违背公序良俗的恶法或沿袭传统、漠视法律的习俗，而且因为广大民众意志得到了充分尊重而获得了科学性、统一性和稳定性，不断创制出符合公众期望和公序良俗、趋时救弊的良法以及敬畏和崇尚法律的社会氛围。由此可见，只有顺应社会发展的基本趋势，不断完善制度建设，才能为道德建设拓展更多的空间，从而证明“制度的善才是最大的善，如果制度层面缺乏善治，个人道德层面的善再多也无济于事”。[①] 而在法治进程中，不断进步的人类社会所祈望的不仅是日益完善的法律体系，更多的是合乎基本人性、积极回应公众诉求的良法以及崇尚法治的制度环境和社会氛围，以便更为合理地调整各种社会关系，规范社会行为，维护社会秩序，彰显法治社会的科学精神和人文关怀，维护公众作为社会发展主体和动力的目的性意义。由此可见，对法治的追求已经超越了法律体系的完善，并努力为公众的全面发展营造更为人性化的道德氛围。这样，对法律的尊重无疑就是对道德的维护，对道德的尊崇自然也就为法律拓展更加广阔的发展空间。受其影响，警务监督主客体的规范行为不仅遵守了科学合理的制度规定，自觉维护了法律权威，而且因其日益理性的认知而内化为自身的道德律令，显著提升了道德自律的自觉性和主动性。这样，警务监督既是法治的结果，又是法治的动力。无论是监督主体，还是警察，不仅不会将法律视为外在的异己力量或谋私的工具，而且也会在监督警务和自我监督中为自身设置行为底线，并为其职业生涯和社会生命预留足够的发展空间，进而在两种手段的并存与互补中发掘警务监督的潜能和人类社会的无限可能。

其次，在道德法律化和法律道德化的互动中实现两种手段的互补。法律和道德固然有所不同，但在同为社会规范的角度，他们显然是同质异构的关系，至多只是在运行机制上有所不同而已。就道德发展和法制建设的历史进程和发展趋势而言，凡是法律允许或禁止的行为通常也要有道德上的合理性，凡是道德反对的行为也难以获得法律的支持，而道德倡导的行为也不应受到法律的排

① 刘云德：《善与恶的平衡观》，《光明日报》2012 年 7 月 10 日，第 5 版。

斥。正因为如此，国家自然要综合运用道德和法律的积极功能，以调节和维护社会关系和社会秩序，即一方面要利用社会舆论和道德自律，强化道德氛围，为其法律的合法性进行辩护和强化；另一方面又要利用法律的强制性来设置行为底线，不断丰富道德共识，持续夯实道德基础。不仅如此，国家通常还会在并存中实现两者的互动与互补，即既用道德的手段来引导人们遵从和信守法律，把法律作为维护道德的威慑力量，又用道德来防范潜在的违法行为，用法律来制止和惩处已经发生的违法和严重失德行为。正是基于这样的关系和认识，邓小平曾明确指出，"克服特权现象，要解决思想问题，也要解决制度问题。"① 因此，在警务监督中进一步完善和强化两者的协调和配合，加快道德法律化和法律道德化的进程，当属规范警务监督、提升警务效能的重要举措。②

一方面，顺畅道德法律化的路径，夯实依法监督的社会基础。"所谓道德法律化，就是指国家的立法机关借助一定的立法程序将那些全体公民都应该而且必须做到的基本道德要求上升为法律的活动。"③ 显然，道德法律化的实质就是在社会不断进步的背景下对法律底线的适当提升和道德规范的必要强化，在扩大社会的道德共识中将法律规定内化为道德信念、道德意志和道德习惯，突出法律作为道德建设制度支撑的功能，巩固道德建设的积极成果，传统法律文化中的"以礼入法"④ 就揭示了道德法律化的可能和历史依据。经过道德法律化，对非道德行为的谴责和惩罚无异于对道德行为的褒扬，对道德行为的褒扬也就是对非道德行为的谴责和惩罚。这样既能够在惩恶的同时巩固扬善的社会氛围，又能够在扬善的同时加大惩恶的社会效应，从而将更多的制度规定提升为广受认同的社会规范。这样，这一过程就成为"他们的自然依恋的扩展，是实现共同的善的途径"。⑤ 由此可见，道德法律化能够将抽象的道德原则要求转化为更为具体的行为准则，使道德规范在一定程度上得到强制推广，进而在延续扬善的传统上，赋予相关的道德规范以法律意义，使约束监督主体和警察的制度规范富含道德力量，进而提升其合法性，推动警务监督的主客体双方

① 《邓小平文选》（第2卷），人民出版社1994年，第332页。

② 当然，道德法律化和法律道德化在学理层面上仍有明显争议，在实践中也只有成效各异的进展，但这种理论的可行性仍能对警务监督产生积极启示，甚至能以明显成效有效应对监督实践中的共性问题。

③ 刘云林：《道德法律化的学理基础及其限度》，《南京师范大学学报》（社会科学版）2001年第6期，第34页。

④ 梁治平：《寻求自然秩序中的和谐——中国传统法律文化研究》，中国政法大学出版社1997年，第252、279页。

⑤ ［美］约翰·罗尔斯：《正义论》，何怀宏等译，中国社会科学出版社1988年，第105页。

从以事业心、使命感和人生理想为目的的道德自律和可能性空间转化为更具强制力、更可预期的监督绩效。当然，在道德法律化的过程中，应当明确区分“愿望的道德”和“义务的道德”，[①]即相对于前者的倡导性，后者的禁止性规定了“道德法律化不是把全部道德规则都用法律形式固定下来，而是只把那些涉及社会秩序和人性完善的最基本的道德要求法律化”。[②]否则，道德的全面法律化就会因为曲高和寡、难以执行而形同虚设，并因此损害有关部门和警察机关的形象，而且会增加警察的挫折感，打击其职业自豪感和成就感。基于同样的道理，警务活动的道德化自然不能完全依靠警察的自律，也必须在其运行机制方面运用制度形式加以硬性规定。为此，体制内主体，尤其是警察机关应当在不断完善警察职业道德的基础上，改变以往简单倡导的做法，通过制度化的方式明确与道德行为相对应的奖励机制，加大对职业道德模范者的褒扬力度，使其产生正确的道德意识，以引导更多警察自觉追求合乎道德的行为方式，引导其提高道德意识和职业境界的主动性和积极性。当然，道德法律化对警察更为严格的要求和境界更高的期待，并不意味着监督主体在监督过程中可以自我放任。相反，即使道德法律化并非对所有的监督主体都有制度上的约束力，但立足公民道德和职业道德的角度，相关部门也应加强制度建设，监督主体更应当以此为依据，加大自我约束、自我规范的力度，以更加规范的监督行为鞭策和鼓励警察在道德法律化过程中的努力。

另一方面，加快法律道德化的进程，强化以德监督的制度保障。“法律的生命在于永远力求执行在法律制度和法律规则中默示的实用的道德命令。”[③]这就意味着法制建设不应与道德建设分道扬镳，更不应与其背道而驰，而应发挥其制度保障的功能，巩固道德建设的积极成果，进而要求加快法律道德化的进程。由此可见，法律的道德化就是要求法制建设必须符合和尊重道德原则，使制度规定能够更好地转化为全体社会成员的主动认同和自律行为，以夯实制度规定的社会基础，其实质就是强调法律对道德的尊重和维护。虽说道德和法律作为上层建筑的产物，都是人类社会主观意志的结晶，但是，其中的主观性并不排斥或否认其自身的发展规律，也反映出人类社会的发展轨迹和发展趋势。在此过程中，道德和法律在总体上逐步反映了公众作为社会主体的地位和作用，但是，相对于法律和国家的关系，道德更多体现了社会和公众的价值诉求，这在反映国家和社会之间张力的同时，也反映了法律和道德之间不尽相同

① ［美］富勒：《法律的道德性》，郑戈译，商务印书馆 2005 年，第 8 页。

② 王淑芹：《道德法律化正当性的法哲学分析》，《哲学动态》2007 年第 9 期，第 19 页。

③ ［英］尼尔·麦考密克等：《制度法论》，周叶谦译，中国政法大学出版社 2004 年，第 210 页。

的内在机理。如果法律偏离或漠视道德的要求，不仅难以生效，而且会出现法不责众的情况。也就是说，道德和法律并不总是包含和被包含的关系，有时法律也会明显背离道德，甚至违反道德一贯的价值诉求。法律的效力在于公众的认同和遵守，如果明显有违公序良俗，得不到公众的起码认同，法律自然也就形同虚设，这就从反面规定了法律道德化的必然趋势。显然，如果以这样的法律作为警务监督的制度依据，不仅难以为以德监督提供制度保障，而且极易受到社会的诟病和抵制，导致警察和警务活动进退维谷。也正因为如此，我国传统文化中就特别强调，“道之以政，齐之以刑，民免而无耻；道之以德，齐之以礼，有耻且格”。[①] 因此，相关的法制建设不能片面强调自身的独特性，或因自身的独特性而排斥对道德的借鉴和吸收。相反，如果法律能够及时有效地借鉴和吸收道德中的合理成分，必将得到社会更为广泛的尊重和遵守，必将为警务监督夯实更为广泛的社会基础。这样，在道德化法律的规定和引导下，表里不一、内外有别的警务活动和监督行为能够得到有效控制，一些虚伪化的道德行为也将会大为减少。同样，即使法律道德化并不能对所有监督主体产生同样的作用，但也会有越来越多的监督主体立足自身的道德义务，积极顺应社会发展，用更加道德的监督行为回应法律道德化的趋势。可以说，只有当监督实践将警务监督纳入道德的视野，融入道德的力量，依法监督才会因其广泛的社会基础而更趋完善，才会调动各种力量，有效消除不当不法警务隐秘化、期权化等现象，监督目的才会得到有效落实。同样，只有当相关的制度规定具有明显的道德内涵，才能有效强化警察自我立法和自我监督的意识，监督目的才会在警察的积极配合中成为现实。

最后，以服务强化和完善依法监督和以德监督。上述分析表明，“道德法律化是人类的道德理想、道德原则、道德规范铸为法律的过程，也是良法由此产生与存在的过程，它在一定程度上直接决定着法律的本质，从而为法治的构成建构了基石；法律道德化是使法律转化为更高的道德习惯和道德义务的过程，是法律得以被主体普遍遵守的必然体现。”[②] 因此可以说，道德法律化反映了道德的制度化、技术化的趋势，法律道德化则揭示了法律的人性化、伦理化的必然，这就说明，失去法律的强制，道德的约束将无法获得应有的效果，失去道德的引领，法律的强制也将停滞不前，进而也揭示了道德和法律之间相互依赖、相互支持的关系，预示着它们必将在阶级性和社会性的统一中走向趋同和融合的发展趋势。事实上，简略考察人类社会的法制史，就“可以发现

① 《论语·为政》。

② 范进学：《论道德法律化与法律道德化》，《法学评论》1998 年第 2 期，第 40 页。

在道德与法律之间呈一种双向流动的样态：一些道德规范正向‘流动’到法律规范之中，是谓道德转化为法律；一些法律规范又逆向‘流动’到道德规范之中，是谓法律还原于道德。”① 为此，为了实现依法监督和以德监督的并存与互补，合力推动警务监督的完善，应当强化监督主体和警察的服务意识和能力，不断提升监督效能和警务效能。无论是国家，还是与其相伴而生的警察，其职能都由最初的统治职能，经由管理职能，逐步向服务职能转变。时至今日，虽然其统治职能并没有消除，但已有明显淡化，而服务职能已呈方兴未艾的发展之势，也必将在警务监督中得到更多反映。对监督主体而言，即使其初衷在于规范警务，但规范警务的终极目的仍在于更好地服务社会，并要求他们以此引领和规范其监督行为。因此，为了落实监督目的，监督主体，尤其是体制内主体应当充分挖掘其制度资源，并在依法监督的同时诉诸以德监督的手段，共同发挥这两种手段的积极意义，进而在服务警察中强化警察服务社会的意识，在回应体制外监督诉求中直接服务社会，并激发体制外主体在理解和配合中实施监督。对警察而言，服务社会当属警务活动的最高境界，他们更应当不断提升服务意识和能力。因此，将服务意识渗透到警务监督和警务活动之中，不仅能够在依法监督中有效消除不当不法的企图，而且将更加有效地激发监督主体和警察以德监督的主动性和积极性，将警务监督提升至更高境界。

以服务促进监督，自然要求监督主体不因自身具有监督警务的权力或权利而颐指气使，而应当立足服务社会的高度，理解和支持警务活动，融服务于监督之中，以强化警察服务社会的意识和能力。这就要求体制外主体自觉超越自身利益的狭隘，客观评价警务活动和自身的监督行为，确保其监督行为在严格遵守相关制度规定的基础上，用服务社会的道德境界为警务活动拓展自主空间。不仅如此，这一规定也必然要求体制外主体超越现实的功利标准，并在针对性的褒贬之中规范其监督行为，扩大警务监督追求服务社会的社会基础，营造全体民众着眼整体和长远的社会风气。为此，面对警务活动，体制外主体乃至公众尤其应当牢记以下忠告：“民众于平居无事之时，恒忘却吾人之可高枕无忧者，悉赖于警察无间昼夜努力护卫之所致。且时或由种种方面反诋警察之无能，甚至视为赘物，诚事之十分不平者。吾人允宜平心静气，观察警察之实情，褒其所当褒，贬其所当贬，视如友朋之劝善规过，庶乎近焉。”② 相比之下，体制内主体以服务促进监督的责任更加重大，但是，受诸多因素影响，他们往往会自视高人一等，甚至颐指气使，很难指望他们在道德自律上能有所作

① 崔永东：《道德与中西法治》，人民出版社2002年，第4页。

② ［日］松井茂：《警察学纲要》，吴石译，中国政法大学出版社2005年，第10页。

为，更难指望他们通过监督来体现其服务职能。所以，有研究者一针见血地指出，“在某种意义上，统治行政和管理行政倾向于鼓励行政人员的失德和缺德，或者说，统治行政和管理行政自身就是一个不道德的行政体系，有权者对无权者、权大者对权小者的专横暴虐、无忌妄为，以及权小者对权大者、无权者对有权者的奉迎‘拍马’、归依求庇，构成了行政体系不道德的一面。”① 作为克服这种现象的现实路径，体制内主体必须将其关注重心由自身或部门转向警察和社会，进而调整其工作态度，改善其工作方式。只有这样，体制内主体才不会止步于依法监督，机械地执行相关规定，才会在此基础上着眼于更高的职业境界，因为“它把为社会提供优质服务作为公共行政的至上原则，在此基础上建立起来的法律制度就可以内化为行政的内在规范，成为一种发自行政人员内心的行为准则。所以，服务行政的模式，是行政道德赖以生长的沃土”。② 也就是说，在体制内主体中强调以服务促进监督，不仅意味着他们的不法行为将受到法律的制裁，而且意味着他们的不当行为也将受到包括警察在内的社会谴责及其自身的良心自责，进而以其更加规范的行为发挥警务监督和警务活动的积极意义，体现其对于警察和公众乃至国家和社会的积极意义。

以服务促进监督，同样还要求警察以服务社会为宗旨，在接受监督和自我监督中不断提高服务意识和服务能力。研究表明，“对公共权力的应用和行使进行监督，具有两个不同层次的功能，即表层功能和深层功能。监督的表层功能是要保障行政人员依法行政和科学行政，以实现制度和效率。监督的深层功能则体现在促使行政人员道德意识的形成。这就是说，一方面，对行政人员进行监督是必要的；另一方面，行政人员又必须自觉地接受监督，其目的既是要确保行政人员依法、用法、遵守法纪，改善行政管理，提高行政效率和为人民服务的质量。在达至这个目标的过程中，也同时促进了行政人员道德意识的形成。”③ 具体到本章主题，监督主体无论诉诸何种手段，都离不开警察的理解和配合，甚至要求他们在理性认知中将外在的监督手段转化为内在的心理认同。对于警察而言，只有在道德层面上充分理解和尊重公众的权利，他们才会在法律层面上自觉维护其权利，并发自内心地为其提供服务。一旦警察进入这一境界，外在的他律就会从异己的力量转化为内心需要，进而消除警察和监督主体、警察和公众之间互不信任的心理隔阂，并在互相亲近中缩短心理距离。在此背景下，依法监督和以德监督都会转化为警察严格自律、倾情服务社会的

① 张康之：《公共行政中的哲学与伦理》，中国人民大学出版社 2004 年，第 312 页。
② 张康之：《公共行政中的哲学与伦理》，中国人民大学出版社 2004 年，第 310 页。
③ 张康之：《公共行政中的哲学与伦理》，中国人民大学出版社 2004 年，第 317 页。

巨大动力。否则，“警察不以诚心视其职务，则警察制度为之破灭矣”。[①] 尤其重要的是，强化警察的服务意识和服务能力，必将有效地纯洁警察队伍，提高警务效能，因为“对于行政人员来说，监督无疑是一个外在的强制力，但却可以转化为行政人员的内在标准，它淘汰那些拒绝行政道德的人员，促使缺乏道德意识的行政人员形成道德意识，帮助那些已经拥有道德意识的行政人员进一步加强道德意识，使之提高、升华，形成健全的行政人格。所以，对于行政体系来说，它所拥有的监督机制也可以被看作强化行政道德的机制。”[②] 这样，在这一机制的影响下，从畏惧和排斥监督，到视监督为自我发展、自我完善和延续其社会生命的内在动力，警察的职业道德和服务意识必然得到相应的强化和提升，社会也因此获得一支高效自律、廉洁公正的警察队伍。

当然，充分挖掘依法监督和以德监督的潜能，还应当全面把握这两者的辩证关系，简单看待它们之间的关系必然难以实现它们的并存与互补，甚至制约这两种手段的综合优势。具体而言，依法监督主要针对不法警务，但也不只是用于查处不法警务，在此过程中它也必然会及时发现不当警务，并以其独特的威慑力遏制不当警务的蔓延，甚至能在威慑中有效消除不当警务。同样，以德监督主要针对不当警务，但也不只是产生自律作用，它在遏制不当警务的滋生和蔓延的同时，也会对具有违法倾向的警务产生一定的警示和规劝作用，进而对不法警务产生相应的遏制作用。这样，只有当依法监督主要针对而不狃于不法警务，以德监督主要针对而不囿于不当警务时，两者才会形成更为完整的手段，并在警务监督中共同发挥作用，有效遏制乃至消除不当不法警务，不断提升警务活动的规范性。显然，一旦警务监督实现了依法监督和以德监督的并存与互补，必将成长为一幕警民和谐相处和共同进步的现实舞台，必将在现实生活中合奏出一部动人的乐章。

---

① ［日］松井茂：《警察学纲要》，吴石译，中国政法大学出版社 2005 年，第 63 页。

② 张康之：《公共行政中的哲学与伦理》，中国人民大学出版社 2004 年，第 318 页。

参考文献

一、经典文献

1.《马克思恩格斯选集》(第1卷),人民出版社1995年。
2.《马克思恩格斯选集》(第2卷),人民出版社1995年。
3.《马克思恩格斯选集》(第3卷),人民出版社1995年。
4.《马克思恩格斯选集》(第4卷),人民出版社1995年。
5.《马克思恩格斯全集》(第1卷),人民出版社1995年。
6.《马克思恩格斯全集》(第3卷),人民出版社2002年。
7.《马克思恩格斯全集》(第30卷),人民出版社1995年。
8.《马克思恩格斯全集》(第44卷),人民出版社2004年。
9.《马克思恩格斯全集》(第46卷),人民出版社2003年。
10.《马克思恩格斯全集》(第45卷),人民出版社1985年。
11.《马克思恩格斯文集》(第1卷),人民出版社2009年。
12.《列宁选集》(第1卷),人民出版社1995年。
13.《列宁选集》(第3卷),人民出版社1995年。
14.《列宁全集》(第4卷),人民出版社1984年。
15.《列宁全集》(第6卷),人民出版社1986年。
16.《列宁全集》(第23卷),人民出版社1990年。
17.《列宁全集》(第36卷),人民出版社1985年。
18.《列宁专题文集·论马克思主义》,人民出版社2009年。
19.《国际共运史研究资料》(第4期),人民出版社1982年。
20.《邓小平文选》(第2卷),人民出版社1994年。
21.《邓小平文选》(第3卷),人民出版社1993年。

二、国外文献

22.[美]托马斯·潘恩:《潘恩选集》,马清槐等译,商务印书馆1981年。
23.[美]F. J. 古德诺:《政治与行政》,王元译,华夏出版社1987年。
24.[美]巴林顿·摩尔:《民主和专制的社会起源》,拓夫等译,华夏出版社1987年。

25. ［美］科恩：《论民主》，聂崇信等译，商务印书馆 1988 年。

26. ［美］约翰·罗尔斯：《正义论》，何怀宏等译，中国社会科学出版社 1988 年。

27. ［美］塞缪尔·沃克：《美国警察》，公共安全研究所外警研究室译，群众出版社 1989 年。

28. ［美］阿列克斯·英克尔斯等：《从传统人到现代人》，顾昕译，中国人民大学出版社 1992 年。

29. ［美］道格拉斯·C. 诺斯：《经济史中的结构与变迁》，陈郁等译，上海三联书店 1994 年。

30. ［美］戴维·伊斯顿：《政治生活的系统分析》，王浦劬译，华夏出版社 1998 年。

31. ［美］E. 博登海默：《法理学——法律哲学与法律方法》，邓正来译，中国政法大学出版社 1998 年。

32. ［美］肯尼斯·米诺格：《政治学》，龚人译，辽宁教育出版社 1998 年。

33. ［美］丹尼斯·缪勒：《公共选择理论》，杨春学等译，中国社会科学出版社 1999 年。

34. ［美］丹尼斯·朗：《权力论》，陆震纶等译，中国社会科学出版社 2001 年。

35. ［美］特里·L. 库珀：《行政伦理学：实现行政责任的途径》，张秀琴译，中国人民大学出版社 2001 年。

36. ［美］莱斯利·里普森：《政治学的重大问题——政治学导论》，刘晓等译，华夏出版社 2001 年。

37. ［美］布坎南等：《同意的计算——立宪民主的逻辑基础》，陈光金译，中国社会科学出版社 2002 年。

38. ［美］戴维·H. 罗森布鲁姆等：《公共行政学：管理、政治和法律的途径》，张成福等译，中国人民大学出版社 2002 年。

39. ［美］伯尔曼：《法律与宗教》，梁治平译，中国政法大学出版社 2003 年。

40. ［美］约翰·列维斯·齐林：《犯罪学及刑罚学》，查良鉴译，中国政法大学出版社 2003 年。

41. ［美］杰弗里·庞顿等：《政治学导论》，张定淮等译，社会科学文献出版社 2003 年。

42. ［美］乔治·弗雷德里克森：《公共行政的精神》，张成福等译，中国人民大学出版社 2003 年。

43. ［美］罗伯特·兰沃西等：《什么是警察——美国的经验》，尤小文译，群众出版社 2004 年。

44. ［美］富勒：《法律的道德性》，郑戈译，商务印书馆 2005 年。

45. ［美］汉娜·阿伦特：《马克思与西方政治思想传统》，孙传钊译，江苏人民出版社 2007 年。

46. ［美］道格拉斯·拉米斯：《激进民主》，刘元琪译，中国人民大学出版社 2008 年。

47. ［美］海伦·托马斯：《民主的看门狗》，夏蓓等译，南方日报出版社 2009 年。

48. ［美］哈罗德·D. 拉斯韦尔等：《权力与社会：一项政治研究的框架》，王菲易译，上海人民出版社 2012 年。

49. ［德］黑格尔：《法哲学原理》，范扬等译，商务印书馆 1961 年。

50. ［德］威廉·冯·洪堡：《论国家的作用》，林荣远等译，中国社会科学出版社 1998 年。

51. ［德］马克斯·韦伯：《学术与政治》，钱永祥等译，广西师范大学出版社 2010 年。

52. ［法］孟德斯鸠：《论法的精神》，张雁深译，商务印书馆 1961 年。

53. ［法］卢梭：《论政治经济学》，王运成译，商务印书馆 1962 年。

54. ［法］卢梭：《社会契约论》，何兆武译，商务印书馆 1980 年。

55. ［法］霍尔巴赫：《自然政治论》，陈太先等译，商务印书馆 1994 年。

56. ［法］托克维尔：《论美国的民主》，董果良译，商务印书馆 1997 年。

57. ［法］米歇尔·福柯：《必须保卫社会》，钱翰译，上海人民出版社 1999 年。

58. ［法］让-马克·夸克：《合法性与政治》，佟新平译，中央编译出版社 2002 年。

59. ［法］路易·阿尔都塞：《关于意识形态国家机器（AIE）的说明》，孟登迎等译，《美术馆——全球化语境中的博物馆经济》，2007 年总 12 期。

60. ［英］洛克：《政府论》（下篇），叶启芳等译，商务印书馆 1964 年。

61. ［英］雪莱：《雪莱政治论文选》，杨熙龄译，商务印书馆 1981 年。

62. ［英］休谟：《休谟政治论文选》，张若衡译，商务印书馆 1993 年。

63. ［英］霍布斯：《利维坦》，黎思复等译，商务印书馆 1996 年。

64. ［英］亚当·斯密：《道德情操论》，蒋自强等译，商务印书馆 1997 年。

65. ［英］弗里德利希·冯·哈耶克：《自由秩序原理》（上册），邓正来译，三联书店 1997 年。

66. ［英］阿克顿：《自由与权力》，侯健等译，商务印书馆 2001 年。

67. ［英］尼尔·麦考密克等：《制度法论》，周叶谦译，中国政法大学出版社 2004 年。

68. ［英］亚当·斯密：《国富论》，谢祖钧译，商务印书馆 2007 年。

69. ［英］戴维·赫尔德：《民主的模式》，燕继荣等译，中央编译出版社 2008 年。

70. ［英］罗伯特·雷纳：《警察与政治》，易继苍等译，知识产权出版社 2008 年。

71. ［英］约翰·格莱德希尔：《权力及其伪装——关于政治的人类学视角》，赵旭东译，商务印书馆 2011 年。

72. ［日］猪口孝：《国家和社会》，高增杰译，经济日报出版社 1989 年。

73. ［日］松井茂：《警察学纲要》，吴石译，中国政法大学出版社 2005 年。

74. ［意］托马斯·阿奎那：《阿奎那政治著作选》，马清槐译，商务印书馆 1997 年。

75. ［意］诺伯特·波比奥：《民主与独裁：国家权力的性质和限度》，梁晓君译，吉林人民出版社 2011 年。

76. ［比］厄内斯特·曼德尔：《权力与货币：马克思主义的官僚理论》，孟捷等译，中央编译出版社 2002 年。

77. ［古希腊］亚里士多德：《政治学》，吴寿彭译，商务印书馆 1965 年。

78. ［奥］凯尔森：《法与国家的一般理论》，沈宗灵译，大百科全书出版社 1996 年。

79. ［荷］斯宾诺莎：《政治论》，冯炳昆译，商务印书馆 2003 年。

80. A. Smith. The Theory of Moral Sentiments. Indianapolis：Liberty Classics，1982.

81. J. Z. Rubin. Social Conflict：Escalation，Stalemate and Settlement. New-York：McGraw-Hill，1994.

三、国内文献

82. 《论语·子路》。

83. 《论语·为政》。

84. 《国语·周语上》。

85. 《孔子家语·王言解》。

86. 《管子·牧民》。

87. 《春秋繁露》卷三。

88. 《唐律疏议》卷一。

89.《十渐不克终疏》。

90. 阮光铭:《警政概论》,商务印书馆1932年。

91. 余秀豪:《警察行政》,商务印书馆1936年。

92. 余秀豪:《警察学大纲》,商务印书馆1946年。

93. 李士珍:《警察行政之理论与实际》,中华警察学术研究社1948年。

94. 杨逸纂:《上海自治志》,(台北)成文出版有限公司1974年。

95. 王夫子:《读通鉴论》(卷二十八),中华书局1975年。

96. 黄炎培:《八十年来》,文史资料出版社1982年。

97. 沈家本:《历代刑法考》,中华书局1985年。

98. 张文显:《法学基本范畴研究》,中国政法大学出版社1993年。

99. 梁慧星:《民商法论丛》(第2卷),法律出版社1994年。

100. 郭力安等:《中国读本》(上册),国际文化出版公司1997年。

101. 梁治平:《寻求自然秩序中的和谐——中国传统法律文化研究》,中国政法大学出版社1997年。

102. 宋冰:《程序、正义和现代化》,中国政法大学出版社1998年。

103. 荣仕星等:《政坛永恒的话题:民主监督》,法律出版社1998年。

104. 唐惠虎:《舆论监督论》,湖北教育出版社1999年。

105. 谢晖:《法学范畴矛盾辩思》,山东人民出版社1999年。

106. 惠生武:《警察法论纲》,中国政法大学出版社2000年。

107. 谷春德:《西方法律思想史》,中国人民大学出版社2000年。

108. 章剑生:《行政监督研究》,人民出版社2001年。

109. 陈学明:《西方马克思主义教程》,高等教育出版社2001年。

110. 刘春和:《新世纪警察业务实用大全·警务监督卷》,群众出版社2001年。

111. 杜晋丰:《公安机关监督工作的理论与实践》,中国人民公安大学出版社2002年。

112. 展江:《新世纪新闻舆论监督的语境和实践》,中国海关出版社2002年。

113. 崔永东:《道德与中西法治》,人民出版社2002年。

114. 陈越:《哲学与政治:阿尔都塞读本》,吉林人民出版社2003年。

115. 江涛:《公共哲学》,中共中央党校出版社2003年。

116. 杜力夫:《权力监督与制约研究》,吉林人民出版社2004年。

117. 张康之:《公共行政中的哲学与伦理》,中国人民大学出版社2004年。

118. 江德兴:《马克思社会化理论与政治权力的演变》,社会科学文献出版社2005年。

119. 郁建兴:《马克思国家理论与现时代》，东方出版中心 2007 年。

120. 张兆端:《警察哲学》，中国人民公安大学出版社 2008 年。

121. 赵振宇:《程序的监督和监督的程序》，社会科学文献出版社 2008 年。

122. 刘贵峰:《我国警察权研究》，中国政法大学博士论文 2006 年。

123. 朱新力:《行政公务行为认定标准研究》，《行政法学研究》1994 年第 4 期。

124. 方世容:《论国家公务员职务行为和个人行为界限的几个问题》，《法商研究》1995 年第 5 期。

125. 陈晋胜:《刍议人民警察的执法形象》，《中国人民公安大学学报》(社会科学版) 1998 年第 1 期。

126. 范进学:《论道德法律化与法律道德化》，《法学评论》1998 年第 2 期。

127. 吴汉东:《法律的道德化与道德的法律化——关于法制建设和道德建设协调发展的哲学思考》，《法商研究》1998 年第 2 期。

128. 屈学武:《法定权力与权力法治》，《现代法学》1999 年第 1 期。

129. 莫负春:《论权力监督和权利监督》，《华东政法学院学报》1999 年第 3 期。

130. 郭道晖:《权力的多元化与社会化》，《法学研究》2001 年第 1 期。

131. 马宝成:《试论政治权力的合法性基础》，《天津社会科学》2001 年第 1 期。

132. 荣剑:《马克思的国家和社会理论》，《中国社会科学》2001 年第 3 期。

133. 刘巍:《以权利制约权力》，《上海社会科学院学术季刊》2001 年第 3 期。

134. 刘云林:《道德法律化的学理基础及其限度》，《南京师范大学学报》(社会科学版) 2001 年第 6 期。

135. 陈兴良:《限权与分权：刑事法治视野中的警察权》，《法律科学》2002 年第 1 期。

136. 朱立言等:《论危机管理中的行政信息公开》，《新视野》2003 年第 4 期。

137. 颜卫青:《制度伦理的边界、功能涵涉及其意义》，《求实》2004 年第 9 期。

138. 胡大成:《警察的政治分析》，《山东警察学院学报》2005 年第 1 期。

139. 薛玉林:《论构建权力监督制衡机制》，《理论学刊》2005 年第 2 期。

140. 陈粟:《公共选择视野中的政治参考》，《东南学术》2005 年第 2 期。

141. 阎德民:《构建干部监督长效机制的若干思考》，《中州学刊》2005 年第 5 期。

142. 王海明:《论权利与义务的关系》，《伦理学研究》2005 年第 6 期。

143. 王德柱：《两汉时期警政制度的特点》，《北京人民警察学院学报》2006 年第 3 期。

144. 汪来杰：《行政权力监督制约机制探析》，《河南大学学报》（社会科学版）2006 年第 5 期。

145. 石佑启：《论公共利益与私有财产权的保护》，《法学论坛》2006 年第 6 期。

146. 石启飞：《警察职业、职业警察与警察职业化》，《辽宁警专学报》2007 年第 1 期。

147. 何益忠：《晚清自治时期上海街头的警民冲突》，《学术月刊》2007 年第 3 期。

148. 吴君：《中国共产党党内监督路向浅析》，《探索》2007 年第 3 期。

149. 高茂春：《“警务活动”含义探析》，《北京人民警察学院学报》2007 年第 5 期。

150. 王月明：《论监督权力和监督权利的关系及良性互动的实现》，《江汉论坛》2007 年第 8 期。

151. 王淑芹：《道德法律化正当性的法哲学分析》，《哲学动态》2007 年第 9 期。

152. 吴海红：《党内监督路经创新探讨》，《新视野》2009 年第 2 期。

153. 封志晔：《警察职业的角色紧张与角色冲突》，《河南公安高等专科学校学报》2009 年第 3 期。

154. 李天明等：《论警察角色定位与公共秩序维护》，《甘肃警察职业学院学报》2009 年第 3 期。

155. 吴永生：《警民和谐：基于体制外监督的视角》，《公安研究》2009 年第 12 期。

156. 吴永生：《警民和谐受限的客观原因分析》，《中国人民公安大学学报》（社会科学版）2011 年第 1 期。

157. 吴永生：《监督模式的演进与民主监督的转型》，《理论探讨》2012 年第 5 期。

158. 万俊人：《公民美德与政治文明》，《光明日报》2007 年 6 月 19 日，第 11 版。

159. 沈辉：《驳“人权观察”对中国司法改革的片面观察》，《人民日报》2012 年 1 月 28 日，第 2 版。

160. 刘云德：《善与恶的平衡观》，《光明日报》2012 年 7 月 10 日，第 5 版。

后　记

虽经多年努力，本书付梓时明显仍有可以继续完善的空间，这也使得作者最终只能以一种忐忑的心情将其呈奉给读者。按照惯例，专著似乎都有后记，本书也想利用这一机会对相关问题进行简单交代。

严格地讲，本书乃至多年来一直关注的监督理论都不是作者主动选择的结果，甚至还有点被动承受的意味。2003 年学院借鉴兄弟院校的做法，准备在翌年招生的行政管理专业（公安政工方向）中开设“警务监督”课程，但又无人主动接受该课程的教学任务及相关工作，这项挑战性的任务最终就落到了刚刚从事公安教育事业的作者头上。好在之后几年的时间得到了充分利用，作者大量收集并认真研读了政治学、法学、管理学和社会学等相关资料，并反复修改和完善了教学大纲。这样，及至开课时，一本 16 万字的讲义也如期成为教材，并在之后的课程教学中不断得到补充。2011 年，几经修改的讲义已近 20 万字，并获得江苏省高校哲学社会科学基金项目的资助。同年，在刚刚设立的公安学一级学科的强力推动下，学院的公安学成功入选江苏省优势学科，本书也有幸入选学院首批公安学学术丛书，并获得了相应资助，进而使作者免遭经费之困和许多烦琐的后续工作。之后，作者又集中利用 2012 年下半年课务较少的机会，集中时间对书稿进行了力所能及的完善。这样，不经意中不下十五次的修改彻底颠覆了多年前的预期，也改变了作者对警务监督的认识。至此再来回溯这些年的学术历程，作者倒是有点庆幸当初的抉择，毕竟警务监督并非如人们想象的那样，仅是一片一目了然的学术沙漠，只要加以耕耘，也能够成为一片活色生香的学术园地，甚至可以在坚持和完善中形成一片生机盎然的学术生态。

从学术上思考权力监督，在政治学、法学和管理学等成熟学科中一直是一门显学，其价值已在实践中得到了体现，但在公安学中仍是一个需要证明的主张，其中一些在其他学科已成共识的理念仍然停留在少数研究者的呼吁之中。甚至在其他学科的研究者，乃至公安学其他领域的研究者眼中，像警务监督这样具体的领域是否值得花费大量心思和精力，也是见仁见智，缺乏应有的共识。显然，这一研究氛围也在始终提醒作者，本书必须在现有研究成果的基础上倡导新的监督理念，并为尚不被看好的警务监督增添些许理论色彩，力争最大限度地发挥理论研究的实践意义。同时，鉴于公安学的发展趋势，本书不仅要保证整体上的逻辑性和条理性，兼顾各章节的完整性，而且要透过生动丰富的监督实践，围绕警务监督的共性问题开展研究，以免给读者留下螺蛳壳里作道场和重复研究的印象。为此，本书从丰富生动的监督实践中凝练出监督目的、原则、主体、客体和手段等共性问题，其中，监督目的作为警务监督的价值追求，不仅规定了监督原则，而且决定了主客体的行为方式，并要求实现监督手段的多样化和系统化。换而言之，正是因为监督目的的主线功能，本书坚持从两个层面思考了监督目的，凸显了总体原则的理论意义和实践价值，进而要求主客体反思和纠正各自司空见惯的行为方式，并揭示了依法监督和以德监督的可行性及其相互补充的发展趋势。这样，在监督目的的规定和引导下，本书的内在逻辑应当是比较严密的，各章节之间也具有明显的相对独立性。当然，这样的评价与其说是事实描述，毋宁说是内心期待，两者之间究竟存在多大的落差，自然应当由读者评判定夺。

当然，作者也发自内心地承认，如果说本书还有所创新的话，也只是对以往主要关注监督实务的做法有所克服，并在体例上有所反映，其内容也只能是大致厘定而无法完全解释警务监督的主要问题，更何况还有许多问题也不是作者现在的能力所能驾驭的。尽管如此，作者在许多方面仍然按照自己的理解做出了一些理论思考，至少已证明警务监督不只是一种操作技术，背后仍蕴含着鲜为人知的理论内涵。尤其需要交代的是，辩证法要求不断地批判和改造现实，但又必须以客观把握现实为前提。这就要求在研究过程中既要避免对现实的实证主义态度，又要杜绝对现实的主观主义歪曲。因此，作为规范性研究的成果，本书力戒矫枉过正的倾向，以免陷入一种远离监督实践的单纯思辨之中。正是基于这样的思考和定位，本书始终坚持“从现实进到教科书中去”，而不是“从教科书进到现实中去”。为此，本书在理论论证的过程中，没有因为基础理论研究的定位而无视监督实践的理论启迪，而是始终对监督实践保持浓厚的兴趣和高度的关注，不仅从实践中发现和提出问题，并尽力从中汲取实践智慧，升华理论启迪，而且从理论的角度尽可能对现实做出合理的解释，进而发挥其对监督实践应有的指导作用。总之，本书力求保持理论与实践之间的适当距离，以防止距离过近而难辨实践真相，或距离过远而丧失其实践价值。这样，本书的许多观点已不再囿于警务监督这一领域，即使在警察管理、警察公共关系等方面也具有一定的解释力、说服力和相应的借鉴意义。

由于是半路出家，独立完成一本专著所遭遇的困难是可想而知的，教学任务的繁重、在职读博的牵挂，加上日常生活的艰辛和大不如前的身体，使作者数次萌生退意。好在其间受到各种力量的支持和各方人士的帮助，最终才了却心愿。因此，尽管纸短情长，不尽一一，以下文字仍然是不可或缺的，否则，这一后记真的是可有可无了。首先，本书能够面世，显然是恰逢其时，如果没有公安学优势学科的及时资助，其命运究竟如何，无疑是难以想象的。其次，以一种事后诸葛亮的方式，真诚感谢当初部门不容置疑的安排，否则，作者也不见得会自加压力，本书的命运也更加充满变数。再次，即使在无以为报的情况下，仍要真诚感谢彭耀春教授、史炳军教授、王光森教授、王丰教授、纪蔚蔚研究员、鄢定友副教授、高新副教授、李雪老师等领导和同事，没有他们的精准指正和无私帮助，本书将更加羞于示人。又次，真诚感谢学院学科办的陈娟科长和本书的责任编辑王艳荣老师，没有她们的高效和精益求精，本书难以如期保质地面世。最后，本书还非常明显地得益于家人的付出，妻子王恒芳对家务的操持和儿子吴越在学业上的独立使得本书的写作过程一贯如初。

事非经过不知难。即使在今天这样发达的网络时代，查阅资料空前便捷，即使作者自始至终将该书作为一项社会责任而非单一的学术任务来操持，撰写一本有点新意的专业书籍也远非如当初想象的那样容易，距离体系化和创新性的初衷仍有明显的距离，有些结论也不见得令人信服，仍有待于在实践中不断接受检验。同样，无论在理论内涵上，还是在分析框架上，警务监督作为一个尚未引起足够重视的研究领域，借鉴政治学等学科的痕迹依然明显，仍有待于日后更为系统和针对性的付出，以形成自身独特的概念体系和话语系统。好在理论研究的可贵品质不是完美，而是在进步中不断获得新的理论启迪和生长空间。就本书的特点而言，它更多是力求创新而非展现成熟，因为它更多是提出问题而非给出结论，甚至一些结论还会引发更多的思考和争论。基于这样的原因，辛勤的付出也不意味着等量的认同，读者从中发现的错误和可笑的东西，并不见得少于本书对其他研究成果进行的补充。毫无疑问，既能解释，又能改造世界的理论无疑是令人信服和向往的，但也不能就此断言那些一时难以改变现状，甚至遭受质疑的文字就一无是处。尽管本书没有为警务监督提供操作性措施，各种沉思性观点也并非一无是处，其中许多主张早在多年前就已形成，至今仍没有放弃它们，至少能说明它们还不至于不堪一击。当然，这并非要为本书的缺陷和自身能力不足寻找托辞，而是真诚期望本书能够抛砖引玉，吸引更多力量关注警务监督，以共同拓展和深化该领域的研究。无论如何，历经艰辛之后，作者已不会轻易放弃在此领域的投入，并希望在日后如潮的批评和建议中为读者提供一个更为合理的版本。为此，作者愿意在 jdllyj@163.com 这一邮箱中虚心恭候各位专家和读者的赐教。

吴永生
2012 年 10 月